• 宗教、哲学与社会研究丛书 •

• 国家“985工程”四川大学宗教、哲学与社会研究创新基地项目
• 教育部人文社科重点研究基地四川大学道教与宗教文化研究所项目
• 四川大学“211工程”重点建设学科项目

中国原始宗教研究及资料丛编·羌族卷

钱安靖 编著

巴蜀書社

国家“985工程”
四川大学宗教、哲学与社会研究创新基地丛书

国家“985工程”四川大学宗教、哲学与社会研究创新基地学术丛书总序

卿希泰

1998年5月4日，江泽民同志在庆祝北京大学建校100周年大会上的讲话中提出：“为了实现现代化，我国要有若干所具有世界先进水平的一流大学。”在这个讲话精神的指导下，国家“985工程”开始启动，北京大学、清华大学等几所名校率先获得国家较大力度的支持；紧接着，教育部又与有关部委、省市签订协议，对部分基础好、水平高的高等学校进行共建，予以重点支持。这个“工程”的实施，是党中央在世纪之交，立足于中华民族的伟大复兴、落实科教兴国战略、迎接知识经济挑战而采取的重大决策，是从根本上提高我国高等学校办学水平的重大举措。经过几年的建设，“985工程”取得了明显的效果，不但有力地推动了高等学校的学科建设和队伍建设，大大提高了社会服务工作水平，而且缩小了我国高等学校与世界一流大学的差距。

当然，世界一流大学的建设不可能在很短的时间内完成，它需要

较长时间坚持不懈的努力。并且，世界一流大学的建设，不仅需要有长期形成的优良学风和深厚的文化积淀，而且需要有强大的经费投入作为支持。有鉴于此，国家于2004年6月又开始启动了“985工程”二期的建设工作。“985工程”二期的建设，是国家在经费有限的情况下，运用创新思路寻求高校持续性、跨越式发展的重大举措，其基本思路是：集中资源，突出重点，体现特色，发挥优势，重点建设一批高水平的科技创新平台和哲学社会科学创新基地，促进一批世界一流学科的形成，使之成为攀登世界科技高峰、解决重大理论和实践问题、带动相应学科领域发展的重要基地，使高等学校成为国家创新体系的重要力量；同时，引进和造就一批具有世界一流水平的学术带头人和创新团队，加快建设一支具有世界一流大学水平的教师队伍、管理队伍和技术支撑队伍。在这个思路的指导下，国家教育部、财政部决定集中经费对一些高校的名牌学科进行重点扶持，使之成为汇聚人才、持续创新的“平台”或“基地”，以加快这些学科的成长步伐。

在“985工程”的建设工作中，国家尤其重视哲学社会科学的繁荣发展。早在2003年教育部就颁发了《关于进一步发展繁荣高校哲学社会科学的若干意见》，2004年中共中央又颁发了《关于进一步繁荣发展哲学社会科学的意见》，与此同时，胡锦涛总书记在中共中央政治局第十三次集体学习时强调：一定要从党和国家事业发展的战略高度，把繁荣发展哲学社会科学作为一项重大而紧迫的战略任务切实抓紧抓好。2004年6月，教育部部长周济同志在“985工程”建设工作会议上的讲话中指出：我们一定要紧紧抓住当前繁荣和发展哲学社会科学的历史性机遇，全面推进哲学社会科学的知识创新、理论创新和方法创新，全面推进哲学社会科学的学科建设，使其在中国特色社会主义现代化建设中发挥“思想库”“人才库”的作用。同时，周济同志还指出：我们应当推动人文社会科学与自然科学、工程技术等的交叉、渗透与融合，孕育和催生新的学科研究领域和研究方法，形成一批能够解决具有全局性、战略性、前瞻性的重大理论及现实问题，为党和政府决策咨询服务、为社会主义现代化建设服务、为建设社会主义物质文明、政治文明和精神文明服务的国家级哲学社会科学基地。“985 工程”的哲学社会科学创新基地，就是在这样一种思想指导下设立的，其特点在于跨学科并具有开放性，能够围绕国家、区域社会发展、经济建设中的重大问题而组织主攻方向并进行联合攻关。

在“985 工程”哲学社会科学创新基地的建设中，国家提出了建立“宗教与社会研究创新基地”。经过评审，四川大学宗教研究所有幸成为承担“宗教与社会研究创新基地”建设任务的主干机构。在此基础上，还整合了四川大学中国俗文化研究所和藏学研究所两个“教育部人文社会科学重点研究基地”以及专门史、中国古典文献学两个“国家级重点学科”中与宗教学有关的科研力量，并向海内外公开招聘高级研究人员来参加建设，共同开展研究工作，以达到集合海内外本专业的学术精英和优势科研资源，突破个人分散研究的有限视野，将个人的学术专长进行整合，从而形成一个具有综合创新能力的研究集体，故这个基地实际上是一个国际性的学术研究平台。

在建设“宗教与社会研究创新基地”时，我们从中国是一个多民族多宗教国家这一国情出发，结合我国宗教学学科建设的要求，初步确定有宗教学理论比较研究、中国宗教与中国社会研究、西方宗教与当代世界研究、宗教信仰与民俗研究、中国少数民族地区宗教与社会问题研究等五个方向；考虑到基地的学术力量和国家需要等实际情况，拟定以四大课题为主要研究内容：一是中国宗教与中国社会发展研究，二是中国道教思想发展与道教和社会主义社会相适应问题研究，三是中国西部少数民族地区宗教与社会问题研究，四是中外宗教的对话与交流研究。其中，中国宗教与中国社会发展研究这个课题，主要是对中国各种宗教及其与中国社会的相互关系进行研究，其目的不仅在于通过深入研究中国历史上的各种宗教现象，来对有关宗教学的理论进行补充和发展，而且在于通过系统考察中国各种宗教与中国社会的相互关系，来为我们国家今天构建和谐社会服务。中国道教思想发展与道教和社会主义社会相适应问题研究这个课题，主要着眼于道教作为中国本土宗教的思想和行为的发展变迁，其对于中国社会发展的影响，以及在当今中国社会里的作用，挖掘其有利于中国社会发展进步的积极因素，为中华民族的伟大复兴贡献力量。中国西部少数民族地区宗教与社会问题研究这个课题，主要研究中国西部少数民族地区各种宗教的历史和现状及与之相关的社会问题，重点在于对中国西部少数民族地区现存的各种宗教进行调查研究，希望这项工作能为祖国大家庭各民族的文化建设服务，并为维护国家安定团结、促进西部大开发服务。中外宗教的对话与交流研究这个课题，目前主要是对国内外宗教研究中有代表性的优秀学术成果进行翻译，以图加强中外的学术交流并为我国宗教学学科的发展提供更多的借鉴；与此同时，并逐步开展西方宗教思想同中国传统文化的交流与对话和基督教思想与中国传统文化的交流与对话等方面的研究，以适应人类文化全球多元性现代化发展的需要。

到2009年“985工程”二期建设结束的时候，“宗教与社会研究创新基地”以良好的成效顺利通过验收，并在教育部、财政部的指导下转入“985工程”三期的建设工作。为了在二期建设成果的基础上进一步拓展与深化，同时也出于学科建设的需要，基地在三期更名为“宗教、哲学与社会研究创新基地”，并设定了七个研究方向，分别是：宗教学理论与当代宗教问题、道教学与道教史、中国宗教与中国哲学、世界宗教与外国哲学、宗教与美学、道教与古代科学技术、西南少数民族宗教与社会。

我们一直希望依靠创新基地的集体力量，在上述各个方面都能够取得一些重大的标志性成果；同时，也希望在创造这些成果的过程中能够锻炼出一支优秀的学术创新团队。

当然，除了二期、三期的各个研究方向以外，我们并不排斥创新基地的成员从事其他方面的研究，所以，我们又决定出版一套以基地名称命名的学术丛书。这套“丛书”，不仅将囊括以上各个方面的研究成果，而且还可包括其他有关宗教、哲学研究的优秀学术著作。不仅出版本基地成员有关宗教、哲学研究的优秀学术著作，而且，非常欢迎本基地以外的海内外学者向本“丛书”编委会申请，经过编委会评审通过之后，即可将其宗教、哲学研究的优秀学术著作列入本丛书出版。这样，或可在建设期内取得更多更好的学术成果，更大力度地促进我国宗教学、哲学学科的发展。

总之，“985 工程”的建设时间虽然是有限的，但我们的学术探索却是无止境的。我们希望，“宗教、哲学与社会研究创新基地”能够为今后的科研机构提供一种新的管理模式，其学术研究能够为宗教学学科的发展贡献一些具有标志性的成果，而其所培养的创新团队中也有一些人能够成为学术界未来的领军人物。同时，也希望这个“基地”能架起一座沟通国际的桥梁，为我国建设世界一流学科和高水平研究型大学作出应有的贡献。

2005 年 11 月 12 日于四川大学芙蓉楼

2013 年 7 月 10 日改于四川大学农林村

（作者卿希泰，现任国家“985 工程”四川大学宗教、哲学与社会研究创新基地首席科学家）

目 录

前言
羌族社会历史及其宗教的一般情况

羌族自称“尔玛”“日玛”或“尔麦”“日麦”，意为本地人。分布在四川省阿坝藏族羌族自治州茂县、汶川县、理县、黑水、松潘县、甘孜藏族自治州的丹巴，以及绵阳市的北川县等。人口有十万零二千五百余人（1982 年统计结果），大多数聚居高山或半山地带，少数分布在公路沿线各城镇附近，与藏、汉、回等族人民杂居。

羌族没有文字。羌语属汉藏语系藏缅语族羌语支，分南北两大方言。南部方言通行于茂县的沙坝、较场、凤仪、土门区；汶川县的威州、绵篪区；理县的通化、薛城区；松潘县的镇江区。北部方言通行于茂县的赤不苏区和黑水县的大部分地区。土语甚多，甚至相邻的村、寨间，语言亦不完全相通。在交通沿线和接近汉区的羌民，一般都懂汉语，通用汉文。

羌族分布在青藏高原东部边缘，山势陡峭，河谷深邃。岷山支系九顶山、鹧鸪山横贯境内。九顶山高达 4200 米，山顶终年积雪。境内有岷江及其支流黑水河、杂谷脑河，水力资源丰富。新中国建立后，已陆续建成一批中小型水力发电站，还可利用急速的水流漂运木材。

地处高山峡谷之间的羌族地区，气候温和，雨量适度。由于地形的不同，气候差异极为明显。初秋时节，河谷中紫罗兰盛开，而高山上却已是白雪皑皑。全年平均气温为十一摄氏度左右，降雨量约五百毫米，无霜期为一百八十天至二百二十天。土壤较肥沃，适于农作物和经济林木的生长。在半山区有许多缓坡草坪，是天然的牧场。远山又有茂密的林海，有丰富森林资源。

羌族地区的农作物以玉米为主，也有青稞、小麦、荞麦、洋芋、豆类及麻、烟、油菜等经济作物。以苹果、花椒、核桃最负盛名。畜牧业发达，尤以养羊著称。森林中有椴木、桦木、铁杉等优质木材。且盛产虫草、贝母、天麻、鹿茸、麝香、熊胆等名贵药材。野生动物中的熊猫、金丝猴更是举世之珍，闻名全球。有铁、煤、水晶、云母、石膏等数十种地下矿藏。

羌族是我国最古老的民族之一，历史上分布很广，传说他们是汉族的前身——“华夏族”的一个重要组成部分。在长期的历史进程中，羌族的若干分支由于不同的条件和原因，逐渐发展、演变成为汉藏语系中藏缅语族的多个民族。研究藏、彝、白、哈尼、纳西、傈僳、拉祜、基诺、普米、景颇、独龙、怒、土家等民族的历史，都必须溯源探索其与羌族的关系。因此羌族在我国民族历史上占有极其重要的地位。

唐宋以后，羌族多与汉族或其他民族融合，仅保留了居住在岷江上游的部分，这一支羌人由于多种原因一直延续至今，成为祖国民族大家庭中的一员。它是研究羌族社会历史的活标本，也为探求其他兄弟民族的历史提供了可贵的借鉴。

一、中国古代历史上的羌族

羌族是中国历史上一个人数众多、分布广阔、影响深远的民族。

从古朴的甲骨文字，到丰富的历史文献，都翔实而生动地记载着羌人的兴衰和羌人对中国历史进步的杰出贡献。

1. 羌人的分布和势力发展

羌族是一个具有悠久历史的民族，其远古历史可追溯到黄帝至尧、舜、禹时期的姜姓部落联盟集团。殷商时期，羌人主要活动于今甘肃省大部和陕西省西部地区，后势力东渐，逐步进入今山西南部及河南西北一带。羌人不堪商王朝的奴役，与周结盟，一举灭商。周王室分封羌人申、吕、许、齐等方国于中原地区。春秋战国时期，留居西北的羌人建立义渠国，是秦霸西戎的主要对手。西汉是西北羌人大发展时期，据《后汉书》卷八十七《西羌传》：

自爰剑后，子孙支分，凡百五十种。其九种在赐支河首以西，及在蜀、汉徼北，前史不载口数，唯参狼在武都，胜兵数千人。其五十二种衰少，不能自立，分散为附落，或绝灭无后，或引而远去。其八十九种，唯钟最强，胜兵十余万。其余大者万余人，小者数千人，更相抄盗，盛衰无常，无虑顺帝时胜兵合可二十万人。

这并非羌人的全部，据《后汉书》载：东汉皇甫规镇压羌人，泽先零羌十余万，降沈氏羌十余万人，另武都参狼羌多达数十万户，蜀郡徼外大牂夷神羌豪造头等所属羌人有五十余万人。安定先零羌和上郡沈氏羌仅是东羌的两支，其数就达二十多万人。从上述所举几支羌人人数，可以略见羌人种族之繁盛。东汉安、顺二帝时（二世纪前叶），羌有“西羌”和“东羌”之分：“羌居安定、北地、上郡、西河者，谓之东羌；居陇西、汉阳，延及金城塞外者，谓之西羌”[①]。此外，新疆南部昆仑山北麓分布有婼羌、葱茈羌、白马羌、黄牛羌等许

① 《通鉴》卷五十二，胡三省注。

多羌部落；西藏地区有发羌、唐牦羌；内蒙古西部额济纳旗古居延海一带，也有羌人；川西北地区更分布着众多的羌族部落。羌以河、湟地区为中心，遍及今甘、青、陕、新、藏、内蒙古、川等七省、自治区广大地区，是汉代西北地区人数众多、势力强大的民族。

东汉羌人大规模的反抗被镇压后，实力受到很大削弱，羌人活动转入低潮。但羌人顽强地扎根于西北地区，三国时，魏、蜀在陇右的军事角逐，羌人成为魏、蜀争夺对象。西晋永嘉之乱，五胡起兵，羌是五胡之一，五胡摧垮了西晋在北方的统治，衍成十六国混战，羌人纵横驰骋，建立后秦政权。南北朝时期，陇西的宕昌羌、邓至羌一度活跃。隋唐时期，羌人中的党项、东女、白兰等部落又在西部崛起，特别是党项羌趁唐末战乱，建立西夏王国，雄踞西北数百年，与宋、辽鼎峙，直到南宋理宗宝庆三年（1227），灭于蒙古。此后，西部羌人多融入其他民族中，西北羌人历史也告一段落。

2. 羌人和封建政府的关系

(1) 封建政权时期对羌人的利用

远在商周时期，羌人和商王朝关系密切，和周王朝更结成了同盟。秦、汉政权面临北方匈奴的威胁，利用羌人牵制匈奴南下。汉武帝时开置河西四郡，设置“护羌校尉”、“属国都尉”统辖归附羌人，并以羌人保边守疆，封为“宁塞羌”、“保塞羌”。汉政府还将羌人内迁天水、陇西、扶风、安定，并迁至关中等地，作为京城长安的屏障。东汉窦固攻匈奴，击西域，窦宪稽落山大破北匈奴，皆有羌人参加征战。嘉陇右割据政权的覆灭，羌人有协助平定的功劳。

(2) 羌人的反抗斗争

羌族是勤劳勇敢的民族，也是富有战斗精神的民族。汉王朝在河湟地区推行屯田，侵占了羌民赖以为生的土地；“以夷代夷”的民族离间政策的推行，激化了民族矛盾；东汉政治腐败，地方豪强肆意凌辱、奴役羌人，这些都是促成东汉五次羌人大起义的原因。羌人反抗从东汉章帝建初二年（77）到灵帝中平元年（184），持续一百多年，东汉政府耗费巨资以平定“羌患”，东汉国运式微。西晋惠帝元康六年（296），齐万年领导的氐、羌人民的反晋起义，拉开了西晋各族人民大起义的序幕，“八王之乱”后的流民大起义，羌人是主要力量。北魏末年，胡盖吴起义于杏城（今陕西黄陵县南），得到了李闰羌的坚决支持，起义虽被镇压，但羌人反抗不绝如缕，终于酿成了北魏孝明帝正光五年（524）以羌人莫折太提、莫折念生、莫折天生为首的秦州城羌人起义，义军一度攻占潼关，威胁洛阳，坚持战斗五年，给北魏统治者以沉重打击。

3. **羌人的历史地位**

（1）羌人建立的政权

羌是极富创造性的民族，早在春秋战国时期，留居西北的羌人就建立了大荔国、义渠国。义渠国筑城数十，与秦对峙一百七十多年，后，秦诱杀义渠国王于甘泉宫，起兵灭义渠国，以其地置陇西、北地、上郡。羌人反抗封建政府的起义中，也曾一度建立政权，东汉安帝永初元年（107），先零羌别种滇零等自称“天子”于北地，据丁奚城（今宁夏灵武东南），建立年号，封官授印，武都、詈狼、上郡、西河诸羌纷纷归附。滇零政权控制地区：北有定安、北地、上郡、河西四郡；东至河东、上党、河内三郡；西有陇西、汉阳二郡及金城郡东部；南至汉中郡西部及武都、阴平二郡与蜀郡北部。滇零政权存在十二年，东汉政府耗军费二百四十多亿，历时十年半的战争，才镇压了滇零政权。公元 524 年，羌人莫折念生起义，建立政权，年号“天建”，自称天子，署置百官，坚持斗争近五年。特别是十六国时期，羌人姚氏建立的后秦政权，影响深远。西晋永嘉之乱时，南安赤亭（今甘肃陇西县东）羌豪姚弋仲率部落六万人东徙榆眉（今陕西千阳县），先附后赵，后降东晋，子姚襄时引军北还，败死于苻坚，姚苌率余部降前秦。淝水之战（383）后，姚苌趁机起兵，经过一番征战，于后秦白雀三年（386）占领长安，国号“大秦”。到姚兴时，后秦一度颇为强大，控制西起河西，东逾汝、颍的广大地区，与北魏和东晋鼎立，直至后秦永和二年（417），灭于东晋，后秦政权存在33年。继后秦之后，陇西武都一带的宕昌羌，宕昌西南白水流域的即至羌，即至以西的白兰羌，皆据地称王，建立地方政权。隋唐时期，党项羌强大起来。公元881年，党项羌拓跋思恭建立夏州政权，开始了封建割据，终于在1038年建立西夏王国。西夏雄踞西部190年（1038－1227），疆域“方二万余里”，辖有今宁夏、甘肃大部、陕西北部和青海、内蒙古部分地区。西夏是以党项羌为主体民族建立的典型的封建政权，有完备的封建政治、军事制度，并创造了西夏文字。西夏政权的建立，是党项羌人对祖国历史的极大贡献。

（2）羌人对西北的开发

羌人自古以来生活在祖国的西北大地，他们“所居无常，依随水草。地少五谷，以畜牧为业”[①]。到秦厉公（前476－前444）时，羌无弋爰剑以河湟间少五谷，多禽兽，始“教之田畜”，羌人在游牧经济外，开始了农耕。河湟地区在羌人的辛勤劳动下，被开辟出来，西汉赵光国在河湟地区屯田时，“羌虏故田及公田，民所未垦，可二千顷以上”[②]。羌人农牧业的兴盛，社会经济的发展，以至“沃野千里，谷稼殷积”，到王莽时已有“河西殷富”之说。东汉段颍破西羌，获马、牛、羊800万头，破东羌获牛、马、羊、骡、驴、骆驼等

① 《后汉书》卷八十七《西羌传》。

② 《汉书》卷六十九《赵充国传》。

427500头。西汉时期西北的开发，作为西北地区主要居民的羌人是有突出贡献的。十六国时期，五凉政权（前凉、北凉、西凉、后凉、南凉）先后统治河西，他们驱使境内羌人复兴农业、修建城镇、建设桥梁。西秦驱使河湟羌人在黄河赤岸（今甘肃临夏北大夏、洮河二河之间）架飞桥，桥高五十丈，历时三年才建成。吐谷浑王命羌胡汉民在黄河大小榆谷之北架河厉桥，“长百五十步，两岸垒石作基陛，节节相次，大木纵横更镇压，西边俱平，相去三丈，并大材以板横次之，施钩栏，甚严饰[①]。”这些城镇、桥梁建设，固然是出于政治、军事目的，但又促进了经济发展与繁荣。吐谷浑国（329—663）以养马、畜牧业闻名，而吐谷浑的农业主要是由羌人从事的，“羌俗，食麦衣皮”[②]。“亦知种田，有大麦、粟、豆。”[③] 吐谷浑的农业主要集中在黄河河曲以北，赤水浇河（此地自汉代以来就是羌族农业最发达的大、小榆谷之地）、洪和及枪罕以南，这些地方都是羌人居住区。西夏统治时期，西北的党项羌人和其他各族人民一道，修复唐末战乱的创伤，使西北经济迅速恢复，畜牧业、农业都获得更进一步发展。西夏重视兴修农田水利灌溉工程，元昊时有“昊王渠”的开凿。元朝初年，董文用、郭守敬等主持修复旧西夏中兴府和夏、灵、应理、鸣沙等州的西夏水利工程，灌溉田亩十余万顷之多。据元代马端临在《文献通考》卷三二二《舆地·古雍州》中总结河西、陇右地区“自东汉以来，民物富庶，与中州不殊”，“货贿殷富，可以无求于中土”。西北地区的开发，经济的繁荣，是西北羌人和其他各族人民共同劳动的结果。

（3）羌人在中西文化交流中的作用

自汉武帝开西域，打通“丝绸之路”后，羌人聚居的河西地区，

---

① 《水经注》卷二《河水》引段国《沙州记》。

② 《周书》卷四十二《刘璠传》。

③ 《北史》卷九十六《吐谷浑传》。

成为中西文化交流的交汇点。东汉初，“天下扰乱，唯河西独安。而姑臧（今甘肃武威附近）称为富邑，通货羌胡，市日四合。每居县者，不盈数月，辄至丰积。”① 羌人在和汉商的交换中，用畜牧产品交换布、茶、粮食等日用品，有时甚至用玉璧、珊瑚、琉璃交换黄金、丝织品，这些稀罕之物多产在西域或南方，说明羌人和西域、西南夷有交换关系。

从公元五世纪至七世纪，吐谷浑所据之青海地区成为中西交通中心之一，著名的丝绸之路“青海道”，联系着中国与漠北、西域、西藏高原及印度等地的交往。西方的胡商、僧人，以吐谷浑为中继站，与北朝、南朝保持商业贸易和文化往来。吐谷浑向北朝、南朝进贡的物品中，除了其特产善马、牦牛外，还有乌丸帽、女金国酒器、胡王金钏及玉石等。这些物品是吐谷浑在中西贸易中获得的，吐谷浑政权的主要成员羌人，在中西文化交流中的作用也就毋庸置疑了。

据《马可波罗行纪》载：西夏制造的驼马毡、白毡甚多，“商人以之运售契丹及世界各地”。西夏所产大黄也由商人贩售至世界各地。地处东西方交通线上的西夏，在东西方经济、文化交流中起着中介作用。西夏文《大藏经》的翻译印刷，就是中外文化融汇的结晶。

所以说，中西交通孔道上的羌民族为中西方文化交流，做出了不可磨灭的历史性贡献，是一点也不过分的。

4. 羌族与其他民族的融合

远古时期的羌人与黄帝、炎帝等部落间的长期交往融合，逐步形成了主要活动于中原地区的“华夏族”，羌人是华夏族的重要组成部分。留居西北的羌人，在长期历史发展中，又经历了几次大融合，而

---

① 《后汉书》卷三十一《孔奋传》。

羌人的融合，又与中国古代历史上的几次民族大融合大体一致。羌人与其他民族的融合，可分为三个时期：

春秋战国时期：与周联合灭商的羌人，被分封进入中原的申、吕、许、齐诸国以及西北的义渠国，在春秋战国时期的民族大融合的浪潮中，分别融入华夏族之中。

魏晋南北朝时期：民族融合的一个重要条件是民族迁徙和杂居。西汉以来，羌人内迁与汉族杂居、通婚，受到汉族封建经济文化的深刻影响。在魏晋南北朝剧烈的民族斗争和迁徙中，居住陕西、甘肃东部及河西的部分羌族逐渐汉化了。

唐宋时期：唐代秦陇地区的羌人进一步融入汉族，关中羌人从姓氏上也进一步汉化，由复姓改为单姓，如屈男氏改为屈氏、昨和氏改为和氏，夫蒙氏改为蒙氏等。唐末，关中羌人已彻底汉化了。吐谷浑政权下的羌人，随着吐谷浑被吐蕃灭亡，多融合入吐蕃之中，今甘南藏族自治州及青海一部分藏族先民。建立西夏的党项羌。靠近宋朝边境的，多融合入汉族；靠近吐蕃的，融合入吐蕃，成为今甘南藏族自治州的先民。1227 年，西夏被灭于蒙古后，一些党项族上层到元朝做官，多融合入其他民族中，成为色目人。

只有僻处岷江上游的这部分羌人，远离政治、军事斗争中心，得以保持自己的习俗，发展至今。

二、岷江上游羌族的历史

1. 岷江上游羌族的来源

在今四川西北部的岷江上游地区，据考古发现，此地的新石器文化和战国中晚期的“石棺葬文化”与古代羌人有关。据文献记载，公元前四世纪末叶，岷江上游地区已有羌人，《华阳国志》说其地有

“六夷、七羌、九氐，各有部落。”七羌中可考的有居住于白马岭的白马羌，他们在汉代以前就迁徙于此地。此外，魏晋南北朝时宕昌羌、邓至羌相继拓地至岷江上游；隋唐时，一部分党项羌的势力也曾一度发展至岷江上游；吐谷浑统治时期，岷江上游居民已是羌人。可见，岷江上游羌人的来源是多方面的。最早进入此地的羌人在汉代以前就从黄河上游的赐支河曲南下，经松潘西北的白马岭，进入岷江上游定居。以后历代战乱迁徙中，又有羌人或其他民族进入这里定居，逐渐形成今天的羌族。关于岷江上游羌人的迁徙，羌族史诗《羌戈大战》有生动的记载[①]：

在远古时期，羌人游牧于西北大草原，后被“魔兵”驱赶[②]，乃集众西行。其中一支在首领白构率领下向南迁徙，到达青海与四川间的“补尕山”时，被追兵包围，赖有羌人始祖母天女木姐珠的神力，从天上抛下三白石，变成三座大雪山[③]，阻止追兵前进，羌人乃得南下，来到热兹（今四川松潘县），再继续南迁“日补坝”（今四川茂县）。当羌人来到松茂农耕畜牧时，又受到当地原住民“戈基人”的侵扰。戈基人力大善战，羌人不敌，正准备逃走时，得天神启示和帮助，用白云石和藤条打败了戈基人，才定居下来。羌人首领白构分派其九子住茂县、松潘、汶川、理县薛城、黑水、汶川绵篪、都江堰娘子岭、北川等地，发展农牧业生产，繁衍子孙，使羌人分布岷江上游。为了报答神恩，羌人开始供奉白石神。

拨开史籍中的神话外衣，透露出羌人历史上一段真实经历。据 1949 年前后在羌族地区的实地调查，羌人中也普遍流传着其祖先系从西北

---

① 罗世泽：《木姐珠与斗安珠》，四川民族出版社 1983 年版。

② 据羌族统一说法，历史上的魔兵，一般指汉兵。

③ 传说木姐珠（又称木吉卓）为天神阿爸木比塔的三公主，下凡与羌人始祖斗安珠（又称热比娃）相爱结婚，繁衍羌族，故羌人尊木姐珠与斗安珠为祖先。

迁徙岷江上游的传说。

2. **岷江上游羌族的历史发展**

自秦代开始，历代政府均在岷江上游羌族地区设立地方行政机构。秦代在岷江上游设湔氐道，[①] 汉代在此地设汶山郡，[②] 以后各代，名称虽屡有变化，但行政建置不断，唐宋时期在此设羁縻府州，元明清时期在此推行土司制度，清中叶实行改土归流。这些措施在主观上虽然是为了加强中央对边地的统治，而在客观上却增进了羌族与各族人民之间的交往，有利于羌族地区经济文化的发展。

秦汉以来，随着行政机构的设置，岷江上游羌人和内地汉人的交往逐渐密切。据《后汉书》记载：岷江上游羌人每年农闲的冬季，就进入成都平原，为人打井，到春夏农忙又返回邑落。战国时期著名的都江堰水利工程，就有羌人参与修建。羌人在成都平原打井修堤筑堰，为人佣工，直到新中国成立前仍然如此。唐代，岷江上游羌人被称为西山诸羌，羌人的八个部落又被称为“石山八国”，颇有势力。西山诸羌地处唐蕃冲突的要冲，成为唐蕃政权争夺、控制、利用的对象。汉人进入羌区，据记载是三国蜀汉时期廖立一家流放汶山郡，似是汉人进入羌区之始。至宋代，汉人更多移入羌区，宋太宗雍熙（984－987）时，茂州已有汉民 326 户，霸州[③]的汉民已达一百七十余户。

从明代初年，封建王朝在岷江上游一带建立卫所推行土司制度开始，直到清乾隆年间对大小金川用兵为止，由于全国封建经济文化的

---

① “道”是秦汉在少数民族地区设立的相当于县一级的政权。秦代在岷江上游设置的湔氐道包括今松潘、茂县、汶川，以及都江堰市、彭州市在内的一些地方。

② 汶山郡为汉武帝元鼎六年（前 111）置，下辖汶江（今茂汶）、绵篪（今汶川）、蚕陵（今茂县北部）、湔氐（仍称道，今松潘）、广柔（今理县东部）等县。

③ 霸州遗址在今汶川县龙溪乡龙溪沟口的东门外。

高度发展，各民族间的联系进一步密切起来，特别是羌、汉民族间频繁交往和经济文化的交流，羌族地区的交通贸易有了一定的发展，茂县、汶川、保县（理县）等地已由纯军事政治要镇，发展成为各族人民物资交换集散的经济中心，许多汉商及屯兵逐渐到这里安家落户。明末张献忠起义军进入羌区，有部分汉人移入，起义军失败后，又有不少汉族人民迁来此地，他们带来了先进的生产技术和生产工具，对羌族地区经济发展起了积极的推进作用。如农村以连枷脱粒的方法代替了以往用脚踩棍打的原始脱粒法；铁制农具的大批输入代替了以往使用的部分木制农具；汉族铁匠、木匠、石匠的陆续进入，有的羌民也学会了这些技术，使羌族中出现了一些脱离农业的手工工匠；羌族地区的农业生产以及种植花椒、核桃，挖草药、狩猎等副业都有了进步、丰富和发展。

但当时封建领主经济上束缚着羌族人民，繁重的无偿劳役（劳役地租）和高额的租税，以及土司无止境的横征暴敛、巧取豪夺，严重地阻碍了身处于农奴地位的羌族人民发展生产的积极性。在土司残酷压迫剥削下，迫使农奴起义不断进行反抗，冲击着封建农奴制统治的基础，废除封建农奴制已成为不可阻挡的历史潮流，于是清王朝“改土归流”政策得以推行，从乾隆至道光（1736－1850）一百多年间，羌族地区的改土归流大体完成，在此基础上，地主经济在羌族地区形成和发展起来。

改土归流以后，加快了民族融合。羌汉人民和睦相处，为开发岷江上游地区做出更大贡献，正如嘉庆《汶志纪略》卷三《风土》所载：“其地羌汉并处，其土羌汉杂耕，然各安其业，耦居无嫌。”

1840年鸦片战争以后，随着外国资本主义势力的侵入，我国逐步由封建社会向半封建半殖民地演变。各族人民除了要受清王朝和封建地主阶级的剥削压迫外，还被外国资本主义、帝国主义奴役。从此，我国各族人民便肩负起反帝、反封建的使命，羌族社会也进入一个新的时期。不过由于我国各民族地区的发展不平衡，这一重大变化的影响对于我国腹地山区的羌族社会而言，是有限的。相反，由于“改土归流”的普遍推行，绝大部分地区的封建领主经济转变为地主经济，农奴摆脱了份地和差役制度的束缚，成为有一定人身自由的农民，生产积极性有所提高；加以汉族农民、手工业者、商人和士兵移居羌区，带来了较先进的技术和工具，促进了民族间经济文化交流，因而这时羌族地区的农业、手工业和商业都有较大发展。

从1856年至1860年的第二次鸦片战争，清王朝与英、法、美、俄分别签订中英、中法、中美、中俄《天津条约》以后，英、法、美等国侵略者以不平等条约为护身符，坚船利炮深入中国腹地，直至偏僻的羌族聚居区。随着帝国主义侵略的深入，清王朝在政治上在羌族地区推行“里甲制”①，并借机实行强迫同化政策，有的地方驻兵屯垦，有的地方还保留残存的土司头人制，以便控制和镇压羌族人民愈来愈频繁的反抗斗争，维系其摇摇欲坠的统治。在经济上加紧对羌族人民的掠夺，地处“山高岭峻，不产稻谷”的茂州、汶川、理番（今理县）等地，各种摊派捐输不得幸免，除地丁、火耗、盐税、茶课、磨税（水磨课取税银）、牙行银（牲畜税）、田房税契外，新增捐税项目竟达六十余种②。到辛亥革命前夕，清地方政府对羌族地区的食盐和当时已经开始泛滥的鸦片也实行“专卖”，他们用低价购入和高价出售的办法盘剥人民，牟取暴利。清政府的增粮增税，加深了羌族人民的苦难。

---

① 清中叶以后，清王朝在羌族地区推行“里甲制”，即把羌族地区划为若干里，作为基本的行政单位，里直接隶属于州县政权。里之下设有甲（或寨），作为里的辅助单位。里有里长，甲有甲长。

② 冉光荣等：《羌族史》，第272—278页，四川民族出版社1985年版。

岷江上游羌人具有光荣的革命斗争传统。秦汉以来，岷江上游羌人反抗封建统治者的斗争从未停息。特别是在元明清土司制度下，羌人遭受土司和封建政府的残酷压迫，羌民的反抗此起彼伏，未曾间断。羌族人民不屈不挠地和土司、封建政府的长期斗争，终于迫使清政府“改土归流”，取消了土司制度。明末农民大起义中，张献忠部队占领四川，进入羌区，获得羌人支持。据国治《理番厅志》卷四《武功》载：“龙蒲等三寨逆番，自献忠据蜀，恶番投逆受印之后，大肆桀骜，恃其硐寨险阻，党羽繁多，焚烧关堡……又与都江堰逆贼相勾连。”张献忠部队退出四川后，羌族人民保留大西政权所赐印信，继续抗击清军十余年之久。1840 年在英国发动鸦片战争后，羌族人民曾与藏、彝族人民组成两千多人的军队，开赴广东、浙江前线，在宁波镇海战役中，狠狠打击英国侵略者，表现了高度的爱国主义精神。1905 年清政府在茂州设立“官盐店”，羌民不堪盘剥之苦，终于爆发武装反抗，他们联合了黑水、松潘的藏族人民，汇成一支千余人的队伍，开进茂州城，捣毁官盐店，迫使清政府不得不取消食盐专卖、允许食盐买卖自由。辛亥革命中，羌人与藏、汉人民联合反清，与都江堰的保路同志军紧密配合，起义军攻占汶川、威州、茂州等城镇。当成都被革命军围困时，川督赵尔丰一面龟缩督府，向清廷呼救，一面征调各地清军驰援解围。此时从松潘奉命南下救援成都的巡防军，沿途遇到羌族、藏族等民族武装阻击，溃不成军，宣布投降。赵尔丰孤军无援，束手就擒，清王朝在四川的统治也宣告结束。民国以来，羌族人民又和搜刮羌区的军阀、官僚进行了不懈的斗争，特别是 1920 年茂县羌人抗捐税的斗争，打死强征税款的团总，多次击退前来镇压的官兵。这次斗争持续了两年之久，影响很大。

1921 年中国共产党诞生后，羌族人民反帝反封建斗争进入一个新阶段。1921年理县通化乡佳山寨等地羌族人民为反抗官府苛捐杂税，处死了作恶多端的团总。1924年至1926年，理县藏、羌族人民为反抗封建军阀苛捐杂税，聚集两千余人，攻克理县县城。起义武装还攻打到汶川、茂县、松潘等地，斗争持续三年之久。1935年5月，红四方面军长征经过并解放了羌区，在羌区建立了各级苏维埃政权、羌族人民扬眉吐气，积极投入“打土豪，分田地”的土地革命运动。1935年秋，红军北上，羌族人民积极参军支前，仅茂县参加红军的羌汉各族群众就有近两千人。许多羌族人民的优秀儿女，在长征中，在抗日战争和解放战争中，浴血奋战，直至光荣牺牲，为中华民族的解放事业立下了不可磨灭的功勋。同时在长期革命锻炼中也成长了一批优秀的羌族干部，他们在新中国成立后担任着许多重要职务，在新长征中继续为各族人民共同的革命和建设事业做出贡献。

红军为了北上抗日，必须经过无粮的草地，通过草地的人畜（马匹）口粮，都需要在农区筹集。苏维埃干部和羌汉群众在筹粮过程中做出了很大贡献。茂县各族人民为红军筹集军粮三百余万斤，熬制岩盐两三千斤。茂县二莫若乡苏维埃组织羌族皮匠，为红军缝制耐穿御寒的羊皮褂一千余件。茂县有近万人和两千多匹牲口参与为红军运输，羌族人民为红军长征胜利做出了极大贡献。

红军北上后，在漫长的黑暗岁月里，羌族人民同国民党反动派进行了长期不屈不挠的斗争。其中最著名的是1942年的“茂北事变”和1947年的“龙坪事件”。这两次有上千名羌族群众参加的武装起义，有力地打击了国民党反动派在羌区的反动统治。在古代历史上，羌族人民用自己的智慧和力量，与历代封建统治者、土司头人进行了长期、不懈的斗争，在近现代反帝反封建的人民革命斗争中，羌族人民又书写了可歌可泣的新篇章。

3. 岷江上游羌族的现状及文化习俗

新中国成立前，岷江上游羌族处在军阀和国民党反动统治下。1925年至1935年，川军的第二十八军开入松、理、茂、汶地区，将这一带作为其割据的“防区”，并在茂县设立“四川松理懋茂汶屯殖督办署”，宣称“用阳刚的手腕，图温和的成绩；举国家的财力、实力，强制其同化与统一”①。他们实行武力统治，妄图扑灭羌族等各族人民的反抗；加紧进行经济掠夺和剥削，挤占羌族人民的土地，搜刮“禁烟罚金”，实行鸦片专卖，强征各种物品的“进出口税”；进行所谓宣化，使羌族等少数民族“彻底汉化，泯灭汉夷界限”，以达“化一风同之目的”②。结果必然加重羌族等各族人民的灾难和痛苦，加深民族隔阂，激化了民族矛盾。

1935年红军长征经过羌区，摧毁了四川军阀对羌族人民的统治。红军北上后，国民党乘虚进入羌区，施行“行政督察专员制”，将羌区划入第十六专区③、专员公署和保安司令部均设在茂县，派军队和保安队分驻各县“以资震慑”。同时废除了清末民初沿袭下来的里甲制或团甲制，一律实行保甲制，以强化和严密其反动统治机器。到抗战胜利前后，国民党反动派还在羌区推行一党专政，特务统治和保甲制度三者相互结合渗透的封建法西斯统治。他们向羌民横征暴敛，苛捐杂税不下数十百种，甚至羌区根本没有公路、电灯和电话，却要征收“公路捐”、“电灯捐”和“电话捐”。在众多苛捐杂税中，鸦片烟税占有特殊地位，其名目之多，数额之大，令人咋舌。种鸦片的羌民

① 《四川松理懋茂汶屯区屯政纪要》序。

② 同上。

③ 红军长征后，国民党新军阀势力入川，施行“行政督察专员制”，将四川省划为十八个行政督察区，羌区划入第十六专区。

要交“窝捐”或“亩捐”，收割过秤时要交“秤捐”，进入市场要纳“特捐”，开设烟馆供人吸食或自己置灯吸食者要抽“红灯捐”或“瘾民捐”。最荒唐的是对拒种鸦片的农民要抽“代捐”。所谓代捐即俗称“懒捐”，用以惩罚不种鸦片之“懒惰”。在抽取烟税时尚有各种附加税。国民党政府还在茂县设立“禁烟督办公署”，借机搜刮羌民的“禁烟罚金”。国民党政府的横征暴敛，给羌区人民造成了巨大的灾难。

新中国成立前，羌民族生产技术落后，生产工具缺乏，有些地区还处于“刀耕火种”的原始状态。生产关系以封建地主经济占据统治地位。占总户数8%的地主富农，占有全部耕地的43%，而占总户数43%的贫农、雇农，仅占有耕地16%。地租剥削以实物地租为主，剥削率重达百分之五十至七十。少数地区还有劳役地租的残余。除地租剥削外，地主阶级还以换工、雇工、放高利贷和超经济强制等手段，对广大贫苦农民巧取豪夺，使许多农民失去土地，到处流落，以出卖劳力度日。在少数残存土司、头人统治地区，则继续保留着封建领主制的剥削形式，土司就是最高统治者、世袭领主，“百姓”就是他们的农奴。在某些头人统治区，则存在着奴隶制残余，头人畜养家内奴隶（娃子）。农奴和奴隶没有人身自由，在主子棍棒下过着非人的生活。

国民党政府和地方军阀千方百计制造民族间和民族内部的纠纷。新中国成立前三十年，羌族地区打架现象十分频繁激烈，往往一次冤家仇杀，持续数十年，械斗上百次，死伤数百人。茂县赤不苏一带有一首民谣无情地诉说了打冤家的苦难：

打冤家呀打冤家。
斑斑血泪野外洒！
财主发横财，

穷人遭枪杀!

1949年前，散兵、游勇、土匪、流氓、地痞常常在光天化日之下抢劫过往客商，杀人越货之事屡见不鲜，羌区到处是一片凄凉恐怖景象。新中国成立前，在国民党政府怂恿压迫下，岷江上游羌区成为四川两大鸦片产区之一。鸦片种植在羌区泛滥，排挤了粮食生产。羌区四十余万亩耕地中约有一半被废弃。羌民吸食鸦片，民族素质严重下降。临近新中国成立的十多年间，羌区经济凋敝，人口锐减，劳动生产率极低，人民日趋赤贫化，整个羌族濒临亡族灭种的危险。新中国成立前夕，茂州人口不到六万，较道光十四年（1834）的111416人，在一百余年间人口减少近一半。

1950年1月，羌族地区被解放，羌族人民重获新生。新中国建立，经过安定社会秩序，发展生产，民主建政、进行民主改革和社会主义改造，1958年7月成立了茂汶羌族自治县①，县府设在凤仪镇，实现了当家做主的自治权利。

羌族地区人少地多，劳力不足，生产力水平低下，新中国成立后羌族人民以集体力量，在“九石一土”的山区，掀起了土壤改良和农田基本建设的热潮，兴建了拖拉机站、水库、水电站和机电排灌站，农业生产有很大发展。1980年粮食总产量为建国初的三倍以上，亩产平均超过500斤，每人平均生产粮食939斤。从无到有地兴建了一批工矿企业，如制革、造纸、木材、水泥、化肥等，并涌现出凤仪镇、威州、漩口等新兴工业城镇。由于水电站建设成就突出，茂汶羌族自治县境内有97%的人家用上了电灯，结束了羌族人民靠火把、松明照明的历史。羌族地区的交通运输、文教卫生事业发生了深刻变

① 1958年7月7日建立茂汶羌族自治县时，辖原茂县、汶川县、理县。1962年经国务院批准，恢复汶川县、理县建制，茂汶羌族自治县辖原茂县，县政府仍设在凤仪镇。

化。过去，羌族地区没有公路，运输全靠人背畜驮，如今岷江上架起了大型公路桥两座，自治县的区乡之间都通公路。过去，羌族地区文盲充斥，疾病流行，如今自治县有中学二十多所，小学两百多所，医院、卫生所分布自治县各地，对流行病进行普查普治。羌族地区的其他各项事业也有很大发展。

据全国第三次人口普查，羌族共 102513 人，阿坝州境内的羌族九万八千余人，其中有六万余人聚居于茂汶羌族自治县。新中国成立三十多年来，羌族人口增长幅度是 109.28%。在全国五十六个民族中名列第六。茂县 1949 年底全县总人口为 36334 人，1982 年为 79914 人，净增 43580 人。增长 119.94%。

岷江上游羌人在长期历史发展中，虽然受邻近的汉、藏族的影响，但基本上保持了本民族固有的传统习俗和文化。

每一民族都有其特殊的风俗习惯，它是该民族经济文化状况的反映，并对该民族的发展有相当的影响。新中国成立前羌族的主要习俗如下：

服饰。羌族服饰风格独特，男子喜包青色或白色头帕，麻布长衫，外套一件无袖的羊皮褂，可以御寒、遮雨、垫坐、劳动。男子脚裹牛、羊毛制的毡子绑腿（或有花纹的麻布绑腿），能保温、滤水、护腿。脚穿布鞋、皮鞋或草鞋（用麻或柳树皮编制而成），束腰带，上系吊刀、火镰和用以装线和兰花烟的皮裹兜子。火镰是出门必备的引火工具，外有嵌珊瑚的装饰，内装取火用的白石、铁镰和野棉花。喜庆日子穿云云鞋，鞋尖微翘，鞋面绣以云彩或波纹。妇女服饰艳丽多彩，喜缠青色、白色头帕，或于头顶置瓦状青布一叠，然后以两根发辫绕其上作髻。身穿绣有艳丽花边曳至脚背的麻布或棉布长衫，外套羊皮褂子，裹绑腿。衣领上镶嵌一排小颗的梅花形图案银饰，腰系绣花围裙和飘带，喜戴银牌、簪花、耳环、耳坠、圈子和戒指等银首饰。

饭食。羌人主食玉米、洋芋、小麦、青稞，辅以荞麦、油麦和各种豆类。经常吃的“面蒸蒸”，是将玉米面蒸成颗粒状；吃的馍是将麦面或玉米面做成馍放入火塘内烧熟，香脆可口，便于携带；还有用玉米面拌大米蒸熟，被誉为“金裹银”或“银裹金”；也吃玉米面汤或搅团等。蔬菜较少，每家常有一坛用青菜、白菜、圆根泡的酸菜。习惯在冬至后杀猪，制成猪膘，供常年食用。男子吸自种的味浓且辣的兰花烟。无论男女都喜欢砸酒，多用青稞酿成，饮时开坛，注入开水，用细竹管吸取，轮流咂吸，故称“砸酒”。重阳节酿成的称“重阳酒”，储存一年以上，分外醇香。也有以青稞、玉米做醪糖或烤成白酒的。

居住。羌族一般几十户人聚寨而居，称羌寨，多在高山或半山上。住房平面呈方形，一般为二层或三层，以三层为多，均以独木截成锯齿形的楼梯上下。三层的，下层为牲畜圈，并堆放杂草和沤粪；中层住人，有卧室、贮藏室之分，卧室内有火塘；上层贮藏粮食杂物。二层的，人住楼下，楼上储粮堆放杂物，牲畜圈另设屋外。无论二层或三层住房，多用碎石片拌和黏土筑成平顶房，房顶用途甚广，除晒粮、脱粒、晒衣外，还是老人憩息、妇女针织、儿童嬉戏之所。窗户均为木制，为了防寒防盗，小而且少，故室内光线差，烟尘不易进出。羌人住房的中心为“锡庄”，即火塘上置一铁或铜、石质的三足架，用以炊。火种终年不熄，有“万年火”之称。锡庄上方供奉祖先神位，平时家人聚会、饮食、接待客人、表演节日歌舞和祭祀祖先等，都在锡庄旁边进行。

由于长期以来民族之间和民族内部冤家械斗频繁，羌人村寨大多建筑在半山或高山顶上易守难攻的地方外，羌寨还建有碉楼，汉化称为“邛笼”，高达数丈至十余丈，最高的有十三四层。碉楼用于军事目的，它以不规则的片石和泥土为原料，不绘图，不吊线，信手砌成。壁面平整，棱角突出，结构匀称，形状有六角、八角、四角形，颇为坚固，有的经历多次地震而不倒塌，这是羌人独具风格的建筑技艺。

交通。溜索，羌区交通有溜索，是羌区渡河的竹索。河岸立柱，竹索系于木柱、树根或大石上，横跨河面，长六七十丈甚至百丈，可渡单人。渡河时用麻绳将人身捆在硬木制的半圆形溜筒上，顺着竹索悬空溜过河去。溜索早在秦汉就有。溜索有平索和陡索两种：平索依水平安装，只有一索，渡河者需用手攀行，或由彼岸用人拉动引绳牵溜筒过河；陡索则由两索交叉安装，一来一往，一高一低，便于迅速溜渡。

索桥，又名绳桥，是溜索的进一步发展，可过人、畜。桥底用十二或十四根竹索，上铺木板，旁有索栏为扶手。建造时两岸平立两柱，称将军柱；柱上架梁，索绕梁过，使不下坠。两岸各建桥楼，内有立柱、转柱，立柱以系索，转柱以绞索。

道，又名阁道。凿岩成道或在岩壁凿孔架木，做成而行。其木梁一端插入山壁孔内，另一端空悬于外或以立柱支撑，或在道路中断之处用片石砌保坎，将木梁置保坎上，以便通行。道路往往在悬岩峭壁间，下临深涧，极其惊险。

家庭。羌族家庭组织，是以一夫一妻为基础的父系家庭制，每个家庭就是一个生产和生活单位。一般家庭都是直系亲属共同居住，成员以父母和子女两代为多，最多不超过祖孙三代，平均一家三至五口。独子不分家，多子家庭在儿子长大成婚后，须分家另立门户，父母身边只留下一个儿子作为养老送终的依靠，所留者一般以最年幼的儿子为多。

家庭实行父系家长制，父死子继，女儿一般没有继承权。若绝嗣，则家产由父系近亲继承。因此男性始终处于内外事务的支配地位。如支配全家的收入和支出，安排生产、决定子女的婚嫁和儿子的财产继承，主持祖先的祭祀和参加社交活动等。女性则处于被支配地位，不仅一般没有财产继承权，不得参加重大祭祀活动，而且不能随便与男子谈笑，媳妇甚至不能与公公直接说话。

但是，由于妇女在劳动中占据重要地位，除了不犁地外，从种到收的农活和家务等都由妇女操持。因此，她们在家庭中还具有一定的权力和影响。如儿女的婚事还得征询她们的意见；在没有儿子时，可由入赘女婿来继承家业。同时，家庭中母舅权力很大，诸如婚丧嫁娶以及分家、继承等大事，皆须母舅允诺，并由他主持办理。

婚姻。近代以来，羌族的婚姻形式基本上是一夫一妻制，仅占百分之四五的一夫多妻现象，只有统治阶级内部盛行。在多妻制的家庭内部，妻妾之间没有明显的划分，而以精明能干者操持家务。婚姻属于包办强迫，男尊女卑的封建买卖婚姻性质。男女青年一般没有选择对象的自由，幼小时即由父母请人测字合婚，然后举行订婚、结婚仪式，并有少数指腹为婚的。择婚时，有严格的阶级界限，讲究门当户对和亲上加亲。盛行早婚，一般是男的十余岁，女的十四至十八岁即举行婚礼。因而这样的婚姻不太可能建立起真正夫妻间的感情。

从订婚到结婚，程序十分繁琐，且男方必须花费大量钱财，用于赠送女方的彩礼（聘金）和请客吃喝。没有钱财实际上是不能成婚的，因此有不少羌民为了成家，不得不告贷财主，有的人儿女已经成人，结婚时借的债利尚未还清。许多贫苦农民和手工业者，则由于贫穷娶不起妻子而终身独居。

羌人婚姻仪式从说亲到成亲要经过“开口酒”、“小订酒”、“大订酒”、“女花夜”、“接媳妇”等几个程序。

当男女双方尚未成年时，由男方媒人到女方说亲。如女方同意，则由其家提出在一定时间由男方到女方来宴客。在酒席上由女方提出聘金数目，然后双方议定，是为“开口酒”。数年以后，当男女已达婚龄时，再由男方到女方办酒席招待，送上部分聘礼，此即“小订酒”。接着，男方到女方大宴宾客，招待女方亲友及同寨邻居。此时男方须交清聘礼，然后议定结婚日期，称为“大订酒”。然后，由女方宴请亲友，歌舞通宵达旦，次晨由母舅给姑娘披上红绸，由迎亲人迎往男方，这就是“女花夜”。新娘到男方后，须举行结婚仪式，盛宴宾客，称为“接媳妇”。当晚歌舞庆祝，男方客人唱“赞新娘”的歌，女方客人唱“赞新郎”的歌。次日主人设早宴送客，至此婚礼结束。上述程序中大小订酒可以合并，其余皆必经阶段。婚后三日，新郎同弟兄背酒肉送新娘回娘家。新娘回娘家，有的住数日数月，有的地方要住一至三年后，才由丈夫接回。这种“不落夫家”的习俗，是羌族古老婚姻的残余形式。

在羌族的婚姻制度中，还保留着一些母系社会的残余，如姑舅表亲可优先作为结婚对象考虑；寡妇再嫁或招赘，不受限制和歧视；兄死弟娶寡嫂，弟死兄纳弟妇；入赘比较普遍，且入赘后男方一般须改随女家的姓氏等等。此外，在少数地方还流行着抢婚的习俗，可以抢处女，也可以抢寡妇，但抢婚后男方须付给女方报偿。

买卖和包办婚姻的结果，势必把妇女视作财产和男子的附属物，因之要解除婚约和离婚，一般是不允许的。1949 年前，婚姻方面的上述习俗，有不少已被统治阶级利用，成为欺压人民的一种手段。

丧葬。羌族的丧葬形式有火葬、土葬和岩葬三种。火葬是历史悠久的传统葬俗。史籍记载：“氐羌之虏也，不忧其系累，而忧其死不焚也。”[①] 有按姓氏而设立的各自的火葬场，只供本姓死者使用。一般是死后三天即行火化。在未焚之前，先将尸身置于一特制小屋（仅

---

① 《荀子·大略篇》；《吕氏春秋·义赏》。

能容身）或木棺内，然后由巫师诵经，再抬至本族的火焚场。火焚场设有一座可以移动的小木屋，内供本族历代祖先的神位。葬时将小木屋移置他处，而置应葬者于其地，四周堆放柴火，在日落时火焚。此时死者亲属们围坐号哭，并唱丧歌，跳丧舞，喝丧酒，以表永别。次日拂晓，亲属取焚化之骨灰埋于地下或封在崖穴之中。

近百年来，因封建王朝的提倡和汉族的影响，土葬已逐渐代替火葬而成为羌族的主要葬俗。火葬仅成为凶死、传染病死和其他非正常死亡者的葬法。羌族土葬的礼仪基本同于汉族，但有其特点。即死者入殓以白衣（麻布为多），由长辈在遗体前杀一只羊为死者“引路”，然后将羊解剖，如发现羊的内脏何处有病，即以为死者因何种病而致死，家人则悲哀悔恨，未能先知其病情及医治之失当。棺木埋入土中后，用石头或泥土垒成坟墓。至于不到一岁的婴孩死后，即装入木箱或竹笼里，或放在山涧内，或放到河中冲走。

礼俗。羌族人民有尚礼好客的良好传统。有的地区在贵客临门时，要鸣枪欢迎。客人进房后一定要让坐于锅庄的上方，并招待咂酒，以示祝福。羌族有敬老的传统，见老人必须让座、让路、敬食、敬酒。坐火塘边时，男女有别，不准跷腿而坐，客人不能随意进卧房或上楼。从前有的礼俗也反映严格的阶级界线，如百姓路遇土司头人，要躬腰屈膝，让路回避，骑马的要下马。若与土司头人说话，必须低头并用敬语等。

姓氏。以往羌族每个家庭都有自己世代相传的小房名，这些房名也就是他们姓氏。到了近代，由于民族间交往的频繁，以及地方官府的提倡，大多数羌民改用了汉名、汉姓。清乾隆三十二年理番县龙溪乡龙溪寨①的火坟碑及回龙寺的钟铭文都记载着当地的房名，有毛耳

① 理番县龙溪乡龙溪寨即今汶川县龙溪乡龙溪寨。

志、何必志、勉伍志、何外勺、男不勺、罗志保、保寿保等。后来这些房名逐渐转换成了汉姓，一般都是以房名的第一个音作为汉姓，如苏蟒达改姓为苏，哭吾已改为苟姓（用羌语哭音念苟，故转为苟姓），余约志改姓为余，耿家志改姓为耿等等。

节日。羌族有自己传统的民族节日，多与农业活动和宗教信仰有关。其中最重要者为农历二月至五月的“祭山会”和十月初一的过年（现称羌年或小年）。

羌族居住岷江上游高山区，农林牧业的丰收与否在很大程度上决定于大自然情况（即所谓天）的好坏，尤其与山地息息相关，故羌人的宗教祭祀活动中以祭天最为经常，而以祭山最为隆重。祭山神时也祭天，祭山会又称祭天会。祭山会一般在各村寨附近神林中一个放白石的塔前空地上举行，祭祀时还要绕石塔活动，故祭山会又称塔子会。由于羌区各地农事季节不同，祭山会一般在农历二月至五月的某一时候举行，是欢祈丰年的活动。有的地方秋收后还要举行一次祭山会，称为“还恶”，以报答山神和天神之恩，是欢庆丰收的活动。有的地方秋收后祭山祭天还恶，即在农历十月初一过羌年除夕。祭山会以寨为单位举行，届时全寨成年男子必须参加，妇女则在禁止之列。

羌族一般以农历十月初一为年节，各地具体日期和仪式不一。因时值秋收完毕，故年节宴会称为“收成酒”。过年节时全寨人都要停止劳动和出门，由巫师杀牛羊祭天祭山。有的村寨还由巫师跳神至神树林，杀羊洒血在石塔上，将羊肉分给各户带回，寨族邻里互请砸酒跳锅庄，以欢度年节，庆祝当年丰收。

新中国成立前，年节一过，青壮年男女即离乡背井，到成都平原打井，砌堤，修堰，直到次年春季才回。老年人留守羌寨，孤苦伶仃，不胜凄凉。因此，在年节中亲族邻里互请砸酒时，高唱酒歌，以诉离情。

古风存留。尚武，羌族有尚武风习，以往每户至少有一名武装男丁，一般装备有：一把刀、一支明火枪、一圈火绳、一个皮弹药袋（内装一斤多火药和弹丸），还有一口袋烧馍，每半月检查一次。遇到敌情时，羌寨之间用紧急传递木铎的方法，联系各寨羌民，共同御敌。

议话坪制度，在羌区历史悠久，是部落民主制遗风。每个羌寨都有议话坪，羌语称“尔母孜巴”，每年开几次会，每户一名男丁参加，商议处理全寨大事，如出兵御敌，封禁山林，议定乡规民约等。乡（大团）有大议话坪，每年或两年开会一次，主要内容是检阅各寨每户男丁的武器装备，练武射击，修订乡规，选举团总，以及决定出兵打仗等等。议话坪的规矩是人人有发言权。议话坪制度虽为部落民主制遗风，但后来却为统治阶级所利用和控制。

氏族公有制，在羌族地区尚有残留。新中国成立前，羌族虽已进入封建社会，土地私有，但山林、牧场、墓地却属村寨姓氏公有。

互相帮助，在羌族中很普遍。在播种和收获等农忙季节，一家需要耕种或收割时，全寨能劳动的人，都会自带工具、口粮，前往帮忙。遇婚、丧、祭等大事，更是互相帮助。贫穷之家的丧事，家门房族除帮忙外，还资助丧葬费用。

此外，还有一些不利于生产、生活的禁忌。如孕妇被认为身体不洁净而限制甚多，产妇临盆不能在家而必须到牛羊圈内分娩。家有丧事和恰逢节日，较长时间不外出等，羌民不参加生产劳动，妇女亦不得做针线活等。这些都给劳动人民以很大的束缚，阻碍生产发展和民族进步。

在长期的历史发展中，羌族人民创造和积累了丰富多彩、风格独特的文化，包括民间神话传说，民歌、舞蹈和民族乐器，建筑艺术和挑花刺绣等，为祖国文化宝库增添了光彩。

神话传说。羌族没有文字，因此流传于人民群众中的口头文学在羌族文化中占有重要地位。它主要是依靠人民群众世代口传和长期歌唱而保存下来。羌族民间流传的神话传说内容生动，题材广泛。神话传说大致可分为自然神话（又分为人类起源神话和天地起源神话）和人文神话。它凝聚着羌族人民的聪明才智，有独特的艺术风格和巧妙的表现手法。如果脱去羌族神话传说和史诗的神奇外衣，往往能看到羌族古史的一些线索。如《羊角花的来历》反映出远古羌人曾经历过群婚阶段。《洪水朝天》《造人类》等神话，反映古羌人曾实行过血缘家庭制。《蒙格西送火》反映古羌人从利用自然火到学会人工取火的曲折又复杂过程。《羌戈大战》的传说，具体描绘了古羌人一次民族大迁徙的史实，对研究古羌人历史具有重要参考价值。

以反抗统治阶级为题材的传说故事，在羌民间传说中亦居重要地位。《太子坟》的神话生动地塑造了一个羌族人民理想的化身“太子”（白石神“天”的儿子）一心为羌民谋利益、为民除暴的形象。《黑府将军》的传说歌颂了一个领导群众反抗封建官府的民族英雄。反映近代羌族人民漫长黑暗岁月里进行艰苦卓绝的斗争和悲惨生活的家史等，也是羌族民间传说故事的重要组成部分，如《打井的遭遇》《压在穷人身上的铁板租》《曲谷除霜》《羌山怒火》《走上红军路》《日日夜夜想念红军》等。

民歌。羌族男女老少大都喜欢唱民歌，民歌已成为群众生产和生活中不可缺少的内容。也是青年男女进行社交活动的一种主要形式。他们通过唱歌以驱除疲劳，减轻沉重的劳动负担。同时也通过唱歌来抒发埋藏于自己心底的哀怨或喜悦。因而羌族群众无论是在耕地、锄草或是背粪、打柴，总是不停地唱着山歌。在金秋季节收获玉米时，每个羌寨常常是歌声伴着采摘和脱粒的劳动，往往是从黎明直到黄昏。

羌族民歌题材广泛，内容丰富，比喻贴切，语言生动，歌词可随意变换。有的触景生情，即兴唱来，自成一格。再和之以悠扬婉转的羌笛和口弦，给人以强烈的感染力量。民歌可分为苦歌、颂歌、山歌、情歌、酒歌和喜庆歌等，各具风格和特点。

苦歌，揭露旧社会的腐朽黑暗，诉说羌族人民在反动官府和本民族统治阶级压榨下所处的悲惨境地。这些歌歌词鲜明，生动，深刻，十分感人。这类民歌各处皆有流传。

颂歌，大都是颂扬历史上羌族人民反抗统治者的斗争和武装革命的真实记录。如《杀团总》，就是一首关于1925年理县通化地区羌族人民不堪反动团总的欺压奴役，奋起抗争杀死团总的历史叙事诗。再如《卡普歌》①，是流传于汶川县关于1935年红军北上后，羌族人民歌颂和怀念红军的歌。

山歌，以其内容和形式可分为“抒情山歌”和“劳动山歌”两种。流传广，数量多，内容丰富，风格多样。有的气势雄壮，节奏严整，具有强烈的集体劳动气概；有的高亢，辽阔，表现出一种豪迈、洒脱的气质；有的婉转优美，带有一种浓厚的抒情色彩。

情歌，是羌族青年男女进行社交活动，表达爱慕之情时所唱的歌。情歌善于譬喻，常常是男女对唱，以表达男女青年间纯洁的爱情。这种情歌通常称为“苕西”。

酒歌，是羌族特有的一种传统歌唱形式，有的地区把它叫做“唱酒戏”。主要是在逢年过节、举行婚礼中喝“砸酒”时唱的，唱酒歌时一般是主客并排而坐，由主客轮流对唱，节奏舒缓，旋律优美，声音高亢，腔调婉转，风格朴素典雅。歌词较长，多是表达吉祥、祝贺与感谢之意，或叙述家史、追思祖先业绩。

---

① “卡普”，羌语，意为“犯法”，指当时唱这种歌是犯法的。

喜庆歌，也是羌人的一种传统风俗歌。在婚嫁过程中，男女双方都要邀请一批客人在家里通宵达旦地唱歌，并伴以舞蹈。歌词内容多是赞美新娘或新郎相貌出众、服饰美丽，夸赞新娘新郎找到了好对象，祝福他们生活过得幸福美满等。

丧歌，老年人去世后要唱丧歌，内容是叙述丧事礼仪和吊孝规矩以及对死者的悼念等。

此外，还有一种叙事民歌，叙述事件始末，并对有关人物进行评价，富于教育意义。

舞蹈和民族乐器。羌族能歌善舞，不论劳动生产、节日聚会或婚丧大事，都要唱歌、跳舞。羌族的舞蹈形式多样，舞姿优美，最主要的有“跳沙朗”、“跳盔甲”（又名铠甲舞）、“跳皮鼓”和“兰干寿”等。其中以“跳沙朗”最为流行，伴舞的曲子也最多，以“跳盔甲”最富浓郁的民族风格。

“跳沙朗”，因舞蹈活动大多在室内锅庄旁边举行，故又称“羌族锅庄”。在举办丧事时，有专门的“忧事沙朗”，在节日喜庆时又有“喜庆沙朗”。两者的音乐舞蹈，从内容到气氛都有迥然不同的风格。

“跳盔甲”，为一种古老的传统祭祀风俗舞。此舞原来多在对民族有战功的战士举行葬礼时使用，以表达人民对死者的哀悼和怀念，故又名“大葬舞”。后来这种舞蹈普及到民间葬礼。舞蹈者人数不定，数人至十数人不等，身穿生牛皮制作的铠甲，头戴插着野鸡翎和麦秆制作的皮盔，手执兵器。舞蹈开始时先跳圈，然后形成两排对阵，长刀飞舞，肩上挂的铜铃叮当作响。吼声震动天地，表现了古羌人为保卫民族生存，与敌人殊死斗争的威武气概。

“跳皮鼓”，实际上是巫师作法时所跳的一种舞蹈。巫师伴随着鼓声，动作敏捷，矫健，激烈，节奏明快，烘托出一种激烈紧张的气氛。

羌族的民族乐器丰富，其中最具特色要数羌笛。据说这种乐器系秦汉时游牧西北高原的古羌人牧民发明，故名羌笛。因当地不产竹子，所以最初的羌笛是用羊腿骨或鸟腿骨制成。近代流行于四川羌族地区的羌笛，是一种六音阶的双管竖笛。管身用岷江上游高山特产的油竹制成，方筷形，长约 16 至 20 厘米，粗如小指，两管并列，以细线捆紧，竹簧插于管头，竖吹。多独奏，用特殊的“鼓腮换气法”，不断地吹奏，音色柔和，纤细，悠扬婉转。

此外，羌族民间乐器尚有小锣、铜铃、唢呐、羊皮鼓、月琴、胡琴和竹口弦等。多才多艺的羌族人民用这些比较简单的乐器，吹、奏、弹出具有独特风情、动人心弦的民族曲调，这是羌族民间艺术的一个重要组成部分。

建筑艺术和挑花刺绣。羌族的建筑艺术，独特精湛，早已著称于世，其中尤以碉楼、石砌庄房、索桥和索道最有名。《后汉书》卷一一六《南蛮西南夷传》冉駹夷条：“众皆依山居止，累石为室，高者至十余丈为邛笼。”碉楼，羌语称“俄”，汉字记音即“邛笼”。庄房即羌人住房，羌语称“鸡”，顾炎武在《天下郡国利病书》中记音为“鸡笼”。这类砌石为室的建筑，在长期实践中不断改革，形成了现今的建筑体系。羌寨总体造型十分壮观，远远望去，半山上的碉房和住房鳞次栉比，宛如一座古城堡，再与邻近梯地、土坡和群山辉映，便构成一幅壮丽的图画。羌族建筑质朴，雅致，自然，充分体现了羌族人民高超的建筑技巧。羌族人民掘井、淘滩、筑堰、修堤的技艺，历来受到各族人民的赞美。

挑花刺绣，是羌族民间工艺美术的重要内容之一。刺绣在明清时代即已盛行，后来挑花亦逐渐普遍。羌族妇女从小训练有素，挑绣时不打样画线，仅以五色丝线或棉线，凭着娴熟的技巧，就能信手挑绣成绚丽多彩的各种几何图案和花卉麟片，疏密有致，形态自如。其针法除多用挑花外，还有纤花、纳花、链子扣和平绣等几种，各具特色。挑花精巧细致；纤花、纳花娟秀明丽；链子扣刚健淳厚，粗犷豪放。挑绣的题材大都是自然景物，如花鸟、虫鱼、走兽之类，内容多表现吉祥如意，以及对幸福生活的向往。如“团花似锦”、“鱼水和谐”、“蛾蛾戏花”、“凤穿牡丹”、“瓜瓞绵绵”、“群狮图”等几十种。这些花纹图案在羌族群众的头帕、枕帕、衣襟、围腰、鞋袜上，随处可见。这种内容丰富、色彩鲜艳、工艺精致的挑刺技艺，不但显示了羌族劳动妇女的聪明才智，而且在我国工艺美术史上也占有一定地位。

此外，羌族工匠编织的毡子和地毯，制作的银首饰如领花、项链、簪子、耳环、手镯、银牌、戒指等都非常精致美观。羌族铁匠制造的放在火塘上的铜、铁三足架，不但是炊事用具，而且也是一种很有特色的工艺品。它坚固实用美观，给人以厚实的感觉，铁圈和足架上的花纹图案，工艺精巧，别具风格。羌族石匠雕的石狗、石柱、石门等，也都十分精巧传神。

三、羌族原始宗教概况

1. 岷江上游羌区的宗教

岷江上游羌族地区至迟在公元5世纪已有佛教传播，茂县有南齐时期（479—502）的佛碑就是证明。自元、明朝推行土司制，特别是清中叶改土归流以来，内地佛教和道教亦相继传入，羌区兴建佛寺、道观，但规模都不大。在接近汉区的东部和南部地方，受佛教、道教影响，汉族端公、道士、和尚亦出没于羌族村寨间，在毗邻藏区的赤不苏、三江口、九子屯及黑水北部地区，则受藏传佛教的影响，兴建了一些小型喇嘛寺庙，由少数喇嘛主持。羌族地区亦有西方基督教

（包括天主教）的影响。1898 年法国传教士到茂州宣扬天主教。次年，罗马来的神甫在凤仪镇建立天主教堂。1909 年，英、法传教士相继在茂州、汶川和杂谷脑设立教堂，到 1911 年，羌族地区已有教堂十多所。1939 年，英、美帝国主义分子勾结国民党蒋宋孔陈四大家族，建立"中华基督教总会边疆服务部"。"边疆服务部"设有"川西办事处"，处本部设在羌族地区的威州，并以此为中心基地，在四周羌族聚居村寨设立据点，还在茂县、黑水、松潘和马尔康进行活动。但羌民信仰基督教者不多，影响不大。1949 年后，在羌区占统治地位的，仍为羌区普遍信仰的原始宗教。

2. 羌族原始宗教的基本观念和崇拜对象

由于当时生产力落后和思想能力低下，羌人先民对日月星辰、风雨雷电等自然现象无法解释，对于天灾人祸无法抵御而产生恐惧，于是产生了"万物有灵"观念和自然崇拜，逐渐发展成为羌族多神信仰的原始宗教。古代羌人的原始宗教信仰在岷江上游羌人中流传，得以保存至今。羌族原始宗教虽受到佛教、道教和藏传佛教的影响，但仍保存着原始宗教的内核。

羌族原始宗教是以白石为表征的多神信仰，白石既是祖先的象征，也是天神和一切神灵的表征。羌族原始宗教信仰的精神以天神信仰为最，并居于主神地位，但还没有形成天神主宰一切的观念。这是羌族社会还未出现统一政权这一客观实际在人们头脑中的折射反映。天神为羌族最高的保护神，以白石为象征供奉在每家的屋顶正中最高处和村寨附近神林中的石塔上。天神信仰和白石崇拜由来已久，在羌族史诗《羌戈大战》的传说中，羌人因得天神佑护，在大迁徙途中得以摆脱"魔兵"驱赶，到达岷江上游后，又得以战胜戈基人，而安居乐业，这就开始了天神信仰和白石崇拜。由于最初以白石作为天神的象征，发展到后来，形成以白石代表一切神灵。羌族人民信仰的诸神，家中供奉神灵除火神以锅庄为代表外，其余诸神均以白石为象征，被广泛地供奉在山上、屋顶、地里及村寨附近神林中石砌的塔（即石碉）顶上。

“自然是宗教最初的、原始的对象。”[①]羌族原始宗教以自然为对象崇拜最盛行，自然界的天、地（包括水）、水、树与羌民的生产和生活密切相关，因而成为自然崇拜的主要对象，为全体羌人所祭祀。不仅如此，自然界中的一切现象，生物和非生物，均被视为有神灵主宰，无处不是崇拜的对象。但羌民族重视的是与其生产生活直接有关的，如火神、地界神、羊神、六畜神、门神、水缸神、仓神、中柱神、碉堡神等。各村寨均有不同的地方神，如寨神和地盘业主神等。这些神大多数亦属自然崇拜性质。地方神又有“正神”与“邪神”之分。正神即地方保护神，如孔雀神、松树神、羊神、牛神等；而邪神则往往与人作祟，如四角怪藤神、地边怪林神、邪魔妖精等等。每一正神均有一相应的神话传说，邪神则没有。对正神要祈求保佑，对邪神作祟则请巫师作法禳解。

羌族原始宗教的祖先崇拜亦十分盛行。属于祖先崇拜的神灵有本家族祖先、人类祖先和男性主宰神、女性主宰神。有的羌人家中，男人当家的供奉男性主宰神，女性当家的供奉女性主宰神。这些神均以白石为表征，供奉于每户的二层正屋之中。进入阶级社会以后，羌族祖先崇拜的内容也复杂化了。如汶川县威州地区崇拜“龙山太子”，茂县黑虎乡崇拜的“黑虎将军”，是羌民对本民族英雄的崇拜。传说龙山太子是天神白石神之子，来到民间，经常除暴安民，要建立一个“羌人不受折磨的世界”，然而却被反动统治阶级谋害了。羌民为了纪

① 费尔巴哈：《宗教的本质》。

念这位英雄，将其遗体葬于威州对面的龙山顶上，世代崇祀。黑虎将军的传说与此类似。对有功于民者，羌人亦予以崇拜，如房屋建筑神、石匠神、铁匠神和战争指示神等。

羌族中还残存着图腾崇拜的遗迹。由于不同氏族有自己特殊的图腾，因而现今羌民中残留的图腾崇拜是多元的。较普遍的是羊图腾崇拜遗迹。羌族自称“尔芈”，与羊的叫声相近。传说羌人与戈基人战斗时，以颈部悬羊毛线为标志。至今羌民参加祭山会时，还要由巫师在他们身上系羊毛线，表示与羊同体。羌民在行冠礼与送晦气仪式中，颈上也要系羊毛线，以示与羊同体。羌民的丧礼要宰羊一只，认为可为死者引路，并要解剖羊体，从其中相应部分验看死者病症所在，这也是视羊与人一体化的反映。在茂汶北路和黑水一带，还有崇拜白马之俗，属白马图腾崇拜的遗迹。新中国成立前茂县东乡土门区，要悬吊白狗祭山，唐代称此地羌人为“白狗羌”，似是白狗图腾崇拜的存遗。从茂县渭门乡、土门至平武县一带，寺庙或寨门多雕刻有石狗，其形状异于汉人刻的石狮，土门人称为二郎神的神犬，这些雕刻可能是犬图腾崇拜的存留。还有，羌族巫师认为金丝猴是其祖师的引路者和做法事的帮助者，故巫师尊猴为“老祖师”，作法时要戴猴皮帽，并供猴头神，这也可能为猴图腾崇拜的遗迹。

羌人还保留有鬼怪精灵观念。羌族宗教观念中，已把神、鬼分开，神之外有鬼怪、邪魔与精灵。认为人有灵魂，死后变为鬼而继续存在，人死后几天，魂魄留恋家庭，要“回煞”。但并非所有的鬼都是祸害，只有凶死或夭亡人之魂才加害于人。所谓凶死，如伤寒、肺病、妇女难产、抹喉、吊颈、滑坡、坠岩、落水而死者。据说凶死者的鬼魂成为恶鬼，人若遇着它就会遭难，如遇此情况，就得求助于巫师作法驱鬼禳解。羌民也相信人死后灵魂会转化为其他生物，因此要请巫师超度死者之灵。

3. 羌族巫师及经咒

羌族原始宗教活动无所不在，凡祭山、祈雨、还愿、安神、驱鬼、治病、除秽、招魂、消灾、婚丧、新生婴儿命名等，都要举行宗教活动。羌族宗教活动的主持人是巫师（汉语又称端公），羌语称“许”或“释比”，尊称为“比”。在汶川县威州以南、以西，岷江与杂谷脑河沿岸称“诗谷”的地方，早在宋代就有羌族巫师活动的记载。羌族没有文字，巫师是羌文化的传继者。巫师能熟记本民族的历史和神话传说，有一定的社会经验，并具备一定的医药常识，能背诵唱经咒语，从事巫术活动。在宗教迷信观念支配下，巫师在羌族社会中享有较高的社会地位，是羌族中的知识分子，甚至起某种精神领袖的作用。羌谚说：“官有多大，‘许’有多大。”巫师为不脱产的宗教活动者，有自己的保护神，据说能交通神灵，与魔鬼打交道，具有祭师兼魔术师、医师、音乐舞蹈师多重人格。有许愿、还愿、祀神、降魔、逐怪、送魂、除秽、消灾、治病等职能。巫师需拜师受业，由师傅口授唱经、咒语，熟练背诵，懂得做各种法事，掌握巫术，一般需三年以上修炼，方可出师开业。由于羌族聚族而居，每一村寨都有自己的地方神和宗教祭祀活动，因而每一村寨都有自己的巫师。改土归流以后，因人口迁徙错动，村寨已不完全与姓氏一致，到后来，有的村寨有巫师，有的没有，有的还不止一个。巫师有特制的服装，头戴猴皮帽，身着白布衣或麻布衣，外套羊皮褂；有的外穿豹皮衣，身穿白裙。巫师的法器由师傅授予，其主要法器有：羊皮鼓、铜铸法铃，用于诵经念咒；木制神杖、师刀，用于驱鬼法事；骨质白色念珠，作法时挂在颈上；金线猴头，作法时供奉的神物；以及皮口袋等等。有些法器都系着一些兽毛、羊角、铜铁片等物，在撞击时能发出声音，配合诵经念咒，造成一种神秘气氛。巫师始祖被认为是与羌人祖先一起从天上下凡的，故巫师能交通神灵，是人与神之间的中介。巫师在神道系统中权力很大，请神时直呼其名。

巫师经常施行的巫术有驱农害、祝殖、除秽、禳解、驱鬼、治病等。除秽与禳解有驱除邪秽迎来好运的意思。除秽与禳解本是同一意义的事，但举行巫术的时间不同，仪式亦略有别：除秽，又名驱邪，一般在八月十五日以后任何一日举行，除秽以保清洁平安；禳解，又称送晦气，凡遇不如意的事，随时可请巫师举行。羌人遇疾病均认为是鬼怪作祟。故治病必请巫师以巫术驱鬼。巫师驱鬼治病的巫术有：以羊替罪、送茅人、送花盘、打油火、耍狮子、翻刀山等。巫师治腹内疾病时，还要举行较大型的巫术仪式：巫师要表演过红锅、踩铧头（先用舌舐，再用脚踩烧红的铧头），口咬烧红的黑、白石头等巫术。

巫师的巫术还有占卜，用以预卜吉凶。一般有羊骨卜、鸡蛋卜、白狗卜、毛线卜等。羊骨卜早在唐宋时代就用于预卜战争吉凶，现多用以卜运气、病因，或行人的祸福，或人死后占卜吉凶等。鸡蛋卜主要用以卜病因。

巫师做法事击鼓演唱经咒。经咒按法事的性质分为上中下三坛。三坛各有多少唱经，各地巫师说法不一，唱经靠巫师师徒口传心记，师承不同，各地巫师掌握经典的多寡与内容也不同。总的说，上中下三坛经典各有十多部，每一部唱经有长有短，有的一部一段，有的一部数段。一般认为，三坛经典共有七十余段。一般上坛法事为神事，如庄稼收获后谢天谢地还大愿，稀儿少女、爹娘生病、修房造屋等，向神许愿、还愿之事，均为上坛法事。中坛法事是人事，如打太平保护以解秽、驱邪、招财；家人患病驱邪治病；婚丧嫁娶时敬神还愿等。下坛法事是鬼事，如病情严重时逐魔驱鬼，为凶死者招魂超度，打扫山场等。

羌族巫师唱经内容丰富，除部分全为说神道鬼外，大部与羌人衣食住行、生产生活、社会历史、文化习俗、风土人情、民族关系等密切相关。巫师演唱经典时，节奏明快，音韵铿锵，谐和悦耳，几乎每一部唱经都是韵文或诗歌，有些唱经则是名副其实的史诗。

羌族巫师还有咒语，咒语为治病送鬼、施行巫术时演唱。咒语同唱经有很大不同：唱经均用古羌语演唱，咒语则多用汉语演唱；咒语内容多反映佛教或道教思想；咒语形式，很像道教咒语。

此外，有的巫师还有铜质大印，作法时盖于符咒之上，用以逐鬼驱邪解晦。茂县三龙乡马端公的铜质大印为九叠篆文，印文为“佛法缯宝，雷灵部司，北极驱邪”。既有佛教思想，又有道教思想，据笔者统计，现今保留的端公印大抵为明清时代的。

从法器、经咒、职能等看，羌族巫师与亚洲北部各民族中的萨满颇相类，羌族原始宗教与亚洲北部各民族中的萨满教，作为宗教文化，是属于同一类型的。

4. 羌族原始宗教的活动与禁忌

羌族原始宗教与羌民的生产生活密切相关。对天、地、山、树、羊、火和祖先等主神的崇拜仪式虔诚而经常；与生产直接有关的宗教祭祀活动，热烈而隆重；与民俗活动有关的宗教礼仪，喜庆而富于风趣。

羌族的宗教活动中，以祭天神最为经常，以祭山神最为隆重。因祭山时也祭天，故祭山会亦称祭天会。羌族的祭山会又称塔子会或山王会，是一种祈丰年活动，从前在每年农历正月（岁首）、五月（播种）、十月（秋收）举行。有的地方在岁首，秋收后举行，称为“春祈秋报”，后来只在每年秋收后举行一次。谚语说：“皇帝祭社，百姓祭山。”新中国成立前祭山会一般于秋收后在村寨附近神林中举行，全寨除妇女以外的所有成年男子都必须参加。羌民自带三叉形或圆形馍馍、煮熟的肉块和砸酒赴会，由会首集资购买红公鸡一至三只，黑公羊或牛一头作牺牲。祭山仪式庄严肃穆而充满着神秘色彩。祭祀时先在石塔前燃柏枝，点燃香烛，然后举行“饮牲”仪式。巫师诵祷词，祈求消灾免祸，人畜兴旺，风调雨顺，农牧丰收。然后将几粒青稞籽丢入牲畜耳中，并给牲畜淋水。牲畜抖水即表示神已饮受，随即屠牛或宰羊，或杀鸡或放鸡归山，以鲜红的热血洒在石塔顶白石的尖端，将牛羊角置于石塔顶，牛羊肉当场煮熟分给各户。巫师继续诵经、诵咒，在与会人胸前系一根羊毛线。然后巫师跳神，并赞会首和寨民，群众欢呼，大家一起跳“沙朗”，饮砸酒，吃牛羊肉，直至尽欢而归。祭祀期间，严禁入山采樵、狩猎。

天旱时由巫师主持举行祈雨活动[①]，俗称“搜山求雨”。祈雨前必须“禁山”，即禁止任何人上山砍柴、挖药或捕兽。违禁者，搜山队必予惩罚，甚至要痛殴至流血，以取悦天神，降临雨露。若搜山之后仍不降雨。则须到高山海子（山顶湖）进行大规模的求雨仪式。汶川县绵篪一带有“赶旱魅”的祈雨仪式；该县龙溪乡直台寨有烁灼祈雨活动，布兰寨有到龙池（山顶湖）哭诉的祈雨活动。理县的一些地方，还有组织已婚妇女到高山呼喊的祈雨活动。

羌族原始宗教中，由对神灵的崇拜，也就产生了宗教禁忌，以防亵渎神灵。如羌族崇拜的火神（每家的住房中间大屋火塘上铁三脚架右上方系一小铁环，即代表“火神”），其禁忌为：铁三脚不能随便移动，不能用脚踩，不能在其上烤鞋袜、搭东西。否则要犯肚痛、生疮。不能用手摸铁三脚架，更绝对不能摸小铁环，摸了要触犯火神，要遗失牲畜。火塘的木框不准坐或用脚踏，火上不能倒水，不许吐痰，不能玩火钳。供在第二层住房屋角的家神，其禁忌为：在神龛前

---

① 有的地方祈雨活动不用巫师主持。

打地铺睡觉时，不能以脚朝着屋角的神龛，不准在家神面前挂衣服，或坐在它面前。不准在屋内吐痰、杀生、劈柴、讲死人或杀人之类不吉祥的话。对山神的禁忌为：祭山神所在之地的神树林，严禁砍伐；祭山大典不许妇女和外人参加；祭山后封山，不准砍柴、挖药、打猎等。羌人相信人生吉凶，冥冥中自有主宰。禁忌也意在避免引起一切不吉的后果。

5. 研究羌族原始宗教的意义

羌族是我国民族大家庭中最古老的民族之一，在历史上是一个人数众多、分布很广的民族。由于历史上民族迁徙与融合，羌族中的若干分支逐渐发展，演变而为汉藏语系中的藏缅语族的各民族。研究藏、彝、白、哈尼、纳西、傈僳、拉祜、基诺、普米、景颇、独龙、怒、阿昌、土家等族的历史，都必须探讨与羌族的关系。

在我国南方各少数民族中，大都保存着原始宗教，对比研究各民族原始宗教，是研究民族起源、民族历史、民族文化、民族关系的新途径。如羌族的白石崇拜，在我国西南岷江、大渡河、雅砻江、金沙江流域一带操普米、嘉绒、木雅、尔龚、贵琼、尔苏、扎巴、纳木依、史兴等羌语支语言的居民集团中，都有白石崇拜习俗，这表明他们与羌族在古代有密切的亲缘关系。很明显，这是历史上羌族白石崇拜习俗的遗留。

凡有白石崇拜的地区，还有一种共同的文化现象，即碉楼的建造。这就是《后汉书》卷一一六《南蛮西南夷传》冉駹夷条所载的“邛龙”，“邛龙”为羌语最早的汉字记音，邛龙文化是羌文化的存留。

与白石崇拜这一文化现象有关的还有“鼎锅灶”文化。鼎锅灶的原生形态为三白石，每一石代表一神，这是羌民固有文化。

因羌民原在西北大草原，其原始经济是随畜迁徙，鼎锅灶与此流动生活最相适应。但这种文化现象不仅在羌族和羌语支系各居民集团中盛行，西南地区藏缅语系各民族，甚至某些南方民族中也盛行。鼎锅灶文化是羌文化的辐射，又如对火的崇拜，是南方民族共有的习俗。推而广之，羌族巫师与北方民族的萨满相似，属同一原始宗教文化类型，这也有助于研究历史上西北民族的文化习俗和迁徙、融合的历史。

研究羌族原始宗教，可以揭示羌族意识形态发展的一个侧面，有助于了解羌族早期社会历史文化发展的一些问题。原始宗教从本质上说是唯心的，不科学的，但是在原始社会这一特定的历史条件下，它对人类思维的发展又起过某些积极的作用。这是一种特殊的文化现象，需要我们从当时的历史条件出发，具体地加以分析研究。羌族原始宗教中的万物有灵、宗教感情、宗教礼仪、祭祀活动，以及原始的自然崇拜、祖先崇拜、图腾崇拜遗迹、经咒和巫术等等，作为历史的遗留保存至今，为我们研究原始宗教这一人类历史上的“自发的宗教”形态提供了十分宝贵的活例证。羌族巫师的唱经，既是宗教祭祀的唱词，又是风格独特、优美的文学素材（即羌族神话传说）。巫师击鼓舞蹈，既是请神或降魔的宗教法事，又是舞姿优美、形式多样、节奏明快、敏捷矫健、变化多端的羌族舞蹈的主要来源之一。羌族原始宗教与文学、民俗、艺术、伦理等文化史的各个领域，都有密不可分的关系。羌族神话热情歌颂集体的力量，赞美为集体献身的精神。其中表现的热爱家乡、为民族英勇奋斗、忘我献身的精神，热爱劳动、艰苦奋斗、不畏强暴、勇敢乐观的精神，以及热情礼貌、友爱互助、民族团结的精神，是羌民族在长期历史发展过程中积累起来的精神财富，它渗入羌族每一成员的心灵中，对形成我们中华民族的传统美德，起了重要作用。

总之，羌族原始宗教是羌民族的一份宝贵的民族文化遗产，亟待发掘、整理和研究。本资料的编撰，就是为进一步深入研究羌族原始宗教提供一份素材。

一、羌族原始宗教的基本观念和崇拜对象

（一）以白石为表征的多神信仰

1. 灵气崇拜和拜物

羌族是信鬼神的民族，他们以为无论什么地方都有鬼神之寄托，有的是家神，有的是地方神，有的是个人或地方保护神。若以其性质分之，则有善神与恶魔之别。若就其形象而论，则或为梦寐所见之意象，或为特殊之物体形状。或无形象可言，则衣角、体垢、虚气、昆虫、落叶，任何动物或人造物都可代表。总之羌族之信仰还在灵气崇拜（Animism）与拜物（Fetishism）的阶段。有谓羌民的信仰已达一神教之阶段者[①]，实属歪曲之见解，并且羌族之有巫师与巫术，正和这一套信仰相合，要是没有这一套信仰，则羌人的巫师与巫术便失了根据而不能存在。所谓巫教本为这一套信仰与巫师巫术之总称。世界上各原始民族中同样的例证甚多，不胜枚举。

摘自胡鉴民：《羌族的信仰与习为》，《边疆研究论丛》1941年本。

在首段中我们曾提及灵气崇拜与拜物，承认羌民的信仰尚在灵气崇拜与拜物的阶段。氐羌之名早见于殷商之际，以如此悠久历史之民族，而其信仰尚停滞在如此原始的阶段，这是很令人怀疑的。但在民族学上这种事例并不稀罕。美洲寒区的 Eskimo 人、澳洲的土人，甚

① The basic spiritual conceptions of The Religion of The Chiang（lecture delivered to the West China Border Research Society May 12，1924，by T. Terence）在此文内，作者承认羌民信仰为一神教，与犹太民族一样，而否认羌有灵气信仰。

至最低级的非洲南部的蒲西曼（Bushmen）人，何尝没有悠久的历史呢？可见历史的悠久与文化的进步仍是两件事。并且羌民的灵气崇拜与拜物教是客观存在的事实，凡是不戴有色眼镜的观察者，都能肯定的。不过灵气崇拜与拜物教是科学上专名词，这两个名词怎样与鬼神信仰一致，倒值得略加解释。英国泰洛氏（E·B·TYLoy）谓灵气崇拜就是鬼神信仰，这是一句一针见血的话。不过鬼神的性质很复杂。端尼格氏谓，所谓灵气信仰，不但承认人有灵魂，能够暂时离开他的身体，并且承认一切动植矿物甚至于人工制造物亦均由物质与灵气两种要素造成，梦、影、想象等等事实，亦使原始人对于鬼神之存在，坚信不疑。并且鬼神都分善恶，能作福，亦能作祟。上述羌人所信仰诸神的种类与性质，正与端氏所言者相合。羌族信仰之属灵气崇拜，绝无可疑。

灵气不一定都有形相，但万物都有灵。因此在外表看来，拜灵气就是拜物，故端尼格氏谓拜物是灵气信仰之一种。雷拉赫氏（S. Refnarch）云："精神或灵气所寄居之物为 Fetish。"罗马早期有拜物而无偶像，最早的战神是用一杆枪代表，天神是以一块燧石作代表。羌民以白石代表种种神灵，以皮包代表毒药王，以叉叉代表猎神，自属同样的意义。羌民亦无偶像崇拜，现在虽已有供奉着偶像的庙宇，但这都是汉化的结果，例如星上岩的"白空格"圣山，山顶上原来只有三块圣石，但是现在三块圣石的后面已塑有神像，庙内亦有汉人和尚居住。蒲溪十寨的羌民竟放弃其在神林还愿的古老习惯，而改在汉化的九龙寺还愿，寺内有山王、牛王、川祖、地母等神像，而不复有白石。

摘自胡鉴民：《羌族的信仰与习为》，《边疆研究论丛》1941年本。

在拙文《羌族的信仰与习为》中，我们曾谓羌民的信仰与亚洲北部之亚古脱（Yakut）、布里亚（Bouriate）及阿尔泰系诸民族近似。如仅就信仰方面讲，我们仍保持这个看法。羌民的信仰与物质文化显然属于不同的文化圈。羌民的物质文化与西藏乃至广大的牧畜文化圈之关系，根据上述考证，似可认为确凿。但是西藏乃至广大的牧畜文化圈中之信仰，则已为后起的高级宗教所替代。由中亚细亚直至南非为伊斯兰教的势力范围，西藏为佛教的分布区域。印度则为两教的混杂区域，而羌民则至今仍未佛教化。其信仰仍为原始的灵气崇拜，灵气崇拜为寒带文化圈信仰之特征。羌民之端公亦似寒带文化圈之萨满（Shaman），其所用皮鼓在寒带亦是十分普遍的现象。一种民族文化中的诸要素不属于同一文化圈也并不特别。例如亚古脱族现在为西伯利亚民族，而其畜牧技术则来自亚寒带之通古斯民族。维达族（Veddas）为印度的原始土著，而其语言则属印度欧罗巴语系。同样的事实不胜枚举。

摘自胡鉴民：《羌民的经济活动型式》，《民族学研究集刊》第四期。

新中国成立前，羌族还处于万物有灵和祖先崇拜的原始宗教阶段。如羌语“阿爸尔木比”原意是“羌人的祖先”，新意为“天神”，体现了对祖先的崇拜。羌人崇拜多神，如白石神、羊神、牛神、山神、火神、水神等，尤以崇拜白石为甚。羌语称白石为“哦许”，是一种白色石英石，放在房顶、屋角、门窗、塔上和地里，被视为天神的象征，能避邪、保佑人畜平安。正月初一，拿白石进屋，象征进宝。正月间串亲戚，送一块白石，喊“财来了”，象征送财宝，并供在主人家的神龛上。打猎时供奉白石，以祈求狩猎吉利。

摘自《茂汶羌族自治县概况》编写组：前言，第25页，四川人民出版社1985年版。

2. 白石崇拜与神林信仰

羌人是一个只有语言而无文字的民族，因此关于羌人过去的情形，我们只好在歌谣故事与传说中求之。羌人的白石神与神林信仰之由来，亦可从他们的传说与歌谣中探窥之。据传说羌族曾有一次大流亡，弄得东西分散，其中有一支羌民安居后，遇到一种敌人称“葛人”①，虽愚而强，羌人畏之，思遁，幸在梦中得神启示，并指导如何作战，羌人遵行，果将葛人打灭，神所指示打灭葛人之法甚为简单，即使用坚硬之棍，更继之以白石块。葛人覆灭，羌人始得安居乐业。民间有“我们好了，我们快乐了，我们强了……”的欢呼。羌民领袖恐民众坠入“死于安乐”的深渊，提议报答神恩，借示饮水思源而寓示警戒，但民众只知他们的祖先曾在梦中得神之启示，但不知究为何神，且不知神究属何种形相，故云：“呼神神勿能应，指何物为神乎?”民族领袖问：“我们的祖先打灭葛人用何武器?”众答：“用坚硬之棍打胜，用白石打灭葛人!”领袖云：“用白石打灭葛人，即报白石可也!”众人称善，各觅一白石而返。领袖云：“白石即为吾等之神，以后如有忧患或灾难，你们可在白石神前祷佑……”这一段传说足示白石神之由来与意义，羌人所要报谢的，是指示他们战胜葛人的那个神，因神无形相，故以白石为象征，况白石本为神所示，用以打灭敌人的武器。可见羌人之敬白石，实有深长之意义与历史根据。

---

① “葛”为译音，羌民战胜葛人为民族复兴关键，故至今羌民犹乐道之。据说葛人在生理方面具有的特征是：骨骸粗硬，眉骨凸起，额亦凸起，齿大如拇指，头盖骨甚厚，头颈甚短，发黑粗如马鬃，目向上，不能平视，平视则须埋头，纵目，有尾，尾干缩则知死日将至。从社会与文化方面看，葛人无牧畜，知播种不善收获，吃果实、树根，知取雨露为饮料，不知山石生火（学自羌民而不成），无协作精神，居岩洞，葬用无底石棺，葛人究为何种民族不能断定，姑存其传说，以待博学者之考证。

羌民现在有白石神 rh o-pi-tze 之称，好像认白石为神，其实白石只是神之象征，而其本身原非神。我们所须探求者，乃指示，羌族战胜葛人之神究为何神，此神在传说中并无说明。因为羌族民众于梦中见此神后，醒来仍不知此神为谁，故云："他是保佑者，但究为何人乎?"又云："他是神。"可见民众根本不知道它是何神①，可是自从战胜葛人以后，羌人民众都认此神为保护神，这是无疑的。

据传说称，羌族一度又把白石崇拜放弃了。"人不拜神，神亦不管人。"就在这个时期，羌人又恢复了树林神 mei-be-tze 之信仰（据说在有白石神之前羌人即崇拜此神），并有一定祭典——杀羔羊；洒羊血；羊肉不准吃，或烧成灰，或弃之野外，并编辑标准祝词。祭祀即在神林中举行，不蔽风雨，以后始建筑公共祭厅，称为 wa-gi。

在羌人的传说中，说明这个树林神有极大的能力，它要享受羔羊与礼拜，不供奉它的地方，它能令寸草不生，人有灾病，因此各处羌民都祀树林神。有一次它托梦给羌人，说明它在诸神的地位。它说："我岂是唯一之神，我之外还有天神 mei-be-da。"人问："天神是哪个，在何处敬?"神答道："你们从前在房顶上敬的白石就是代表天神。"人问："白石代表天神我们都承认了，但在神林内，白石的位置应当在何处呢?"神说："在最高处祭厅的后面，石台之上立一白石代表天神。祭厅内墙上的神座内，立一白石代表地神（名称各处不同）。祭厅中火塘后面，立一白石代表火神（mun-kuei-tze）。在祭祀那天，须燃柏枝，并在天神后面立杉木一枝……"这一段对话，现在已成为羌人的祭典。同时这一段话解释了白石可以代表种种的神，但是在房顶上的那块白石，则代表天神。羌民向来对此白石的疑团，

① 现在理番县后二枯上三里（今理县通化乡西山大队一带——编者）羌人屋顶九尊神中有一指示战争之神称为 ta-la，据称即羌人战胜葛人的指示者，作者以为这是后来附会上去的，固屋顶上所敬之神各地不同，而羌民的传说只有一个。

至此方始冰释。

由上面所述各节看来，我们便可明了白石在羌人信仰中的意义，羌民所信仰的并非白石的本身，而是天、地、树林与火神，羌人这种信仰大概已有相当久长的历史，有一首羌人的古代歌曲说：

“第一顶大的是天与地，天地之后神树林为大。①”

摘自胡鉴民：《羌族的信仰与习为》，《边疆研究论丛》1941年。

羌民是信鬼神的民族，他们相信不论什么地方，什么东西，都有鬼神的存在。不论什么事情，都有鬼神做主，好事是鬼神降福，坏事是鬼神作祟。他们没有寺院，没有神像，最大的神是石神，主持崇拜祭拜的端公。现在稍加说明如下：

羌民的最高神——白石神。一进入羌民的村寨，家家屋顶上都供奉着白石一块至数块不等，屋子里也供着白石，树林里也供着白石。这就是羌民的白石神，它代表着羌民的最高保护神——天地之神。

白石为什么能代表天地之神呢？据他们的传说，在古代，羌民的祖先遇着一个强大敌人叫做“葛人”，羌人正想逃避，梦中得到了神人的指示，用白石头打败了敌人，他们不知道帮他们的是什么神，就用白石头来代表，到处敬奉着白石，后来又得神人启示，在屋顶上和树林中敬奉的白石是天神，在屋中敬奉的白石是地神。流传到现在，白石就成了最高的天地神的代表。

天地神之外，最大的神是树林神，羌民每个村寨附近都保存一片大森林，任何人不得任意砍伐，叫做“神林”，其中有树林神。树林神能保护禾草茂盛，人畜无灾，每年秋收果，即向树林神还大愿，表示感激。此外，家中还供着十二种神，从祖先到六畜，从起居到饮

---

① 全文如下：“第一顶大的是天与地，天地以后神树林为大。野兽在崖上敲石头，杉树桦木树，草茂池深，山高地广，纪念纪念！”汶川县上水里羌民十月初一过年杀羔羊祭神林后所唱的歌曲之一。

食，包容一切，近来汉化日深，敬“天地国亲师”及“关公”者颇不乏人。

摘自鲁愚：《闲话羌民》，《边疆服务》第八期。

祭白云石之起源，据理番县境内佳山寨一带羌人之传说（其他村寨羌人亦有雷同之传说，兹所记者，系采自佳山寨父老口中）①。

当久远之古代，有二牧人，一名 ga（尕，即戈基人），一名 tsi-gai-pao（智改伯，即羌人），前者体大力强，并富有金银。后者贫而弱，故处于被压迫之地位。一日，ga 偷食一牛，两人互争。嗣至玉皇大帝前②，帝询 tsi-gai-pao，tsi 不敢明言。帝乃生一计，命二人张口验齿，见 ga 齿有余肉，故案大白。因此 ga 怀恨在心，命 tsi 即归还昔日所借之钱粮，并加重利（一斗需五斗利）。tsi 贫，无力还，又至玉皇处诉。玉皇劝 ga 减轻利息，ga 不允。玉皇知 ga 之野心，乃设计害之。玉皇以二秆为武器，一为麻秆、一为柳秆去外皮后，二者不复能辨，命 tsi 持柳秆，ga 持麻秆，并命二人互击，曰谁先击断则应得利。ga 一击则断，喜甚；tsi 则久击不断。ga 贪利，忍痛受击，秆终被击断。至此，二人又争执，帝又生一计，以二石为武器，一为雪球，一为白云石，命二人互击，声言谁先击碎，谁胜诉，以白云石给 tsi，雪球给 ga。ga 一抛即碎，喜甚；tsi 抛之，断 ga 臂。ga 痛甚，急奔，tsi 追击。久之，tsi 不明 ga 奔至何处，嗣遇一老鸦，tsi 询之，鸦答曰：虽见 ga，但不愿告。tsi 愤而骂言：黑心黑皮黑骨头。据云至今老鸦一身黑色，始于彼时也。后又遇一喜鹊，询之，鹊曰：见 ga，并言 ga 已认罪，且永不回返，一切本利均愿放弃。tsi 喜甚，并称喜鹊曰“喜鸟”，命之回复 ga 曰：春夏不化雪之地，乃 ga

① 理番县境内佳山寨一带，即今理县桃坪乡（编者注）。

② 玉皇大帝为汉化的称谓，羌人称为天神或天王（编者注）。

住处，四季丰收之地为 tsi 住处。二人之住处从此划定，此后 tsi 乃安居乐业，日益繁荣，今日人类之始祖乃 tsi（并不限于羌人），ga 则仍居雪山。

羌人迄今仍相信终年积雪处有 ga 人居住，羌人因感谢白云石击败敌人之功，始供奉白石。

摘自教育部蒙藏教育司编：《川西调查记·羌人之部·羌人之信仰》1943 年版。

马克思主义认为，宗教绝不是什么永恒的现象，神灵的观念也不是偶然发生，作为宗教的产生是有其社会根源和认识根源的。宗教是社会物质生活条件的一种特殊反映形式，是人们受自然力量和社会力量的支配，在头脑中产生的对现实世界虚幻的、歪曲的反映。这就是说，宗教的产生必须以社会物质条件为基础。马克思指出："甚至所有抽掉这个物质基础的宗教史，都是非批判的。事实上，通过分析来寻找宗教幻想的世俗核心，比反过来从当时的现实生活关系中引出它的天国形式要容易得多。后面这种方法是唯一的唯物主义的方法，因而也是唯一的科学方法。"① 可见宗教的起源最重要的条件是社会物质生活。毫无疑问，原始宗教是以原始社会生产力和生产关系为基础的，正如恩格斯指出的：史前时期"这种关于自然界，关于人本身的性质，关于精灵，关于魔力虚假的表现，大抵是以消极的经济因素为基础；史前时期低级的经济发展把关于自然界的虚假表象作为补充，有的也作了条件，甚至当作原因"②。羌族的原始宗教正是在这样的社会物质条件的基础上产生的。

流传在羌族地区的"羌戈大战"民间传说，十分明显地反映了这

① 《资本论》，《马克思、恩格斯全集》第二十八卷，第 410 页。

② 《马恩列斯论宗教》，第 1 题，人民出版社 1957 年版。

一历史条件。据说:“很早以前,羌人遇着一种叫‘戈基人’的攻击,在战斗中羌人多次遭到失败,准备弃地迁徙,幸在梦中得天上神人的启示,叫他们以白羊毛线系于颈上作标记,用坚硬的白云石和木棍作武器。羌人遵其言,又与戈基人几经交锋,终于取得了胜利,羌人从此安居乐业。”① 这个神话在理县羌族聚居地区流传更加细腻生动,富于宗教色彩。据说:天爷木巴失牛一头,派人查访后知为“戈基人”所盗食,欲对其惩罚。而“戈基人”偷牛事发之后,怀疑为羌人告密,于是发生了“羌戈大战”。在战争中天爷由于要对“戈基人”进行惩罚,有意护佑羌人,就将双方首领传到一起说:此地堆放两种武器,一堆为麻秆和雪团,一堆为树枝和白云石。你们任选一堆作武器,谁胜就留居此地,谁负就迁往他乡。二人允诺后,神人叫羌人取了树枝和白云石,“戈基人”取了麻秆和雪团,一经交锋,戈基人的麻秆一打即断折,雪团一打即散。羌人所持的树枝,很富韧性,白云石小而坚硬。故戈基人被打得遍体鳞伤失败了。戈基人虽失败,但不服气,要求再战。于是神人又召集双方,令他们各建房屋一座以快慢作胜负。戈基人用木料很快建成,羌人则用石和泥砌成,极为坚固。神人在戈基人房屋建成之后,化作一个骑驴的老者,手提公鸡,怀揣鞭炮,并约羌人前往“庆贺”,行至途中嘱羌人曰:“待我入其室,汝可将驴拴于房之檐柱上,鞭炮拴在驴尾,我至中堂后,你立即施放鞭炮并迅速出走。”羌人如其言,届时炮响驴惊,驴在房中横冲直闯,柱折屋倒,将戈基人打死房中,从此羌人安居乐业。羌人欲报答神恩,但不知神名,亦不能忆起神貌。于是羌人的首领就对众曰:“我们既不知神名和神容,但是神叫我们用白云石打败了敌人,我们就供白云石为天神吧!”“羌戈大战”的神话传说各地虽不一致,但其共同

① 中国科学院四川民族调查组编:《羌族简史简志合编》。

之点是崇拜白石为天神，而且都发生在“羌戈大战”之后。据此，我们揭开这个神话的外衣，探索羌族宗教产生的社会根源和物质基础是可能的。①

以社会根源而论，“羌戈大战”是否可以说明原始社会发展到部落与部落之间那种生存斗争异常激烈的情况。一个部落群体要不被其他群体所消灭，就必须团结本群体。发展和巩固本群体，这就需要造成一个统一的意识形态，对某一事物的共同信仰，成为共同的心理状态，共同崇拜的对象，借此统一本群体的思想感情，促进自身力量的加强，于是共同崇拜的神灵观念就应运而生。如以岩石崇拜而论，谁都知道，在原始社会时期，石器是人们重要的生产工具，石头则是武器的重要原料，是人们生活中不可缺少之物。白石之所以被羌人视为“神”来崇拜，一是因为石头作为简单的工具曾经帮助过处在石器时代羌人的祖先；二是因游牧的羌人祖先，长期接触的羊多为白色的，天空中的云彩、高山上的雪都是白的，古代的游牧民族就“尚白”。因此，可以认为，白云石曾经有恩于羌族所以就崇拜它。它反映了羌族从游牧社会向农业经济过渡的条件。似乎比狩猎、采集经济稍晚一些，但结合古代羌族发展迁徙的历史看，这个神话正符合古代羌人迁徙定居的历史事实。

其次，羌族原始宗教的产生还有它的认识根源。从认识论上看原始人群把某种动物或植物人格化。其原因是与感性认识相关的。因为当生产力不发达的时候，某些动物或植物意外地成了他们的食料，或是他们日常的收获物，或者有其他的特殊关系等等，这样就幻想出神灵。羌族崇拜树林神，也出于这样的认识。羌族所处岷江上游两岸的自然条件皆崇山峻岭，峰峦重叠，森林密布，浓云蔽日，山峰高大雄

① 西南民族学院民族文学教研组调查材料。

伟，使人难以接近，富于神灵之感，被视为通往天庭的道路。加之森林幽静，往往又被视为神灵的住所。或因森林茂密，资源丰富，珍禽异兽，出没无常，给人们提供了不少生活资源，引起人们对森林的崇敬、幻想和神秘感。人们求助于神的护佑，就产生了对神山、神树的崇拜，这种对自然界的错误认识。因此羌人认为："第一大的是天与地。天地之后神树林为大。[①]"这是认识上的原因。

摘自陈泛舟、曾文琼：《解放前羌族原始宗教之管见》，《西南民族学院学报》1981年第一期。

3. 白石崇拜源远流长

汶山郡，本蜀郡北部冉駹都尉，孝武元鼎六年置……土地刚卤，不宜五谷，惟种麦。而多冰寒，盛夏凝冻不释。故夷人冬则避寒入蜀，庸赁自食，夏则避暑反落，岁以为常，故蜀人谓之作五百石子也。

按［作五百石子］为"作氏，白石子"之讹。《方舆胜览》卷五五茂洲引《华阳国志》此文云：汶山郡"盛夏凝冻不释，故夷人冬则避寒入蜀，庸赁自食，夏则反落避暑，习以为常，蜀人谓之'笮'（当作'作'）氏"。又《寰宇记》卷七八茂州（今茂汶）下也说："此一州本羌戎之人……贫下者冬则避寒入蜀，庸赁自食，故蜀人谓之'作氏'。"实亦用《常志》文。"作氏"者，劳作（干活）之氐人也。今本"作五百石子"之"五"字，为"氐"字之讹"氐"别体作"互"，与"五"字形极近。"百石子"当作"白石子"。今茂汶境内羌人传说，在远古的时候，他们的祖先与强大的"戈基"人作战，因得到神的启示，用坚硬的白云石为武器，才得以战胜敌人。羌人为报答

① 胡鉴民：《羌族的信仰与习为》，《边疆研究论丛》1941年。

神恩，奉白云石为最高的天神。此种习俗一直相传至今，蜀中汉人因见汶山羌人奉白石为神，故称为“白石子”。

摘自刘琳：《华阳国志》校注本，卷三《蜀志·汶山郡》，巴蜀书社 1984 年版。

近几年来，四川省考古单位在茂汶羌族自治县做过多次石棺葬的清理发掘工作，并在茂汶别立的早期石棺葬中发现有用白石来随葬的情况[①]，白石放置的位置有三种情况：(1) 将白石撒在石棺内人骨架的上半部分；(2) 较大的白石放置在人骨头部；(3) 小的白石堆放在人头骨两侧。这一新的发现说明了什么问题，值得我们探索。

关于“石棺葬文化”的基本情况，笔者在《关于“石棺葬文化”的几个问题》一文中，已作了初步的探讨，认为创造这一文化的民族是氐羌族，而且这一民族是从甘、青地区迁入四川、云南等省的[②]。所以要进一步了解白石随葬的问题，就应该在我国西北甘、青等省去寻找它的根源。

夏鼐先生早年在甘肃寺洼的发掘中，提供了氐羌民族早期使用大砾石随葬这一重要的事例。夏先生在《临洮寺洼山发掘记》一文中说：“洮河流域在古代是在氐羌的区域中，并且由文献方面我们知道由春秋直到唐代，氐羌中有部落确曾行过火葬制的。这次火葬的发现，增加了寺洼文化和氐羌民族的关系。”就在这次发掘的两座墓葬皆是用大砾石随葬的。原发掘报告说：“第一号、第二号墓葬中，都曾发现大块的砾石。裴文中先生在寺洼山所发掘的一墓，在人骨的旁边及下面，也都有排列的大砾石很多，裴氏以为‘或与墓葬有关’。

---

① 发掘资料现存茂汶羌族自治县（今茂县）文化馆。关于茂汶别立石棺墓情况，烦茂汶县文化馆蒋宣忠同志提供，书此致谢。

② 沈仲常、李复华：《关于“石棺葬文化”的几个问题》，《中国考古学会第一次年会论文集》，文物出版社 1979 年版。

加上我们的两个例子，这些大砾石似乎确是与之有关，但是排列凌乱无次，我们不知放置这些砾石的意义是什么。”

我们再看这第一号、第二号墓墓内的情况：“第一号墓葬，人骨离地 1.6 米—2.4 米，凌乱放置，系两架人骨，但不完全，计有下腭骨二、大腿骨三等。这或属于两个墓葬，殉葬品 15 件。1—9 可算是一起，垒成三四层，器口离地面自 1.6 米至 2.1 米不等，其余的八件殉葬品，是另一起。6 陶罐平排成弧形半圆，口部离地面 1.5 米—1.8 米，附近有大砾石数块，分散着放置，并不在一堆。砾石大的有达 15 厘米×20 厘米×35 厘米者，人骨附近和陶罐中都有马家窑式陶片，至于小陶球及石球，虽是紧靠陶罐，但都有属于马家窑的可能。”又“第二号墓葬，这是婴孩的墓。人骨和葬罐离地面较浅，仅 1.4 米。孩骨碎乱，未采取。附近稍西有大砾石二枚，或和墓葬有关。土中杂有马家窑式彩陶片颇多，至离地面 1.7 米—2 米处，尚发现彩陶和灰色陶环残片。离地面 1.7 米处出土的有红陶响铃一枚，似也属于这一墓葬。”①

从以上所引的考古资料，我们可以得知，早期住在洮河流域的古代氐羌人，有用石头随葬的习俗，虽然在洮河流域的墓葬中所使用的是“砾石”，而在茂汶地区石棺葬中是用大、小白石。从石质来说虽略有不同，但用“石头”随葬，则是相同的。由此似可以认为从西北迁到川西茂汶地区的氐族，他们仍然保存了用“石头”随葬的古氐羌人的遗俗。所以，我们认为茂汶石棺葬中这一发现，是一种早期石棺葬中有关氐羌人早期对白石重视的一个新的例证。至于这种以白石随葬的意义是什么，还值得我们作进一步的探讨。

茂汶地区石棺葬中用白石随葬的，仅见于战国早期的墓葬中。在

---

① 夏鼐：《考古学论文集》，科学出版社 1961 年版。

战国晚期及西汉、东汉石棺墓中已不见有用白石随葬的遗迹，此其一；再者，“石棺葬文化”的迁徙路线上的其他地区，如雅安地区的宝兴、汉源，凉山彝族自治州的木里、甘孜藏族自治州的巴塘、雅江等地的石棺葬中，也无使用白石随葬的例证①。在云南德钦县的石棺葬中亦未发现用白石随葬②。由此可知，这一用“石头”随葬的习俗，从考古资料来看，仅在氐羌族的早期墓葬中有所发现，以后则无发现，这其中的奥秘，也是值得研究的问题。

茂汶地区的羌族在新中国成立前还保存着有关“白石崇拜”的传说。胡鉴民先生在《羌族的信仰与习为》一文中对该地区羌民的“白石崇拜”传说有详细的调查材料……胡鉴民先生新中国成立前调查的关于羌族的白石崇拜的资料，只是在当地保存下来的民间传说。从战国早期的石棺葬中有用白石随葬的这一发掘资料来看，可以证明有关白石崇拜的传说，材料来源甚早。

茂汶别立石棺葬中随葬的白石，大都放置在人头骨附近，或者放置在人骨架的上半部。从白石在墓内的放置部位的这一情况来推断，至少可以认为它是墓主人生前比较重视的遗物。还不像后来羌人的传说中已将白石作为神物、作为“神的象征”、“可以代表种种的神”那样来对待③。因此，在早期氐羌人墓中发现的砾石及白石这种遗物，仅能说明他们有用砾石或白石随葬的习俗。同时也使我们认识到后来茂汶地区羌人对白石的信仰。即“白石崇拜”还是源远流长的。

摘自沈仲常：《从考古资料看羌族的白石崇拜遗俗》，《考古与文物》1982年第六期。

---

① 甘孜考古队：《四川巴塘、雅江的石板墓》，《考古》1981年第三期。

② 云南省文物考古队：《云南德钦永芝发现的古墓葬》，《考古》1975年第四期。

③ 胡鉴民：《羌族的信仰与习为》，《边疆研究论丛》1941年本。

4. 屋顶、室内及地方诸神

羌民的屋顶好像是西式洋房的屋顶花园一样，中央为农牧工作场，旁边墙上为敬神之处。羌民屋顶上均有神，但神之尊数则各不同，例如在汶川县之萝卜寨屋顶上凡五尊神，用五块白石代表：

①马比亚 mo－pi－tzè	天神
②儒补士 rü－bü－tzè	地神
③楚克曲 tzuk－si	山神（立地之神）
④西 sì	山神娘娘
⑤西窝 si wa	关老爷

理番县后二枯上三里[①]羌人屋顶上敬九尊神：

①a－pa－mube－da	开天辟地神
②rube－we－ngi－tze	地母神
③dsu－ru－pee	还愿开路神
④abe－shi－gai－ki	山神（此神各地方不同）
⑤bo－wa－tze	建筑房屋之神
⑥ta－la	指示战争之神（羌人打灭葛人即受此神之启示）
⑦shgee	天门神（万事由他当）
⑧mu－gee	羌民传说中之聪明人，他首悟神意，代表神意，指示羌人走向胜利之路

① 今理县通化乡西山大队一带（编者注）。

⑨ha－ha－be　　冬藏神或岁序完成神

有些地方屋顶上只有三块或四块白石，当然只有三尊或四尊神。屋顶上主要的神，大概只是代表天神的那块白石，这可根据羌人的传说知之。现在羌民都承认公祭白石神的地方在神林，私祭白石神的地方在屋顶。根据前述白石信仰之起源，房顶上与神林内的白石都是代表天神。其余大概都居陪祭的地位，故各寨得自由损益之。

羌民室内所供奉之神大概各地都是十二尊，不过神的名称出入颇多，方音相差甚远。兹仅举理番星上寨[①]朱大端公所口述者以示一例：

①bo－je　　人类祖先

②yei－tze　　财神

③hi－tu－tze　　羊神

④heie－to　　上天指路神（或启示之神）

⑤tchu－tso－pei－tchei　　水缸驱毒神

⑥mo－kuei－tze　　火神

mo－kuei－tze，wei－tze（父母魂），（lei－tze）管柴火神，此三神的位置成鼎足势，原为羌民的最简单的三块石头所成之灶，此外尚有一种称 ko－tchei－tze（挡火神），指悬在三石灶上面，用以挡火焰的一块方形木板

⑦u－mu　　祖宗（家族祖先）

⑧tsee－tze　　山神（不崩不溃之保证者）

⑨ngi－yu　　中柱神

⑩lu－nga　　守门神

⑪wei－ko－tze　　六畜神（圈头神）

---

① 今理县通化乡西山大队（编者）。

⑫ru—gee—tze　　　　田界神

汶川羌民家中，亦敬十二神。但在萝卜寨，十二神中有仓神(yumotze)，有管鬼魂之神（h—chutehi），有男主宰神（mie），女主宰神（mia—wei），而无田界神、山神、六畜神及水缸驱毒神等。此外，尚有数点值得注意，有许多处，羊神即代表六畜神。无羊神的地方，每每有牛王菩萨。仓神由家主妇主祭，门神被认为是姜子牙（正如屋顶上之有关老爷一样）。有些地方（例如茂县西路）已把家中十二神忘记，而仅记祖宗、灶神、土地、财神、天老爷，其汉化更深者入门即见天地君亲师的神位，家中十二神中，其特别足以代表羌人的固有信仰者，似有四点：

①家族祖先之外，尚有人类祖先；

②火神及其联贯诸神；

③男主宰神与女主宰神（此系个人保护神或性属图腾转变而来）；

④妇女主祭仓神（可视为妇女与农业关系之遗风）。

……

前面我们曾提及往昔羌人的氏族各成邑落，现在羌人的邑落已不与氏族相合，但各地方均各有地方神以及巫师与仪式。尤可注意者，地方神中可分为阳神与阴神或正神与邪神两类，因为它们的作威与作福，使巫师成为必要的职业。兹就考虑所得，把各地方的正神与邪神各举数例以见一般如下：

正神举例

拉华寨	be—mee—tze	主人神
华崩寨	wa—ba—tze	城坝神
汶山寨	u—nga—tze	孔雀神
增头上寨	shi—gu—tze	铁山神
增头中寨	lu—watze	往来神

增头下寨	sha－bo－tze	演堆神（演合成堆之石）
若达寨	mu－be－tze	松树神（与佳山砦西山寨合祭）
水田寨	h－kuei－dee－tze	负回鸡神（与齐立寨合祭）
乾溪寨	ru－bou－tze	岩鸾神

地方神且各有其起源的传说，兹亦举数例如下：

水田寨与齐立寨地方神起源的传说——一水田寨人与一齐立寨人相偕为背负劳工，一日在返途中，经过尤溪（羌人称龙溪寨 hunsh）时，二人均觉所负甚重，正相怨尤诅咒，忽闻鸡鸣声，回头一看，果见一白鸡，趋近视之，则为一白石，弃之去，行不远。忽又闻鸣声，二人复返，如此者数次。最后二人对白石祷曰："白石，你若是神，请使我俩所负变轻，我们愿把你负回去。"说罢果取石背负而行，二人均觉所负者甚轻。行至通化场（羌民称 wadee）过溜索时，缚石数次不成。忽见白石变成鸡，飞至水田寨山坡上落下，仍变为白石，但远视之形犹似鸡。二人以此事告知同寨民众，大众相与称奇，因即奉之为神。

佳山·若达·西山地方神起源的传说——古时"gide"地方有六七个氏族即 ruglu－lugo、rorobe、wago（即现在的佳山）、jio－da（即现在的若达）、yar－ba－da、thi－ru－be、i－zu－wa－be（即现在的西山）接壤而居，松树林甚为繁茂，当地人民大都乱伐松枝，因此松树神托梦给寨居民云："我是松树神，你们如乱伐松树，我便要罚你们，你们不犯树神，我便保护你们。"民众得梦后，仍以为难，都说不伐树木则财源由何而来，松树甚多，何者为神树亦莫由知之，因此不信神者仍入山砍伐，但每每有不幸事件随着发生。某年秋收后，偶见一老者在林下徘徊，忽又不见，便认为树神出现，当即许愿，即在神林祭厅内请端公献祭。届时举行典礼，法事正酣，参加祀典民众中忽有一个人入疯狂状态，称说："我是替神行动者，你们不知神树何在，我则知之。”说罢执一大旗，攀上一大树，直达树巅，插定大旗，然后安然而下，并宣称以后年年敬祀神树，地方太平。未久，此人的疯狂状态消失，仍复原状。众人怜之，赐与祭用羊子的腰与油各一份。

乾溪地方神起源的传说——乾溪寨原有一鸡王（yu－i－nga）神庙，山洪毁庙，乏资重建，因将鸡王请至通化汶山寨禹王庙后面，乾溪民众年年仍去祈祷献祭，但觉不甚灵验。有一病人觉鸡王不复有护佑能力，主张停止礼拜，但有虔诚者力辩鸡王有灵，独赴汶山鸡王神前为上述病人祷告：“你是我们原来的地方神。寨上病人希望你仍赐保佑!”祷毕回来，当夜与寨上病人同得鸡王神之托梦。神云：“我现在不是你们的神，我只能暂时保佑你们，你们的神名 ru－bou－tze，明年八月莅临山寨之上，寨下有水，从水中来。”晨间二人共语梦中经过，同去看察地点，果然不错，以后病人即告霍然，是年农收甚丰。二人不忘神在梦中之指示，次年未及八月，二人即常常至河边徘徊，希望神之降临，久而久之，终无所得。一日二人又得梦：“ru－bou－tze，你们的神，已在水上飘流半月矣!”醒来询水旁捞柴者。捞柴者曰：“水上确有木材一段，漂流已久，捞之不得。”翌日，二人在河边得此木，疑即为神，但腐朽蚀坏不堪，旁观者主张剖而焚之，二人则谓既有梦，不可轻动。是夜二人又得梦，神曰：“我在木中，去外面朽木，便见我身。”翌日照办，果得圣像。现在乾溪即以此神代神林，并不复置白石。

邪神举例

星上纳瓦村	li－ze－sie	田角怪藤神
阿梯华	kabre－po－sie	树丛岩下神
华崩与拉赫两寨	la－ge－po－sie	地角怪林神
立母基与吉尔瓦两寨	yi－ta－sie	如鸡食的怪石神

马崩寨	ba—ta—sie	坝子上怪神
木尔达	dse—tche—ba—sie	刺条坝子神
窄溜寨	hngi—gee—po—sie	老红树神
木工寨	dza—gee—kua—sie	破房基怪神
九子寨	man—dio—sie	崖神
理番（保县）	tsai—ze—tcha—tisie	吃酒吃肉神
通化	tso—ge—po—sie	皂角树神
孔地坪	tcha—se—ra—ku—cha—sie	石桥乱崖神
增头上寨	sagta—lagbo—sie	寨尾石坡神
增头中寨	tsa—tshi—po—sie	刺条神
增头下寨	ko—bo—tsi—bo—sie	石堆树林神
朱儿三寨	dsu—be—da—sie	坭坎下神

对于邪神，羌人于每年正月中起至二月底期间，择猪狗龙马四日，举行禳解，请端公主持。用主人家全家大小的洗面水调荞麦粉或青稞粉，做鬼怪一盘。另一盘用清水调面粉，制成祭品，以敬正神。端公戴猴皮帽，敲铧头，燃柏枝，念经，指呼正神与邪神，做法事（星上寨朱端公口述）。

羌民因未脱离灵气信仰阶段，故随处都有鬼神。在上述范围之外者，如山顶则有山顶神（pi—ru—tze），阴山阳山亦有神（su—pe—tze），碉堡有碉神（po—tze）。每寨各有地方神（yei—bo），为致病之源的病魔，称毒药鬼（is—du）。有毒药鬼附体的人，如系老年女子，则称鬼婆婆（du—ma）；如系少年女子，则称鬼婆娘（du—tchi）；如系男子则称鬼男子（du—tze）。此外，民族英雄及凡有功于民者，都奉祀为神。

摘自胡鉴民：《羌族的信仰与习为》，《边疆研究论丛》1941年版。

5. 羌区各地崇拜的神不同[①]

要明了端公的工作，先要知道羌民所崇奉的是什么。

羌民所崇奉的最主要者有五个神，即天神、地神、山神、山神娘娘与关圣帝君。天神称“莫伯牙”，地神称“树卜”，山神称“折格西”，山神娘娘称“西”，关圣帝君称“西穹”。

这五个神全无塑像，也没有写什么神位。神林中只是一个石头叠制成的祭台，上面也无标识；不过在每家屋子最上层的所谓房背的围墙上有五块白石，就代表五神了。不过现在也有些家庭连五块白石都未设。需要还愿时就临时砌了五小堆小砖碎石，外涂石灰代替白石。

白石只有在房背上代表神的意思，其他地方并没有白石。至于有些坟上的白石乃是砌坟者随便放的，并没有特殊意义。

除上述五神外，每家还有十三个家神：

第一，“莫初”，是历代祖先神；

第二，“亦吉”，是保护家中平安之神，可说是护家神；

第三，“玉莫”，是管死人阴魂之神；

第四，“西斯笃”，是帮助端公、工匠等手艺人能记忆清楚之神，似乎是智慧神；

第五，“西”，乃“西斯笃”娘娘，其职责与“西斯笃”同；

第六，“密帕露”，是保佑男子工作之神；

第七，“西帕露”，是保佑妇女工作之神；

第八，“吸血系”，是牲畜神，保佑牲畜平安；

---

① 羌族本聚族而居，十八世纪中叶以前尚保留着一个村寨即一个氏族的状况，加之羌地皆高山深谷，交通不便，故聚居各地的羌族语言不同，甚至各寨宗教与巫师的具体情况亦有别。这大概是古冉駹之地有“六夷、六羌、九氏”（《后汉书·西南夷传》）的反映（编者）。

第九，“斯卓吉”，是管理活人灵魂之神；

第十，“勒额都都”，是门神。

还有三个神，是三足铁炉灶的三铁足：

一个叫“莫古依稀”，是火神；

一个叫“活叶依稀”，是男祖宗；

一个叫“迟依稀”，是女祖宗。

除了此最后三神外，其余之神并无具体标识。

除了五神与家神外，羌民在神庙中供奉神灵塑像，不过这些神全是内地汉人所崇奉之神，如东获、观音、牛马二王、川主、土地及岳王等。

端公主要工作就是祭五个主要的神，家神由普通羌民在初一、十五在家点香敬神，拜后插旗。不过火神与男女祖宗只点香不插旗。庙中之偶像神与汉人相同，逢节日去拜①。

摘自张宗南：《萝人寨羌民的端公》，《边疆服务》第一卷第二期，1943 年 6 月。

羌族地区各村寨供奉的神和祭祀的仪式，均不相同。今根据此次调查所得材料，以汶川雁门乡小寨子为例②，具体说明之。

小寨子在山顶供七神③，设白石龛七个。即：

①“薛哈西”，山神；

②“莫巴”，天神；

③“诺布”，地；

④“薛波”，山神之妻；

⑤“薛呵”，关圣；

① 本段介绍的是汶川县雁门乡萝人寨羌民崇拜的神（编者）。

② 小寨子为萝人寨邻寨属汶川县雁门乡萝人九寨之一（编者）。

③ 即山顶神树林中所供的神（编者）。

⑥ 龙王；

⑦ “勒波”，(?)

屋顶上供五神，设白石龛五个，即上述七神中除去“勒波”及龙王。

山神在诸神之中地位最高，是主神。因为羌族多居高山，大山给人民一切生活来源，故山最受崇拜。

除上述诸神外，还崇信羊神、仓神、财神等，各于家中屋角插一纸旗代表之。

山顶白石神由全村寨祭祀，屋顶白石神及家中供的其他神由各家祭祀。山顶白石四周有树林，被认为神圣之物不得任意斫伐。他们的解释是：“白石是菩萨像，石头龛是神龛，树林则是庙宇。故不能斫伐。”实际上，树木最早可能也是自然崇拜对象之一，后来受汉族宗教观念的影响，乃被当成庙宇加以保护。每年农历四月全村来山顶白石前“祭山”。十月（收获季节），则来“还山”。“祭山”和“还山”是全村最大盛典，每家“出份子”，杀羊置酒，由端公跳神并念咒，其大意是：“所有野猪、老熊、老鸦、麻雀，请您（山神）引至阴山背后，免吃庄稼。保佑本寨袁赵二姓老老少少，清静平安，不要生病……”祭毕，大家分食羊肉，青年们歌舞玩乐。由上可见，小寨子这套宗教仪式是和农业活动有关的。

摘自汪宁生：《解放前羌族的生产活动、生活习俗和宗教信仰》，《四川及云南昭通地区彝族社会历史调查资料》，彝族调查资料之二，云南省少数民族社会历史研究所编，1963 年 5 月 10 日。

理县龙溪沟（今汶川县龙溪乡）羌人崇拜的神，以余端公介绍的做例子。

最高主宰是天神，亦有依照汉语称为“玉皇大帝”的，把它视为最纯洁，最有权威，“主宰万物，保护人畜”的神，其周围有十二神：

①“生命树”，遮盖菩萨身体，保护人在树林避免危害，亦称“树神”；

②“太阳神”，给人光明和温暖，生长庄稼；

③“桂桂神”，是建筑房屋的神，保佑房屋不倒塌；

④“羊神菩萨”，保佑羊子不遗失，不生瘟疫；

⑤“当家人”，生前劳动供养家人吃穿，死后奉祀于房顶；

⑥“石匠神”，砌房屋有功，奉祀于屋角，也称“角角神”；

⑦“石匠妻子”，帮助砌屋，一并纪念；

⑧“家神菩萨”，掌管家中香火；

⑨“媳妇”，媳妇虽是娶来的，但在家中劳动一二十年，死后敬在一个屋角上，敬她三年（也有称为“角角神”的）；

⑩“坛神菩萨”，意义不明；

⑪“钻石匠”，凿石做水缸装水，故要敬奉他；

⑫“铁匠”，打铁火圈和铁器，又是火神菩萨，保佑不发生火灾。

摘自《羌（尔玛）族情况》，西南民族学院研究室编，1954 年。

汶川县龙溪乡阿尔大队羌人崇拜的神大抵可分村寨公祭与家庭私祭两类。

1. 村寨公祭的神灵：

①玉皇（“马必且”），本为羌人崇奉的最大天神，汉语称玉皇；

②川祖（“木比塔”），亦为羌人崇拜的天神，汉语称川祖；

③山王（“渠吉”），包括树林神，当地羌人认为，树林神属山王统辖；故不单独供奉树神；

④寨神，各寨供奉的寨神不同。如比亚多寨寨神为“沙达吉”。

上述诸神从前均供于神树林，村寨群众在神树林举行祭祀活动，后来村寨建庙宇，故先后改在庙宇中举行祭祀。

家庭私祭的神灵：

①玉皇（“那萨且”），为羌人所奉天神，供于房顶，汉语称玉皇；

②家庭保护神（“恰达黑吉马比吉”），保护家中清吉平安，防止灾害疾病；

③门角神（“南厄阿底昔古迫”），保佑家人进出平安；

④羊神（“萨达得格卜自且”），为六畜神；

⑤祖神（“亦必打莫”），传说此神为三兄弟，老大不会当家，生产搞不好；老二挖药；老三到川西坝打井；

⑥水神（“助初迪黑阿谷涅树涅且”）；

⑦火神，即火塘的三脚，分别为火神（“莫易谷谷胡一且”）；男祖宗神（“迪尔谷谷莫一且”）；女祖宗神，又称媳妇神（“昔特谷谷岩一且”）。

上述家庭私祭的神均不列入神龛所供“天地君亲师”神位，红纸书写的“天地君亲师”神位中，仅连带供观音、牛马二王、文武夫子、药王等，为汉化后所供家神①。

摘自钱安靖：《羌族宗教习俗调查资料》，三、汶川县龙溪乡羌族端公经典简介，《羌族社会历史调查》，四川省社会科学出版社1985年6月版。

汶川县绵篪乡簇头、沟头等寨羌人崇拜的神很多，可分几大类。

1. 本民族祖先神两尊：

①木吉卓（意为“天仙女”），女，又称“米亚维士”；

②热比娃（意为“野人”），男，又称“低蒲士”。

传说木吉卓为天王（又称天神）三公主，非常美丽，聪明，能干，智慧，创造极多，都留传下来，故羌人尊木吉卓为开天辟地神。

---

① 此材料为1983年11月由龙溪乡羌族端公余明海、朱顺才提供（编者）。

2. 房顶神七尊：

①天神（“阿爸木比达”），又称“底不阿木比亚”；

②树神（“仓如士”）；

③雪龙仓神（“倮倮士”），雪龙仓为汶川、理县、小金等县交界的大雪山，羌人尊为神山、圣山，故羌人供奉雪龙仓神；

④白山神（“苏不士”）；

⑤黑山神（“苏诺士”）；

⑥地盘业主神（“补祖士”），羌地各寨均有寨神；

⑦房屋神（“色多士”）。

上述诸神均供于房顶，以白石为表征。

3. 门神两尊：

①左门神（“独蒙催”）；

②右门神（“那蒙催”）。

4. 羌神转化为汉神三尊：

①火神（“翁不士”），本为羌人火塘三足，后转化为汉式灶神，成了天神的通讯员。

②羊神，本为羌族很重要的神，后转供奉汉族的牛马二王和六畜神；

③仓神（“昼确士”），女神，本为羌神。由家庭主妇主祭，后供奉汉族财神。

信奉羌神转为供奉汉神后，则在堂屋神龛上用红纸书写下诸神名号。

5. 汉族诸神，一般为七尊：

①家神（“基兮士”）；

②文武夫子（“兹卓士”）；

③送子娘娘（“易木士”）；

④催生娘娘（“丙尼士”）；

⑤牛王菩萨（“八扎士”）；

⑥马王菩萨（“究扎士”）；

⑦火神（“翁不士”）。

以上诸神仿汉族人用红纸书写供于堂屋神龛上，除“天地君亲师”外，即为此七神。

除上述五类神外，新中国成立以前汶川县绵篪乡簇头、沟头、李坪等寨还有汉庙。每年都有一定的庙会期，但无固定的神职人员如道士、和尚等。当地汉庙及庙会期如下：

川祖庙，庙会期在每年农历六月二十四日；

乩仙庙，羌人在此求雨，无庙会期；

王爷庙，庙会期在每年农历六月六日；

山王庙，庙会期在每年农历十月一日[①]。

摘自钱安靖：《羌族宗教习俗调查资料》，《羌族社会历史调查》，四川省社会科学院出版社 1985 年 6 月版。

新中国成立以前理县的通化乡、桃坪乡一带羌区盛行川祖会和娘娘会，均在大庙内举行祭祀活动。

川祖会在每年农历六月二十四日在川祖庙举行祭祀，所祭主神为李二郎，由各寨会首筹备，请端公主持。

山王会在每年农历八月二十四日在山王庙举行，由村寨会首筹备，端公主持，主要祭祀活动为许愿还愿、庆丰收。山王神早年本为各村寨附近神树林中供奉的白石神，代表天神（玉皇）、山神和树林神，后来才汉化，建山王庙，供泥塑木雕神像。

---

① 此材料为 1983 年 11 月由绵篪乡沟头寨羌族端公王治国和簇头寨羌族农民王升明提供（编者）。

娘娘会在农历三月三日娘娘庙举行，既有村寨集体举行的，也有各户单独前往敬神的，或用端公或不用端公，主要是为保护妇女儿童，没有儿女的希望得子，有儿女的希望儿女健康成长。

此地羌人信仰的神，大体分公祭、私祭两类。村寨共同供奉和公祭的神，以桃坪乡增头寨为例，计有八尊：

①玉皇（即天神，又称太阳神，“阿不确克”）；

②山神（“萃”），主管人畜安全；

③树神（“洛阿且”）；

④寨神（“夏不且”）；

⑤青苗土地，主管庄稼；

⑥水神（“助枯且”）；

⑦观音，主管人丁；

⑧山神娘娘，主管保护妇女儿童。

这些神的供奉和祭祀，从前在村寨附近的神树林内，诸神均为白石，后来修建庙宇，供泥塑木雕神像，其中有的神还是汉族供奉神灵，如青苗土地和观音。

每家供奉和私祭的神，即家神，计有十二尊：

①玉皇（天神，“阿不确克”）；

②祖宗神（家神）；

③羊神；

④牛马二王；

⑤姜子牙（“南安且”）；

⑥灶神，即灶王府君；

⑦火神（“莫枯一且”），其代表为火塘及置于火塘上的铁三脚架（最早为在火塘边竖三个白石），铁三脚的每一脚各代表一神，一为“希匹果果德一且”，一为“管厄果果厄一且”，一为“柯加一且拉一

且”；

⑧中梁神（“启萨祖格”），又称中央皇帝；

⑨天爷（“默达百且”），较玉皇小的天神；

⑩大门神（“吉哈厄西且”），又称野神；

⑪仓神（“不谷于且”）；

⑫先祖神（“衣门迪”），人类祖先。

以上诸神中，牛马二王和灶神为汉式神①。

摘自钱安靖：《羌族宗教习俗调查资料》，《羌族社会历史调查》，四川省社会科学出版社 1985 年 6 月版。

茂县渭门乡永和大队羌民信仰多神，均以白石为代表，有的供在村寨附近的神树林里，有的供在每家房顶上。

村寨附近的神林里砌有一个石碉（“那萨”），其上供五神：

①树林神（“若基依”），主管冰霜雹雪；

②山王神，主管青山和野兽；

③青苗土地（“日不斯”），管庄稼丰歉；

④大龙神（“殊不二”）；

⑤小龙神（“殊觉”），大、小龙神二神管水旱。

当地羌民每家房顶亦砌有一石碉，仅供天神（即玉皇大帝），又称碉碉神，为每家保护神。

由于当地羌人宗教信仰汉化较早较深，在新中国成立前若干年，每家室内设有神龛，供奉红纸书写的“天地君亲师”和灶神、财神、土地、中神、马神、神农五谷大帝和文昌帝君等。有的人家还另设牌位供鲁班、药王和坛神等②。

---

① 此材料为 1983 年 11 月由增头寨杨茂山端公提供（编者）。

② 此材料为 1983 年 7 月由茂县渭门乡永和大队羌族端公王海清、羌族农民白崇发提供（编者）。

摘自钱安靖：《茂县渭门乡永和大队羌族宗教习俗调查》，1983年7月5日。

茂县渭门乡纳普大队各羌寨神林中的石碉上供白石，代表山王菩萨和树林神（“牙涅”）。当地羌人认为树林神主管森林野兽，山王菩萨主管冰雪和狂风暴雨。为了使庄稼和牧畜免遭灾害，当地羌人每年都到神树林祭山王菩萨和树林神，当地每家房顶的石碉上供白石代表三神：

①历代祖先（“作格”），即家中代代相传的神；

②碉碉神（“那萨”），为一家主神，保佑家中吉祥平安；

③天神（“迪莫爸”）。

堂屋中设神龛，供红纸书写的“天地君亲师”、“金木水火土”和灶神等神灵名号。

此外渭门沟有五处求雨之神，多在高山密林深处或山顶湖水旁，有的村寨还有庙宇供奉川祖、观音、龙王和关圣帝君等[①]。

摘自钱安靖：《茂县渭门乡纳普六队羌族宗教习俗调查》，1983年7月10日。

茂县三龙乡那呼大队斯库寨（又名河公坝）的神林里砌有一大石碉，上供白石，称为山王神，又称树林神，也代表天神，神树林又称为山王庙。

当地羌人认为山神管人丁牲畜、林木野兽、云雨风雪和山中物产，故对山神特别崇敬，祭山会在每年农历五月，请端公主持，由村寨集体祭祀，规模盛大隆重。

每家房顶小石碉上供三颗白石，代表山王神、地神和天神，为羌人家神。

① 此材料为1983年7月由茂县渭门乡纳普大队羌族端公杨章华、羌族农民杨宗给提供（编者）。

由于当地汉化较深，每家室内均设神龛，用红纸书写的“天地君亲师”神牌和灶神、财神、土地、彩神（狩猎神）等神灵，这些神亦为家神。敬家神由家中老人于农历每月初一、十五进行，先敬室内神龛供的家神，再敬房顶石碉供的家神。唯敬房顶家神时，不点香蜡，只燃柏枝，这是羌人传统习俗。

明、清时代，在汉官和土司倡导赞助下，三龙沟羌人募捐修建了一些大庙，如观音庙、川祖庙、东岳庙和玉皇庙等，每年各庙都有一定的会期：

①娘娘会，每年农历三月三日在观音庙举行；

②财神会，每年农历三月十五日在川祖庙举行；

③观音会，每年农历二月十九日、六月十九日和九月十九日在观音庙举行；

④城隍会，每年农历三月二十八日、五月二十八日在东岳庙举行；

⑤川祖会，每年农历六月二十四日在川祖庙举行；

⑥玉皇会，每年农历七月十五日在玉皇庙举行。

每逢庙会期，羌汉藏各族人民赶会者络绎不绝[①]。

摘自钱安靖：《茂汶县三龙乡那呼大队斯库寨（又名河心坝）羌族宗教习俗调查》，1983年7月21日。

茂县三龙乡碉花寨神林中石碉（“纳克西”）上供白石。代表天神、山神、地神、树神等神灵，每年由村寨集体祭祀。每家房顶小石碉上所供白石代表的神，与神林中相同，不过这是家神，由各家自行祭祀。此外，地里还供有白石，代表地神。

碉花寨为三个寨，三寨共同祭祀鸡羊神（“玉涅纳克西”）。

① 此材料为1983年7月由斯库寨羌族农民王盛坤、王盛云、杨连第等提供（编者）。

传说碉花寨附近山岩远看有的像鸡，有的像羊，有一年放火烧山时，人们听到山上鸡羊叫，从此三寨人共同砌了一个石碉供白石代表鸡羊神，每年定期由三寨羌人集体举行祭祀。鸡羊神成了三寨的地方神。

由于当地汉化日深，羌人对玉皇、观音、东岳、川祖、山王等神的供奉在新中国成立前有①。

摘自钱安靖：《茂汶县三龙乡碉花寨羌族宗教习俗调查》，1983年7月23日。

6. 羌族崇拜的神的种类与特点

羌族崇拜的神虽多，但把它们分门别类，不外乎如下三类：

（1）全民族崇拜的保护神

白云石神为羌族崇拜的主神，其次是地神、火神、山神、树林神。这五个神灵大体说来是反映农牧业时期的崇拜的对象，是羌人由畜牧转向农业的客观条件，也是原始宗教的一种表现形式，这主要是由于生产力的发展，与生产有关的物质生活条件越复杂，人们感觉到了这些条件，但又没有正确地认识和把握这些条件，于是乃将其神化。羌族对这“五神”的供奉都以白云石作为代表，家家户户都在房顶上供奉着它，这当然是石器崇拜的发展。对于天神，羌族认为是保护他们战胜“戈基人”的。他们认为树林神的威力最大，若不敬它，就会五谷不丰，发生天灾人祸等。因此羌族人民对树林神的祭祀是非常隆重的。每年祭祀之期要杀羔羊，洒羊血，将羊肉烧成灰烬，或将羊肉弃于山野，烧柏枝，颂祭典等。对树林神的崇拜揭示出羌族人民对森林在农业生产中所起重要作用的模糊认识，已经感到森林是农

---

① 此材料为1983年7月由碉花寨羌族农民余王氏、杨正良、陈秉福等提供（编者）。

业、畜牧业、农副业生产的基础条件，只是由于无法解释而加以神化。事实上新中国成立前，羌族人民对植树造林、保护森林方面都已有了一些概念，只是以宗教崇拜的角度反映出来。据调查，羌族居住的村寨都有神山一座，神山上的树木禁止砍伐，凡男子年满十一岁，都要去神山参加“碉之会”；第一次参加的人要在神山上找树一棵，拴上标记，表示认树作“干爹”，保护自己的顺利成长。该树一经人们选定，他人概不能动，连自己也不能砍伐。另外，对神山的植树造林都有培育的责任和义务，父母要造林植树作为儿孙的榜样，儿孙又为他们自己的后代作表率，代代相传，已成习惯，假若一代未植，则为村寨其他成员子女所不齿（此据羌族老红军、成都警备区副司令员苏星同志的介绍记录）。这虽然是从宗教的角度表现出来，但也反映了羌族人民对大山森林在农业、畜牧业、农副业生产中所占地位已有模糊的认识了。

其余山神、火神、地神都是与当时社会生产、生活分不开的，是以社会物质生活条件为基础，以对自然界的错误认识而产生的。

（2）地区村寨供奉的神灵

地区性神灵的产生，主要是由于人们对神灵观念的模糊，对神性认识不清，神的活动范围的狭窄，以及人们类比能力和抽象能力的不发达而造成的。他们从具体生活中活动范围的狭隘，幻想出神的活动的狭隘和职能的单纯，异想出地区性的神灵来，是羌族地区村寨神灵出现的原因。而这些神灵又多是以本地区的特殊事物如：奇特的山石、怪异的树木等为代表，都可能奉为神灵，如城坝神、孔雀神、铁山神、松树神及佳山寨的“负回鸡神”等。每个神灵的产生，都附托一特殊事物的传说，如“负回鸡神”就是如此。据传说：“在佳山地区有两羌民因负重回家，行至途中颇觉所负之物越重，忽闻后面有鸡叫之声，回视则不见，这种情况反复出现了数次之后，两人皆异之，乃祝曰：汝若是神，当使负者轻，祷毕，负者果轻矣。而鸡亦随人后行。至河岸，二人欲负之以渡，但鸡已高飞入山中，二人乃追踪而上，至山间，鸡已化作白石立于山岩之上矣！于是返家以告寨民，人甚奇焉，但亦深信不疑。从此，'负回鸡神'产生，加以祭祀，代代相传。"① 这一神话传说反映了羌族人民居住高山，交通不便，长期负重翻山越岭，经历那些陡峭的高山峻岭，稍不注意，即坠入谷中，盼望有一种神灵为他们减轻负重，沿途给以保护的幻想。"邪神"的名字也很多，大多是对于生产不利的自然物，如田边地角、怪树、怪藤、怪石等，都被称为邪神（或鬼怪），对这些邪神，在每年春耕生产之前，要举行禳解仪式，采取消极妥协的办法，乞求不要危害生产。这是人们对自然灾害错误认识的结果。

（3）个人信奉的保护神

羌族人家家户户除供奉以白云石为代表的五神之外，在室内还供奉着许多神灵。如人类祖先、财神、羊神、守门神等等。在农业为主的地区还有仓神，以及按男女性别而崇拜的男女主宰神。与本人直接从事的生产职业有关而供奉的神，如手工业者供奉的建筑神、钻石神、铁匠神、木匠神等等。个人和家庭供奉的神灵，反映了羌族宗教的变化。这种变化又是随社会经济的发展而变化的。

摘自陈泛舟、曾文琼：《解放前羌族原始宗教之管见》，《西南民族学院学报》1981年第一期。

羌族的神有三十几种，大致可分为自然物、家庭和劳动工艺三方面：

自然界诸神是天神、太阳神、地神（包括田界神）、山神（包括兽王）、树神（亦称生命树）、火神和羊神，是祭祀和崇拜的主要对

---

① 胡鉴民：《羌族的信仰与习为》，《边疆研究论丛》，1941年第十二期。

象，被认为是威胁或护佑生产至关重要的几种神灵，其中天神（包括太阳神）和山神最受崇拜。家庭间的神主要是祖先神（包括当家人、男神、女神、管孩子的神、石匠神、石匠神的妻子和儿媳妇们），也泛称家神。因神位设在屋角，也称“角角神”。另外还有保护家庭的门神、灶神、仓神等。

劳动工艺的神灵，包括木匠神（是建筑神，也称“柱柱神”）、石匠神、铁匠神，石匠的妻子也作为诸神之一。这些工匠受羌族人民的崇拜，羌族称为十二“支派”，即其所崇拜的十二神。各家屋顶的小塔上，中间一块大的白石为主神，另外周围有十二个小的白石块代表十二神。十二神的名称各地全不一样，解释也不同，但总不出以上三类。

摘自《羌（尔玛）族情况》，西南民族学院研究室编，1954 年。

羌族崇拜的神共有三十多种，大致可以分为四类。一是自然界诸神，如天神、地神、山神、树神、火神、羊神、牲畜神等等，是一种自然崇拜性质。二是家神，基本是一种祖先崇拜的性质。有的地方家神很多，汶川雁门一带每家都有十三个家神：如“莫初”是历代祖先，“活叶依稀”是男性祖先，“迟依稀”是女性祖先，“亦吉”是保护家中平安之神，“密帕露”是保佑男子工作之神，“西帕露”是保佑妇女工作之神，“斯卓吉”是管理活人灵魂之神，“玉莫”是管理死人灵魂之神等。三是劳动工艺之神，如建筑神、石匠神、铁匠神和木匠神等，是手工业在羌族社会中占据一定地位和手工业者受到特殊尊敬的反映。此外，在一些村寨还有自己的寨神，即地方神（社神）。有的是狗，有的是羊。随各地不同的历史传说而异，或许是图腾崇拜的遗迹。上面例举的各种各样的神，其共同点是都与羌民所从事的农、牧、林业生产与日常生活有着密切的关系。他们被认为能够威胁或保佑生产和人畜安全及民族兴衰，因而被刻画为与羌人比较接近的一个个幻影。

羌族人民所信仰的神，除火神以锅庄为代表外，其余诸神均以一种乳白色的石英石作为象征，被广泛地供奉在山上、屋顶、地里以及石砌的塔中。这些白石被称为“阿渥尔”。羌族信仰的各种神中地位最高最神圣的是天神。传说羌人由于天神的指点才得以战胜彪悍的劲敌“戈基人”。所以羌族相信天神能主宰万物，祸福人畜，禳解灾难，为本民族最高的保护神，并以白石为象征供奉在每户的屋顶正中最高处。

摘自冉光荣、李绍明、周锡银：《羌族史》，第340－341页，四川民族出版社1985年版。

羌族崇拜的神中除崇拜自然外，尚有以下几个特点：

一为崇拜在生产劳动中有贡献的，如砌石匠和铁匠，羌族石工远在两千年前即被汉朝的官吏所称赞。也正因为石匠受重视，羌族工匠技艺精湛。羌族铁匠以善打大型铁火圈著称，手工制作出三十至一百斤重精致的铁三脚架，的确值得重视。把铁匠和火神联系到一起，大概是因为先有了火，而铁匠能驾驭火，于是便成了火神。

另一点就是羌族诸神中，家神有女神（女当家人，女祖先），也有石匠的妻子。三江口羌族还说牛王是玉皇的女儿。在《汉书》中记载羌族社会“贵妇人，党母族”，直到现在羌族妇女在羌族社会地位仍相当高。

还有一点为羊神（不是牛神）的地位相当重要，这可能是古代羌族以羊为主要家畜，羊在生活中占重要地位，因而反映在宗教上，羊神崇拜及祭祀都较为隆重。

白石神是羌族固有的神，供奉白石神的庙宇一般不大，只有石砌的小神龛或小塔子。在神龛内立一块白石，或嵌在小塔的尖顶上或其周围。这种白色石英石在松潘以下岷江流域河滩很普遍。其他地区较少，用在神龛时要选择洁白美丽的。芦花县[①]羌族传说“古时候老祖宗两人打架，一人用白石将另一人打死，胜利的就是黑水人的祖先”，所以要敬白石。这类传说别处也有，现在芦花羌民讲理有句俗话：“白石头放在路上，黑石头搁在路边。”据说端公帽上三个角，第一角即表示“黑白分明”，认为白色代表公正合理，黑色代表邪僻不正。

摘自《羌族调查材料》，西南民族学院民族研究室编，1984年版。

（二）白石崇拜的辐射与升华

1. 白石崇拜与羌语支各居民集团[②]

古代的羌人，逐鹿在甘青及中原地带，是历史舞台上称雄一时的大民族。周秦以来，众羌中的一部分受秦王朝的驱赶，“将其种人附落而南，出赐支河曲西数千里，与众羌绝远，不复交通。其后子孙分别各自为种，任随所之，或为牦牛种，越嶲羌是也；或为白马种，广汉羌是也；或为参狼种，武都羌是也……”[③] 西迁或南迁的羌人，由于与中原隔绝，史书极少记载，只有在秦汉时南迁居于四川西部的羌人，由于经常发生战乱，所以史书记载连绵不断。

但是，“附落而南”“出赐支河曲西数千里”的羌人，并没有从历

① 芦花县即今黑水县（编者）。

② 在我国西南地区岷江、大渡河、雅砻江、金沙江流域的崇山峻岭中，居住着操普米语、嘉绒语、木雅语、尔龚语、贵琼语、尔苏语、扎巴语、纳木依语的居民集团。根据语言科学工作者调查研究认为，上述各居民集团均操独立语言，其语言在语音、词汇、语法方面，几乎毫无例外地与羌语接近，而与藏语、彝语相去较远。应属汉藏语系藏缅语族羌语支，而不属藏语支或彝语支（编者）。

③ 《后汉书·西羌传》。

史舞台上消失，他们有的西迁至雅鲁藏布江流域，与当地的土著相融合，不断发展壮大；有的南迁到喜马拉雅山的南麓，繁衍生息；有的沿六江南下[①]，直至伊洛瓦底江流域定居。我们从藏缅语言的远近关系，大致可以推算出这些曾雄踞甘青一带的兄弟姐妹们离别的先后及时间的久暂。一般来说，同语族的语言间差别越大，分化的时间越长。我们推断，具有“邛笼文化”[②] 的操羌语支语言的各族，是汉以后才陆续开始分化的。有的民族或语言，经历了分分合合的反复过程。

操羌语支语言的居民，除了语言和文化上的共同特征外，在原始图腾、风俗习惯等方面都还有不少蛛丝马迹的线索可循。凡操羌语支语言的居民，都把白石作为自己崇拜的偶像，这是否与羌族用火有关，羌族称可以用来点着火的石头为 biuphi “白石”，而他们崇拜白石，供奉白石，甚至创造了民间口头传说。将白石誉为羌族战胜外来侵略的武器，并加以神化。

摘自孙宏开：《试论“邛笼”文化与羌语支语言》，《民族研究》1986 年第二期。

四川甘孜藏族自治州康定县沙德区和营官以西地区木雅人[③]的宗教信仰为喇嘛教的黄教和红教，而以黄教为主。但木雅人也信仰原始宗教，崇拜山、水、树、岩等神，尤以崇拜白石最引人注目。

一进入木雅地区，但见家家户户房顶皆供白石，在阳光照射下颇

---

① 指川藏、滇边境横断山区的怒江、澜沧江、金沙江、雅砻江、大渡河、岷江等六条由此向南流的大江（编者注）。

② 邛笼为羌族村寨的石碉楼，邛笼一词为羌语的汉字记音，源出《后汉书·南蛮西南夷列传》。把石碉楼的建造作为一种文化现象来考察，则称为“邛笼文化”（编者注）。

③ 木雅人即木雅藏族，一万五千人左右，主要居住在康定木雅乡以及九龙、石棉一些地方，故以木雅为代表称之（编者注）。

为耀眼壮观。木雅人房顶垒有两个白石堆，如当地无白石，则垒两个石膏堆或石灰堆。此外，房顶还砌两个小石碉，一个用来插麻吕旗（象征喇嘛教的神），另一个用来敬原始宗教诸神燃柏香熏烟。房顶的四角也放白石，每逢节日在房顶插红黄兰白旗。木雅人认为房顶放白石可保家中清洁平安，吉祥如意，每年过春节时房顶的白石须更新一次。

摘自钱安靖：《康定县沙德区木雅人的宗教习俗调查》，1986 年 8 月 15 日。

贡嘎山原名木雅贡嘎，以此一为众多民族奉为神山者，既以木雅为名，木雅世居于此可知。在上木雅与乾宁相接处有木雅热冈，木雅原为一强大部落，世居雪山之下，党岭之南，应即是《旧唐书》卷一九八《西戎》中所说："又有雪山党项，姓破丑氏，居雪山之下。"破丑氏为党项八部之一，其一部北上助拓跋氏建西夏国，故此地党项有"木雅"之称，而今之木雅当是留居故地者。据甲根桥其地的木雅老人讲：木雅区虽有不少寺院，但老百姓还是信安雀（巫师）的多。木雅区也供白石和牦牛头。

摘自邓廷良：《明正土司考察记》，《雅砻江上游考察报告》，中国西南民族研究学会编印，1985 年 7 月。

1981 年冬，我在石棉县蟹螺公社猛总大队调查木雅语，正值他们过祭祖节，他们不仅在房顶供奉白石，而且每家都保留了白石，供奉期间每早起床后都要焚香顶礼膜拜，这种习俗在普米地区也曾见过。在岷江上游，在墓葬中发现有用白石作殉葬品的。有关这方面的情况，尚待进一步发掘。

摘自孙宏开：《试论"邛笼"文化与羌语支语言》，《民族研究》1986 年第二期。

道孚县扎巴区和雅江县扎麦区扎巴人①中盛行喇嘛教，主要为黄教和黑教，但扎巴人的房顶四角均供有白石神，甚至修建房屋还在砌墙时，往往在墙壁中间砌一圈寓有某种宗教意义的白石，这种房屋矗立在高山上，远远望去，瞩目壮观。

摘自钱安靖：《道孚县扎巴区、雅江县扎麦区扎巴人的宗教习俗调查》，1986 年 8 月。

纳木依人和柏木依人②居住在冕宁锣锅底地区。据笔者的调查研究，纳木依人源于汉、晋时代的摩沙夷，柏木依人（又称普米）则源于两汉时代的牦牛羌。唐至德二年吐蕃占据今大渡河以南至雅砻江下游地区之后，他们和其他部分的“西番”人逐渐接受了西藏藏族的宗教、文化影响，而融合于藏族之中。

随着吐蕃势力的进入，西藏佛教（俗称喇嘛教）也传入了川西南。喇嘛教与这一地区原有的古老巫教（本教）进行了长期的斗争，使“西番”人原有的宗教信仰受到了改造，糅进了许多喇嘛教的因素。现在，纳木依人和柏木依人的宗教信仰大致相同，是一种受到喇嘛教深刻影响的多神崇拜。

……

纳木依人和柏木依人认为，自然界中万事万物均有神灵主宰，这些神灵与人关系极大，祭之则予人以福，否则就会招来灾祸。他们对

---

① 扎巴人即扎巴藏族，主要分布在四川省甘孜藏族自治州的道孚、新龙、雅江、理塘等县，约一万五千人，他们自称“博子”，也称“扎巴”（编者注）。

② 纳木依人又称纳木义人，即纳木依藏族，主要分布在四川凉山州的冕宁、木里、盐源、西昌及甘孜州的九龙等县，共五千余人，据调查得知，纳木依藏人分两部分，主体部分自称“纳木依”，另一部分称“柏木依”，又称“普米”。由于这两部分人长期居住在一起，而“柏木依”又受纳木依土千百户统治，在长期的交往中，“柏木依”语已逐渐消失而融合于“纳木依”语言中，形成一个新的族体（编者注）。

自然神灵的祭祀主要有：

1. 祭白石。各家各户在屋脊的东端放三块洁白的石头，也有的供五块或七块。这种白石须从人迹罕至的高山拣来，纳木依语称之为“木补”，意为石神。在他们的观念中，白石是神圣不可侵犯的，妇女严禁上房顶。这种崇拜可能源于远古时代的巨石崇拜。

祭祀白石，先要举行一定仪式，将一只公鸡、一头牦牛或绵羊许给白石，祈其保佑家人平安。被许的禽畜称为菩萨鸡、菩萨牛或菩萨羊，平时须精心喂养，不得买卖或伤害。如家人有病经多次祭拜白石而未愈，就认为是木补对所许的禽畜不满意。这时要请祭司来家，请他将所许禽畜宰杀祭石，然后再另许一只。家中有人病故时，须另许一只别的禽畜。

由于白石是从山中拣来的，他们也把白石视为山神的代表。

2. 祭山神。在锣锅底附近的且那俄拔山梁上，有一片“菩萨林”，长满了青松和灌木。林中有一个人工砌成的石堆，高约一米，被称为“阿鲁补”，意为山神台。这是纳木依人祭山的祭场，这堆石头据说就是山神的代表。附近堡子的人每年（有延至三年的）都要来这里祭一次山神。家人有病或发生不吉利的事情时，要带上青稞面和酒肉等祭品前来求山神保佑。

在当地藏族通行的每条山路的高山垭口，都有一堆不规则的阿鲁补。每当从此经过，他们都要投放石块，磕头烧香，进行祈祷。

纳木依人和柏木依人每隔十年要举行一次祭山大典，由整个地区各堡子共祭。各堡按本堡人数多少决定献祭禽畜的数量，由每户平摊。祭祀时间在农历十月或冬月（十一月），具体日子由祭司择定后通知各堡。届时，参加祭仪的人们齐集阿北山（意为有碉楼的山），在“阿”（碉楼）附近搭一些临时的棚子住下。“阿”是四角、六角、八角或十二角形，高者有二十多层，最高一层供祭司念经、烧香或作法请神之用，其余各层为各堡子共用的军械库、屯粮库及存放其他重要物资的仓库。祭典开始，祭司分别在祭房和“阿”中念经。念上五天经后将所有献牲宰杀，到每个山头去置白石烧柏香祭山。祭典中除大批许给山神的献牲外，还需要一个许给山神的菩萨人（当地称为“甲俄”）。他平时负责保管自古相传的祭山用的神箭、神刀、牛角等法事工具，也参与生产劳动。神箭为一铁箭，相传是古代藏王拉巴拉日传下来的，法力无边。祭山时，“甲俄”全身白，到高山岩洞取来这些用具，烧“阿”九周，然后供于“阿”中祭台上。在九天的祭祀之后，仍将它们送回原来的山洞中去。祭祀中最重要的仪式是“拴线”，由祭司念着经把祭品分施给祭者，并在每个下跪的祭者衣服上拴一点羊毛线。给每人一点红布、白布（哈达）和一根刻有藏文的柏香条，表示祭者经过这次祭山已获得山神保佑，从此吉祥平安。历时九天的祭典结束后，各家将祭者所得毛线、红布、白布、香条包成一包，用牦牛皮包着，缠上布，称为“纳打”，供插放弩箭之用。他们认为插于纳打中的箭因有山神保佑，是神箭，外出打仗时总抽出十支八支带在身上。

屋中火塘上的三块锅庄石被视为火神之所在。锅庄石是三条宽两三寸的长条石，刻有海螺等花纹，一端深埋于地下，世世代代不能动。他们认为火神除主宰家人温暖健康之外，还能使家庭富裕，因此对火神特别尊崇，任何人不得从锅庄石上跨过，也不准用脚踩踏锅庄石。为了得到火神保佑，即使是不在火塘烧火的人家，也须立锅庄石。逢年过节，都要祭锅庄菩萨（火神）。

摘自何耀华：《川西南纳木依人和柏木依人的宗教信仰述略》，第250—253页，《中国少数民族宗教（初编）》，宋恩常编，云南人民出版社1985年3月版。

庙顶藏族地区石头崇拜非常突出①。

自古以来庙顶堡和拉乌堡的藏族特别崇拜白石，家家户户的屋脊正中都摆着一至三块白石（乳白色的石英石），至今不少人家的屋顶仍供白石。当地藏族认为白石既是天神又是家庭的保护神，房顶上供奉白石可以辟邪，家中少生是非，保一家人和睦安宁，人畜兴旺。人死以后，无论火葬或土葬的坟堆，均供一至三块白石，据说白石还可以保佑死者的灵魂顺利到达阴间。

石头被庙顶藏族认为是自己的祖先，新中国成立前庙顶堡的“里汝”和拉乌堡的“尔苏”，在他们家中供祖先灵牌的楼上，都要供奉一块世代相传的石头，它被认为是他们最古老的祖先。

在死者临终之前和“做帛”超度死者灵魂等重大宗教祭祀活动中，一种尖的石头要享受隆重的祭献。

过去庙顶堡和拉乌堡的藏族每家每户的门框顶上都要供一块石头，凡遇节庆或有人出远门时，须以鸡血鸡毛祭献给这块石头，目的是辟邪、避鬼，保家庭清静安宁，出门人一路平安。直到现在还有一些藏族家庭的门框上供有这种醮满鸡血和沾满鸡毛的石头。

摘自陈明芳等：《冕宁县和爱公社庙顶地区藏族社会历史调查》，《雅砻江下游考察报告》。中国西南民族研究学会编印，1983年6月。

冕宁坝区的藏族自称“多须”② ……

“多须”盛行白石崇拜，每家都供着一块白石头。白石为椭圆形，外表光滑洁白，须从涨过大水的河滩上拣来。有的供在正堂的神龛

① 四川凉山州冕宁县和爱乡庙顶大队，藏族居住集中。庙顶藏族分为“纳木依”和“里汝”（为操“尔苏语”西部方言居民的自称）两个支系。从前他们语言各别，互不通婚，在衣着、风俗和宗教方面亦有差异。后来由于长期居住在一起，互相通婚，逐渐融合。现在虽存在某些差异，但已基本融合（编者）。

② “多须”又称“多续”，为操尔苏语中部方言居民的自称，“多须”人主要分布在四川凉山州冕宁县境，约有两千人（编者）。

上，有的是在大门的左墙上挖一个洞，供于洞中。除了在家中供奉白石之外，“多须”还在所谓“菩萨山”供奉白石。凡“多须”人居住的地方都有一个山岭被称为“菩萨山”，那里的森林严禁砍伐，不能在菩萨山捕猎。逢年过节，要对白石进行祭献。

“多须”人以锅庄为神灵之所在。农历正月初一凌晨，各家的妇女睡觉，男的则要起来做饭敬神。其法是用瓦三、五块或七块平放在锅庄旁，用柏香条架在瓦上（柏香是用高山的一种类似杉树的树制成，劈开时有香味，质坚硬），用火点燃后，再在瓦上面放些荞面、豆腐、肉，并撒上酒和糌巴，边吹海螺边念经敬神。

摘自何耀华：《冕宁县联合公社藏族社会历史调查》、《雅砻江下游考察报告》，中国西南民族研究学会编印，1983 年 6 月。

泸定县岚安乡贵琼人①把石头作为神灵崇拜。白石神供于房顶，在白石旁插麻吕旗（喇嘛教供神的象征），附近放一香炉，用以燃檀香或柏香。

贵琼人的堂屋兼生活用房内的塘边竖有三个石桩，称为锅桩。锅桩中有一根较大，其余两根较小。较大的一根靠近室内供神的方位即上方，这根锅桩代表贵琼藏族。其余两根较小的锅桩，一根代表彝族，另一根代表汉族。三根锅桩分别代表三个民族神，表明这三个民族杂居毗邻，相互交往的历史很久。

康定县鱼通区舍联乡勒素寨贵琼人室内火塘锅桩所代表的神与泸定县岚安乡不同：一为阿爸始祖（“萨达”），又称地盘业主；一为父母神（“达补”）；三为客人神（“卷补”）。

摘自钱安靖：《贵琼藏族宗教习俗调查》，1986 年 8 月。

---

① 贵琼人即贵琼藏族，约有七千人，主要居住在四川甘孜州康定县鱼通区、金渴区及泸定县的大渡河沿岸。此种居民自称“贵琼”，亦称“瓦部”，宗教习俗上保有特点，喇嘛教势力不大，信仰原始宗教，巫师称“公巴”（编者）。

越西县保安乡平原和凤凰大队尔苏藏族在修房砌墙时①，将大门旁的墙留一个方形洞用以供奉石头神，尔苏语称“足”，这种作为神灵供奉的石头，不一定非白石不可，但必须是从山上或河坝中拣来的干净石头，形如塔状。石头神的作用与汉族家的门神基本相同。外面魔鬼临门，由它阻挡。神灵和客人来了，由它接待，保护家中吉祥平安。每年农历二、八月举行宗教祭祀活动时，杀羊、杀鸡、淋血并沾鸡毛于其上，故当地尔苏族称此神为鸡毛菩萨。

当地尔苏藏族的火神即“火塘神”（“麦尔新几杂补”），火塘的石三脚架称为火神，而称锅桩三弟兄，代表三尊神：

一为“若以若木”，又称“热补”，代表番族（当地尔苏藏族称自己为番族），最尊贵；

一为“若以木米”，又称“马米”，代表彝族；

一为“若以若木若独凿”，又称“龙不”，代表汉族。

摘自钱安靖：《越西县保安乡尔苏藏族宗教习俗调查》，1986 年 6 月。

石棉县蟹螺乡尔苏藏族以石头代表本家祖先，供于住房的墙洞内。在村寨附近山上神林中安放祖先灵牌，并放置一大石于神树之下，以代表整个家族甚至部族祖先。每年农历八月十二日至十四日上山献祭，在大石上淋酒，抹糌巴面，并在祖先灵牌石上燃瓦板签子，称为烧赙子。

当地尔苏人以石头代表祖先，烧赙子祭祖，还有一个历史传说故事。据说从前尔苏人住邛州西海（一说为邛州南河），那时是蜀汉丞

① 尔苏藏族主要分布于四川雅安地区石棉、汉源、凉山州的甘洛、越西、冕宁、木里及甘孜州的九龙等县，约两万人，“尔苏”系自称，为白人之意。尔苏语分为东部（尔苏）、中部（多须）和西部（鲁日或里汝）三个方言。石棉、汉源、甘洛、越西为东部方言区（编者）。

相孔明主政时代，尔苏人与汉人以邛州南桥为界，后来双方发生纠纷，事情传到孔明那里去了。孔明威望高，善计谋，派兵攻打尔苏人。尔苏人被逼得走投无路，南逃峨眉山，再向西逃贡戛山（在康定、泸定之间）安营扎寨。众人商量对策，都没有好办法，不知孔明要把尔苏人驱赶到哪里，大家担心部族离散，不能团聚，后来大家终于想出一个认亲戚家门的办法。在当时情况下，大家决定以一种塔状石为记，只要看到谁家供有这种石头就知道是同族。此后二十多天，尔苏人认真准备了一次对付孔明的战争。首领命令所有尔苏人携带武器，准备打仗，约定时日，但见烽烟一起，便同孔明作战。这一仗打了一天多。尔苏人又失败了，退到山涧处，首领派人传令通知大家：每家须将瓦板（盖房的木板）劈成木签，到晚上掌灯时分，每家的每只羊角上捆一对瓦板签子的火把，将羊赶到山涧中。

此时孔明正调动兵马，准备围歼尔苏人。尔苏人按首领的命令行事，当火把遍山野，孔明一看，以为尔苏人的援兵到达，人马众多，乘夜出战，即下令退兵。这样尔苏人才定居下来。

为了纪念首领和祖先出奇制胜，定居下来，尔苏人就以塔状的尖石头代表祖先，并在每年农历八月十二日到十四日燃瓦板签子祭祖，称为烧赙子，又称为“还山节”或“还山鸡”。

摘自钱安靖：《石棉县蟹螺乡江坝大队尔苏藏族宗教习俗调查》，1986 年 9 月。

屋上敬白石，在嘉绒地区和西康东部也有[1]（但没有羌族地区多），那里白石英石少见，群众也讲不清白石的来历和作用。

---

① 嘉绒即嘉绒藏族，为四川阿坝州马尔康、金川、小金等县的主要居民。嘉绒地区即嘉绒藏族核心“五土”（梭磨、卓克基、松岗、党坝、绰斯甲五个土司区）、“五屯”（绥靖、崇化、懋功、抚边、章谷五个屯区，系乾隆年间废除两金川土司后所置）地区（编者）。

摘自《羌（尔玛）族情况》，西南民族学院研究室编，1954年年版。

至今广大的嘉绒区，白石崇拜的风俗极盛。举凡房顶四角，拜神之地、窗台、墙上、地中所供之白石，皆随处可见。嘉绒既以“戎”称，自然是定居农耕之部——氐系，即“低地之羌”——而非游牧无常之羌了。故其居石室、葬石棺，而崇拜赖以生存的土地之神。嘉绒人对于白石，正是将其当作雪山之精与土地之神来崇拜的。

嘉绒语称白石为“扎给尔”或“迷阿纳·扎给尔”（土地神），“迷阿纳”乃地中之义。

操尔龚语（rgun）即道孚语之戎巴[①]，如革什扎、丹东、巴旺三土司之民[②]，称白石为“惹不初”，亦是土地之义。

操什大巴语的嘉绒，如草登七部落等，称白石为“依乃”；操茶卜语之嘉绒，如大藏、沙亦等部，称白石为“尕比”，皆以其为地神。

嘉绒诸部对白石的称谓虽因语言各别，但对白石的崇敬，并以其为土地神则同一。且崇拜白石的区域，远远超出了嘉绒十八土司所属，而与石碉文化及石棺文化分布之区相重叠，由此亦可窥见嘉绒与石雕文化之关系。(后详)

每户嘉绒人的土地中，都要供三块大白石，旁边还要放众多的小块白石。有的则将白石在地中叠成塔形，上面再供三块大的白石，其形有如金文的皇字。每年农历九月，各家请巫师“纳巴”在地中白石周围念经一次，并插上几支树条（山神土地爷的箭）。白石成塔形供于土中，既是土地神也是“祖”（金文“”字），其旁插木，当是最

① 即讲尔龚语的藏族，共约三万五千人，主要分部于四川省甘孜藏族羌族自治州的道孚、炉霍、新龙、丹巴和阿坝藏族羌族自治州的金川等县。由于这种语言以道孚为中心，故又称为“道孚语”（编者）。

② 革什扎、丹东、巴旺三土司均在丹巴县境（编者）。

早的“社”（[illegible]），神山崇拜、土主崇拜、祖先崇拜，在嘉绒人里集中表现在对白石的崇拜之中。

每户石室房屋顶平台上敬神烧烟的地方，用一陶罐或以石砌成，上面也要供一块大白石及一些小白石，插几枝树枝。讲究一些的人，还要将树枝做成巨大的箭形或三叉形。屋顶的四角也各供一块大白石，在门上、墙上、窗上……凡是建筑物的上方和表面，凡能供放白石之处，均依其高下，供上大小不等的白石。墙上则用白石嵌成牦牛头或“卍”形、“山”形等纹饰。每当春祈、秋报或年节祀祖时，嘉绒人都要虔诚地祭祀白石土地神。

嘉绒人供奉白石不厌其多，与羌人供一大块或数块之情况大不相同，而与茂县石棺葬（戈基呷钵）现场所见一致（石棺中，人的头、肩上部置有若干大块白石，胸前及上身周围，则散置无数小块白石）。

其供的白石不厌其多，证明白石不是唯一天神的象征，乃是土地之象征，农人总是渴望占有更多乃至无数的土地。

摘自邓廷良：《嘉绒族源初探》，《西南民族学院学报》，1986 年第一期。

炉霍农区群众，在新建房的房顶四角要各安一块白石头，这是为什么呢？据说很早以前，炉霍县是古游牧部落生活的地方。古游牧部落除养殖牛羊外，还打猎。那时还没有打猎的武器，游牧部落出去打猎就用石头袭击野兽，但不能随时随地找到石头。于是人们在打猎时就要随身携带一些石头。随身带的石头颜色不一样，掷出去的石块一时不易找回，并易打碎。后来，人们在实践中感到白石头质硬又醒目，掷出去后又看得到，于是就把白石头作为打猎的武器使用。由于长期使用白石头打猎，游牧人就把白石头看作自己生活中至高无上的“天神”供在自己的房顶上，以象征吉祥。

摘自扎西郎甲：《房顶为啥放白石头?》，《甘孜报》，1986 年 6 月 28 日。

羌人祭祀最高神常常是在神圣白色石英石的周围进行。在不同的地方，这种最高神的名称也不一样。如有“那夏”（lu sha）、“那萨"（lu ts'a）、“罗比”（lo pi）等称呼（羌语“那夏”等系指石碉，羌人房顶的石碉一般较小，村寨附近神林中的石碉较大，其上安置白石即石碉神——译者注）。石头的白色象征着神的纯洁和正义，白石是神圣的。举行祭祀时表示人们在它的周围与诸神交流思想。既容易又自然……这种把白石作为神来崇拜的方式，在西康、西藏东部和四川西部的少数民族中普遍采用。

摘自［美］格莱汉著，钱谦译：《羌族习俗》[①]，《宗教研究》1988年第一期。

2. 白石崇拜与藏缅语系各民族[②]

三脚架与白云石

三脚架起源于羌族之白云石，其由西北流入中原者，演进为殷商时代之鼎鬲，其由西北流入西南者，即今尚残存于三迤之三脚架[③]。

三脚架。据缪鸾和先生调查：“宣威迤那人民，室中年生火。其火以松柴或煤，于居室正中为坛然之。称曰火坛[④]。上置一铁三脚，三脚之上，置水壶烹茶，置锅铛煮饭，家人团聚于火坛。为全家生活中心，极温暖神秘。”此种三脚，乃由羌族在原始时代，在森林中烧

---

① 此文为徐嘉瑞著《大理古代文化史》一书中辑录的美国考古学和民族学学者格莱汉教授（Dr. David Crockett Graham）1993年所著《羌族习俗》（The Customs of thc Ch'iang）的第三部分“住所和村庄”（编者）。

② 在长期的历史过程中，羌族的若干分支由于种种历史条件和原因，逐渐发展演变而为汉藏语系中藏缅语族的各民族。古羌人的白石崇拜在藏缅语族各民族中，亦有蛛丝马迹可寻（编者）。

③ 清朝雍正年间，云南置迤东、迤西、迤南三道，合称三迤（编者）。

④ 即为火塘，西南地区许多少数民族家庭室内均有火塘（编者）。

火团聚，遗传而来，乃游牧生活之遗留者也。至于三脚，则由白云石而来，盖古羌人以白云石三枚作支持石斧之支柱，其后变为铁器之三脚架，而白云石为羌族白云石神之象征。火又为羌族在森林旷野中之保护者，其温热与神秘，乃自祖先时代遗传而来。缪鸾和先生又谓："凡支三脚之处，民颇为尊重，不能以足加之。"陈志良先生告余：广西亦有三脚。凡加薪炭，必主人自为之。若客代加薪炭，则为失礼，且对三脚架，亦视为神圣，不能亵渎云。胡鉴民《羌民的经济活动型式》云："与经济生活相关的，鼎锅灶与'邛笼'（即堡砦）等文化现象，亦可作一文化区的观察。鼎锅灶，土名三脚，现在有铁制之三脚。但其原始形态则为三块石头，此为羌民固有文化。羌民以为每块石头都有一神灵依附着。此物羌语（汶川县方言）称'格尼'（goe－ni）。西番亦有此物，西番语称'血米'（shei－mi）。音虽略异，但可视为一音之转变，方言之变化。此羌藏共有文化品之起源，亦不难推测，氐民民族的原始经济形态，都是随迁徙。鼎锅灶是与此流动生活最相适调的文化要素（goe－ni）。"

《民族学研究集刊》第四期，1944年10月。

由白云石之演变，流入西南，即为今日残存于三迤之三脚架，其形式甚原始，而与白云石相近。其另外一支流，入中原，演变为后世之鼎鬲，因其演变复杂，装饰繁多；加以殷商文化程度甚高，故原始之形态，早已消灭，无从考其来源，不知其最原始之形式，实与三脚架相同。而在民族之心中，其神圣亦相同，三脚架所在，代表神、代表集团生活，亦如鼎之所在，代表神、代表国家社稷也。

刘厚滋先生所著《原始鼎铉之推测》一文，甚为繁博，载于辅仁大学学报，今节录其说于下：

"讨论器物原始，当以安迭生（J·G Anderson）博士甘肃考古记始，前中央研究院郭宝钧先生引申其说，为古器释名，如谓爵系两竹夹兽角所演成，爵上二柱即竹上端，一语破的，实足以破一千年来礼家之惑。”

“盖任何器物之创制，皆因需要而发生，久而久之，社会进化，其需要消失，已成历史遗迹。创造初意，亦日渐泯灭。原始鼎铉及其发生，当为用以持缶之具，因古人以块支缶，以供炊爨，若欲移置他处，必感热不容手，思所以提携之，于是有巧者结两环为耳。复以绳贯两耳，结一大环，可持之以行，亦可悬之以炊，其后悬炊之缶，渐转为釜；支块之缶，则演进为鼎；贯耳悬缶之绳环，进化为鼎之一体，即所谓鼎铉。铉者‘玄’也，‘玄’像丝空悬形。”

刘氏此说，金石家见之，当为咋舌。然刘氏仅谓古人以块支缶，而不知鼎何以三足为主？则支缶之石有三也。至于石何以亦以三为主？此乃宗教及民俗的问题。盖古代西北民族，以三白石支锅，于是“三”逐为一种灵数。日人某氏曾著一文曰《灵数三》，而三白石又代表神灵，鼎足必三，乃西北文化之演进，故鼎遂为代表社稷之神器，无人敢问之也。

摘自徐嘉瑞著，李家瑞校：《大理古代文化史稿》，183—184页，中华书局1978年1月版。

每家每户屋内的地上，都有一个装满灰烬和垢物的方形坑，这是种非常简单的火塘。这种火塘，羌人已使用若干世纪了。类似这种火塘，在神圣树林的神庙里或者附近，都有发现，在方形坑上，常置一铁架，它是由一个圆圈构成的，在圆圈中，有三根脚架靠等距分开的三条铁腿支撑。从这三条铁腿上分别有三块铁向中心延伸，但不相接触。这三块铁具有支撑烹调的功能。笔者在宁远（今四川西昌凉山州——译者注）山谷罗罗人（即彝族——译者注）中，也看到了类似的铁三脚和火塘。可以肯定，这种铁三脚的古老形态就是三块石头。

摘自［美］格莱汉著，钱谦译，钱安靖校：《羌族习俗》，《宗教学研究》1988 年 3 月第一期。

诸羌文化促进了阿昌族的大石崇拜。

诸羌从青、甘高原而陇山、渭水，其中有些部族、部落，更沿岷江“附落而南”，来到金沙江边，与阿昌族的先民在盐池地区较长时期地杂居共处。因此，阿昌族固有的原始大石崇拜，受到诸羌大石文化的影响是必然的。

董善庆撰的《云龙记往·阿昌传》中，载录有一则“石羊”传说云：“一阿昌鳏而有子曰猛仰，因猎，误射毙人，傈作（按：象山酋长）捕治。令以数羊赎罪。猛仰往求一老妇，愿鬻身贸羊以赎父罪。妇曰：‘吾聊毛（华言，寡妇）耳，作作（华言，饮食）且难！’猛仰曰：‘然则吾父休矣！’乃痛哭，老妇怜之，亦泪下，送之出，则见门外数石皆化羊，妇喜，令仰驱以赎父。次日，羊自逸回故处，复化为石（今地名石羊沟）。”

董善庆虽是公元 18 世纪的云龙人，但其书多采自当时云龙境内阿昌族民间流传的神话、传说，所以这类神话、传说，在阿昌族民间口耳相传的时间已很久了。从这“石羊”传说看，它映射的社会经济基础表明，阿昌族已进入游牧社会，以放牧羊群为主的部落、部落时代。他们的诸部落“各立酋长，不相属”，而“阿昌中有傈作者……号象山酋长。诸夷离散，惟象山独盛[①]”。可见，其时阿昌族“离散”的诸部落中，象山酋长傈作是较有权力和威信的，所以有捕治猛仰父的“误射毙人”事，且“毙以数羊赎罪”。值得注意的是，以数羊就能赎毙人一命之罪，充分说明其时阿昌族正处于以牧放羊群为主的游牧阶段，羊在他们社会生活中有重要价值，狩猎已经退居其次了。这正是诸羌与阿昌族杂居以后，阿昌族的游牧社会经济得到进一步发展

---

① 《云龙记住·阿昌传》。

的反映。

诸羌部族与阿昌族接触后，不仅在社会经济方面促进了阿昌族的发展，同样，羌文化对阿昌族的固有文化也有促进作用。特别是诸羌的大石文化与阿昌族的原始大石崇拜意识接触之后，彼此相得益彰。阿昌族原始大石崇拜的对象“哼戛”逐渐发展为庇佑他们的守护神，它不仅被阿昌族尊奉为最高的、唯一的神，而且是幻化万千的万能之神，具有“济人之急，解人之难”的灵应和威力。

在“石羊”传说中，一老寡妇门前的“数石皆化羊”，而“次日，羊自逸回故处，复化为石”。这已经不再是原始的、单纯假借占卜的手段来显示神的意旨。如《人类的来历》神话中，通过滚石头为卜，以验神的意旨。而在“石羊”传说中的石、羊幻化的情节，表明阿昌族的大石崇拜意识已经有了进一步的发展，他们认为石神有庇护万民的神职，同时有幻化万千的灵应。济猛仰赎父罪之急，而不待猛仰向石神祈求，石神主动点化“数石为羊”，以解猛仰父之难。显然，石神在当时的阿昌族的社会意识里，已经发展成为万能的、至高无上的守护神了。

当然，在“石羊”传说中，石神“济人之急，解人之难”者，不过庇护猛仰一人、一家的细事，尚不足以显示石神的威力。其实，更有庇佑一部族、部落存亡、继绝的传说，如“石骡”的传说云：

“猛仰传五六世，至猛猎，有女名奴六……是时，蒲蛮（按：今之布朗族）有底弄者，长蛇山，与猛猎有隙，袭而杀之，灭尽其族，独奴六得脱，嫁夷早姓……底弄寻奴六夫妻不得，焚其居，夷人四处搜之。夫因妻产饥甚，出射禽，搜者得之，并获奴六，底弄恨甚，俱烧毙之。奴六被擒时，弃子空树腹中。次日，早姓之妹来探吉凶经过，耳畔闻啼声，知其为早家子，抱归乳之，名曰早慨。慨稍长，知识异俗，问姑母曰：‘人皆有父母，我独无乎?’姑母告以故，慨痛哭。当是时，慨年十二，力能搏虎，走可追禽，又能上直木，与人较弩射，悬海巴（海贝也）中其心，置刀中其刃。一日，见底弄过山凹，其子在后，慨持弩带刀斜行追之，出其不意杀其子，底弄闻声回与慨敌；走山林中，底弄追之，慨方惧其及也，遇一叟出骡示慨曰：'速骑去，否则及矣！'慨乃跨而走。底弄见骑，愈怒，愈追之，望之则近，及之不得，穷日力皆不得见，乃回，慨遇一老妇，问此何处？曰：'鹿山也（在江头，隔蛇山六七里），汝宜速回，此时底弄谅村人矣。'言毕不见，慨喜，乃骑骡回。迅如风，夜未半，已抵家。方下足至地，骡化为石。慨拜曰：'天赐也。'其石在丹戛，夷人至今祭之。"①

"石骡"传说，是映射阿昌族先民逐渐离开他们早期活动的定笮（今四川盐源）盐池地区，沿澜沧江南徙过程中，与蒲蛮部族之间斗争的一个插曲，也是迄今在阿昌族中流传的关于早姓支系的始祖传说之一，事关早姓部落存亡的问题，所以，一直流传在阿昌族民间。传说中的早慨，就是早姓支系的始祖。他蓄意为乃父母报仇，杀孔蒲蛮的底弄一家。"一日，见底弄过山凹，其子在后，慨持弓带刀斜行追之，出其不意杀其子，底弄闻声回与慨敌；走山林中，底弄追之，慨方惧其及也"的关键时刻，也正是早慨个人生死关头，早姓之系继绝所系之际，阿昌族传统信奉的守护神，亦即大石崇拜的石神，幻化为"望之则近，及之不得"的"骡"，拯救出危难中的早慨，使早姓支系得以繁衍至今。阿昌族的"石骡"说，映射的社会意识是当时奉"石神"为万能的守护神，是大石崇拜所形成的；而蒲蛮部族是不信奉"石神"的，所以，蒲蛮的部族终于败亡。

我们从"石羊""石骡"诸传说中，不难看到当时阿昌族的大石

---

① 《云龙记住·阿昌传》。

崇拜意识与观念，较之其原始大石崇拜意识、观念，如《人类的来历》神话所映射的，有了进一步的演进和发展。除上述的从尊奉“哼戛”为至高的神，发展到幻化万千的守护神外，我们还应看到，在这一发展的阶段，阿昌族的“石神”更趋于人格化、世俗化。

在“石羊”传说中，石神“解人之难”的意旨，具体而形象地体现为“数石皆化羊”上，石神并未现身，也不需向神祈求或借占卜以验神的意旨。“数石皆化羊”解猛仰父之难本身，就是神的意志和威力。同样，“石骡”传说中的幻化的“石骡”，授予早慨此骡的“一叟”，以及通报信息并劝早慨“汝宜速归”的“一老妇”，他们都是“言毕不见”的石神显化的，是人格化、世俗化了的石神的意志和威力。虽然石神未现，当早慨得救后见“骡化为石”，始悟曰：“天赐也!”这里的“天”，在大石崇拜的阿昌族观念中，就是他们至高的、万能的守护神，自然也就是石神。可见，在“石羊”“石骡”诸传说中的情节，无不形象而生动地将石神的意志和威力趋于人格化、世俗化，也只有如此表现，才足以使抽象的神的意志和威力更趋于可感、可触性，从而更强化、深化了大石崇拜的意识和信仰。

阿昌族古代的神话传说，其中所体现的大石崇拜意识、观念的发展，固然是和阿昌族的社会意识的自身发展分不开。但是，我们必须看到，阿昌族与诸羌大石文化接触以后，受到诸羌大石文化辐射的影响，进而促进和加速了阿昌族大石崇拜的发展过程。事实上，诸羌的大石文化，早在河、湟地区活动的时期，就已趋于奉“白石神”为至高守护神阶段。当他们受到诸夏的压力，被迫向西、向南流徙的过程中，我国西南地区藏缅语族的诸民族，多有直接或间接接受诸羌大石文化辐射的影响，不独阿昌族而已。

现在的羌族民间，崇奉“白石神”的痕迹可见于《羌戈大战》叙事诗。此叙事诗在四川省茂汶、汶川、理县一带的羌族之间，可说家喻户晓。其故事大略如下：

遥远的古代，羌人原住西北大草原，因战争和自然灾害所迫，向西南流徙。其中的一支流徙到“补朵山”（青海、四川间的一山名），为追兵三面包围。赖有羌人始祖母天女木姐珠的神力，以三白石变为三座大雪山，阻止追兵，羌人得以继续南下，来到“热兹”（四川省松潘县）定居。后又迁来“日补坝”（茂汶县境），常受当地“戈基人”的侵扰，羌人敌不过他们，准备远远逃走。正当此时，羌人梦中得到天神的启示和帮助，奋起与戈基人大战。第一次战于半山坡，羌人以藤条为武器，把以麻秆为武器的戈基人打败了；第二次战于高山顶，羌人以白石头对付戈基人的白雪团，把戈基人打得抱头鼠窜，大获全胜，占领了整个戈基人的山头；最后，羌人乘胜追击戈基人到峡谷上，在过溜索时，天神教羌人以手抱“溜巴”（木制的过溜索的工具），羌人得以胜利溜过山峡，而戈基人则以牙齿咬着溜索过渡，溜到半途，全部坠到峡谷底而绝灭了。从此，羌人得以在岷江上游安居乐业，为了感谢天神相助之恩，他们就世世代代崇奉白石神。

《羌戈大战》的内容，不仅叙述了诸羌向南流徙的路线，而且也映射了诸羌崇拜“白石神”的大石文化的形成、发展。我们可以看到，最初羌人的大石崇拜意识的形成，是将“白石神”与始祖母“木姐珠”崇拜相联系。但就《羌戈大战》所映射的意识而论，它不仅是“白石神”与“木姐珠”融为一体的原始大石崇拜，而且发展为羌人的守护神了。因此，当诸羌迫于强邻的军事压力和自然灾害，从我国青、甘高原的“河、湟之间”，“所居无常，依水草，地少无谷，以畜牧为业”的生活“附落而南”① 的过程中，遇到强敌追击的存亡攸关

① 《后汉书·西羌传》。

之际，每得守护神的庇护，以“白石神”的灵应示现其意志和威力。如“三白石变为三座大雪山”，阻住了追兵，让羌人得以安然南徙；又如羌人来到茂汶境内，与戈基人大战，在其决胜负的关键战役中，羌人更以“白石”为武器，大败戈基人，于是羌人才能在岷江上游长住久安，繁衍子孙。可见，在诸羌的社会意识中，大石崇拜的“白石神”，早就已经形成他们的“济人之急，解人之难”、庇护万民的守护神了。

“附落而南”的诸羌部族、部落，在岷江上游定居下来的，不过是其中的部分支系，其余的部族、部落，更继续逐水草、逐食盐而迁徙到遥远的西疆、南疆。到达雅砻江与金沙江之间的定笮盐池地区，当时称为越嶲羌。诸羌与原来就活动在盐池地区的阿昌族先民，都是“以畜为业”的“所居无常”的游牧民族，所以能够杂居在以盐池为中心的广阔地带。当时的阿昌族先民与南来的诸羌之间，在文化上都有大石崇拜的意识，信仰“哼戛”或“白石神”。不过，阿昌族的大石崇拜，还处在原始的阶段，而诸羌的大石文化，则已经发展到奉“白石神”为他们的守护神了。因此，阿昌族和诸羌接触以后，通过诸羌大石文化的辐射和渗透，使阿昌族的大石崇拜意识发生了较大的变化，更趋于成熟。

在阿昌族的“石羊”“石骡”诸传说的核心意识中所体现的守护神，受到《羌戈大战》的影响，是十分明显的。在这类神话、传说中，不论是个人或者是部族，每遇到危难，当其生死存亡的关键时刻，他们所信仰的守护神（白石神或石神），必然灵应显化，庇护万民履行其神职。但是，发展到这一成熟阶段的“白石神”或“石神”，并不现身，而是幻化万千地体现其意志和威力。《羌戈大战》中的三白石，可以幻化为三座大雪山，阻止强敌追击，也可以用白石作威力强大的武器，战胜戈基人，这类诸羌大石文化的意识，在阿昌族“石羊”传说中“数石皆化羊”以赎猛仰父之罪，后又“羊复化为石”的幻化，或“石骡”传说中早慨临危之际，得一叟授骡逸去，“已抵家，方下足至地，骡化为石”的幻化等，无疑是有直接影响的。我们可以这样说，在大石文化的意识、观念上，阿昌族与诸羌之间，是一脉相承的。

《羌戈大战》中的“白石神”，每以“天神”称之；而在“石骡”传说中，早慨骑骡脱险后，见“骡化为石”，始悟曰：“天赐也!”同样是把“石神”视为“天神”的。这也表现大石文化意识，从原始的石神发展到守护神后，神的威力无限强化，神格无限提高的同时，守护神就更趋于人格化、世俗化了。因此，《羌戈大战》中的“天神”，不过是托梦或冥助羌人，以其无限强化的威力战胜戈基人；但是其神力具象化在羌戈大战的情节中，就更为人格化、世俗化，更有可感、可触的实在性和可信性。同样，受诸羌大石文化意识直接影响的阿昌族传说“石羊”“石骡”等，其守护神威力的幻化情节，成为“老妇”“一叟”“一老妇”，或数石化为羊群，乘之如风的骡忽化为石之类，无不都是人格化、世俗化的，更有实在性和可信性。

摘自赵橹：《阿昌族大石崇拜与诸羌文化的辐射》，《民间文学论坛》1979 年第 6 期。

3. 白石崇拜与华夏族[1]

格莱汉有《羌族习俗》一文[2]，其中所调查者，如白石、三

---

① 羌族是我国最古老的民族之一，分部亦广，据说他们是汉族前身“华夏族”的重要组成部分，古羌人的白石崇拜及某些祀典在汉族古代宗教仪式中，亦可寻其轨迹，不过已是升华了的形式（编者）。

② 美国考古学、民族学学者格莱汉教授三十年代曾在岷江上游羌族地区进行考察，于 1939 年写了《羌族习俗》一篇。这里仅辑录其原文的第三部分“住所与村庄”，由钱谦同志译为汉文（编者）。

脚及白石所代表之神，以及所用作牺牲之中，必需纯色及耳角无缺者，与中国古代祭典相同之处太多，谅非偶然之事，今将羌俗与中国古代祭典约略加以比较，可知中国古代文化，发源于西北，非臆说也。

1. 住所与村庄（Habitations and Villages）

羌人的房屋是用黏土把天然的石块结合在一起建成的，羌人充分利用平滑整齐的石块砌墙，使屋墙平稳，使房子呈四边形，这些房屋大约有两层楼高，这种石制房屋在四川西部、西康和西藏东部都广为使用。

每家每户屋内的地上，都有一个装满灰烬和垢物的方形坑，这是一种非常简单的火塘，这种火塘，羌人已使用若干世纪了。类似这种火塘，在神圣树林的神庙里或者附近，都有发现。在方形坑上，常置一铁架，它是由一个圆圈构成的。在圆圈中，有三根脚架靠等距分开的三条铁腿支撑。从这三条铁腿上分别有三块铁向中心延伸，但不相接触。这三块铁具有支撑烹调器皿于火塘上，便于烹调的功能。笔者在宁远（即宁远府，今四川西昌和凉山州——译者注）山谷罗罗人（即彝族——译者注）中，也看到了类似的铁三脚和火塘。可以肯定，这种铁三脚的古老形态就是三块石头。

在龙溪寨（在今汶川县龙溪乡境内，下同——译者注）的火坟场附近，有一块平坦的石头，当棺材放在这块石头上的时候，亲属就跳送葬舞。巫师高声念唱经咒，棺材被抬往火葬的地方，当棺材和尸体一起火化的时候，死者的亲属就在一旁哭泣。通常一个碗或一个罐子被摔破，碎片即被扔进火里。第二天早晨，当火熄灭之后，亲属就来收集骨灰，然后把它埋进附近的大坟墓里。

在龙溪寨，我们在房顶上看见了两种不同的神龛（即石碉，用以供奉白石神的，下同——译者注）。在那儿，一块大白石周围环绕着十二块较小的白石。在龙溪寨，神圣的小树林里，建有代表四个不同的神的四座神龛。

最高的神称为“木比士”（mu by sei），或称“木爸士”（m by sei），或称“木打白”（m ta bei），或称“马比子”（ma bye ch’i）。在东门外（今汶川县龙溪乡境——译者注）、龙溪寨和木尚寨（今汶川县克枯乡境内——译者注），那里基督教的影响很大，他们称“基督”为“阿爸子”（abba chi），或称“阿爸士”（abba sei）。“阿爸”（abba）是“父亲”的意思，也可以泛指任何神。但别的地方的羌民则认为，“阿爸子”（abba ch’i）或“阿爸士”（abba sei）是专指汉庙中的菩萨，这种称呼的前两个音节 ma bei、mbya 或 mbya，是“天”的意思；sei 或 ch’i 是“神”的意思，合起来则为“天神”。

羌人祭祀最高神常常是在神圣白色石英石的周围进行。在不同的地方，这种最高神的名称也不一样，如有“那夏”（lu sha）、“那萨”（lu ts’a）、“罗比”（lo pi）等称呼（羌语“那夏”即是石碉，羌人房顶的石碉一般较小，村寨附近神林中的石碉较大，其上安置白石即石碉神——译者注）。白色的石头象征着神的纯洁和正义，白石是神圣的。举行祭祀时表示人们在它的周围与诸神交流思想。既容易又自然……这种把白石作为神来崇拜的方式，在西康、西藏东部和四川西部的少数民族中普遍采用。

我们注意到了一个事实，那就是羌族的火塘有一个有三条腿的脚架，这是他们的“家神”，是神圣而不能触摸的。这种腿架的三支脚各有定名：

第一条腿称为“莫波士”（mo bo sei）或“莫布士”（mu bu sei）。这条腿通常有一个孔，孔上有一个环。这条腿即火神，它控制家中的火，以免引起火灾，烧毁房屋。

第二条腿称为“阿巴士”（abba sei），不是最大的天神，而是作为羌人的男性祖先，受到尊敬和崇拜。

第三条腿称为“阿塔士”（ata sei），是羌民的女性祖先，与“阿巴士”一样，受到尊敬和崇拜。这三条腿是羌人三位一体的神。

下面是羌人五个最重要的神，它们是：

1. “木爸士”（mubya sei），是最崇高最神圣的天神；

2. “如比士”（rube sei），是地神，控制土地，调适风雨，赐来丰年，拯救厄运，在人们有疾病和灾难时予以帮助；

3. “倮倮士”（lolo sei），控驭雪山、灌木以及距雪线一二公尺地带所生长的树木和药材；

4. “披如士”（p'iru sei），掌管高山上的森林和大树；

5. “苏木士”（sumu sei），掌管森林并统制飞禽走兽。

供此五神的地方，大都在房顶或神林中。另外还有十二个次要的神。它们是：

1. “几贵士”（jigwe sei），为家神或房屋神，负责保护家庭和家中的人；

2. “石斗加士”（stuja sei），畜神，负责管理和保护家畜，如猪、牛、绵羊、山羊、鸡、鸭等；

3. “力久士”（ndji ju sei），财神，掌握和控制家中财产，如金、银、钱、物资等；

4. “易木士”（yinu sei），送子娘娘，负责保护妊妇生产和育婴；

5. “马维士”（mya we sei），男保护神，负责保护男人和男孩；

6. “石第贝士”（stip'i sei），女保护神，负责保护妇女与女孩，但不管妇女生育孩子；

7. “独迪士”（dodjei sei），右门神，负责赶鬼出门，并将鬼拒之门外；

8. “陆加士”（nunga sei），左门神，其职司与右门神同；

9. “沙倍士”（sha pri sei），仓神，负责保管粮食，即当五谷丰收，贮藏在家后，负管理之责；

10. “莫波士”（mobo sei），或称“茂波士”（mubo sei），火神，负责管制屋内火塘和火烛，以免火灾；

11. “阿巴士”（abba sei），男祖宗神；

12. “阿塔士”（ata sei），女祖宗神。

在大多数地方，作为向神供献的祭羊不是小羊，而是三到六岁的成熟山羊，它通常是白色的。但在不少地方，也有深褐色或黑色的。不过，它必须是一种颜色，且须不带任何残缺，即它的耳、角、蹄、腿须绝对没有残缺。

格莱汉所调查的羌民虽然不是古代西北的羌。但他们的宗教仪式是由西北羌族流传下来的。可以推定，由这一些祭典当中发现他们的宗教和中国古代宗教很多相同点。

今将《礼记》祭法所载中国古代祭典排列于下：

燔柴于泰坛祭天也（玉及牲置柴上燔之）；

1. mu bya sei，最高之神。

埋于泰折祭地也（坛折封土为祭处）；

2. rube sei，地神。埋少牢于泰昭祭时也。相近于坎坛祭寒暑也（相即禳）。

王宫祭日也（宫亦坛也），夜明祭月也。

幽宗祭星也（宗为荣之误），荣坛或也，请星坛也。

云宗祭水旱也（祈雨之坛）。

四坎坛祭四方也。

山陵川谷丘陵；

3. lolo sei，雪山神。

4. p'iru sei，高山森林神。

5. sumu sei，管森林禽兽神。

王立七庙请侯立五庙；abba sei，ata sei（男女祖先）。

王立大社王社，诸侯立国社侯社；以上为大神（据《正义》）。

王为群姓立七祀：

司令　主督察三命。

中溜　主堂室居处；次要的神。1. jigwe sei（家神或房屋神）。

国门　主出入；次要的神。6. dodjei sei，7. nunga sei（左右门神）。

国行　主道路。

泰厉　主杀伐；8. rube sei，地神保护人民免于灾疫。

户　　主出入；次要的神。9. dodzei sei，10. nu nga sei（左右门神）。

灶　　主饮食；mobo sei，三脚架之一脚，司火之神。

以上为小神（据《正义》）。

有天下者祭百神；次要的神。12. stuja sei 牲畜，13. nqzi ju sei 财神，14. yimu sei 妊娠。

由格莱汉这篇文字中观察，可以得到几个重要的概念：

1. 中国古代宗教之神与羌民现在所祀之神多半相同；

2. 中国古代宗教仪式有若干点与羌民之祀典相同，例如：一

A、祀神在野外设坛（有坛折荣宫等神不同之名称），然其祭于露天（祭于野）之习俗与羌族同；

B、羌族崇拜白石，中国古代祭祀以玉献神，以玉置柴上烧之以祭神，玉乃白石之升华；

C、燔柴的典礼乃从牧羊人生活对火主神秘思想转换而来；

D、羌人以树枝象征神祇，中国以社树代表国家社稷；

E、羌人尊重三脚架，中国古代以鼎代表国家；

F、羌人以巫师为神之媒介，中国古代亦然；

G、羌人祭祀之牺牲以纯色为上，纯棕黑者最上。且耳角不得损坏，与《论语》“马辛且角”之说及《春秋》“鼠奚鼠食牛角乃不郊”之记载相合。

摘自徐嘉瑞：《大理古代文化史》，第 311－319 页，云南大学西南文化研究室编，1949 年 7 月。

（三）图腾崇拜遗迹

羌为牧羊民族，转徙无定，故其子孙常分散于数千里之河曲析支一带。因子孙分散，故不能不以其父之名字，为其一小部落之称号。亦有未脱图腾之遗俗，而以兽为图腾，同时即为其种名者。如《西羌传》所云：“忍（羌酋）季父卬，畏秦之威，将其种人，南出赐支河曲西数千里……子孙分别，各自为种，任随所之，或为牦牛种，越嶲羌是也，或为白马种，广汉羌是也。”

此以兽为图腾之例。

摘自徐嘉瑞：《大理古代文化史》，第 155 页，云南大学西南文化研究室编，1949 年 7 月。

四川在汉代以前的居人是以狗为图腾的。

《华阳国志·蜀志》以蜀人之祖名蚕丛，而《搜神记》云：“高辛有老妇人居于王宫，得耳疾，医为挑治，出顶，虫，大如茧，妇人去后，置于瓠篱，覆之以盘，俄化为犬，因名瓠，遂畜之。”又：

都江堰的离堆，《史记》以为是秦太守李冰所凿。《禹贡》的“岷山导江，东别为沱”，以为禹所凿。《华阳国志》及《水经注》以为开明所凿。而都江堰二郎庙的二郎神像是三只眼（《华阳国志》以蜀之先为纵目人，常是三只眼，小说中的杨戬即二郎的转身，杨戬亦为三只眼）。旁有一狗，这就是小说中二郎使的“哮天犬”。现在松潘东白兰的羌民，每于年初将狗吊在树上，经过若干日，视狗之亡，以占一年之吉凶，因名此处人为吊狗羌，这都是以狗为图腾的遗迹。

摘自卫聚贤：《泰山石敢当》，《说文月刊》，第二卷合订本，1943 年。

茂县东乡土门区[①]，过去曾盛行吊狗祭山。正月间各户凑一升玉米，或到土门镇上募化，买一条狗，最好是白狗，由乡里喂肥，祭山时点上香烛，将狗吊在老林内的“吊狗树”上，狗颈项挂一串圆圈形馍馍，吊七天后狗被吊死，以此祈求丰收。好些寨子都有这种吊狗树，以仁村的最有名。唐代汉人称这一带羌族为“白狗羌”，也有称之为“吊狗羌”的。以狗祭山，可能是羌族最古老的祭山仪式。“白狗”可能原是这一带羌族部落部图腾。从渭门乡、土门东北至平武一线，寺庙或寨门雕刻石狗，其形状有异于汉人刻的石狮，土门的人称之为二郎神的神犬，这些雕刻可能是图腾犬的遗存。

《羌族调查材料》，西南民族学院民族研究室编 1984 年版，第 139—140 页。

在羌民的传说与习为中，还有许多节目含有特殊的意义，欲求解释似有引用图腾原则的必要。我国研究羌族的学者虽曾提及羌族之有图腾，但均限于以动物为族名一点而未加发挥，如仅以历史上所有的一些材料为根据，确是没有方法从事发挥的。兹就作者调查所得资料，作一图腾主义的解释如下：

大概有图腾制度的民族，凡遇到人生的重要关头，如冠婚丧祭之类，每每举行与图腾同体化（Identification）的仪式，或模拟图腾的仪式。并且这个同体化的仪式，在图腾原则上代表极重要

---

① 即今阿坝藏族羌族自治州茂县土门区（编者）。

的一点[①]。关于这方面的事实，在羌族文化中颇为丰富。羌人的起源传说中，羌族之神在梦中启示羌人，如何战胜葛人，他并嘱羌人当与葛人相遇于战场时，应颈系羊毛线以为标志。战事发生，羌人遵神意履行，果然打灭葛人，取得适者生存的地位。羌人承认这次战争是羌族复兴的关头，至今羌人举行重要仪式时，必讲述这段光荣的历史；端公于祭神还愿时，也诵读这一段历史，羌语称为 bi－gu－ngew。在没有战胜葛人以前，羌人自称“dze－gai－be”，译义为“人民”。打倒葛人以后，始称“r－mee”（此系茂县西路黑水流域方音，理番杂谷脑河流域方音称“rma”）。羌人说葛人是无人道如禽兽的民族，而“rmee”则是能言语，能耕牧，知合群，比葛人文明的牧羊人。羌族为牧羊人[②]，而自称“rmee”，最好的译音当为羋字（密蚁切，音弭，训羊鸣）。颈上悬羊毛线是模拟羊的形状，这是由图腾主义中的同体化的原则产出的行动。“羊人”战胜劲敌以后，益念图腾之恩，更求与图腾之同体化，进而模拟图腾动物的鸣声，以“rmee”自称，羌人改变族名的原因，想来大概如此。研究澳洲民族之权威者 Strellow 氏谓澳洲部落风俗中，可以说没有一种仪式不是模拟着图腾动物的形态或其鸣声的，有此旁证，则羊人称羋，似未可认为臆测。

上述事实见于羌民的传说，传说在民族学上的价值，谁也不能否

① 法国 Beson 氏谓，图腾部落是因为相信他们的祖先出于一图腾而集合的，但实际上则图腾亲属的意味较少，而同体化的意味较多……澳洲土人之文身都是模仿图腾动物，美洲印第安人也是一样。阿马哈（Omahas）龟部族把头发剪成龟的形状；结婚时用图腾兽皮摩擦新郎与新娘的身体。希腊古代雅典妇女举行熊礼拜时，一律披熊皮。涂尔干（DurKhem）氏亦谓图腾主义的基本原则为 Consubstanfialite。

② 董作贡日：羌字从羊，从人，译为牧羊人（有时又带绳索，表示牵羊之意），羌羊同音，互相通假。

认，不过羌族与图腾同体化的仪式，尚有比传说更可信的，现在尚可以目击的事实为证。前述羌族的冠礼与送晦气等习为中，都有用羊毛线围在头颈上的同体化的仪式。在送晦气的仪式中，动作甚为简单。但在冠礼中，则尚有其他附带的节目，值得注意。例如冠礼人向杉杆始祖像跪下一段仪式，与澳洲图腾部落行成年礼时必须拥抢圣杆（nurtunja）的情形相似。澳洲这种圣杆也被认为是祖先灵魂隐藏之所，据传说他们的祖先所居的帐篷上都竖一根 nurtunja。在顶上，还另加上一根圣杆 waninga 云。此外，冠礼中还有一个特殊节目，即在祭羊神时端公替一活羊围羊毛线，这羊不准杀食。羊毛线代表祖先的赠品，羊与人有同样的资格得到这样的赠品，这显然是表示羊与人的相等，视图腾动物与人同为图腾祖先的子孙。这样的一个概念，只有在图腾社会中方能存在。

在丧礼中，羌族有 Autopsia 之俗，但不直接割验死者的尸体，而以羊替代之。这种习为也须根据图腾原则方易解释。依照同体化的原则，人与羊原来相等，故凡表现于人体的现象，当然亦表现于羊体，故检验死者的病因，不一定直接解剖人体，而亦可在羊体内检验出来。并且这只被解剖的羊子是为死者引路的，称为引路羊子。这一层又含有图腾的意义。美洲的阿马哈族（Omahas）以水牛为图腾，人死后以水牛皮裹其尸，在人脑后画水牛图像，巫师祝云："汝来自兽界返诸兽界罢！汝去，一直走就是了，勿再回来！"羌民用羊子引路，大概也是表示"来自兽界返诸兽界"之意。这只羊子的肉，亲人不准吃，这一点也有图腾崇拜的含义。

应用图腾原则解释羌民一部分的习为，这当然只能视为一种尝试。我们知道，图腾原则是不可轻易引用的，尤其是经过美国文化派的学者哥登威塞氏（Goldenweiser）与洛威氏（Lowie）的批评以后。可是羌族文化中一而再地事实，逼迫我们作这样的尝试，不过我们决不能因此即断定羌民曾经过图腾制度的阶段，更不能承认羌民现在尚行着图腾制。因为一种完整的图腾制度，尚须具备其他种种的条件。所以我们以为羌民即使有图腾主义，也不过是一种发展未成熟的图腾主义而已，这一点原为亚洲北部诸民族的共通现象。例如 Yakut 族中的 Tazes 人相信妇女非与熊交不受孕；Kirghiz 人自认为犬之后人；Bouriate 人自称鹄之苗裔；Altai 民族分成部族与图腾部族的组织近似，这些都只能视为未成熟的图腾主义。羌为亚洲北部民族之一，它的文化与这个文化圈调适，亦属当然。并且在羌族文化之中，不独关于图腾主义一点与这个文化区调适。此外如萨满教、骨卜、葬法、农牧等，也都与这个文化区一致。

摘自胡鉴民：《羌族的信仰与习为》，《边疆研究论丛》1941 年本。

在茂汶县与黑水、松潘相邻一带的羌族，还有崇敬“马”的传说。据出生在茂汶县较场区的羌族红军老干部，现为成都警备区司令员的苏星同志回忆说：“我们家乡一代的羌族不吃马肉，因为传说马对羌族有过重大的贡献，比如我们苏家因为赛马得过奖，羌族因为赛马而当了官，戴了红顶子，土司也是因为赛马被封为土司的。”苏星同志的回忆是童年时代父母讲述传说。可以看出，这个传说是被近代羌族土司们加工过的。因为清代才有“红顶子”，而禁止吃马肉的原因绝不仅此。“马”的颜色虽未言明，还可认为这是羌族中的“白马”图腾崇拜。《后汉书・西羌传》说南迁的羌族部落中，到达四川西北一带的羌人就有“或为白马种，广汉羌是也”的记载。《通典・边防五》也讲：“白马羌在蜀汉，其种名、别号皆不可知也。”所谓“白马种”或“白马羌”都是不同时代的羌人的称谓，这些羌人是南徙羌人中以信仰“白马”为图腾的一支。至于为什么这些羌人要信仰“白马”，据《华阳国志・蜀志》云：“马牧山下，或产骏驹云天马子也。”

可以认为：在游牧时代的羌族部落中，有一支经常放牧于雪山之下的羌部落。因见“白马”在雪中产下一只不同寻常的骏驹，由于雪山与白云相连一片，似有白驹从天而降之势，羌人便视这“品种甚优的白马”为天马之子，奉之为神。从此，这个种族便以白马种而命名。不容置疑，这种“品种优良”的马，在以后羌民的游牧生活中是帮了大忙的，也成为他们不能吃马肉的依据。

从上述可以看出：由于羌族自古就是一个繁衍的民族，加之后来居住分散，不相统属，这就决定了他们所信奉的图腾不仅只是一种动物。例如还有所谓的“白狼羌”“苍狼羌”“牦牛羌”等等，都有可能是因不同的动物图腾崇拜而得名。

摘自曾文琼、陈泛舟：《羌族原始宗教考略》，《世界宗教研究》1981年第二期。

在冠礼（成年礼）的仪式中，由“许”祭诸神，祭羊神时用一鸡和一只活母羊。“许”把祭品当人看待，给她戴上一份人类始祖的赠礼（白牡羊毛线上系五色布条）祝她多多生育。祭后，必须将这只羊养到老死，不得宰杀或出售，并喂以较好的饲料。丧葬中，时常杀羊为死者引路，称为引路羊子，杀羊者应是死者的长辈。死者为男性，杀牡羊；如为女性，则杀牝羊。然后将羊解剖，在羊身上寻觅死者得病致死的原因，认为羊身何处有病，人就是患何病死的。查完死因后，亲人又痛哭起来，悔恨未能先知病情及时医治。这只羊的肉不准亲人吃。这些祭祀仪式反映了古羌人曾经崇拜羊图腾。

摘自《茂汶羌族自治县概况》，第28页，四川民族出版社1985年版。

在一些村寨还有自己的寨神，即地方神（社神），有的是石狗，有的是羊，随各地不同的历史传说而异，或许是图腾崇拜的遗迹。

摘自冉光荣、李绍明、周锡银：《羌族史》，第341页，四川民族出版社 1984 年版。

羌族中残存着图腾崇拜的遗迹，较普遍的是羊图腾崇拜的遗迹。这主要表现在：羌族自称“尔芈”，与羊的叫声相近。传说羌人与戈基人战斗时，均在颈部悬羊毛线作为标志，这实际上是模拟羊的形状。至今羌民在参加祭山大典时，都要由巫师分别在他们的身上系上羊毛线，以示与羊同体，羌民的丧礼要宰羊一只，认为这可为死者引路，并要解剖羊体。从其中相应部分来察看死者的病症所在，这都是视羊与羌民一体化的一种反映。在茂汶北路和黑水一带，还有崇拜白马的习俗，应是白马图腾崇拜的遗迹。

摘自李绍明著：《羌族以白石为中心的多种崇拜》，第 116 页，宋恩常编：《中国少数民族宗教（初编）》，云南人民出版社 1985 年版。

（四）祖先崇拜

……家庭里的神，主要是祖先神（包括当家人、男神女神、管孩子的神、石匠神公及石匠婆），泛称家神。因神位设在屋角，也称“角角神”。另外还有保护家庭的门神、灶神、仓神等。

……

这些崇拜中，除崇拜自然外，尚有以下几个特点：一为崇拜在生产劳动中有贡献的人，如砌石匠、凿石匠和铁匠，羌族石工远在两千年前即被汉朝的侵入者所称赞。也正因为石工受人民重视，羌族石工技巧达到高度精湛的水平。羌族以善打大型铁火圈著名，以手工制作三十至一百斤重精致的铁三脚架，的确值得重视。把铁匠和火神联系到一起，大概是因先有了火神，因铁匠能驾驭火，于是便成了火神。另一点就是羌族诸神中有女神（女当家人、女祖先），也有石匠的妻子和娶来的媳妇，三江口羌族说牛王是玉皇的女儿。在《汉书》中记载羌族社会“贵妇人，党母族”，直到现在，羌族妇女还占相当的地位。

《羌族调查材料》，西南民族学院民族研究室编 1984 年版，第 136 页。

除上述崇拜外，还崇拜铁匠、砌石匠、钻石匠及石匠的妻子，有些村寨对家中的媳妇也作为神灵供奉。这些能工巧匠被尊为神的原因，可能因为他们创造出来的石砌的高达十余丈的碉楼和精制的铁三脚架等，在知识尚未发展时使人们感到惊奇，他们不能理解这是创造性劳动的成果，而认为创造这些成果的人有一种神秘的力量，故加以崇拜。至于有些女性被崇拜，则与妇女在羌族社会中是主要劳动力这一现象有关，尽管现实社会中妇女已遭轻视，但由此反映出历史上妇女地位是高的。《汉书·西南夷传》，冉駹“贵妇人，党母族”，可与此相印证。

摘自汪宁生：《解放前羌族的生产活动、生活习俗和宗教信仰》，《四川及云南昭通地区彝族社会历史调查资料》彝族调查资料之二。云南省少数民族社会历史研究所编，1963 年 5 月。

羌族与其他信奉原始宗教的民族一样，诸神之中，特别崇拜自己的祖先神灵。

象征羌族祖先的神是什么？由于无文字记载，加之羌族是一个古老的民族，年代久远，至今无可考证。但从羌族民间流传的神话故事中，虽不知其姓名，却可找到有关他们祖先的特征来。据羌族民间传说“羌戈大战”讲：他们在远古的时候，来到了川西北岷江上游从事耕牧，遇到了身强力壮的凶悍的“戈基人”，羌人屡战屡败。后来羌人得白石神的保佑，才得以战胜劲敌，安居乐业，发展生产，从此成为“有语言，能耕牧，知合群的民族”。

“羌戈大战”的传说在羌族中流行较广，理县羌族地区的“羌戈大战”，则被描绘得更为细腻动听：“古代羌人与戈基人战斗时，天上的神仙将两方的首领叫在一起，并放两种武器，一种为麻秆和雪团；一种为树枝和白云石。神仙说：你们各选一种武器，谁胜了就留住于此，谁败了就迁走，神人有意护佑羌人，叫他们取了树枝和白云石，戈基人选的是麻秆和雪团。在交战之时，由于麻秆虽光，但脆而易断，雪团一打即散。羌人所执树枝虽小而绵不易折断，白云石小而坚硬。经过交锋，戈基人失败了，但戈基人不服。神人又叫他们各造房屋一间，戈基人用木料修成，羌人用石和泥砌成。神人在戈基人房屋修成之时，化作一骑驴的老头，手提公鸡和鞭炮，并约羌人同往戈基人的新居为其‘庆贺’。途中对羌人嘱曰：‘你待我进入戈基人的中堂时，你就将毛驴拴在屋中柱上，鞭炮拴在驴尾上，将其点着后，你就立即走出。’羌人果遵其言，到时将鞭炮点燃，果然炮响驴惊，驴在房中左冲右撞，使柱折房倒，将戈基人砸死屋中，羌人从此安居乐业，羌人为了感谢神仙，对神仙加以敬奉，但谁也说不出神的名字，谁也记忆不起神的面貌形象，于是羌人领袖就对其群众说，我们既不知神和形象，可我们能记清神人叫我们用白云石作武器，我们就供奉白云石作为天神。”① 上述两个神话故事的特点，都是以托梦于神灵或者神灵的化身，利用神的力量而战胜敌人，这正是原始人群对梦境理解的认识水平。普列汉诺夫对原始人群的“万物有灵”分析说：“因为人用同自身类比的方法来判断这些现象和力量：在他们看来世界似乎是有灵性的；现象似乎是那些与他们本身一样的生物，即具有意识、意志、需要、愿望和情欲的生物的活动结果。这些生物就是灵。灵是什么？从哪里获得关于灵的观念？梦境、昏迷、死亡。按照原始人的理解，世界是灵的王国。唯灵论是原始的哲学，野蛮人的世

---

① 据西南民族学院中文系编：《羌族文学调查资料》油印本，笔者对引文略有改动。

界观。①”

“白石神”绝对不能理解为“白色的石块”，应该认为它是人的化身，是特定的羌族祖先的这种“人”的化身。这在另一个神话故事《太子坟》更加明白反映出人的面貌来。《太子坟》的神话，生动地塑造了一个羌族人民理想的化身——“太子”（白石神的儿子）。他出身贫贱，一心为羌民谋利益，为民除霸，要建立一个“羌民不会受折磨”的社会。然而，他却被反动统治者残忍地杀害了。羌民为了永恒纪念这位“太子”把他埋葬在龙山顶上，世代相继把他的坟墓保护下来②。可见这位白石神的儿子——太子，是以人的面貌出现的。虽不如他的父亲——“白石神”象征着天神，供奉在房顶上，他仍不失为羌族人民的著名祖先之一，他的名字世代被人传颂着，他的坟墓世代被人们所保护。

“白石神”作为羌族的祖先化身，而当作神灵祭祀是无可怀疑的。但这里应特别注意的：“白石神”的特征不是石块，而应是颜色——白色。据《明史》卷三一一引，《四川土司传》中关于茂州等地羌人风俗记载：“茂州，古冉駹国地。”“正德二年（1507），太监罗龠奏，茂州所辖卜南村、曲山等寨，乞为白人，愿纳粮差，其俗以白为善，以黑为恶。”这里所谓“乞为白人”，绝不是羌人等级类别的划分，它同“以白为善”是一个含义，即羌人崇拜“白色”。据笔者调查：今天汶川县威州区萝卜寨的羌人，至今仍然保留穿白衣，裹白绑腿，缠白头巾的风俗。《汶川县志》卷五，《风土》记载萝卜寨羌族的丧葬形式说：“他们对死人安葬的办法，是分怎么死的，有木葬、火葬的不同。正常死的，普通是木葬，棺木半入土，半用石头垒起；如年过花

① 普列汉诺夫：《（科学社会主义和宗教）讲演提纲》，《普列汉诺夫哲学著作选集》第三卷，第61页，着重点是原有的。

② 原文见西南民族学院中文系编：《羌族文学调查资料》油印本。

甲而死，要给死人装殓白衣、白帕子、白绑腿，跳锅庄……据一般老人说，以前全行火葬，近年来才效法汉人的办法。所以本寨张、王、马三姓都有火坟地……”羌人自古以来奉行火葬，木棺土葬是效法汉族的丧葬办法，文中已有交代，不赘述。但白衣、白帕子、白绑腿应是羌族原有的习俗，正好同《明史》记载与今日尚存的习俗相吻合。

从上述可以看出，“白色”是羌族崇拜的颜色，并把它贯穿到生活习俗中去，这与“白石神”是“白色”而不是其他颜色的特征紧密相联系的。

那么羌族为什么要“尚白”呢？究其原因，与羌族最早是一个游牧民族的关系特别大。许慎的《说文解字》说：“羌，西戎牧羊人也，西方羌从羊。”羌人最早既是游牧民族，而游牧民族的文化，是直接继承原始文化发展而来的。四川大学赵卫邦教授考证游牧民族祭祀用牲的颜色说：“关于用牲的颜色，在游牧民族中是以白色或淡色为主，举例如匈奴之刑白马为盟，契丹之用白马祭天，满族之献二白马于神，以及拓跋氏之用白羊，都属这一类……据我所知，有四个白色的神，一是阿尔泰鞑靼人的白色的最初的父；二是阿巴坎鞑靼白王；三是亚枯特人的白色为主；四是布尔亚特人的白色的天神。游牧民族所固有的宗教，本是以天为最高的崇拜对象。但这四位白色的神都是受了农业民族的宗教的影响的，其中布尔亚特人的天神共有九十九位，其中五十五位是在西方的白色的天神，是善的，四十四位是东方的黑色的天神，是恶的。[①]”作者所见甚是。羌族是从西北迁徙而来的游牧民族，他们与赵文所述“四个白色的神”的民族在最早的原始社会时期，都有共同“以白色为善”的特点，除此，还有以天为最高的神，刑有角的牲畜祭神等相同的风俗。因此，既可以看出羌族的祖先

① 赵卫邦：《秦词白帝解》，《秦会要订补》附录，第435—436页。

崇拜特点，也充分地反映出原始游牧民族共同具有的宗教特征。

摘自曾文琼、陈泛舟：《羌族原始宗教考略》，《世界宗教研究》，1981年第二期。

羌族崇敬的神共有三十多种，大致可以分为四类。一是自然界诸神……二是家神，基本是一种祖先崇拜的性质。有的地方家神很多，汶川雁门一带每家都有十三个家神：如“莫初”是历代祖先，“活叶依稀”是男性祖先，“迟依稀”是女性祖先，“亦吉”是保护家中平安之神，“密帕露”是保护男子工作之神，“西帕露”是保佑妇女工作之神，“斯卓吉”是管理活人灵魂之神，“玉莫”是管理死人灵魂之神等。

摘自冉光荣、李绍明、周锡银：《羌族史》，第340页，四川民族出版社1985年版。

羌族原崇拜抽象的人类祖先神、男性主宰神和女性主宰神。这三种神应是祖先崇拜的某种形式，亦均以白石为表征，供奉于每户的二层正屋之中。

伴随着羌族进入阶级社会有民族间矛盾的加剧，其祖先崇拜的内容也复杂了，例如对于有功于民者，羌族均视之为神而予以崇拜，又如建筑房屋神、石匠神、铁匠神、战争指示神等等，均属此类。对于民族英雄的崇拜还伴有相应的民族传说，比如汶川县克枯寨崇拜的龙山太子，传说原为天神之子，后降生于人间，除暴安民，受到了羌族的拥护，但其后却被反动统治者谋害了，羌族将其遗体埋在龙山顶上，世代崇祀不绝。又如茂汶县黑虎等寨崇拜的黑虎将军，据说原是领导这一带羌民反抗清王朝统治的起义首领，后因寡不敌众而遇害。

摘自李绍明著：《羌族以白石为中心的多神崇拜》，《中国少数民族宗教》，宋恩常编，云南人民出版社1985年版。

（五）自然崇拜

羌族的神有三十几种，大致可分为自然物、家庭和劳动工艺三方面。自然界诸神是：天神、太阳神、地神（包括田界神）、山神（包括兽王）、树神（亦称生命树）、火神和羊神，是祭祀和崇拜的主要对象，被认为是威胁或保佑生产至关重要的几种神灵，其中天神（包括太阳神）、山神最受崇拜。

《羌族调查材料》，西南民族学院民族研究室编 1984 年版，第 134 页。

羌族固有的宗教信仰是自然崇拜。一些自然物和自然现象（天、地、太阳、树、火……），对于羌人生活有密切关系的动物（羊、牛……）以及家庭的用物（锅灶、屋柱子……），皆是崇拜的对象。

摘自汪宁生：《解放前期羌族生产活动、生活习俗和宗教信仰》、《四川及云南昭通地区彝族社会历史调查资料》，彝族调查资料之二，云南省少数民族社会历史研究室编，1963 年 5 月。

羌族崇敬的神共有三十多种，大致可以分为四类。一是自然界诸神，如天神、地神、山神、树神、火神、羊神、牲畜神等，是一种自然崇拜性质。

摘自冉光荣、李绍明、周锡银：《羌族史》，第 340 页，四川民族出版社 1985 年版。

在羌族的宗教观念中，自然界首先是他们崇拜的对象，天、地、太阳、树、火、青苗以至门、锅庄、柱头等等，都是必须尊崇的神。其中，天神、地神、山神、山神娘娘等最受崇拜。奇特的是，他们以白石作为崇拜对象的象征。

摘自李绍明著：《羌族以白石为中心的多神崇拜》，《中国少数民族宗教》，宋思常编，云南人民出版社 1985 年版。

新中国成立前，羌族地区已经明显地进入封建社会，其生产水平略低于内地汉族地区。但在意识形态上，除上述的图腾和祖先崇拜而外，还浓厚地保持着原始社会遗留下来的“万物有灵”的观念，羌民把一切不可理解的自然现象，都看成是“神鬼”、“精灵”的活动，并把它们人格化。而这样的人格化，正像恩格斯指出的那样：“在历史的初期，首先是自然力量获得了这样的反映，而在进一步的发展中，在不同的民族那里又经历了极为不同和极为复杂的人格化①。”

羌族人数虽少，居住却相当分散。羌族地区除岷江、黑水河、杂谷脑河两岸有少数狭小的冲积平原和河谷地外，耕地大部分在高山，或二半山的狭窄的台地上。一般说来，羌寨地址的选择，是与耕地紧密相连的。羌寨地址最高的可在海拔二千公尺以上。从河岸爬上高山羌寨，最少需花半日之功。因此，长期以来，羌族各村寨之间往来较少，汉文历史资料记述，说他们“国无法令、又无徭赋，唯战伐之时，乃相屯聚，不然，则各事生业，不相往来”；“俗无文字，但候草木荣落，以记岁时。三年一聚会，杀牛羊以祭天”②。可见，那时羌人相聚一次，要等三年一次的“祭天”宗教活动方可。羌族长期以来没有统一的政权组织，也是造成各地羌民之间在语言、服饰、生活习俗不尽相同的主要原因。由于政治上的不统一，居住地的差异，因而在宗教信仰上也各不相同。这是我们在研究羌族对自然崇拜时，必须注意的问题之一。

羌族对多神的崇拜，我们把它归纳为三种情况：其一为羌族全族共同信仰的神灵；其二为同地区之间信仰的神灵；其三是以家族或个人为单位的神灵。

---

① 恩格斯：《反杜林论》，《马克思、恩格斯选集》第三卷，第354—355页。

② ［唐］李延寿：《北史》卷九十六，宕昌羌。

所谓“三年一聚会，杀牛羊以祭天”的历史记载，正是羌族各地共有的“天神”祭祀活动。“天神”是羌族的主要神灵。羌族每家每户房顶所供之“白云石”，既是祖先的象征，也是天神的牌位，他们把祖先神与天神合二为一了，其原因是，祖先是从天而降的。除此而外，据羌族人民讲，还有地神、火神、山神、树神。在这共有的五个神灵中，没有大小强弱之分，天神虽为主要，但它并不像汉族人民传说的天上玉皇大帝那样居于统治者地位，它们是一些职能不同但地位平等的神灵。由于它们都是些保护羌族人民生命财产安全的善良菩萨，所以羌族人民又称五大神为“保护神”，属于“正神”之列。从汉文历史资料记载和羌民的传说中看出，所有羌族人民都必须对五个神灵“或三年一大祭，或半年一小祭”。据《汶志纪略》卷三《风土志》云：“羌人并不服药，以祷为事，殁有火化，检骨掩之，尝于二、八月朔日，烹羊煮酒祀山神为社。”这里讲的是半年一次的祭祀山神。由于山神是保护神，因此，在羌族地区置有许多不可侵犯的神山，神山上的树木不能随便砍伐。羌族祭司“许”（为羌语，汉译“端公”）在祭祀树林神的祭词中就说：树林神威力很大。人若不敬它，就会五谷不登，或天灾祸起。每年祭祀树林神的仪式极隆重，要杀羔羊、洒羊血，将羊肉烧成灰烬或弃之于山野。燃柏枝，背诵祭典。据羌族老红军苏星同志回忆，有一种专门祭祀树林神的活动名曰“碉碉会”，于每年五月端阳节举行。“碉碉会”期进入神山祭祀树林神的只限于男人，每个男子都用五色花纸扎成彩旗，将彩旗献给自己认定的大树，即认为这大树便是自己的“保护神”树，任何人不得砍伐这棵大树。羌族地区风沙大，泥沙流失，灾害严重。神山多位于羌寨周围，不准砍伐神山树木，这对于防止水土流失和减少风沙侵害，是有很大作用的。祭祀树林神的祭词中有树林神曾托梦于羌人说它并不是唯一的神，除它之外，还有天神、地神、山神……五位神灵之所以为整个羌族人民所祭祀，那是因为天、地（地神包括了水神在内）、火、山、树林都是羌族地区普遍存在的自然物质，每个寨族人民朝夕相遇，有些自然现象也是从原始游牧时代以来，人们必不可逃避的，如天空风云的变幻莫测，雷电交加，森林失火，泥石流、地震、山崩地裂等自然灾害，在任何地区都有可能发生，特别是羌族地区。所谓“天无时不风，地无处不土。团沙为田，垒石作室。冬春积雪，早晚生云。霾雾弥沦，烟岚横罩。雷生屋角，雨起山腰。怒浪奔涛，飏沙飞石。风土之猛，无异沙漠……[①]”这样恶劣的自然气候席卷整个羌族地区，至今仍无多大变化，这给整个羌族人民群众带来了共同的灾难。勤劳勇敢的羌族人民，虽然用智慧不断与自然灾害做斗争，而且也取得一些战胜自然灾害的经验，但他们在科学不发达的时代，毕竟若干奇怪的自然现象是不能理解的。因此，五神灵便成为整个羌族的共有神了。

羌族区域性的神灵究竟有多少？据说不下百种之多。《汶川县志》卷五，载羌人宗教云：“……酣歌恒午，是谓巫风，昔有之矣。楚人信鬼，祷祝尤繁。蜀界楚疆，并崇巫教。婆娑作态，呼啸招魂。走向讪姑，竟还冥器。偶有疾病，必日祈禳。若在婴孩，更多厄运。金钱浪掷，为害已深。下则木石之怪，龟蛇之灵。妖由人兴，罔问男妇。即今世所谓拜物教。”文中把羌族宗教与楚人混为一谈，显然是受《后汉书·西羌传》“西羌之本，出自三苗，姜姓之别种矣”的羌族来源于楚的影响，与本文关系不大，暂置而不论。但上文所讲：“上则木石之怪，龟蛇之灵。妖由人兴……即今世所谓拜物教。”可说把羌族地区的自然崇拜，简单地讲了出来。羌人几乎将一切自然物和天地间产生的自然现象，都视为神灵，而予以人格化。只是因为地区间自

① 《汶川县志》卷五《风土》。

然、地理条件的差异，所以又产生各地名称不一的地区性的神灵出来。

地区性的神灵虽多，但归纳起来，只有“正神”和“邪神”两种。所谓正神是指那些有益于羌族人民生命财产安全的神灵。一切妖魔鬼怪，危害人畜的皆称为邪神。神灵的名称，视当地的自然条件而定。如缺乏水源，易于天“旱魃”。汶川雁门九寨羌族地区，逢天旱时“则约伴数十人至老山灵源，呼叫祈雨”。如果“祈龙水”如愿，则“巫师击鼓报神恩①”。反之，则扎草人视为旱，众人鸣枪旱。对于造成无旱魃的“旱魃”，羌民是先礼后兵的。烧香叩头，杀羊祭祀不行，便要将旱打死。山林较多的地区有孔雀神、松树神。地处城镇地区的则有城坝神，田边地里有田坝神……有些神灵，还被绘声绘色地附会以故事，令羌民深信不疑的虔诚崇拜。如理县佳山寨的“负回鸡神”便是一个在羌民间广为流传的故事，人人奇而感恩，从此，每年都要祭祀“负回鸡神”②。

由于“正神”心地善良保护人民，能促进生产发展，羌民对它们既亲且敬，如“羊神”可以使羊群迅速发展，“牛神”可以促进耕作，生产丰收，很多羌民欢迎它们，并给予隆重的祭祀。“邪神”则不然，因为它们恶且白赖，危害人民生命安全，破坏生产，羌民对它们虽然恨之入骨，但又不敢轻易“得罪”，若处理得好，可以化险为夷，不致危害人民。如田角怪藤神、地角怪林神、刺条、坝子神等等，都是在田中、地角存在，有破坏生产的作用。因此，每年春季农忙之前，都要向这些“邪神”举行祭神仪式。鬼和妖精也被列为“邪神”之列，羌民相信人有魂，人死了灵魂还存在，凡是自己的祖先和有功绩

---

① 原文见胡鉴民：《羌族的信仰与习为》，《边疆研究论丛》，1941 年本。

② 同上。

的妇女死后就被列为“正神”，凡是凶死夭亡的人则被列为“鬼邪”。倘若鬼怪害人，羌民则请“端公”以法术驱逐出门。总之，羌族地区神的出现，除了说明复杂的自然条件不同外，也是羌族社会长期以来政治上不统一的集中反映。因为“没有统一的之君，就永远不会有统一之神”[①]。

个人信仰保护神，遍及千家万户。羌族家家户户除供奉既象征祖先又代表天神的白云石外，在室内还供奉着十多种不同的神灵。代表人类的有“人类神”“家族祖先神”；代表牲畜的有“羊神”“六畜神”；代表财产的有“财神”“守门神”“田界神”“仓神”……由于家庭所在地区的不同和从事的职业的性质差异，神灵的名称也不尽相同。有的家庭以男人当家就供奉“男主宰神”，女人做主的就供奉“女主宰神”。从事于工业的家庭或供以“建筑神”，或供奉“钻石神”(即石匠神)、“铁匠神”……

从上所述，我们可以看出羌族的自然崇拜，无论是全民族的，地区性的，或是以家族和个人为单位的宗教信仰，基本上处于宗教的原始阶段，虽然也在某些方面受到外来其他民族的宗教影响，但就其自然崇拜本身来说，是一种原始宗教。费尔巴哈在论述《宗教的本质》时说：“自然是宗教最初的、原始的对象，这一点是一切宗教、一切民族的历史充分证明了的。[②]”费尔巴哈为了说明是一种原始教义，还引用鲍姆加登的《美洲各国各民族通史》中古代印第安人为例说：“古代印第安人中有些人把海洋当作他们的大神，称它为 Mama－cacha，即他们的母亲。有些人，譬如哥拉人甚至相信：他们的祖先是从提提加加岛上泥潭中诞生出来的……有些人又认为他们的祖先是

① 《马克思、恩格斯通信集》第一卷，第 53 页。

② 费尔巴哈：《宗教的本质》，《费尔巴哈哲学著作选集》，第 437 页。

出产于某些穴窟和岩洞，他们把这些地方视为神圣，来此献祭他们的牺牲品……”[①] 羌族对各自然崇拜的具体原因，尚待今后进一步调查研究，但以其一般的规律而言，与古代的印第安人应是一样的。

由于羌族信仰的是一种原始的自然宗教，因此它除了没有一整套教义而外，也没有专门从事解释、宣传宗教教义和祭祀活动的职业宗教家。它不像有些民族那样，在执行宗教祭祀活动中，由有行政权威的“土司”、“头人”或村寨中的自然领袖来领头执事，而是由本民族中一种不脱产的“许”来执行。

摘自曾文琼、陈泛舟：《羌族原始宗教考略》，《世界宗教研究》1981 年第二期。

（六）鬼怪精灵观念

羌族的宗教观念，已把神、鬼分开，不单是精灵崇拜。诸神中也有了主神的观念，天和太阳最大。天神之上有自然和人的神，尊为“上坛”。神之外有鬼，有邪气，有精灵，属“下坛”。认为神是善的净的，用白石代表它们。神能降福人，能保佑人，能控制恶兽和灾难。有的神是建屋的石匠、打铁的铁匠、凿水缸的石匠（木匠也受尊重）。祖先和有功的妇女也被列为神之一，有感恩报德的观念。同神通话要念诵经文，不能乱唱，乱唱要得罪菩萨。因为崇拜神，所以神的名字也成为人的名字，如太阳保、山神保、水神保、树神保、石匠保、铁匠保、木匠保（并学了汉人的神，如观音保），对于神表示尊敬的方式主要是向他奉献牛、羊、馍、酒、鸡、狗（无鱼）、焚香、点烛和烧柏枝，求其保佑五谷丰登，风调雨顺，管制猛兽鸷禽、疾病瘟疫，使人畜平安。结婚时献酒，结婚前和结婚当天敬礼天地家神，

---

① 费尔巴哈：《宗教的本质》，《费尔巴哈哲学著作选集》，第 585 页。

使夫妇和睦。因为敬神，不洁的东西如放屁、吐痰、“孕妇”臭气等便成为禁忌。端公敬神前要洗手、净面、沐身；祭神时态度要诚敬，外人、凶人不得与祭。祭山时女子不得参加。神意显示后，又要杀羊还愿，报答神恩。

鬼是邪气，精灵妖怪，似乎主要是凶死夭亡的人，经恶病如寒凉病、吐血（肺痨）或产妇难产致死，落水、跌岩和遭岩石打死，以及第一胎生下死掉和十五六岁少年夭折者，都认为是煞气大，会成妖成怪，危害于人。对这类死者，要烧尸。大概还有其他害人的野鬼，会使人生病、失魂、遭灾。对付的办法，除了杀羊、杀鸡祭祀外，还要由端公用法术来威吓，将其赶走送走。同鬼讲话念诵咒语，口气强硬，也不能随便传人。求神、驱鬼要伴以响器音乐，以法器助威，乐器法器均属神圣的，凡人不得乱动。

鬼的观念与灵魂观念分不开。羌族相信人有魂，人死了魂魄不灭。死后几天魂魄留恋家庭，要回煞，要祭奠。在“方子”（棺材）里要放猪膘、酒肉、杂粮和小刀、烟斗、筛子等物给死人享用。吊孝的人也带着自己的食物，说是“陪死人吃饭，死了和活着一样”。葬前要“跳锅庄”送别，为了保证死后平安，棺材内放着路条，并请端公超度亡魂。火化后，端公代死者禀白：“死者并未用过大斗小秤……”火葬只能同族人在同一坟场地火化。羌族也相信魂魄要转生为其他生物，魂魄的行踪和变了什么，据说老端公可以看出。人的肉体虽死，魂魄则辗转存在。羌族又相信人生吉凶，冥冥中自有主宰。这种吉凶，端公用骨卦、水封、羊角卦等方法可以预知，并能设法禳解，求得趋吉避凶。禁忌也意在避免引起一切不吉的后果。在新年和婚期，不能说不吉利的话，不给红爷吃辣椒，因为辣椒会引起男女不和。订婚时，七天不能打破器皿，因为打破器皿兆示夫妇不睦，家庭破裂。新娘进门，舅父要对她说些吉利的祝语，端公为他们祝福等，都是希望取得吉兆，不招凶事。

《羌族调查材料》，西南民族学院民族研究室编 1984 年版，第 147—148 页。

在羌族的宗教观念中已把神和鬼严格地区别开来，除上述的几种神之外，还有所谓鬼、魔和精灵。他们认为，神是善良的、净美的，凡是祖先、民族英雄以及有技艺和有功于民者，死后都会进入神的境界，能降福于人，能消灾免难；凡是凶死或夭亡的人，如伤寒、肺痨、妇女难产以及落水、堕岩而死者，则进入鬼魔聚集的地方。都是害人的、丑恶的，能使人失魂遭难。

羌族群众还相信人是有灵魂的，认为人死之后灵魂还存在并转化为其他生物，所以对死者要祭奠。吊孝的人要陪死人吃饭，葬前要跳忧事锅庄，向死者送别。人死之后要请巫师占卜吉凶进行超度，使死者的灵魂得以超脱罪孽。

摘自冉光荣、李绍明、周锡银：《羌族史》，第 341 页，四川民族出版社 1985 年版。

羌民还有鬼的观念，认为人有灵魂，死后继续存在，但成为鬼。并非所有的鬼都是祸害，只有凶死或夭亡人之鬼才会加害于人。若遇到那种情况，只得求助于巫师作法驱鬼禳解。

摘自李绍明：《羌族以白石为中心的多神崇拜》，第 116 页，《中国少数民族宗教（初编）》，宋恩常编，云南人民出版社 1985 年版。

二、羌族巫师及其经咒

（一）巫师

1. 羌族巫师称谓、职能、法器、师承、报酬等

羌人的巫师——端公

与一切鬼神发生关系的人物是端公。端公本人还有他的特殊的保护神。端公的法器都有活跃的能力，欲对羌族全部信仰有深切的了解，则端公之研究是必要的。

根据羌人的传说，在流亡期间，羌人把他们的固有文化抛弃了不少，连原有的神林信仰，都是战胜葛人后重新恢复起来的①。神林信仰恢复后，由杰出的长老制定祭仪，并集追报祷佑的话，编成祭文，组织祭祀团，分任献祭事宜。年代久远以后，祭仪略有变更，读祭文的祭司长变成端公。一切敬神、压邪、治病、送穷及冠、婚、丧事，都由端公包办。

在只有祭司的时代，祭司的服装与平常人相同；端公产生以后，即有特别的服装与种种法器。

端公有白裙 jar－pü，上身即着羊皮背心或其他平常衣服，在汶川与理县所见者，均是如此。但在茂县锣打鼓、水磨沟、深浅三沟、塔化三寨一带，端公均披豹皮。此外在理县尚有其他形式之特别衣裙。

端公戴猴皮帽 jar－tä，拜猴头祖师，打羊皮鼓 i－bou 的缘由：

---

① 葛人即后来考古学和民族学界定的“戈基人”（编者）。

据传说，端公取了经书回来，在途中休息入睡，此时来一白羊，把经书吃了，端公醒来不见经书，知已果羊腹，无法复得，因而哭泣。此时来一金线猴，问端公为何哭泣，端公以实告。猴曰："汝可买下白羊，将羊肉完全独自吃下，以羊皮为鼓，汝每打一下，便能忆起经书一句。"端公照办，果复记忆经书中文句。以后端公又因缺乏旅资而泣，金线猴复来引导端公之旧路。猴子死后，端公感猴子之恩，以猴皮为帽，以猴尾作猴帽之三尖——从左至右第一尖称 pi—ngi—shär（黑白分明之意），第二尖称 mò－bi（天），第三尖称 rǔ－bü（地），并以纸卷猴头（祭祀一次添卷白纸一层）而供奉之，称为祖老师傅 abe－tc－ha－h－kou。

端公祭神还愿时戴猴皮帽，但做驱邪的法事时，则另戴一种竹制帽，上糊五色纸，称曰 tan－tsü。有许多地方，端公亦与喇嘛一样戴五花帽，这或许是由于文化传播的结果。

神杖 sèr－ko－ta－bo 为端公重要法器之一，杖长四五尺不等，杖之上端有一铁质或铜质的神像，神像之头部下面悬一铜铃，杖之下端有一铊头，可以插入土中，此物于驱邪送魂治病及战争时都用之。老端公跳神时亦用之，但祭祀正神时则不能用。

法铃或响盘 shi－tɛai－la，以铜为之，但挂在内面的锤为牛角所制，以铁链系之，与把相通，把上饰以花布或兽毛，其功用与神杖同。

端公还有一种法器，羌语称 sze－ge－ra。以一支兽角为干，上面悬以各种猛兽的骨与爪牙及古钱等物品，祭祀时用以驱逐污秽，招魂时亦用之。与此相类的还有两种法器，一种羌人称 wa－shar，将一切飞禽走兽的爪牙与骨骸用皮带系之成束，驱疫及治病时均用之。另外一种是铜片二三十块，上刻妖魔像，挂在一支兽角上，端公用之以治疯癫病症。最后端公还有一种法器 je－tchu－ka－pi，译义为法水瓶，形如龙头，可盛水，端公用以治病。

端公可说是羌人的精神领袖。他记得羌人的历史，他能与鬼神相通；他能控制自然，呼风唤雨，繁殖牲畜与百谷；他是医生，能治百病；甚至命运的亨蹇，他亦有转移的能力；这样的一个人物，应当是有神通的。但是据说现在端公已不如往昔的端公神通广大，在五六十年代以前，端公尚有凌空之术。以酒杯缚在胸之两旁，即能纵身入云。其所用法器，均能随之飞行。闻说有一次某端公飞行却未将法器携出，端公起飞后，其羊皮鼓在橱内大闹，家人启之行，鼓跃出时一棒打死一人。鼓和一切法器仍追随端公至目的地，法事既毕，一切法器均飞还，而鼓独不返，端公知必有故，遄返视之，果已酿祸。这样神奇的事件，初视之似觉难言，可是在原始宗教学上则甚普遍，信巫教的亚古特人（Yakut）不也视神鼓为萨满（Shaman）的马，可以乘之上升天堂吗?

端公本魔术师之流，凡魔术师都能演魔术杀人，端公也有这样的能力。据说从前有一个端公在外面做法事，回来时往往有鬼替他抬轿，但其家中人不信。有一次端公在外做法事至晚未归，因嘱二子往迎，二子尚未达目的地，即悉端公已在归途，二子折返，但取道山顶，并故投灰沙以悸其父，其父以为遇怪，折草杀之。及返，知系二子，急趋寻草，已不可得，趋视其二子，果已折为两段云，这样的魔术，在原始宗教学上称为模拟魔术。

端公由师徒制度产生，老端公传授徒弟，至毕业时，须举行谢师礼，羌语称 pi－gə－tsä。在谢师礼中，有两个节目最足注意：其一是请毒药王的仪式。端公治病须拜毒药王，毒药王羌语称 tze－gar－be。它的外形只是个皮包，包内实以各类飞禽走兽的羽毛。此包原来挂在跛子寨一棵树上，以后雕花三寨之端公迁毒药王至雕花寨之碉上，由余端公保管。日后一度地震，碉崩，毒药王蒙难。但至今仍存余端公处，请毒药王时常有端公数十人集团念经。此时皮包内有应声，一端公负之在背，其余的端公均跳舞。迎至谢师礼地点，端公念经。燃柏枝，并招呼羌族各地诸神，然后开始砸酒。请毒药王先饮。以竹竿插入毒药王皮包口上。果然能饮。祭毕，然后众人方敢集饮。第二个节目是端公徒弟的特殊的表演，行谢师礼的主角，须以一刀自右颊插入口中，直透上下牙齿之间，然后再用一针插入左颊，针上悬一杉木小旗。同时其他端公之门徒亦参加表演，但只插木旗，无须插刀，行过谢师礼的端公方有戴猴皮帽的资格。

上面概述端公的起源、端公的服装与法器及端公的神通与传授情形。至于羌族端公所任种种职务，种类殊多，言之甚长……

摘自胡鉴民：《羌族的信仰与习为》，《边疆研究论丛》1941年本。

我们在《羌民的信仰与习为》篇中已说明羌民的宗教还滞留在灵气崇拜与巫教的阶段。所谓灵气崇拜即对鬼神或超自然势力的信仰。所谓巫教即信仰巫师的支配超自然能力。凡是在这个阶段的社会，其政治经济法律军事等种种的活动均未分化，未成为独立的制度。因此就使巫师所处的地位十分重要。因为巫师的活动是多方面的。法国社会学者于伯氏（R. Hubert）描写巫师的活动范围云："巫师能治疾病，驱逐鬼魔，侦察罪犯，软化劲敌，采捕野兽。使天降甘霖，保证谷物丰收，畜类繁衍……"① 羌民的巫师—端公差不多也具备这一切的能力，他是种种岁时迷信经济习为的主演者。

摘自胡鉴民：《羌民的经济活动型式》下篇，羌民的经济行为特征，（乙）岁时迷信经济习为，《民族学研究集刊》第四辑，1944年10月。

---

① R. Hubert：Mannel de sociologie.

羌民的巫师（端公），均拜猴头祖师。这种猴头即以黄猴之头为之。捕猴者侦悉某端公有此需要时，即预先将猴头制好，送至端公门前，端公于是鸣炮，迎接祖师入室，燃柏枝礼拜，永远供奉，设宴谢送猴头者（有时猴头是师徒相传的）。

猎黄猴的动机一半是实利的，一半是宗教的。猎金线猴的动机，则完全为宗教的，此种猴生活在深山幽谷之杉树林中。杉树本为羌民的圣树，金线猴即长养在此神圣树林间，游移动荡，类似神仙，因此羌民视金线猴为最圣洁、最神秘的动物。端公取金线猴之皮制三尖帽，其用意即在利用其神圣能力压伏邪魔。捕金线猴的有效方法，据说是于黑幕笼罩山谷以后，潜入林中，持燃火炬，使之震损骇越而后擒之。

摘自胡鉴民：《羌民的经济活动型式》上篇，羌民的经济生产类型，（丙）猎（附渔），《民族学研究集刊》第四辑，1944年10月。

羌民因所处地理环境之特殊，不易受外来文化之影响，固保守古风，亦属自然。德国文化学家宋梵氏曾云："一切不受外方影响的浅演民族，都履行交互劳作的习惯，不知雇佣为何物。"由上所述看来，羌民也还在这个状态中。

就一般而论，凡是以互助与合作的方式推行一切社会经济事业的民族，都不会有经济的不平等与彼此剥削现象的涌现。换言之，社会财富分配的状况一定是很平均，不允许有特殊阶级产生。可是在这种社会中亦有少数例外的事实值得注意。宋梵氏云："在许多浅演民族中只有巫师是可得报酬的。"① 白克斯顿氏（Buxton，L. H）亦云然。② 羌民族中的巫师——端公，也是如此：

---

① Thurnwald，ibid. p215.

② Buxton－Primitive Labaur，p17.

在驱农害魔术仪式中，民众每人须出粮食八升至一斗二三升，作为当日开支及酬谢端公之物资。

在还鸡愿仪式中，端公得洒血所用之羊的皮与头及大馍馍之一半，粮食四升（富家送四升以上）。

在乡里驱邪仪式中，端公得肉与粮食若干，并得饮餐一次。

在治毒药鬼病仪式中，端公得向所用羊的头、腿与皮洒血。

羌民的成年礼仪式分两个步骤。第一步是前奏的念邪秽仪式，第二步是正式的成年礼典。在袚除邪秽仪式举行后，端公得驱邪所用的羊头、腿与皮，在正式成年礼典完成后，端公还得分祭品之半。

……

端公所得报酬之多寡，似乎也以他的劳动量为标准，举行大法事则报酬多（例如成年礼），小法事则报酬少（例如治毒药鬼病）。如端公以平民资格参加，则亦可不受报酬，例如理番县增头寨[①]六月六日敬白石神求雨。从前端公参加帮忙，杀鸡洒血，但不动羊皮鼓，亦不戴猴皮帽，故不取任何报酬。

端公所以独可得报酬的理由是因为端公的职业的特殊性。端公的巫术是适应民众的需要而产生的，端公为民众服务，而他不需要民众以同性质的服役报酬他。端公是供给者，而不是需求者；民众是需求者，而不是供给者。可见端公与民众的关系是单方性的。不像一般的社会与经济事业中民众们都处在同等的地位，有相同的需要，大家都是需求者而同时又是供给者，一经交换，便各得其所，我们既了解端公独许受酬的原因，同时便可了悟与端公的地位大致类似的其他人物之取酬。例如赴荒远区域朝山进香求雨之代表（理番上三里常派代表至雪龙山求雨，星上六寨、增头三寨常派代表至九龙池求雨）以及少

① 今理县桃坪乡增头寨（编者注）。

数之卜卦者、烧胎人、喇嘛、道士、阴阳先生等。

摘自胡鉴民：《羌民的经济活动型式》下篇，羌民的经济行为特征，（甲）一般的经济行为方式，1944 年 10 月。

端公和端公的始祖

端公是羌民的始祖，也称巫师，羌语称“释比”，端公是代表人向鬼神发生关系的一种人物。

端公始祖是谁呢？据张端公说，[①] 是阿伯锡勒释比，阿伯是尊称，释比是端公，他的名字是锡勒。不知多少年以前，锡勒去西天取经回来，过了通天河之后，在一块大石上躺着睡觉，醒来发觉经书已被羊子吃去，懊丧之极，于是大哭。这时恰巧孙悟空路过此处，问明情由之后，就叫锡勒将那吃经书的白羊购来杀死，用羊皮制鼓，吃下羊肉，然后一面敲鼓，一面默记经典；锡勒就将仅有的八百钱把羊买来，照嘱进行，果然很灵验，全部经典都能记住，但是锡勒因为没有路费不能回家，孙悟空就叫锡勒伏在他的背上，闭上眼睛，孙悟空就一个筋斗把锡勒送到家里。孙悟空不久即死，锡勒哀哭道：“大圣啊！大圣啊！你是我的救命恩人，正想报答你，而你就死了，你生时为我恩人，死而为神，而今后，我只有把你的皮子做一顶帽子，戴在头上，念念不忘，把你的头用纸裹起，每次还愿祭神之时，就戴上皮帽，带着头颅，请你也领受一份香烛钱财，别无他法，我们端公也只能如此世世代代报答你了！”

这个传说，解释了羌民巫教为何没有经书，以及祭神时戴皮帽供猴头敲羊皮鼓的原因。

端公的训练

端公是只限于男子的一种职业，开始学习的年龄普通是十四五

---

① 萝卜寨端公张华山，已于新中国成立初逝世（编者注）。

岁，学习的时间三年或四年即够。

在开始学习之前，先须拜师与许愿；拜师时要孝敬师傅猪肉十斤、烧酒十斤、米一斗，许愿的意思是求神保佑健康与智慧，并立下誓愿，遵守戒条；在满师时还愿，称为“解卦”。

拜师之后就开始学习，徒弟仍在自己家中，平时做田间工作，到了晚上或雨天，有空时才到师傅家中去学；正月间比较空闲，所以连白天也有机会去学习。

因为没有经书，所以教时全用口授，师傅把经念一遍，徒弟一句一句地记在心里，等到能背诵了，再教新的，至于仪式、法事、法规，随时带徒弟去见习与实习。

……

解卦即是封圣职或满师的意思。在解卦时徒弟必须照规矩送师谢礼，计长衫布料一件，裹头帕一条，银元四十，现在没有银元，就送相当于银价之法布。解卦时须要备宴请萝满九寨的老端公来吃，约需米一石二斗，烤酒三百斤，猪一头，合现在的物价，值一万多元。

在解卦时就还愿。仪式和普通还愿差不多，解卦的端公还要表演几套重要的法事。

解卦之后就正式称为端公，可以接受别人请去治病祭神赶鬼及各种法事了。

端公的法宝

端公的法宝有两类，一类是祭神的，一类是赶鬼的。端公借着这些法宝与鬼神发生关系。

（1）皮帽羌语称“休匹儿”，以金线猴皮制成，上饰海螺、铜镜等，猴尾做帽之三尖尾，此帽只在祭神还愿时戴，赶鬼时并不用。为什么皮帽必须要用金线猴皮而其他猴皮不能用呢？这就因为孙悟空曾救了端公的始祖，而传说孙悟空是金线猴。

（2）竹帽羌语称“丹姆卓”，形似小篮又如渔人盛鱼之竹筐。上面有五色彩纸与海螺，竹帽专为赶鬼之用，祭神还愿时即不用了。

（3）羊皮鼓羌语称“曰卜”，鼓之直径约二尺，单面绷皮，另一面为一横木条，以便抓握，鼓用羊皮而不能用牛皮，也因前面传说端公始祖之经书为羊所吃，而把羊皮鼓击打之后，才能记住经句的缘故。

（4）神棍羌语称“克利米娃子”，制神棍之木料须有藤子缠绕着，砍下时并要祷求。神棍头上雕有模糊的面形，称为鬼王头，下包铁皮，神棍纯为赶鬼之用，祭神时绝对不用，据说神棍越旧越灵验。

（5）师刀羌语称“许古匹来再啃”，长尺余，牛骨刀柄，外有皮套，师刀也为赶鬼之用，还愿时也可用此解罪。

（6）猴头。金线猴之头用白纸包裹，内有金屑、木片、水银、柴灰、泥土各少许，意即金木水火土，代表猴之五脏，每次还愿须将猴头带去，请其领受祭物，含有报恩之意。

一个端公必须要有上述各物，其中最为贵重难得者是皮帽与猴头，因为金线猴已成稀少贵重的动物了。每头金线猴以目前物价须七八千元至万余元，并且极难购得，所以端公用的多系旧物，父传子、师传徒，如果不必传给子、徒者，就可以出卖了，好在端公人数决不会比从前多，所以旧的也很够用了，并且不论什么法宝，端公认为是越旧越灵验。

摘自张宗南：《萝卜寨羌民的端公》[①]，《边疆服务》第一卷第2期，1943年6月版。

---

① 萝卜寨属汶川县，在新中国成立前的汶川城（绵虒）北65里，在新中国成立后的汶川城（威州）北35里，是一个纯羌民寨子，由于羌族的语言很不统一，萝卜寨羌语通行范围只限于附近所谓萝卜九寨，各寨宗教与端公情形与萝卜寨均有区别。该材料多由萝卜寨张华山端公提供，故题为《萝卜寨羌民的端公》（编者注）。

端公

端公即巫师，为羌人社会中精神信仰之鹄的。求福消灾除病卜吉凶等，均请端公为之。故端公与羌人之社会制度、生活活动，均有密切之关系。

端公为一职业巫师，并无庙宇，作法时为巫师，不作法时则从事其他生产，故端公为一兼业，而与其他宗教之专业不同。且其巫术之传播，取师傅徒弟制度。端公无经文，一切经咒，均由师口授，其收授徒弟，并无任何限制，人人得从师，亦无需修金。因端公系兼业，传授巫术，于闲暇时为之，大半以晚间多闲，传授徒弟，复欲增加其神秘性，辄于晚间黑处传授。传授期间，并无定制，视个人之愚智，师傅之悉心传授与否而定，通例三年至五年即成。换言之，经三五年之时间，一切经咒均能背诵与应用。仪式亦已烂熟时始成。如中途感难而退，师傅并不干预，亦不怂恿，一任自由。出师时须宴请师傅及朋友，并赠师鞋袜衣服等物，自师处以相当代价领得法器一套，即可应约行术，所费无定额，视个人财力而别。

端公有红白两种，红端公不围白布蓝线裙，白端公则围此裙。红端公均能坐红锅、拉火链、走钉板、踏火犁等法术。

端公所行法事之种类，依祈求之性质而别，其主要者如次：

（1）还愿

甲、一般性之还愿，即祈求本年一方平安，无灾无难。种田一籽落地，万籽归仓。经商一本万利，白手出门，财宝归家①。

乙、青苗愿。于播种及收获季行之，意在求丰收及感谢收获，故其咒词大意：神！在你名下有一只牛，求你今年还是保佑平安，今年

① 端公之咒文向即有此等词句，且都念汉语音。举行时间或六月初一，或八月初一，或十月初一等日，由各村寨共同或每家单独行之。

的青苗亦同样祈求你保护，百姓们现在在还去年的愿。

丙、家愿。求保佑一家人口六畜平安，举行时间无定，其咒词大意：神！在你名下有一只羊（或公鸡），求你今年保佑一方（或一家）平安。现在我们在还去年的愿。

丁、病人愿。因人病而许之愿，病愈后请端公作法还愿，其咒词大意多感谢神衹之词。

戊、成年愿。子女达六岁或十二岁，或十六岁之龄，须行成年还愿，礼节隆重盛大，亲戚以亲疏导其致礼厚薄，例以玉米为礼物，多者送一斗，少者五升，友人则送三升。

还愿时宰一白羊一黑羊，一供玉皇，一供护家神，此外，鸡十三只或十六只，规定白公鸡五、黄公鸡二、白母鸡二、黑母鸡二、黄母鸡二、厨房之十二位神，每一仙盘内供一鸡，另一供护仓神。

还愿前数日，先通知舅家，届时舅家送羊一只，猪油至少二斤，装干酒玉米面一斗。

厨房内烧柴举火，端公作法念经，家人将舅家所送之酒款客。将猪油切成薄片，在（火塘）三角脚之第一脚上竖立一以面捏成之两头大、中腰细之面棒。舅家将猪油切成薄片，在面棒上烧熔，同时口中念家世宗派，意谓前代出过光耀门楣之人，希望此子能继承祖先，神必能保佑等语。还愿之子即叩头不止，直至面棒烧成灰烬为止。还愿礼毕后，大宴亲友。

（2）死人开路

羌人认为人死后不进入天堂即入地狱，相信由端公作法后，可免除入地狱之厄。或转生为人，或升入天堂。

其咒词大意：告死人每见一殿阎王时，应叙述尽忠，求恕罪孽。又由端公向阎王陈述：在你名下有一新死的人，在世上并无犯罪作恶，确系好人，求你放他远去，使他早升天堂，早转世为人。

羌人亦信人如有罪，阎王会判种种刑罚，如锯身、入油锅、上刀山，并转世为下贱动物等。

（3）打扫房子

于人死后，端公作法清宅内之鬼，咒词大意：人现在已经死了，一切后事都办完了，现在这一家大小，求神多加保佑，家无病痛，六畜兴旺。现以钱纸香蜡，草扎人马，送你们怨鬼出去，你们若不去，端公见了，自讨苦吃，各自放明白些，好好去吧！

（4）送鬼

家有病痛或不甚清洁时，即疑鬼作祟，故由端公作法送鬼。其咒词大意：你们（鬼）不要扰了，主人家给你们水饭盐茶米豆香蜡纸钱，各自走吧！你们快走，如其不走，端公看到了，铁锤铜棒来打你们，大鬼拿来洗牙巴，小鬼拿来化灰尘，各自快走，九支路途，十字路口，送得远远，永不回转！

（5）阑魂

凶死者之魂将游荡无定，故须请端公作法念咒，将魂收在罐内，埋于葬之地。羌人相信人有三魂，一为游魂，一为守天魂，一为生魂。

（6）买地

由端公作法代死者向地母龙神交涉，求其保护死者，并给一身之地，否则死者将无定住之处，流浪各处矣，其咒词大意：端公保证死者确系好人，可收容居住。

（7）司祭

凡遇婚丧造屋典祀乃至盛大娱乐时，均需请端公司祭。

甲、婚嫁时须请端公卜吉祝福，并司祭神祇。

乙、丧葬时须请端公择地，祈祷除灾，并司祭神祇。

丙、造屋时须请端公卜吉驱鬼，并司祭神祇。

丁、定期之祭祀，须请端公司祭社神。

戊、娱乐，若欢迎嘉宾；节令、娱乐时，须请端公祝福后始举行。

……

端公信奉神祇十二位，除白石外，并无其他偶像，均取敬神如神在之意。十二位神每位各有职司。

1. 天老爷主宰宇宙；
2. 管六畜之神；
3. 管雪山之神；
4. 管树木之神；
5. 管山之神；
6. 各地之土地神；
7. 管家宅财宝之神；
8. 管田禾之神；
9. 管谷仓之神；
10. 家宅房顶之护家男神；
11. 家宅房顶之护家女神；
12. 房顶家宅之主神。

……

端公之法器：

1. 羊皮鼓　此为重要之法器，鼓之制法，用木板圈一圆圈。直径二尺或二尺半，上绷羊皮，底空，底中放一横棍，以便手持鼓，棍旁系有铃，鼓槌于不击时，亦放于鼓底，击时须在火旁烤。烤后皮紧，鼓声乃宏。

2. 铜铃　作法事时握于击鼓之手，故击鼓时有鼓声铃声，声声合奏。

3. 桃木杖　上套铜质或铁质之鬼面具，作法时置于桌前，以镇压邪气。

4. 金线猴帽　以金线猴皮所做，做法事时戴。

5. 猴头　以纸包裹，露头之上部于外，祈祷时用。

6. 桃木卜　以卜吉凶。

7. 其他　以虎牙、兽角、禽脚等作为驱邪法器。

摘自《川西调查记·羌人之部·羌人之信仰》①，教育部蒙藏教育司编，1943 年 3 月。

羌族的巫师“端公”

羌族的巫师，羌语叫“许”，或尊称“阿爸许”，是普通的农民，自己有妻室儿女。他们没有组织和寺院，平常住在家里耕作，有事出去，是一种副业性的宗教职业者，因为和汉族端公分别，通常称羌族的端公为“蛮端公”。

学端公要拜师傅，跟师傅学三年。先学敲锣，打鼓，背诵咒语，本领好的最后可以学拉铁链、穿铁铧、踩铁锅，从油锅里捞石子等法术，才算“出师”。因为捞油锅是最高本领，所以称师傅为“油师”。出师后由师傅送一套法器，自己给师傅做双鞋子，即可行业。端公的数目，原来可能各寨至少一人，三江口羌族现在一百四十几户执业的二十多人，还有歇了业的，不到十户平均就有一人。

根据余老端公说，端公分上下坛，上坛和神打交道，不杀生，主持祭山、还愿；下坛和鬼打交道，除害，招魂，送鬼，自己动手杀牺牲。对前一种称呼，如吉余寨钟铭载：“波西（地名）巫师”；后一种白水寨等钟上称“马脚”。“马脚”可能是下坛，现在统称“蛮端公”。

传说端公有十二支派，十二派师傅不同，互相嫉妒，如理县传说

---

① 此材料主要采自理县桃坪乡山寨（编者注）。

欣上六寨大端公克板法术精深，能预测某家要做法事，自行前去，使关了的门户自行打开，死人转化成为什么鸟、虫、蝴蝶之类，他在次日就可看出，并呼唤应答。另一端公嫉妒他，候他做法事后背牛头回家，便作法使牛头吼叫，克板就撒黄豆成黄蜂追蜇对方。两人互相斗法，胜负不分，以后大家议和。

端公作法时，除穿短褂、白裙外，主要特点为头戴金线猴皮做的三尖帽。端公除供奉其历代祖师外，并供“猴头祖师”。其法器有羊皮鼓、神棍、宝剑、铜锣、铜镜、铜印、令牌、羚羊角或木质羊角形卦和一串野兽爪牙齿等。端公对他的法器很尊重，法器不许人摸，“猴头祖师”自己要动也得洗手，别人看都不给看，传说有一个姓余的端公以羊皮鼓当枕头，得罪菩萨，疯了三年才死。

……

端公崇拜金线猴为祖师。把猴头和猴的心肝五脏指甲（藏在头骨内）包起供奉着，祭山时有人抱着猴头，端公把猴皮做成帽子。据端公说“金线猴曾救了端公的性命，所以金线猴为端公的护法神”。没有金线猴就失去了法力。端公的跳舞步法，常用两脚并着上下左右跳，也是模拟猴的行动。这可能因为金线猴毛色美丽，行动灵便，才供奉它为祖师的。

端公的作用：除祭山、还愿外，还有看病、驱鬼、打扫房屋（驱邪除秽）、推算日子、卜葬地、安神、招魂、禳解、颂结婚等事。在本族宗教保留得多的地方，重要的婚丧神事都少不了端公。

……

以下再略谈请端公的负担及端公在群众中的地位。平时请端公作法，要供给食宿，不得怠慢，另外送工钱。赶鬼的代价，一天一夜送十多斤玉米；打扫房屋、看病，一天要一斗左右玉米。不论寨子和私人请端公做法事，杀的羊除随众人分给一份外，并另给一只羊腿和两块羊脸上的肉。若本寨请外寨端公，须备猪羊各一只，米五十斤为礼。

端公在群众中享有一定的威望。保留巫术信仰较浓的地区，如三龙乡、刁花寨老端公常在外边做法事，大家相信七八十年前老端公有许多法术，如能腾云驾雾，骑着羊皮鼓飞行。传说从前羊皮鼓是“放”的，有事鼓自己从大门飞出。后来一次，端公回家，开门迟了，鼓飞回来，打死了“先生”(端公)，才不再“放”鼓了。老端公能指挥对面山或远处人的行动，如使之脱衣解裤，且能看见鬼魂的活动。后来师傅怕徒弟有法术害人，或行窃招惹是非，这些法术才逐渐不传授了，又说三江口老师傅王满太把七块小石头盖在碗里，施展法术，使小石子合成拳头般大的一块石头，放在娃娃枕下，可保平安，到小孩九岁开了关，石头便自己飞去。这些传说至今还在群众中广为流传，相信端公是能通神驱鬼、招福解祸的人物。所以在农业生产、婚丧、占卜、灾病等方面，还都相信端公。

因为端公和政治上统治者联系较少，也没有组织与业务机构，加以仪式简单，人民的物质负担也不重。过去杀许多羊的事已经没有了，从而对生产影响不大。端公不反对病人吃药，一般在吃药无效后才请端公。新中国成立后南部地区羌族请端公的活动已基本停止。有人民政府大力解决生产和灾病的困难，使羌族农民由依靠神道转而依靠政府了。但北部地区的群众觉悟还有限，巫术、宗教的势力仍起一定的作用。

《羌族调查材料》，西南民族学院民族研究室编 1984 年版，第 144—147 页。

传说咸丰、同治的时候，本寨（汶川县威州附近黄土坎寨）有宋保关、黄云贵两位端公，都是很有名的，他们神通广大，出门作法，从不携鼓，到了目的地时，鼓即随之而至，法事一完，立即返回。一次宋端公远行，穿的衣服已旧了，又因多日不换洗，是脏的，他返家途中，正是农历九月底最后一天晚上，他借宿一寨上，参加了当地的还愿，但那三位端公自高自大，很不满意他，见他无鼓无帽，怎能还愿呢？故存心要看他的笑话，当第一个端公念完后，即请他跟着念第二段，他不慌不忙地坐了首位，就在这时，但听一阵风声由远而近，冷不防一个端公的头被打破了，大家正在惊慌之时，宋端公收了鼓，鼓槌及其他法器，此时，三位端公向宋端公求饶，得到极大的教训，拜宋端公为师，一场风波才息了。

摘自范文海：《羌区旅行记》，《边疆服务》第 25 期，1948 年 7、8 月。

渭门沟的端公，羌语称“许”，以从事农业生产为主，主持宗教祭祀活动是兼业性质。新中国成立前大多数村寨均有端公，有的村寨有两个，也有个别村寨没有。端公供奉的神为太上、三清和北方真武祖师，称太上和三清为传教祖师，称北方真武祖师为掌教祖师。

端公的法器除羊皮鼓、大小响盘和神杖外，有法冠、巴郎鼓、牛角号和豹皮等。法冠是用几片硬纸片做成，纸片上绘有花方图案，可以折叠，端公作法时戴在头上，以显神威，据说太上老君的坐骑为青角板牛，故端公作法时吹牛角号，表示通神通天，即“吹上天”，端公作法时穿的豹皮，是为了避邪驱鬼，端公为人作法分为上下坛，还愿祭神为上坛，治病驱鬼为下坛。

摘自钱安靖：《茂汶县渭门乡永和大队羌族宗教习俗调查》，1983 年 7 月。

羌族端公是怎么来的，供什么神，其祖师是谁，一般羌人都不大清楚。因为这有一个古老的传说，羌端公供的神是阿爸木拉，他是天王（又称天神和玉皇）阿爸木比达家专管占卜吉凶、驱邪、治病、送鬼的人，后来因天王的三公主木吉卓和凡间羌人热比娃相爱结婚，下凡居住，繁衍羌人，天王乃派阿爸木拉下凡，为木吉卓和凡间羌人占卜吉凶、驱邪、治病、送鬼，是为羌端公的祖师和供奉的神，羌人和羌端公都是天上来的，即林天王阿爸木比达那里来，本是一家人。

……

阿爸木比达知道人间妖魔鬼怪多，危害甚大，就派天上的神——端公阿爸木拉下凡，专门为羌人算吉凶、驱邪、治病、逐鬼。阿爸木拉出天后打鼓到人间，首先居住高山顶。由于他刚下凡睡觉睡着了，一睡就是若干年，他用的鼓原是两面，待他一觉醒来，着地的一面已经朽了，所以羌端公用一面鼓（据说这就是端公所用的鼓的来源）。

端公到人间做法事分上、中、下三坛（又称上、中、下三堂），上坛是神事，如庄稼收获后谢天还大愿，汶川绵篪区羌人定于每年农历八月初一，威州以上定于十月初一。还有稀儿少女、爹娘生病、修房造屋等，许愿还愿均为上坛。

中坛是人事，天王阿爸木比达派阿爸木拉下凡，就是要他专门为羌人算吉凶、驱邪治病、免除灾害，如打太平保护以解秽、驱邪、招财进宝；人患病时驱鬼治病；婚丧嫁娶敬神还愿等，都是中坛法事。

从端公的由来看，端公有义务为群众祈福禳灾、驱邪除害。新中国成立前不仅一般老百姓请端公打太平保护，每年迎春节那天，汶川县县官还要请各羌寨著名端公到县衙门打太平保护。当天县衙门中任何地方都让端公去击鼓唱跳。法事毕，有的县衙除赏酒一顿外，还赏每个端公一个银牌，牌上刻有县官姓名；有的县官只赏酒，由于当天参加衙门中打保护的人很多，赏端公美酒一斤，其余人共饮。

下坛是鬼事，即赶鬼逐鬼，如对凶死者招魂除黑[①]，为下坛

① 羌人认为，凶死者之死，是其灵魂被恶鬼掠去的结果，死后不能再转生为人，常为村寨甚至家庭之害，所以凶死者死后，必须请端公作法念经，将其灵魂从恶鬼群中抢救出来，招到坟山上去，死者仍得转生，不致为害村寨和家庭。请端公做此法事，谓之“招魂除黑”。

法事。

羌端公与汉端公是不同的。羌端公与羌人祖先一起，是从天上下凡的，在神道系统中权力很大，对鬼更不客气，羌端公请神时直呼其名，只对天王阿爸木比达在呼名时眼睛向上。对其他神，呼名到场。且到场是站着的，端公却坐着不动，不向神叩头作揖。汉端公请神敬神时，须叩头作揖。羌端公对鬼动咒骂打杀，即使客气一点，撒一把青稞叫它走。汉端公有时虽也赶鬼，但须向鬼烧纸钱送东西，甚至低三下四地请求。

羌端公谢师时，附近所有端公都须都场。老端公告诉年轻端公说：阿爸木比达给你帽子、鼓和印，叫你怎么做你怎么做；而不是说师傅给你什么、叫你怎么做；汉端公谢师时，老端公则说：师傅给你什么，叫你怎么做。

过去羌人按古规办婚事时，照例请端公……在正元日那天[①]，男家主人须举行给端公、红爷（介绍人）、至亲长辈散肉的仪式。散肉时首先散端公，且将肉放在神龛上，然后再散其他人，可见羌端公在羌人中地位之高，颇受尊敬。汉端公在汉族中就不可能有这种地位。

羌端公与羌人生产生活息息相关，没有哪一项生产能离开端公，端公唱经中就有不少生产内容，这也是汉端公所不具的。

摘自钱安靖：《羌族宗教习俗调查资料》，一、汶川县绵篪乡羌族端公的由来及其经典介绍[②]。《羌族社会历史调查》，四川省社会科学出版社 1986 年版。

理县的蒲溪、薛城、通化、桃坪等沿杂谷河及汶川县的龙溪，可以说整个羌族南部方言区，普遍称端公为“诗谷”，尊称为“此不若

① 羌族新娘离开娘家到婆家举行婚礼的日子为正元日。

② 此材料系汶川县绵篪乡羌族端公王治国和农民王升明 1983 年 11 月提供，由汶川县文化馆馆长汪有伦（羌族）翻译，钱安靖整理而成。

瓦”，简称“比”，为祖师爷之意。端公祖师称“质尔格板”，“质尔”意为古代人，“格板”为祖师爷之意，端公之所以没有经书，传说是被天神“阿不确克”的女儿“出居”的神羊所吃，这些与茂汶有关端公的说法不同。

端公的法器有猴皮帽（“热阿达”），穿对门襟砍肩衣，也有穿豹皮衣的，上缀三排扣子、为黑、黄、白三色；白裙（“兹月卜”）齐脚，腿缠绑腿；神杖（“折格”）上端为铜制人头形状，下端为尖铁，中部有七至九旋，长约 1.5 米的金刚藤，响铃在铜头附近；羊皮鼓内有响铃一对，一为一口钟形，一为扁形；法水瓶（“且板”，又称法术瓶）为铜质扁瓶；还有响盘（“喜铁那”）和专为解秽之用的鹰爪、鹰头、独角（“吉知嘎热窝”）。

端公供猴头祖师（羌语称“亦拘”或“湟子”），又名张三爷，做法事时一定要有猴头祖师。

端公以其所做法事的性质不同，而分为上、中、下三坛。上坛为许愿还愿、请神敬神，属神事一类。新中国成立前羌人为祈求村寨无病无灾，风雨调适，五谷丰稔时，照例须请端公谢天谢地、请神还愿，做这种法事认为是吉利事。中坛为消灾除难，大抵属人事，但与邪魔鬼怪有关。新中国成立前羌人凡遇三灾八难，生病医治无效，必以为邪魔作祟，鬼怪缠身，须请端公驱邪逐鬼。下坛乃为死者解罪解煞，为凶死者招魂超度，全为鬼事。新中国成立前羌人死后须请端公解罪解煞，据说其灵魂方能顺利归西，特别是凶死者，需请端公招魂“除黑”其灵魂乃得超度。

摘自钱安靖：《羌族宗教习俗调查资料》，四、理县桃坪乡羌族端公经典简介[①]，《羌族社会历史调查》，四川省社会科学出版社 1986

① 此材料为理县桃坪乡羌族端公杨步山 1983 年 10 月至 11 月提供，由理县文化馆馆长周巴（羌族）翻译，钱安靖整理而成。

年版。

“许”是不脱离生产的宗教师，也是羌族的知识分子，颇受社会尊敬，宴客时，“许”居上位；饮酒，由“许”说吉利话，开先饮。羌谚说“官有多大，‘许’有多大”，年长的“许”被尊称为“阿爸许”，“许”必须通过师传，懂传说、典故，有一定的社会历史知识，会唱史诗和民间故事；有的会烧艾炙，懂得一些草药单方。凡属生产、生活中的大事，诸如祭山、还愿、治病、驱鬼、招魂、安葬、婚娶等，都由“许”主持。但在旧社会，“许”也往往成为统治阶级利用封建迷信思想麻痹和愚弄羌族人民的工具。

摘自：《茂汶羌族自治县概况》，第二章　羌族的来源、习俗和文化，二、羌语的语言和习俗，四川民族出版社 1986 年版。

2. 羌族巫师与北方民族的萨满相类

前面我们说端公是羌民的巫师，羌语称端公为 pi，端公是汉化的名称，说端公是巫师，是没有问题的。但巫师却有好几种，古代斯拉夫民族敬神司祭者称祭司；念经画符，善施蛊术者称魔术师。但是羌民的端公根据前面所述，却是祭司兼魔术师双重人格的人。敬神是他，伏魔鬼邪神的也是他，这样一种人物，正与流行在东亚洲的寒带与次寒带诸民族间的萨满（Shaman）的身份相似。蒙旦彤氏（Mon－tandon）谓，萨满者，即祭司兼巫师之意。史禄国氏（shirokogoff）谓，在所有通古斯民族的语言中，Shaman 一字都指能够制服鬼神的男子或女子，他是一种能够利用鬼神以自助，且特别能帮助受鬼魔侵袭病人的人物，他有种种方法能与鬼神沟通。由此看来，萨满不但为祭司与魔术师，同时亦兼具医生（Medicine men）的资格。不过他既为魔术师，所以他当然就是医生。因为用魔术治病，是原始民族一律的办法。中国古代亦有“巫彭作医”（《吕氏春秋》）之说，可知有巫的时代必以巫为医，这大概是一条不变的原则。羌民的事实不过使这条原则多一证明而已。至于萨满兼有祭司与魔术师的双重人格。用宗教史的眼光去分析，究竟哪种人格产生在前呢？关于这一点，端民格氏说，社会进步，魔术师必变为祭司，不过每每祭司阶级产生后，原来的巫仍得存在。以端氏学说为准，则羌民的端公以及一切萨满，都是代表巫的最后阶段与祭司的最初阶段。

摘自胡鉴民：《羌族的信仰与习为》，《边疆研究论丛》1941年本。

（二）巫术

羌族相信鬼神，鬼神是作威作福的。凡疾病、穷困，荒年以及其他一切灾难，均认为与鬼神的行动有关。他们遇到这些事变，均求助于端公，端以是一面应付鬼神，一面造福人群的人物，他有治病送鬼驱疫祝殖，以及其他种种魔术，羌人均依赖这些魔术。

胡鉴民：《羌族之信仰与习为》，《边疆研究论丛》1941 年本。

1. 巫术类别

（1）驱农害

羌民不是打猎民族，羌民打猎的主要动机在除农牧之害。但是打猎只是人为的方法。羌民为巫教民族，当然承认人力之不足，所以他们不得不进一步利用超自然的力量，请端公举行驱农害的巫术仪式。

这种仪式，羌语称“rug tcho tchu”，每三年举行一次，每次大约于二三月之交举行。照例端公须从邻寨去请来，而不用本地的端公。

举行这种仪式时所有一切事宜，如在大寨则公举代表三四人，小寨则公举代表两人担任之（有些寨子实行世袭制度，不临时推举）。

先期一天，寨上每一家均购买纸若干张，由端公徒弟裁好，由各家分别制白旗，其数与各家所有田产数量相等，大田用大旗，小田用小旗。

当日端公与寨上人众均齐集在公共地点，照例是一块荒坡，羌语称“rug tchu ba”，由村民代表准备荞面、刀头与酒。参加人众除自备伙食外，各带粮食八升或二斗二三升送给端公及代表人，并充当日应用，集会场中另备大羊一只、雄鸡一只，羊系在荒坡上，雄鸡放在羊旁。荒坡中央有较平整大块石处（规定的）烧一火堆。老端公在那里燃柏枝诵经。开始请神，端公徒弟们亦打鼓念经，老端公用清水调荞面，制作出危害五谷及家畜的野兽共二十种左右，放在大块石上。老端公开始诅咒，略谓：“你们亦天地所生，但你们应自谋生活，勿侵犯他类，现在你们蹂躏五谷与牲畜，为害人类。吾乃人民代表，告谕你们，各归各位。”然后端公呼一种野兽的名称，即由一小孩子将那种野兽的面制模型送到一定地点，各人看守各人送的野兽。不可失落，失落则认为不利。这段法术称为“pa－tchu－tze”。

老端公休息片刻，小端公打鼓念经，念毕众人呼喊。

老端公问：“野兽走了没有？”

众人称：“走了！走了！”

小端公再打鼓念咒，代表又呼：“快走！快走！如不肯走，老端公要驱逐你们的！”

代表人对老端公说：“它们不肯走啦！”

老端公早就准备好一个面制老虎及木板一块，木板上铺白纸一张，他口中念着咒，重新把危害五谷的野兽都喊回来，排在木板上面，用刀剁烂，口中念咒说：“你们不肯走，杀死你们，一个不留！”然后将已被粉碎的野兽身骨装入土罐子内。即以铺在板上的那张纸包起来，由端公盖灰一把，口喊：“送走！送走！虎来了！虎来了！”然后一人拿罐子，一人拿老虎，人众齐作虎吼，并呼：“清平了！清平了！”罐子须送至数百步外隐蔽处，掘洞埋之，这段巫术称为“pa－tchun－rhki－bo”。

端公代表人及民众均聚餐，食毕，老端公念咒、杀鸡。众人各以其所有之旗铺在地上，老端公以鸡血洒在旗上，众人分别领取。小端公跳舞一周，大众分散至田间插旗，每田一支。

代表人执火把牵羊“送端公”，并携端公行李及谢端公物品，周游田间，高呼一声，放炮一响。端公打鼓摇铃至路上即离去，此时要连放数炮，火把亦烧在那里，代表人高呼，以沙撒端公。并说：“不要来了！不要来了！”

摘自胡鉴民：《羌民的经济活动型式》下篇，羌民的经济行为特征，（乙）岁时迷信经济习为，《民族学研究集刊》第四辑，1944年10月。

每年秋收后，以村寨为单位，于农历九月三十日傍晚到十月初一凌晨举行还恶法事中，端公一定要表演驱农害巫术（“日驱”）。

端公一面念唱经咒，一面将手中的月亮馍馍、太阳馍馍各三个先撕成两半，再撒成四块，愈分愈小，然后走到一高处认为最洁净、最显眼的地方去撒，表示以食物赏野禽野兽，撒毕，端公高声问：有大树看到了没有？众答：看到了！问：有人烟的地方看到了没有？众答：看到了！问：有人修房看到没有？众答：看到了！问：有人犁地看到了没有？众答：看到了！这段法事表示赏野兽之后，野兽不为农牧之害，林木茂盛，人丁兴旺，庄稼丰收。然后端公说：庄稼丰收了！丰收了！粮食好煮酒，家家户户有酒喝！

晚上，端公用荞面做野猪、野牛、老熊、豺狼、虎、豹、猴、金丝猴、岩驴、岩羊、老鹰、喜鹊、乌鸦、松鼠、老鼠等等。呼叫一种野兽飞禽之名，用刀“杀”一个，直到呼完杀完，统统断得粉碎，然后端公问：消灭了没有！众答：消灭了！再问：杀完了没有？众答：杀完了！端公用扫帚将野兽飞禽面屑扫成一堆，掺适量的水，捏成一团，丢入事先挖好的洞内，洞口放一只荞面做的狗，以示有狗看守洞门，野兽飞禽跑不了。然后用泥土将洞口封住。这种巫术法事称为“请天神关野物”。

摘自钱安靖：《羌族宗教习俗调查资料》，三、汶川县龙溪乡羌族端公经典简介，《羌族社会历史调查》[①]，四川省社会科学院出版社1986年版。

新中国成立前汶川县绵篪乡簇头、沟头等寨羌人，每年秋收后还愿时，端公须作法演唱驱农害（“热扯”）法事。这种法事为一种巫术法事。据说法事在村寨附近的神林里举行，后来村寨修了神庙，先在神庙内，后在神庙外进行。法事开始，端公击鼓演唱道：

此次还愿三日夜，端公先把鸟兽撵。
鸟兽本是庄稼害，驱除鸟兽获丰收。
谁家今晚打发女，请我端公去解煞。
谁家今晚葬爹娘，请我端公去开路。
解煞开路我不管，端公先把鸟兽撵！

演唱毕。即停止打鼓。此时一个青年怀抱一只公鸡，同其他几个打着火把的青年从庙内出来，走在前面，此时端公也走出庙门高声击鼓演唱道：

野猪老熊土猪子，老鹰鸦雀众雀鸟！
糟蹋庄稼犯罪孽，端公特来撵尔等。
松潘街上往下撵，尔等逃往茂县街。

---

① 此材料系汶川县龙溪乡羌族端公余明海、朱顺才1983年11月演唱，汶川县文化馆长汪有伦（羌族）翻译，钱安靖整理而成。

茂县街上往下撵，尔等逃往威州街。

威州街上往下撵，尔等逃往灌县城。

灌县街上再一撵，驱赶尔等灌县外！

端公演唱时，每说到一个地方，都吆喝一声，众人也跟着大喝一声，当端公和众人吆喝时，抱鸡和打火把的几个青年不断飞跑向前，表示已把鸟兽从松潘往南一直赶到都江堰以外，象征农害已除。然后杀鸡，将鸡血淋在若干纸旗和树枝上。天亮以后，全寨每一块地里插一面白旗和一根树枝，鸡肉煮熟后，全寨群众每人吃一点，表示农害已除，明年庄稼丰收！

摘自钱安靖：《汶川县绵篪乡王治国唱经》[①]，1984 年 11 月。

茂县三龙乡河心坝羌民家中供的彩神（“勒蒙呼十”，即管狩猎之神），为羌人固有的信仰。每年农历正月十七日为敬拜彩神之期，当日每家男子不论老少，都用麦面做一个野兽形的馍馍，一般为野猪、老熊、野牛、獐子、野兔等当地常见的野兽形状，放入火塘烧熟后，作为彩神的祭品，上午在家中祭祀彩神后，午后即携带祭品置于村寨附近的岩上做枪靶。当日猎枪内除装火药外，不装铁沙，而装黄豆，在射击之前，摆刀和酒敬神，然后老年人和青少年男子争相射击，打中一个吃一个，表示吃“野兽肉”，直到全部打中吃完为止，这种祭祀活动的目的，是象征借助彩神驱除农害，以防止野兽糟蹋庄稼。

摘自钱安靖：《茂县三龙乡那呼大队河心坝羌民的宗教习俗》，1983 年 7 月。

理县桃坪乡增头寨每年秋收后还愿时，端公须祈祷天神“阿不确克”除农害，收野物，端公作法时，用青稞面做成各种害兽、害鸟、

---

① 此材料系汶川县绵篪乡沟头寨羌族端公王治国提供，由汶川县文化馆长汪有伦（羌族）翻译，钱安靖整理而成。

害虫，经作法念咒后，用刀断烂，然后将面屑埋入深坑，象征农害已除，这种巫术法事，当地羌语称为“日魁”。

摘自钱安靖：《羌族宗教习俗调查资料》，四、理县桃坪乡羌族端公经典简介①，《羌族社会历史调查》，四川省社会科学院出版社1986年版。

（2）除秽禳解

送晦气——理番人如遇运气不好，不知何去何从时，也请端公来作法送晦气，羌语称pil－war，其法人人备荞面两升，端公先用清水调面制成各种神像，留在家中，然后用面粉制山形五个。用纸制旗三面，并取主人冠带及太阳馍馍一个，均放在筐内，此外并取主人的账簿、农具以及其他一切关系重要的器物，一并由端公及其助手搬至距家数里之外，觅一溪山在望的适当地点，端公盘坐地上，将筐内面山取出陈列在纸上，然后生火堆，燃柏枝，端公开始作法，念经咒，打鼓，摇铃，请祖老师傅，指呼五岳之神，诵主人年岁、姓名及厄运情形，如作法灵验，此时必有天变，兴风作雨。端公注视五岳所在，纸上落有何物（动物除外），不论是无情之落叶或卷来之红尘，均取而藏之，置主人之帽内，并填当地之石子或泥土放进主人腰带里，端公打鼓回来，至门前，主人故意闭门不纳，端公问：“我是最富贵的，我来了，为何不开门？”室内预先已选定一能言之人，此人称为Pil－kuai－tchuani，即在门内洞口与端公对话。他问：“主人缺乏某物，你此番带来没有？”端公答：“带来了，并且把最好的带来了！”如此一问一答数十次，说及一物，便从洞内递一物进去，最后端公问：“好了没有？”内面一人说：“好了！”然后端公进门，诵经咒，礼拜室

---

① 此材料系理县桃坪乡羌族端公杨步山1983年10月至11月提供，由理县文化馆馆长周巴（羌族）翻译，钱安靖整理而成。

内诸神，最后在祖师神座前面燃柏枝，端公取出羊毛线四条，先在柏枝烟上熏一下，然后把三条线围在主人头颈上，以为主人从此即不会心无主宰，余一条绕在主人左手腕上，以为从此主人即手足稳健，不会乱动，事毕，亲戚邻里庆贺，送礼物，主人即以礼物宴客，主人自己三天不出财物（有进无出），端公亦留三天。

妇女喂猪不旺，养鸡不旺，酿酒味不美，腌咸菜不鲜，植谷落穗，盗贼频来破锁行窃等等，都认为是女子的运气不好，亦可请端公来送晦气，羌语称 i－de－wara（i－de 是女所，管仓库内一切食物，wara 是喊到之意），仪式与男人送晦气一样[1]，惟端公不上山，而在田中作法。回来所递物件，都须送入仓库，女人遇到这种情形，认为非常可耻，常拒绝举行。

驱邪与祝殖仪式——这两种仪式是连续举行的。祝殖仪式，在中国尚未流行，作者译自法文 Les rites de fecondite。例如印度春季的农节，是农业民族的祝殖仪式，澳洲的 Inti Chiuma，是打猎民族的祝殖仪式。羌民也有与此同样的仪式，羌语称为还鸡愿（yu－si），每三年举行一次，其主要阶段在屋顶白石神前举行，所以还鸡愿也就是各家私祭白神的仪式。至于驱邪仪式，不过是还鸡愿的准备工作，即在还鸡愿之前，先行清洁房屋，祓除家中不祥之意，羌人称为 yu－li－bu－de。这在宗教学上也有他的根据。

这两种仪式均请端公主持，驱邪于八月十五日以后任何一日举行。当日端公预备白纸一张，五色纸若干张，荞麦一升。并做大馍馍一个，扎草把一个（代表能作祟之祖宗鬼魂），做木刻一块，这些均放在粮食上面，端公念经，主人炒荞麦，杀羊、洒血在草把上。羊肉

---

[1] 在这一段仪式中，可以找到妇女与农业的种种关系，异日谈及羌民的社会组织时，当分析之。

在火塘上煮熟，招待族人共食并饮酒，端公念经毕，带鼓走上屋顶，族人随后，各带军器一种（枪、炮、沙石、刺条等等），端公在白石神前燃柏枝，诵驱邪经（ma－na），念一段经，放一炮，念经完毕，即从屋顶跳下来，众人即将所带武器乱打并呼叫，随后下来，经过家畜圈头，念圈头经（da－ti），然后打鼓摇铃，直送至火葬场，将洒过羊血的草把与木刻以及所炒荞麦，都堆在一处焚之。端公把馍馍切碎后撒在各处以饲饿鬼。回来在门前大家用清水洗手，端公安神（羌族诸神都要请到），开始喝酒，端公嘱咐不洁之人不准上屋顶（不吉之人包括孝子、死小孩人家的家人、生小孩人家的家人等等）并定鸡愿日期而散。

还鸡愿日期既届，端公先一日到主人家检选祭用之鸡，并预备纸张、竹竿、杉木等等。下午端公上屋顶插杉木，排香案，陈祭品，案前列四个杯子，一杯敬猴头祖师；其余三杯，一杯置羊粪，代表牲畜；一杯置檐尘，代表老房子；一杯置清水，代表清洁，端公打鼓念经，一人摇 sze－ge－ra，依次将清水、檐尘、羊粪以及刀头肉与馍馍倒去。倒刀头肉与馍馍时，在场人众将手中预握着的谷类撒出。然后大家分食馍馍，食毕，牵年轻的母羊一头随端公上屋顶，在白石神前燃柏枝，念经，旋即用燃着的柏枝将羊头羊尾及羊背上的毛烧去一部分，烧毕，端公祝曰："以后人发畜亦发，一个发十个，十个发百个。"羊改名神羊（hitu－tze－mu），然后人畜均下来。至门外，端公打鼓念经，并把羊耳之皮割破、洒血在一个草把及纸旗上，将旗插在门的两旁，草把亦插在门旁，此羊不杀不卖不用作祭品，任它老死。礼毕回来，在户外洗手，入室围火塘而坐，端公分饮食，食毕开始制旗，剪纸花，旗插在斗上，猴头及祭品都布置好，端公念经，取旗插在草席之前，取鸡毛以纸裹之，悬在旗顶部，另外在一柄大旗上悬鸡毛及弓等物，制毕，念经，开始还愿祭，人众齐集喝酒，然后在财神、羊神、门神及祖先座前各献祭品，祭门神所祀之鸡，须压死，天未明，主人带了鸡及香烛等等，跟着端公，端公从火塘处开始跳鼓上屋顶。到时先放炮，主人把鸡绞死。端公念经毕，布置祭品，敬白石神，在杉木上悬旗，并将鸡毛粘在杉木上，三日后，将杉木移插良田中间，所有祭用之鸡毛，都倒入田间。

上述习为大概已有很久的历史，羌民有一段古歌曲中这样说：

羌民敬神，羊愿鸡愿，用端公；

羊愿扫房，鸡愿扫房，打扫牛羊圈；

将污秽洗净，鸡愿扫房，打扫牛羊圈；

将污秽洗净，完全洁白，水清！

天神地神，都来领受！

摘自胡鉴民：《羌族之信仰与习为》，《边疆研究论丛》1941年本。

巫师经常施行的巫术有除秽、禳解、驱鬼、治病等。除秽与禳解均有驱走邪气、迎来好运的意思，举凡羌族群众有不顺心的事，比如收成不好、遇盗被窃、牲畜发病，甚至酿酒不成、咸菜不鲜等等，都认为是遇着邪气或者命运不佳所致，必须请巫师除秽、禳解。除秽与禳解本是同一意义的事，但举行巫术的时间不同，仪式亦略有区别，除秽，又名驱邪，一般在八月十五日以后任何一日举行，即使并无不利的事，也可请巫师除秽，以保清静平安。至于禳解，又称送晦气，凡遇有不如意的事，随时皆可请巫师举行。这两种巫术皆由巫师主持，需要诵经念咒，并举行一套巫术仪式，除秽还必须杀羊一只祭神。

摘自李绍明：《羌族以白石为中心的多神崇拜》，第119页，《中国少数民族宗教》，宋思常编，云南人民出版社1985年版。

岁终禳除疫疠、祝太平丰稔、还鸡愿仪式、还鸡愿，羌语称

"yusi"。

还鸡愿每三年一次，于岁终（十月或十一月初）举行。这种风俗普及全体羌民，在理番上三里后二枯及蒲溪十寨最为流行[①]。羌民自称"不还鸡愿，不是羌民"。在羌民的古歌曲中，也称岁终还鸡愿是一种古老的风俗。

这是每家私祭白石神的仪式，目的在求神保护人口太平，家畜无灾，清除家中疫疠，驱逐瘟神，仪式分两大部分——袚除邪秽仪式与正式还愿仪式。

八月十五以后任何一日，每家请端公袚除家中不祥，驱逐瘟神，羌族称"yu－si－boe－dae"，当日端公请来后即预备白纸一张，四色纸若干张，荞花一升，粮食四升，做大馍馍一个，放在四升粮上面，端公扎草把、裁纸，端公开始念经时，主人炒荞花，象征银子。下午杀羊，洒血在草把上（此处草把象征祖宗鬼魂、恐其作祟而加以驱逐），然后在火炉上煮羊肉（不准上灶），召集族人（每家一人）来吃羊肉、砸酒。端公念经毕，带羊皮鼓上房顶；族人随之，或带有刺树枝，或带火把，或带沙子，白石神前燃柏枝，端公念驱邪经，羌族称"manu"。念经一段，放炮一响。端公从房顶跳鼓下来，众随后，口中高呼"驱邪！"手中或放炮，或撒沙子，或打树枝，从房顶一直至下层牛羊圈头。走近圈头时，燃柏枝，端公念圈头神经，羌语称"Dar－Ti"。端公念经毕，打鼓摇铃，直送至火化坟场附近，把洒过羊血的草把、树枝、荞花等等堆在那里，端公切馍馍为小块，到处抛撒（给饿鬼吃），撒毕回来，门前预先置清水一盆，回来的人都要洗手，然后进室，端公行献酒礼（开酒罐洒酒），请神（所有羌民的神都要请到）。礼毕，聚众吃羊肉而后就散了，端公临去时叮嘱自后不

① 即今理县桃坪乡和蒲溪乡（编者注）。

洁的人不能上房顶①，端公除得上述粮食祭品外，还可得羊皮与羊头，穷人酬端公不过此数，如系富人，则当有增加。

正式还鸡愿日期在举行袚除邪秽仪式时即择定，日期既至，囊礼人俱集。端公先一日到，预备鸡六只、纸四张，竹竿数根、杉木三株，房子外涂白泥，下午端公在房顶上念经，插杉木，置猴头在粮食斗上，斗有排杯子四个及日月馍馍与刀头等物。端公一面念经，一面切馍馍及刀头少许献在猴头前一杯中，其余三杯一杯置羊粪（代表牲畜），一杯置檐尘（代表老房子），一杯置清水（象征清洁）。端公打鼓念经，一人摇独角，依次弃杯中各物——清水、檐尘、羊粪及刀头与馍馍。弃刀头与馍馍时、囊礼人众洒手中所预握之稞子或玉米子。撒毕，大家分食馍馍。食毕，牵一年轻母羊，大家上房顶。端公念经几句，用燃着的柏枝烧老羊头、尾及羊背上的毛少许。烧毕后，端公祝曰："以后人发畜亦发，一个发十个，十个发百个……"此羊改名"神羊"（kat－tsei－moe ），不杀不卖，不作祭品，任它老死。随后房顶上人畜都下来，群集门外，端公打鼓念经。念毕，端公把羊之一耳割开，洒血在草把及两面旗上。以旗插在门之两旁，草把亦放在门旁。回来在门前洗手。进门，至火塘旁边，端公进餐。餐毕，端公坐在草席上做大旗三面、小旗五面、纸花两张，小旗都插在斗上，猴头、刀头等等都布置好，端公念经，再取旗插在草席之前，取鸡毛以纸裹之，系在旗之顶上；另外一面大旗上悬鸡毛及弓箭，预备房顶上祭白石神之用。制毕，念经毕，开始祭神。

人众都到，先砸酒，然后开始献祭。先献财神，一白鸡一旗；羊神一红鸡一旗。将军神一红鸡一旗；其中只献将军神一鸡可杀，并须撒在旗上，其余二鸡都须压死。祖先（Moge）前面仅插一旗，不献

① 羌民认为不洁的人包括孝子、死小孩子人家的人、生小孩子人家的人、异族人。

鸡。天未明，人众均上房顶。端公从火塘处开始跳鼓上去。主人上房顶时带鸡两只及香烛等等，将鸡压住，端公到房顶时燃炮仗一响，此时主人即将鸡捏死。端公念经毕，然后预备祭物与祭山王者相同（以鸡之头尾与足代表整鸡，以面粉制面鸡山、面杯等等）。扎旗插在杉树上，以鸡毛粘在杉树枝上。房顶上那个鸡族中人吃，祭将军神那个帮忙的人吃，其余的鸡家中人吃。三日后将杉树拿出，所有的鸡毛都倒在田中。

摘自胡鉴民：《羌民的经济活动型式》（下篇），羌民的经济行为特征，乙岁时迷信经济习为。《民族学研究集刊》第四期，1944 年 10 月。

新中国成立前渭门沟羌人每年农历八九月以村寨为单位，举行打保护送晦气的宗教祭祀活动，历时二三天，首先请端公念经作法，设法捕捉一只竹鼺子（鼠类的一种，栖息竹林中，羌人认为是一种不祥之物），把竹鼺子埋到远离村寨的三岔路口，表示把邪魔埋葬了。最末一天，由一人扮“灵官”，抹黑脸，穿红裙，头戴红布，手执铁叉，由端公前导击鼓，“灵官”游送到村寨各户时，各户纷纷将盐茶米面少许并床草、布片扔入“瘟床”（一种用蓖编的类似抬筛）中，最后送到远离村寨的十字路口埋掉，表示已将晦气送走埋葬，全寨清洁平安，人畜兴旺，五谷丰登！

摘自钱安靖：《茂汶县渭门乡永和大队羌族宗教习俗调查》①，1983 年 7 月。

(3) 治病

患病之由

凡是相信鬼神的民族均以为一切疾病都由于鬼神之作祟。英国

① 此材料由茂县渭门乡永和大队农民王清海（新中国成立前为端公）、白崇发、久全兴提供。

Frazer 氏谓由于鬼神作祟而生的病。谓之魔病（Devil Disease），中国至今有称一切疾病为魔病的习惯，这无疑是远古的遗风。大洋洲的台亚克（Dyak）人说：疾病由于恶鬼附身，或为恶鬼袭击，甚或灵魂被它提去。印度的萨瓦拉（SaVara）人，认为身体疾病均为祖宗或其他鬼神之作祟。此外如美洲之 Winnebago 人，非洲之 Uganda 人，以及其他许多原始民族均有同样的见解。羌民也和这些民族一样，以为疾病都由于鬼神之作祟。病源即在鬼神，那么只要能安神治鬼，病自能愈，因此治病就无须吃药了。法国人类学者端尼格（Deniker）氏谓初民相信疾病由于鬼魔，因此巫师等的人物是高等医生，只有他才能够把病者内部的魔鬼擒出，这几句话正是为羌民说的，羌人凡有病，均请端公作法医治。羌人自己承认，生病不吃药，是羌人与汉人间的主要异点。

鬼神均能酿灾致病，并且每种鬼神所致之病，均有其特殊的象征。

毒药鬼用指甲传毒，或用眼传毒，羌语称“mu－mi－kue－dze－ku”。因毒药鬼所致之病为肚胀或饮食停滞，周身不适，多吃不长肉。

犯家中正神所生之病均为上身病，头、眼、耳、口、胸、背、肩、膊、手，须请端公医治，或自家许愿安神，方能痊愈。

犯地脚神（hegni）所生之病，即均为下身病，例如足不能行动，腿肿或跛等等，小病自愈，大病则请端公。

犯树林神所生之病为头痛、口渴、发热、发冷，病人忌油、忌杀生。这种禁忌全家人都要谨守，甚至邻里亦不准有锣鼓声。认为如此，便能痊愈，如疾病传染及家人全体，则全家人均不准出门与别家往来，死则乞灾搬移。

由邪神作祟而致之病，其症状为精神恍惚，多恶梦，行动失常，腰痛生疮，无名肿毒，请端公医治时，须用一红公鸡至地方神那里做法事一天。

由他人之诅咒而致之病，亦请端公在地方神那里做法事。

此外，羌人还相信怪梦能致病。牛饮水，女人未避影，亦能致病。降生时机运不好，也能致病（小孩子），如不识病源何在，则请端公以艾灼羊髀骨卜念而知之。

摘自胡鉴民:《羌族之信仰与习为》,《边疆研究论丛》1941年本。

治病之法

端公治病有种种方式，最普遍的禳解方法，称为羊替人命（mu－tchi－shoo－tchi－sa－woo）。用草制人像，着病人的衣冠鞋袜，取豆面粉茶少许放在纸袋内，并牵羊一头与草人一并送到墓地，杀羊焚草人，端公祷告，大意谓羊替人死，草人代替病魔乘羊远去云云，此羊的肉，病者的亲人不准吃。回来时端公为病人喊魂，用纸一张，放在地上，纸角插小旗代表祖先，纸旁放日月馍馍少许。中间放柏枝、荞面、青稞或其他谷类及油，端公念喊魂经（shoo－wo－dio－shuei)，注视有无昆虫爬上纸，如有则认为灵魂返来（如有昆虫，则用油粘住)，用纸包好，装在筐内，筐内尚有帽及鸡蛋等物，由病者的亲人提筐，随端公回来，在路上端公指着山水，口中喊魂兮归来。到了门口，端公呼门神开门。端公问："魂回来了吗?"室人答："回来了!"呼答三次，然后由端公送纸包至祖先神位处，端公打鼓告成(如病者是女性，端公喊魂时，发现有女人长发落在地上，便认为大成功，据说病者至少可多活几年)。

贫寒之家请不起端公，则由病者的亲生子女喊魂，其法较为简单。帽内放鸡蛋一个，另盛米一碗，燃香三支，不燃者亦三支。以已燃之香插在水檐下，亲生子女跪喊父母并祷说："山高路远，水源长，魂兮归来……"然后一路呼唤进门，直至祖先神位处，并燃香插火塘上。问“魂回来没有”之呼叫答应情形，与端公喊魂时同。一次喊魂不灵，则第二次喊魂时，须速喊三次，再不灵则连喊五次，甚至连喊七次、九次。在喊魂未灵以前，祭祀用米与鸡蛋均不得动用。鸡蛋代表灵魂，尤须重视，应藏在火塘下火神之前，用灰盖好，喊魂显灵后，鸡蛋与米都给病人吃。

如系因毒药鬼所致之病，则治法又不同，羌语称为 mu－zee－ho－bii，即黑夜端公做法事之意，或称请夜端公。这回端公要表演他的神技了。

晚间端公偷偷来到病人家中，排香案，先敬治病菩萨 sime，念经咒、制草人及旗，并作其他准备。一面在门外燃火堆，并烧一些食物以诱致禽兽，嘱能猎者匿屋后窥视有无动物走向火堆。端公手摇法铃，带着旗与草人，出门，向四方指呼，警戒毒药鬼及代表毒药鬼的动物，喊毕入室内帮法事，将饭锅一支、铧头一个、铁链一条、黑白石一块，均放在火塘内烧红，并备清水一碗，端公念经跳红锅（在烧红之锅内走，因走得快，故曰跳），病人亦由人扶着过红锅两次，然后端公提火链，缠在病人身上，并伸舌舔铧头，口咬烧红之黑白两石，各投入清水碗一次，随即将碗中水给病人饮。此时门外猎人如已猎杀得兽，开枪击毙，则端公立即带着草人，牵着羊，口中念经，直送至三岔路口中。杀羊，洒血于草人身上及旗上，然后焚之，草人代替病魔送走了，羊子代替病人死了，羊腹内一切都弃之野外，羊头、羊后腿及羊皮由端公带去。

不甚严重之毒药鬼病，则不请端公，仅自行守夜法（muzee－kuedze）以治之，其法开始用水清理病人病患处，即取此水和面粉制成面人像。更剪取病人之衣角、头帕及头发等，一并放在盘内，门外烧火堆，盘子即放在火堆之旁。亦预请一位猎人伺屋后，见禽兽走近，开枪杀之，即珍贵之畜亦所不免。打得禽兽须即跟踪寻获，决不能任它死在任何人家门前。如久伺不获禽兽，则打盘内之面粉人或旋涡风亦能有效。

摘自胡鉴民:《羌族之信仰与习为》,《边疆研究论丛》1941年本。

我一进屋子，看到端公坐在火塘边上，口中念念有词，用麦秆扎草人，用面粉制面人，制完后，设香案，置玉米一升，上插香烛钱纸，汪喜坤之母亲抱着一岁小弟弟坐在旁边，端公右手持铜铃，左手握刀柄，有节拍地击打着刀床，摇着铃，念着经咒，时时把茅人放在刀床上，做姿式，念数段经后，端公把铧头放入火中，烧红后，端公先至香案前小声念咒，然后用火钳将烧红铧头钳起，尖向上，再备冷水一盆，端公口含冷水。将铧头对准病人，用口含冷水喷向铧头，随即用舌舐之，连作三次，再次铧头平放地上，赤脚踢铧头，朝病人患处方向踢，并用火钳作打状，念咒曰："我手中打神鞭，专打屈死鬼、吊死鬼、横死鬼、恶神、恶鬼，五个冤鬼，早离此人之身，我送你，是神归庙，是鬼归墓，我奉太上老君之命。"这样连作三次，即将铧头尖向下，口朝上，灌冷水，水遇热起泡，倒入碗中，喂病人喝，此时主人备羊子、鸡、筛子、火把、土枪，端公把筛子放在小孩肚子上，手拿火把向筛子上连打三次，火花四溅，令人惧怕。随后有人背羊背鸡；有人端着筛子，里面放着面人、茅人；有人荷土枪。端公在前引路，出大门，到十字路口，鸣枪大叫，摔羊杀鸡，丢面人与茅人，把筛子拿回来交给主人。主人扬看筛子，见有一蜘蛛，笑容满面，道谢端公，并向我说："今天法事作得好，魂回来了。"我们在晚餐的时候，我才知端公姓郭，住在本寨，系黑教端公（下堂端公），专作"小十送"。他向我解释说："送茅人是极生替死，还魂渡难关，草人带病魔去了，羊子代病人死了，蜘蛛代魂回来了!"

摘自范文海:《羌区旅行记》,《边疆服务》第25期，1948年。

端公看病，先看水卦、清水一碗，内撒青稞，可以从水里看出魂落何方；遇到邪气，算出日子“打鼓鼓”……家里有凶恶邪气、瘟气、重病，首先以口含热油喷屋内（谓之吐油火），然后踩铁锅、耍铁链（皆炽热），用火炭洗脸，天亮送鬼出门，屋子就清洁平安了。必要时还要背着有病的小孩或病人衣服和一只鸡、十二道灵符翻刀山（刀梯子），在刀山顶打鼓招魂，念“强身咒”。把符撒下来。孩子吃一道，戴一道，睡处粘一道，病就好了。

摘自《羌（尔玛）族情况》，西南民族学院研究室编，1954年。

“许”过刀山的场面更惊心动魄，“许”用锋利的钢刀十八至二十四把不等，以两人把住刀柄，直立地上，形成刀山，“许”赤脚从刀尖上踏过，滴血不流，刀伤不见。还有给人治病时，赤脚踏上烧红的铁铧犁上，舌头舔在烧红的石块上，犹如烧锅煎肉皮，滋滋作响。在场之人还可嗅到肉皮烧焦的臭味。然后“许”用烧过的脚、舔过石块的舌头紧贴病人疼痛之处，以为治病之法，法事完毕，“许”的脚上无半点烧伤，观者愕然，无不以为神灵附身所致，这些表演纯属魔术，值得人们研究。

“许”给人治病、禳灾带有浓厚的迷信色彩，如“羊替人命”，就是以羊一头、仿病人服饰扎草人一个，然后将羊牵至墓地，杀羊、焚模拟草人为羊替代人受死，草人代替人被焚而亡。然后“许”在返回病人住家途中，三呼病人名字，又问“魂归来没有？”主人回答“已归来！”再用祭祀时特为搜集之昆虫数个放于祖先神座之上，即可认为病者可愈。又如“夜请端公”的治病方法，则认为病者犯有毒药鬼所致之病，其法是“许”乘夜偷入病人家中，排香案，念经咒，扎草人，做小旗，于门外摇旗四处呼叫，以警告毒药鬼及毒药鬼代表的各神邪神，此时“许”表演走红锅、舌舔烧红的红白二石，并将石头投入盛有清水的碗中，此水称为“神水”，病人饮“神水”治病，接着“许”到室外将击毙的动物连同羊、草人等送至三叉路口，杀羊并将血洒于草人之上，然后用火焚之，以表羊替人死，草人代表魔鬼被送走它乡，这些治病之法，除有幸者外，被误死之人不知有多少。

当然“许”的治病、禳灾也并非处处危害人民生命安全，在举行一些小型的宗教仪式如“送秽气”“驱邪魔”“还鸡愿”时，常常动员主人打扫卫生，清除房中污秽，有时还燃烧柏枝……在客观上对于人们的环境卫生，发展生产有一定积极作用……

摘自曾文琼、陈泛舟：《羌族原始宗教考略》，《世界宗教研究》1981年第二期。

凡遇疾病，羌民不用药，只请端公祭神驱鬼。其主要的驱鬼法术有：(1) 踩红锅，施于病情危急时，作法是将一口大铁锅烧至红热，端公在上面跳舞唱经，病人由人扶着也上去站一下；(2) 踩犁铧头，施于肚痛，胃痛等病发生时，作法是将铁犁铧头烧至红热，端公踩上去跳，然后再到病人腹部上去跳舞；(3) 送茅草人，施于病人久病不愈、弥留之际，作法时扎草人一个，念经后抛于十字路口，使其给病人替死还魂，渡过难关。

摘自《西南少数民族风俗·羌族》，《思想战线》编辑部编，中国民间文艺出版社1981年版。

病者不用医药，召巫者送鬼。西夏语以巫为师也。或迁入他室，谓之闪病。

摘自《西夏记事本末》第十卷《元昊逆》。

凡遇疾病均认为是鬼怪作祟，故治病必须举行驱鬼的巫术。巫师最通常驱鬼治病的方法是“以羊替罪”，举行此种巫术时，须扎一草人，穿上病者衣冠鞋袜，并牵一头作为牺牲的羊和草人一并送至火葬场地，然后念咒，作法，杀死牺牲羊，表示羊已替人纳命。巫师治腹内疾病时，还要举行较大型的巫术。行这种巫术一般是在夜间，巫师要表演足踩被火烧红的铁锅或铧头，口咬烧红的黑、白色石头，舌舐烧红的铧头等等“惊人”的巫术。

摘自李绍明：《羌族以白石为中心的多神崇拜》，第119－120页，《中国少数民族宗教》，宋恩常编，云南人民出版社1985年版。

（4）占卜

羌民有羊髀骨卜、鸡蛋卜、白狗卜。

兹选述羊髀骨卜：羊髀骨卜，羌语称tchi－pu－sze，知道这种卜法的端公甚少。现在理番蒲溪沟一带的端公尚能传授，不过学徒之中四五人至多只有一人有机会被传授，其所有咒语须至某最可靠的学徒举行谢师礼时，方肯完全授与。其所有之羊髀骨须来自端公所属地方祭祀神林时所杀祭用之羊的身上，或在族中人私祭白石神时取得之，其取骨亦有一定之时间；羊子用作祭品中，而尚未入锅烧煮以前，为取羊髀骨的适当时间，羊髀骨取出后，随即包好，由端公带回去，放在端公菩萨旁边，羊肉当时即煮熟请客，藉资宣传。

羊髀骨可以占卜病因，卜运气，或卜在外旅行人的运气，问卜者手握青稞、麦子，如系卜病因，嘱病人向青稞麦吹一口气（如卜在外行人则由父母代吹），并在火神前燃柏枝祈祷一番，然后赴端公家，说明来意，端公接见后，先在端公菩萨前烧柏枝，旋即将问卜者手中所握青稞麦放在柏枝上烧了。端公一面念经，一面取艾叶（be－ru）在手中捻成小粒，放在羊髀骨上灼之。艾粒之数目或三或五或七或九。炙出花纹后，由端公察看，便知病因或吉凶祸福，应否医治或禳解，当时亦即决定。

鸡蛋卜，羌语称yue－te－tzee－tie（鸡蛋剖开），亦由端公为之，这是一种问病的卜法。病人先一天取鸡蛋一个，并在蛋上吹一口气，藏入怀内片刻，取去煮熟后，再在蛋上吹一口气，然后病人自述生庚并说：“我的病在鸡蛋内表现出来。”（如病重请代表问卜，则用代表的口气说）旋即将蛋埋在火神前灰烬内，片刻取去，持往端公处，申说病状及病人生庚。端公一面念经，一面打净水一碗，用三指取蛋投入水中，使之转动，端公凝视蛋之动态。对于病因已知几分，再取出剥去蛋，用头发一根，将蛋剖开，凭蛋内色素、形状及水分等等断定病因，如何禳治，亦由端公决定。

羊毛线卜——这种卜法与端公无关，而由另外一种术士担任，这种术士称为占卜老人（tzee－pa－me－ru），他另有一套法术与咒语，最要紧的是羊毛线与皮袋，羊毛线是绵羊的毛所制成者，共 88 支，捆成一束，下面悬五色白条，称 be－lee－getu。牛皮袋 ki－tso－wo 之皮，须取自还愿所用之牛的皮，往昔更为严格，必须取自羌民圣地白空格还愿放生神牛死后之皮，做成皮袋后，内置杂物甚多：五谷、禽兽牙骨、雕刻的羌民农具、碗片、镯头、木刻、木尺、女人的线板等等，都有特别名称。疾病或运气都可卜问。问病者无一定时间，问卜者所经过的初步情形与羊髀骨卜所经过的情形相同。问运气有一定时间，通常是一月中旬起至二月，并且每每是全家的，故习惯将占卜老人请至家中举行。开始时他在火塘上方高声念咒，一面把他的菩萨（白石神、碉神及西藏铜佛像等）摆布起来，设香案敬酒，然后把皮袋内之杂物倒在筛子内。一面拿羊毛线在手中打结，口中仍念着咒，然后又把线结拉开，看察羊毛线的形状，然后再筛内杂物成堆或成行列的种种关系，以断吉凶。

吊白狗，卜丰歉——茂县东路永镇沟之仁村尚保留着吊白狗、卜丰歉的风俗。于每年正月初旬举行。这本是茂县东路羌民、民族英雄——独雄庙庙会之一环。居民常常以庙会所有收入购白狗一头，至仁村独雄庙前举行吊狗会，将狗倒悬在庙前树枝上，狗头下置食物，但有一小距离，使不能及，把狗活活地吊死，七天不死，则为丰年，否则凶。

摘自胡鉴民：《羌族之信仰与习为》，《边疆研究论丛》1941年。

卜吉凶的方法是用羚羊角“打卦”，看阴阳面，阳卦为吉。还有羊髀骨卜，拿艾叶小粒烧灼羊骨，从炙出的火纹判断吉凶。

摘自《羌（尔玛）族情况》，西南民族学院研究室编，1954年。

西夏旧俗，凡出兵先卜，卜有四：一为炙勃焦。以艾灼羊髀骨卜师，谓之厮乱，视其兆谓之死跋焦。其法兆之上为神明，近脊处为坐位，坐位者王位也；近旁处为客位，盖西戎之俗，所居正寝常留中一间以奉鬼神，不敢居，谓之神明，主人乃坐其旁，以此占主客胜负。二擗竹。擗竹于地以求数，若揲蓍然。三咒羊，先咒粟以食羊，羊食其粟则自摇其首，其夜牵羊焚香祷之，又焚谷火于野。次晨屠羊煮其五脏，羊肠胃通则吉；羊心有羊血则败，谓之生跋焦；四击弦，听其声知胜负及敌至之期。

摘自《西夏记事本末》第十卷《元昊逆》。

羌陈兵以待，庭瑞进前语之曰……其酋长弃枪弩罗拜曰：“我近者生裂羊髀卜之，视肉之文理何如，则吉其兆。”

摘自《元史·张庭瑞传》卷一六七，列传第五十四。

炙羊膀以断吉凶。

摘自嘉靖《四川总志》记松潘地区风俗。

占卜……或取膊，以薪炙之，验纹路，占一年吉凶，曰炙羊膊。

摘自道光《茂州志》。

在土门区还有吊白狗卜丰歉的习俗。每年农历三四月举行“吊狗会”。将白狗装入笼筐内，扎牢筐口，悬在祭山场地的树上，狗头放食物，但有一定距离，不易吃到。如果这头白狗七天不死，就被认为是丰年吉兆，否则将意味着灾年。这反映了该地的羌民与赤不苏一带的羌民源于不同的部落，有着不同的习俗。

在羌人的占卜方式中，自古以来有一种羊髀骨卜，用以卜病因、卜运气或者卜在外亲人吉凶，问卜者手握青稞籽，如果卜病因，就叫病人向青稞籽吹一口气，在火神前烧柏枝，祈祷一番，然后去“许”家。说明来意。“许”接见同意后，先在神灵前烧柏枝，随即接过问卜者手掌中的青稞籽放在柏枝上烧了。“许”边念经边取，艾叶在手中捻成小粒，放在羊髀骨上灼炙。艾粒的数目或三或五或七或九。有一定规，炙出花纹后，由“许”察看，判断病因或吉凶祸福，并且决定进行禳解或医治。

摘自《茂汶羌族自治县概况》，第二章羌族的来源、习俗和文化，第 26 页，四川民族出版社 1985 年版。

占卜，是“许”或“释比”所谓定吉凶的手段，一般有羊骨卜、鸡蛋卜等数种。

羊骨卜，多用以卜运气、病因，或卜行人的祸福，其所用的羊骨必须是羊髀骨，且须取自用以祭祀的羊身上。一般在羊宰祭后未烧煮前取骨。问卜者手持青稞、麦子向巫师说明请求，然后由巫师一面念经，一面取艾叶捻成小团。放在羊髀骨上烧灼，待炙出花纹后，巫师就根据纹路的长短、走向来判断吉凶祸福，并提供所谓应采取的对策。

鸡蛋卜，主要用以卜病因，其法是病人先取生鸡蛋一个，自述生辰，进行祷告，并将蛋煮熟，然后持至巫师处。巫师取净水一碗，置蛋其中使其转动，并念咒语，然后剥开蛋壳，将蛋剖开，凭蛋内色泽、形状及水分等来断定病因，至于如何禳治，亦由巫师决定。

摘自李绍明著：《羌族以白石为中心的多神崇拜》，第 120 页，《中国少数民族》，宋恩常编，云南人民出版社 1985 年版。

（5）各种禁忌

一、生小孩后，在门上挂红旗，示忌生人，生猪羊牛后，于门槛上靠木棒，数与所生牲口数同，亦示禁生人，其禁忌之理由，均恐断奶。

二、小孩平时挂铜镜，帽子钉海螺壳，用以避邪，并禁生人触动。

三、每寨务必有神林，不准砍伐；于神林中还愿时，女人不准在旁，嫌女人不清洁，恐由此而庄稼歉收。

四、见门挂有鸡膀、鸡爪或裹红纸之扫帚等时，示曾请端公。内有病毒，忌生人入内。

五、见门前置有麦扎之人马等，示驱鬼，忌一切人入内，平日家人亦不出门。

六、厨房火塘铁三脚不得以脚踏，否则开罪天神。

七、牲口圈内之粪。逢马日（午），属马者不得掏粪，牛日（丑），属牛者不得掏粪，羌人属相与内地同。

八、逢戊日不下田耕，因戊属土，耕则犯土不利。

九、墙上钉木钉须择吉日，否则不利。

十、结婚拜堂时孕妇不能参加。

十一、不能于供神之室生产。

十二、见人出丧，认为吉利。

十三、老鸦在屋顶叫，认为有丧亡之兆。

十四、正月第一次出门，见人背空筐，终年不利；见人背水吉利。

十五、夜间公鸡啼叫，有认为地脉兴旺，有认为不利。

十六、猎夫尚有禁忌：1. 对于猎得野兽的重量，忌说半字，因不忌不能全功；2. 忌猎活兽；3. 猎得之第一个野兽，肉须自己吃，不能赠他人。

摘自《川西调查记·羌人之部·羌人信仰》，四、禁忌，教育部蒙族教育司编，1943 年版。

出门要择吉日。

若门口直立长凳，表示家有病人；门上挂筛子、背篼，则家有产妇；门槛上拴蓖条，并插上七个木塞，则家生小猪；门上挂犁，则生小牛；门上挂红纸条和桃树枝制的弓箭，为端公正在做法事，遇有这些情况，外人都不能入内，若闯进去了，就要熏柏枝烟以禳解。

不能戴草帽进屋子，因草帽招鬼；不能扛锄头进屋，因扛锄头类似如挖坟。

在屋内不能打庄稼，不能挖坑掘洞，否则要死人。

进屋靠柴堆方向走，上楼直端走，否则会认为是有意调戏家中妇女，最好不从别人面前走过，万一要走，则一手拉住衣角，一边说："得罪，得罪……"火塘边的位置，男女有别，坐错了要被人笑话，不准跷二郎腿，不得在屋内放屁，不能乱钻进侧房或上楼。

家有死人，要在葬礼举行五天后方能与外人来往；死了孩子的父母要请端公以药香熏身后，才得与外人见面；丈夫新丧的寡妇，要围青苗菩萨转个圈，以木梳梳头，将梳过头的木梳丢弃，然后才能与他人见面，人死后，要请端公推算妖气去处，算出后将该处的树木砍掉。已嫁妇女死在娘家，只能在大坟堆旁边火化，每年正月初三，腊月廿七、八是祭奠亡人的日子，届时到坟上去祭奠。

摘自《羌（尔玛）族情况》，西南民族学院研究室编，1954年版。

生男孩在屋门挂副枷单，生女孩在门上挂个背篼，表示忌客入内，一般要忌客三至七天，家有病人，门上挂红纸条，表示忌客；大牲畜产子，也忌客入内；产妇临盆不能在寝室，而要到牛羊圈分娩；未满月不准去河边、井边，不准进别家房门，更不准去塔子、神龛、庙宇等被认为有神灵的地方。同时，忌吃马肉、母猪肉和耕牛肉。夫妻如死一人，"百期"（即一百个七天，约两年）未满，不能再婚，任何时候不能跨过火塘或脚踩“三足架”，不能吐喷于火塘，不得在“三足架”上烘烤鞋袜衣物。惊蛰不动土，春分不上山，逢“戊”日不动土、不上山、不干重活，不准抓别家马匹的马尾行路。家有丧事或在春节期间，较长时间不从事生产劳动等等。上述禁忌中，有些带有浓厚的封建迷信色彩，不利于人民健康和生产的发展。新中国成立后，羌族人民逐渐改变了一些不利于生产发展和民族繁荣的落后习俗，继承和发扬了优良的习俗。

摘自《茂汶羌族自治县概况》，第二章羌族的来源、习俗和文化，四川民族出版社 1985 年版。

2. **巫术性质**

在前述羌民的习俗中，我们看见羌族端公所表演的种种魔术，其中大部分均属模拟魔术 Imitatine magic，或感应魔术的性质。摹拟魔术是根据一种初民心理而成立的，初民“以类似为真”。所以他们确信模拟魔术以及魔术师的一切经咒与姿势的效力。初民的一切实际的活动，每每都求助于这种魔术，或施之于鱼、猪与农业，或施之于动物的繁殖，或施于人的工作，如造船造物之类。羌民送晦气的仪式就是施之于人类工作的摹拟术，认为经过这种仪式以后，便能由拙而巧，由贫而富。羌民的求雨习，以两性的交合比拟天之云雨。这正似印度的农节鼓励男女的乱合，希望由人的繁殖行为影响及田亩中五谷的繁殖，非洲 Bantus 与法属的 Algeria 人，大洋洲英属婆罗洲北部的 Dayaks 人，以及现在荷兰与德国的农夫，都有类似的习为。羌民杀白鸡白狗求晴，搜山求雨，以羊替人死，以及端公之折草杀人等举动，也都是根据同情的行为以求感应，自亦属摹拟魔术之例。

羌民的祝殖仪式中，最重要的动作是洒血。洒血的意义，根据近典国史地派人类学者史密特氏的研究谓：“血为生活力寄托之物，故举行祝殖的魔术仪式时，每每用血来做表征，杀牲挖心，以至于猎人首祭等习为，都是根据这个基本观念产生出的一贯的事实。”关于杀牲挖心。前述羌人行冠礼祭屋顶上白石神时所用之白羊，就是适用挖心手术的。此外羌民在“空白格”圣山祭白石神还牦牛愿时所用之牦牛，也须得挖心，而不准用其他普通方法杀死的。羌人现在虽无人祭之俗，但是我们可在历史上巴郡南郡蛮传说中见之，更证之印度古代春祈秋报均以人祭，滇缅交界处之卡瓦族猎首以保护农田等事实。则流血与农作物繁殖仪式之关系，殆无可疑。此外羌民的毒药鬼能由眼传毒，民族学上称为恶眼（Evil Eye），属愿望魔术（Wish－magic）之例。

摘自胡鉴民：《羌族的信仰与习为》，《边疆研究论丛》1941年版。

（三）经咒

(1) 羌族巫师经咒的一般情况

羌族是我国民族大家庭历史悠久的古老民族之一，迄至新中国成立前，羌族社会虽已进入封建制，但作为意识形态之一的宗教，基本上还停留在原始宗教。原始宗教形成于人类幼年期，较尔后人为宗教有若干特点。研究羌族原始宗教，可以揭示羌族意识形态发展的一个侧面，有助于了解人类早期社会历史文化的一些问题。

与原始宗教相联系的，是从事这种宗教活动的巫师，汉语称为端公。羌族端公在汶川威州以北到茂县、黑水、松潘称“许”，汶川威州以南及杂谷脑河一带称“诗卓”（或称“诗谷”）。尊称“比”，为“锡祖比”或“比不若瓦”之简称。端公为不脱产的宗教活动者，有自己的保护神，据说能交通神灵、与魔鬼打交道，具有祭司兼魔术师、医师、音乐舞蹈师等多种职能，为村寨集体或家庭个人许愿、还愿、祀神、降魔、逐怪、招魂、送魂、除秽、消灾、治病等。

端公作法祀神时须打羊皮鼓念经。由于羌族是一个只有语言而无文字的民族，故羌族端公没有经书，只有师徒相承口传心记的经典。据调查了解，羌族端公经典按其做法事的不同性质，分为上中下三坛，又称上中下三堂，或称白红黑三教。上坛法事为神事，如许愿还愿，唱上坛经；中坛法事为人事，如打太平保护、婚丧嫁娶等，唱中坛经；下坛法事为鬼事，如赶鬼逐魔，为凶死者招魂超度等，唱下坛经。上中下三坛各有十多部经典，有长有短，有的一部一段，有的一部数段，一般认为三坛经典共有七十二段。

这些唱经虽浸透了鬼神迷信思想，但内容非常广泛，除部分全为神道鬼外，大部与羌人衣食住行、生产生活、社会历史、文化习俗、风土人情等息息相关。只要脱去其神奇的外衣，剔除鬼神迷信思想，就能看到古羌人历史文化的影子和宝贵线索。端公演唱时节奏明快，音韵铿锵，谐和悦耳，几乎每一部唱经都是韵文或诗歌，有的则是名副其实的史诗。

摘自钱安靖：《羌族巫师经典四则》，《宗教学研究论集》，四川大学学报丛刊第 25 辑，1985 年。

除唱经外，羌族端公还有咒语。咒语多为治病送鬼时演唱。咒语同唱经有很大的不同，唱经全用古羌话演唱，咒语则多用汉语演唱。从咒语内容看，多反映佛教和道教思想，从形式上看，很像道教咒语。所以我们认为，羌族端公的咒语脱胎于道教。

1986 年我们看到茂县三龙乡马端公的铜质大印，为九叠篆文。印文为“佛法僧宝，雷灵部司，北驱邪”，既有佛教思想，又有道教思想，大抵为明清时代的端公印。

羌族端公的印文和经咒给了我们这样的印象：羌族原始宗教是原始的自发的多神教向人为的一神教过渡的一种宗教，而萨满教也正是这样的宗教。

摘自钱安靖：《论羌族原始宗教》，《羌族和羌语支各居民集团宗教习俗调查报告》，四川大学宗教学研究所 1987 年 12 月。

根据我们在茂县、理县和汶川县一个羌族聚居地区的调查，及对一些 60 至 80 岁席比[①]的全部唱经的分析，发现目前还流传着的这部分唱经四五十部，或称七十二段，或称一百二十曲，内容非常丰富。尽管经过无数代的筛漏、遗忘，又经过无数代的变异、添补、修改，还能看到许多丰富而极有价值的东西……

羌族没有文字，汉文典籍中很少注意到羌族的席比经。发现席比经是现代、当代的事。二十世纪三十至四十年代，一批历史学家、社会学家、民族学家、考古学家来到四川西北部古梁州之域，汉冉駹之地，唐西山八国之所，调查羌族文化、历史。胡鉴民先生于 1937 年[②]到过的理县的牛罗二山、增头寨，是我们今天继续追根寻源的地域之一。1984 年我们与前来汶川调查羌族宗教的川大教授钱安靖先生的交谈中，得知当年胡先生是走到哪一寨，哪寨都碰得上席比。他调查完毕返回时，弄了两大箱记录的材料。但后来，全被火焚了。而今天，只有不多的羌寨还有席比。胡鉴民先生在《羌族之信仰与习为》[③] 一文中所引"民间有：'我们好了，我们快乐了，我们强了……'"的歌谣，就是席比经中《戈基嘎布》或《嘎日都》中的内容。

新中国成立前后，一位民族学调查者曾访问过汶川雁门萝卜寨的张华山[④]，当时张华山说了十六部羌席比经的名字。这就是《西南少

---

① 羌族巫师，羌语称"许"或"诗谷"，又称"释比"或"席比"。

② "西山八国"之说，参见李绍明《唐代西山诸羌考略》，载川大学报 1980 年第一期。

③ 《边疆研究论丛》1941 年。

④ 此即张宗南于 1943 年 6 月在《边疆服务》第一卷第二期发表的《萝卜寨羌民的端公》一文。

数民族风俗志》羌族题目内羌族端公经典十六部的来历，但内容没有被译记整理出来。

新中国成立后，由于某些“左”的认识，一开始就把席比这类人译成“端公”，认为他们主要是搞迷信，在一些民族调查项目上，把他们排除在外。一场浩劫又使汶川、茂县、理县文化馆的一些同志刚刚开始的调查中断了。十一届三中全会后，这项工作才重新开始，席比经中一些唱段被整理出来。西南民族学院、四川大学、四川省民研会、阿坝师专开始大规模地调查此项文化现象。

席比经是羌文化之宝，它是唱给谁听的？经调查，肯定地说，席比经是唱给神和鬼听的。还天愿部分，是唱给神听的；驱邪除秽部分，是唱给鬼听的。唱给神听的，是许愿和还愿，乞神保佑；唱给鬼听的，是斥鬼和驱鬼，使生民安顺，其依据有四：

1. 我们调查的一批席比和一些懂此事的羌族老人都说天愿一般在四月初一、十月初一这两个重要日子演唱。这两个日子是春种破土和秋收报恩的时间，这是许神愿和还神愿。川大教授钱安靖先生搜集整理的资料也说明这一点。我在理县蒲溪和奎寨的两位老席比王贞元、王保山，以及桃坪的老席比杨茂山处了解到，像《木姐卓》《嘎日都》等内容的段落，已许多年未唱了。汶川雁门乡通山寨的老席比刘光元也不唱《木姐卓》《戈基嘎布》，这不是师傅未教，徒弟未学，而是因二三十年未唱。唱这些段落要有庄严的仪式，要由五只羊子或牦牛还愿，全寨子的人都要参加。而这种仪式，新中国成立后很少举行，从反迷信到“文革”浩劫，席比们几乎一直处于被批的地位，故这些部分亡佚许多。

2.《汶川县志》(1933)“风俗”栏中录了一首诗：“下中九寨里同敦，友助同心上九村，耕织辛苦淳俗在，婚丧歌唱古风存，旱时约伴祈龙水，差务应当论户门，此地从来多愿信，巫师击鼓报神恩。”下中上九寨是新中国成立前汶川雁门一带羌人住地的称呼和划分。这里，诗中提出的“多愿信”和“击鼓报恩神”，明白无误地说明还天愿，还大愿是为神而击鼓演唱。

3. 席比经是师傅对徒弟口耳相传的。师傅教一句，徒弟学一句，理县桃坪的杨茂山告诉我，他当徒弟时，师傅每晚教五句，他自己翻来覆去练习把这五句学会，与上一晚学会的五句相连。在没有学会以前，不能做驱鬼赶邪之事，更无权主持还天愿的大事。出师后，该唱那段，不该唱哪段，都有严格规定。我在调查一些席比的过程中，发现他们不仅能把唱段的顺序记得熟，而且往往能说出哪些是在天色渐黑时唱，哪些是在后半夜唱。关于这一点，以大钱先生的调查和《西南少数民族风俗志》上也有记载。

4. 我们目前了解的一批席比中，只有少数人记得请神还天愿的一些重要段落，而大多数则对驱鬼和除邪一些段落熟悉。原因是这些段落可在分散的家户中，在不需要大的场合和不动用多的祭品的条件下演唱。因此，这些就记得熟一些。从以上四点看，席比经唱给谁听，应是明白的。

摘自赵曦：《四川岷江上游羌族“释比经”调查》，《民间文学论坛》1986 年第五期。

(2) 汶川县雁门乡萝卜寨巫师唱经简介

拜师之后就开始学习，徒弟仍住在自己家中，平时做田间工作，到了晚上或雨天有空时才到师傅家中去学，正月间比较空闲，所以连白天也有机会去学习。

因为没有经书，所以教时全用口授，师傅把经念一遍，徒弟一句句地记在心里，等到能背诵了，再教新的内容。至于仪式、法事、法术，随时带徒弟去见习与实习。

学习端公的课程，主要是十六部经，学习的先后也有一定的次序。第一部是《息》，第二部是《笛》，这两部经都是开堂经，不论什么法事都用得着。第三部是《麦尾细》，第四部是《罗细》，第五部是《戴细》，这三部都是还愿时使用的。第六部是《细》，第七部是《雷口》，第八部是《枯斯巴》，第九部是《迟斯柏呀》，第十部是《莫吉卓》，第十一部是《索》，这些都是还大愿用的。《索》，还小愿也用得。第十二部是《薄》，第十三部是《壳》，第十四部是《吉》，第十五部是《树括》，第十六部是《触》，这些都是驱鬼送鬼用的。《吉》是打保护用的，《树括》是打住堂用的。

以上十六部经都能背诵并熟悉法事之后，就可以开卦了。解卦即是封圣职或满师的意思。在解卦时徒弟必须照规矩送师傅谢礼，礼品包括长衫布料一件、裹头帕一条、银元四十，现在没有银元了，就送相当于银价之法币。解卦时须要备宴请萝卜九寨的老端公来吃，约需米一石二斗，烧酒三百斤，猪一头，合现在的物价值一万多元。

摘自张宗南：《萝卜寨羌民的端公》，《边疆服务》第一卷第 2 期，1943 年 6 月。

3. 茂县沙坝区以南、汶川县三江口、龙溪乡羌族巫师及举例

端公作法要念经咒，因为是口传，彼此很不一致。沙坝以南端公咒语中杂有许多汉话，如千千兵……钱纸马牛……三江口端公还加了汉族道士的一些经咒，而对神名和禳解的话，还保留些羌语。三江口一带的端公，虽能背诵一些羌语，但不晓其义，理县的端公也只能背不能讲。大概口传时越传越讹是有的。“番话”[①] 经咒是不轻易传人的，师傅对小徒弟“起初还不教给番话，怕年轻人走路屙尿唱着耍，师傅带过他，要得罪菩萨”。

下面举几个羌语经咒的例子：

（一）三江口端公通禀山神咒语，里面夹杂了汉语（加标点的

① “番话”似为羌语。

字)。"柴孤麦树；亚麦芝米拉基，亚冒贼格；钱纸马牛，阿多之沙；刀头敬酒，路过之娃，西比留波，留遇罗。"

(二)龙溪端公还大愿祷词，一般四字一句，都有韵尾，便于记忆，歌颂时音韵优美，这里未杂有汉语。

"雀雀雀，提恶都；雷恶齐，瓜布阿都……齐留维留，里留尔布；木留苏留，贵留尔布……阿布齐米，格受齐木；哈木志木，朱留齐英……齐克咖多，得爱咖维；齐连维娃，尔都小维……谢易齐维，齐留尔基；莫哈朱维，朱留尔基……阿苏格者，志尔比娃；渥沙格者，奴尔比娃。"

摘自《羌族调查材料》，西南民族学院民族研究室编 1984 年版，第 144—145 页。

4. 汶川县雁门乡小寨子巫师唱经[①]

过去萝卜寨(雁门乡索桥、小寨子邻寨)端公张华山说，端公共有十六都经[②]。对此，小寨子端公袁正祺认为他不大清楚，因为他与张华山无师承关系。他知道上坛经(请神、敬神、许愿、还愿)十二部，中坛经(即除秽禳祓、打扫房屋、打太平保护、治病送鬼)十二部[③]，至于下坛经(驱赶鬼怪，同魔鬼打仗)乃将中坛经"反念"，即念唱语气粗重，为谩骂命令式，念唱时端公面色凶狠严峻，表示对邪魔毫不客气。下坛经也可以说为十二部，共三十六部。但端公基本唱经为二十四部。

---

① 该唱经调查时间为 1983 年 11 月和 1984 年 12 月。调查地点 1983 年 11 月在雁门乡小寨子袁正祺(又名袁真奇)家中，1984 年 12 月在汶川县县委招待所。调查人川大宗教学研究所钱安靖，汶川县文化馆馆长(羌族)汪有伦，由汪有伦翻译、钱安靖整理。调查对象袁正祺，男，羌族，端公，80 岁。

② 见 1943 年 6 月《边疆服务》第一卷第 2 期张宗南《萝卜寨羌民的端公》一文。

③ 袁正祺具体介绍说，上中坛唱经各为十四部。即除了两段共同的唱经外，各为十二部。

上坛经十四部：

1. 请各寨山神（“息”）
2. 开坛经（“笛”，又称“兑也”）
3. 说分（“罗细”）
4. 解秽（“出学”）
5. 说鼓（“日补”）
6. 颂铁神（“吉”）
7. 说山沟（“壳”）
8. 说修房（“日不合格”）
9. 天仙女（“木吉卓”）
10. 九段经（“苦巴”）
11. 买猪敬神（“必格纽”）
12. 还天愿请神（“国若”）
13. 驱农害（“日区”）
14. 请神归位（“索”）

中下坛经十四部：

1. 请各寨山神（“息”）
2. 开坛经（“笛”，又称“也”）
3. 请各寨地盘主神（“篾”）
4. 赤吉格补（又称“缔基格补”）
5. 颂蜜蜂（“补五”）
6. 说妖精（“质”）
7. 说孝子和逆子（“弥”）
8. 解病（“叶”）
9. 赶凶死鬼（“儿莫”）
10. 驱家怪（“日堵”）

11. 赶毒药鬼（“绿”）

12. 请铁飞祖师（“萨”）

13. 驱邪怪（“米雅”）

14. 赶精怪（“米”）

1983年11月和1984年12月，端公袁正祺先后将上中下坛经演唱完毕，整理如下：

上坛经

1. 请各寨山神（“息”）

1949年前，羌人请神时，端公必首先演唱此经。其主要内容为请本寨及附近诸寨山神，由近及远，沿岷江河谷甚至杂谷脑河两岸各寨山神都须请到，因唱经内容为念唱各寨寨名及其山神名，为醒目起见，列表如下：如下：

寨　名	山神名	
小寨子	雪哈喜	汶川雁门乡
萝卜寨	赤格西	汶川雁门乡
巴　川	赤格西	汶川雁门乡
青　坡	赤格西	汶川雁门乡
文　镇	热阿依西	汶川雁门乡
普　梭	维赫巴西	茂县南兴乡
安乡九寨	学勿西	茂县南兴乡安乡大队
不枯（梭谷坪）	热窝西	茂县南兴乡安乡大队
七溪（七星关）	于巴西	茂县南兴乡安乡大队
白　水	牙赤西	茂县南兴乡安乡大队
石　鼓	独女西	茂县南兴乡安乡大队
纵　渠	热雪西	茂县南兴乡安乡大队（原石纽乡）

格　纽	勿巴西	茂县城关镇（即凤仪镇）
白西比亚黑	土主西	茂县土门乡（土地岭）
踏水墩	美耳姑西	距茂县城五里
日　兹	散察西、	
	尔勿矣西（二神）	松潘
西　水	勿勒西	
波　西	勿勒西	
勿唉古	于巴西	茂县城内
勿　软	白苦西	茂县城外
陡促棉促	于巴西	
莫勿搓	莫勒西	
木　托	克必西	茂县南兴乡
梭波（水磨沟）	于必西	
枯沙昔初阿	若不西	
孔山山三寨	若不西	汶川县
格阿索	热阿窝西	
勿　独	索业西	
不昔一	出祖西	理县
通　化	易国西	理县通化乡
干　溪	助谷西	理县通化乡于溪大队
古　城	蒙尔姑西	理县薛城乡
三　平	随拉西	
多立（涂禹山）	索竹西	汶川县绵篪乡
作格昔祖河	扎知西	汶川县绵篪乡
黑阿苏	克必西	老汶川，即今汶川绵篪
板　桥	瓦学西	
次　巴	莫勒西	汶川县七盘沟

阿儒唉	次忽西	汶川县牛脑寨
质　质	日古西	汶川水井湾
石格阿	莫勒西	汶川上白水
齐　学	学业西	汶川
入如月西里	随拉西	汶川花果园
枯　基	若不西	汶川月里
瓦打昔初阿	若阿巴西	汶川大寨三村
柯　萨	出自西	汶川县城，即威州
瓦底牙	热阿足西	汶川间舍坝
助　甲	牙次西	汶川雁门乡，即过街楼
蒲　子	若巴西	汶川雁门乡，即雁门关
莫比边	若巴西	汶川雁门乡，即毛月嵌
察　吉	雪宜亚西	汶川雁门索桥
小寨子	雪哈西	汶川雁门乡（返回原地）

2. **开坛经（“笛”，又称“兑也”）**

端公做上中下三坛法事，开始时均须演此经以通白神灵，全文如下：

左手握住羊皮鼓，右手拿着击鼓槌，
今天端公来作法，敬天答地说缘由。
木比留下一段经[①]，三坛均须将它用。
左边站的是经公，右边站的是经母。
木比留下二段经，从古到今都遵行。
太阳不明天下雾，月亮云遮夜不明。
星星不亮夜空乱，皇上不明住不久。

① 木比，即阿爸木比塔，羌语，为天爷、天神或天王之意。

官员不明难掌印，庶民不明误庄稼，
富豪不明蚀本利。木比留下三段经。
三段经典说从头。开天辟地到而今。
凡民敬神用刀头[①]，古今刀头皆一样，
唯有斤两不相同。从前敬神十二斤，
凡民餐用十二两，如今敬神十二两，
凡民餐用十二斤。木比留下四段经，
凡民敬神须用鼓，木比制就三种鼓，
颜色各异不同用。白鼓拿来上坛用[②]，
黑鼓拿来家庭用[③]，黄色鼓儿是凶鼓[④]，
鬼事凶事用黄鼓。法事不同鼓不同，
端公须当分别用。说罢鼓色说鼓圈，
鼓圈不得任意取，麦吊树上取鼓圈[⑤]，
鼓圈绷皮鼓做成，谢天答地都用它，
驱邪赶鬼不可少。鼓和鼓槌制齐了，
请问谁人来用它？此人不是非凡人，

---

① 刀头，即祭神牲仪，为汉族宗教习俗影响，羌人传统牲仪为羊、鸡、牛。

② 羌人宗教祭祀活动中请端公做法事，法事分上、中、下三坛。上坛坛事为谢天谢地、请神敬神、许愿还愿等，通过端公以交通诸神，其活动主要为神事。这类活动多以村寨为单位。端公做上坛法事时用白鼓。

③ 羌人宗教祭祀活动中的中坛法事为安神谢土、打扫房子、打太平保护等，通过端公为家庭祈福禳灾、解污涂秽、治病防病等，其活动主要为人事。端公做中坛法事时用黑鼓。

④ 羌人凡遇滑坡、坠岩、跳河、抹喉、吊颈、难产而死等，均谓之凶死。据说凶死者死后，须请端公招坛除黑，进行超度，死者灵魂方能转生，不致沦为厉鬼危害家庭和村寨。端公做这类法事谓之鬼事。端公做下坛法事时用黄鼓。

⑤ 羌区一种树木名，羌人用此树树条作鼓圈。理县羌人用柳条作鼓圈。

祖师爷阿爸锡拉![1]

3. **说分（“罗细”）**

上坛经之一，全文如下：

世间万类总要分，分天分地分山河。

天有日月放光彩，地有山河巧安排。

分出太阳有光亮，分出月亮夜晚明。

分星个个皆耀眼，分出皇帝坐龙廷。

分出臣下理政事，分出端公好跳神。

分出百姓做庄稼，分出富人放债利。

说分山来山重山，要分树来树连树。

说分坪来坪连坪，分出龙池龙生子。

分出羊羔产羊羔，分出牛来牛生仔。

分出冬季落霜雪，高山矮山一片白。

说分岩来岩重岩，要分沟来沟连沟。

说分梁来梁重梁，息气坪连息气坪[2]。

说分路来路遥远，要分寨来寨连寨。

分花神种遍山岩，季节一到花开放。

白花开在矮山沟，迎春花儿路边开。

桃李花开菜园内，喇叭花儿岩上开。

兰草花儿顺梁开，扁竹花儿开路旁。

---

① 阿爸为尊称，意为爷、神、王……锡意为铁，拉意为飞。即铁飞祖师。传说阿爸锡拉本为天王阿爸木比塔的家庭祭司，后因天王三公主木吉卓（又称木姐珠）与凡间羌人热比娃（又称斗安珠）结婚下凡，天王乃派阿爸锡拉下凡为凡间羌人宗教祭司，是为羌人端公始祖。

② 羌人居住高山，不仅道路崎岖陡峻，而且颇为窄狭，可谓羊肠鸟道。为负载息憩和让路方便，每隔一定距离，辟适当地点为息气坪。一些距村寨较远的地点还辟较大的息气坪，作为村寨或联寨羌民集会之所，其由来甚古。

倒钩海棠沟边开，羌活花开高山上。
玉米花儿农田开，荞子花开火地里。
说分城来开四门，要分门来门连门。
说分房来房重房，房顶分出人字墙①。
人字墙儿连照楼②，照楼上面供神位，
神位地方插神旗，五块白石放那夏③，
凡民敬神表心意！

4. **解秽（“出学”）**

上坛经之一，即解秽经，端公请神敬神作法之前，须演唱此经以解秽。全文如下：

解秽公来解秽母，先将解秽说清楚。
点燃木香解秽气，还须杀鸡来除秽。
端公提鸡拿柳条，邪魔妖怪赶出堂。
端公手提鼓和槌，神坛解秽坛洁净。
为了解去污和秽，一个猎人上了山。
手拿绳索有几种，走遍一十九疋梁。
他用牛绳套山羊，山羊绳子套绵羊，
绵羊绳子套雄鸡，套鸡绳子去捆猪。
山羊打扫山神坛，绵羊解秽山和岩，
打扫凶处须用猪。
端公解污须用水，再将水的用处说。
凡民吃的是净水，敬奉神灵用净水，

① 羌人房顶边缘的人家墙，因连接照楼，故又称为照圈。
② 羌人房顶储藏室兼供神之处，称为照楼。
③ 羌人房顶人字墙（即照圈）上建一小石碉，上供五块白石，羌人称此石碉为那夏。

驱除邪魔用黑水[①]，招魂除黑用黄水[②]。

三岔路口拣石头，石头必须有三种。

白石用来扫神坛，黑石打扫山和路，

黄石用来除黑使，燃起木香、羊角花[③]，

村寨邪魔往外赶，小儿煞和产难煞，

寡妇煞和凶死煞[④]，扫出九疋山外去，

尔等永世不回头。

5. **说鼓（“日补”）**

上坛经之一。端公请神作法时演唱此经，说明鼓的神通和作用。全文如下：

天上落下是何物？此物乃是端公鼓。

此鼓不是非凡鼓，鼓有鼓公和鼓母。

鼓公鼓母落何处？落在麻沙梁子上。

鼓声一响邪魔避，鼓声一响神灵到。

鼓鸣草木无污秽，鼓鸣山川皆洁净。

六畜兴旺庄稼好，地方清洁人平安。

羊皮鼓响端公唱，不要小山要大山，

大山小山多吉利。不要小坪要大坪，

大坪小坪都吉祥。不要小树要大树，

大树小树发千枝。不要小岩要大岩，

---

① 新中国成立前羌人认为，邪魔唱黑水，故扫除邪魔时，给它们黑水喝。

② 招魂除黑，即为凶死者招魂超度之意。新中国成立前羌人认为，凶死鬼喝黄水，故招魂除黑时，给凶死鬼喝黄水。

③ 木香即燃柏树枝作香，羊角花即杜鹃花树枝，新中国成立前羌人敬神解秽即燃木香和羊角花。

④ 煞为迷信传说中的凶恶的鬼或神。

大岩小岩无险阻。不要小沟要大沟，
大沟小沟都吉祥。不要小梁要大梁，
大梁小梁梁重梁。不要小路要大路，
路途遥远何所惧。不要小村要大村，
大村小村人吉利。不要小城要大城，
大城小城开四门。四城门上人来往，
家家清洁万民安！

6. **颂铁神（“吉”）**

上坛经之一。“吉”又称“锡”，均为羌语，汉语称“铁”。羌人对“铁”非常崇拜，故端公有颂铁神的唱经。全文如下：

要问铁从何处来？相传铁从天上落。
铁有铁公和铁母，皇帝凡民不离它。
皇帝宫廷有铁器，凡民家中有铁器。
羌人家中最神奇，要数火塘铁三脚。
任你呼喊总不应，忽然飞到铁山里[①]。
白色壮年去寻铁，四处寻找无踪影。
红色壮年去寻铁，无踪无影不见铁。
黄色壮年去寻铁，跑遍铁山皆不见。
黑色壮年去寻铁，铁山沟里方寻见。
红黄黑白四壮年[②]，齐将黑铁运羌地。
特里尔是好铁匠，开炉打铁美名传。

---

① 羌人火塘边最早三石为三脚，用以支锡饮爨。自铁传入羌区并普遍使用后，即于火塘上置铁三脚以代替石头。铁三脚除因袭过去三石头分别代表火神、灶神和媳妇神外，整个铁三脚也象征和代表铁神。因铁是从山里采铁矿炼就的，故羌人传说铁三脚常飞回其产地铁山去，人们需要铁时，须到铁山去采。

② 红黄黑白泛指穿不同服色的人。亦说穿不同颜色的衣服代表不同民族。

戈基石板把风挡[①]，花秋风箱将风鼓[②]，
炉内燃起杉木炭，铁块烧红用锤打，
叮叮当当响声起，震动天来震动地。
山山寨寨都震动，男女老幼齐欢腾。
有铁就有针和锥，缝补衣物不可少。
打就神刀端公使，打制农具羌民用。
锄头弯刀和双爪，犁耙斧头样样全。
木匠家具亦打就，斧锯凿锤均不缺。
又制铁索架铁桥，往来方便通四方。
铁的好处说不完，大家莫忘铁的恩！

7. **说山沟（“壳”）**

上坛经之一。常与颂铁神连唱，其大意如下：
秋千驾在山沟里，沟有沟公和沟母。
沟公名字叫壳比，沟母名叫壳米雅。
绳子两根套树上，下端系个踏脚板。
秋千绳索用牛筋，野牛蹄筋最耐用。
猎人套住野牛后，取了牛筋牛腿弯。
牛筋取下肉剔净，晾干做绳子不生虫。

---

① 传说古羌人从甘肃、青海向东南迁徙到岷江流域定居前，岷江中上游曾居住一种“嘎人”，又称“嘎尔”。羌人迁来岷江流域后，曾同“嘎人”激烈战斗，并将其赶走消灭，才定居下来。“嘎人”居岩洞，死后葬无底石棺墓，在岷江和杂谷河沿岸台地上，这种墓址不少。羌人开垦土地挖掘到这种石棺墓后，即将墓石作各种生产生活所需之用，包括作炼铁炉的挡风石。新中国成立前后，考古界在岷江流域发掘这种墓葬不少，将“嘎尔补”人定名为“戈基人”，故称其墓石为“戈基石板”。

② 花秋，为羌族地区一种树木名。羌人以花秋木做风箱，故称为“花秋风箱”。

8. **说修房（“日不合格”）**

上坛经之一。反映羌人如何修造房屋以及供奉神灵等情况，多在修房造屋时演唱。全文如下：

开天鼓来辟地锤，天鼓地锤说根由。
击鼓先将天神请，再请希多来修房①。
地锤用来锤地基，锤了地基盖新房。
藏人掌锄刨地基，羌人背石砌墙脚，
汉人挖土和稀泥。石头稀泥准备足，
一层石块一层泥。墙壁四周砌整齐，
里里外外须光滑。房基四面立顶柱，
顶柱穿方架屋梁。先将大梁架稳妥，
大梁上面放横梁。屋梁之上搁紫莲②，
紫莲上面铺杉条，杉条上面放竹子，
竹子上面盖竹丫，竹丫上面放稀泥。
稀泥上面放干土，干土之上修神位。
房顶上面修照楼，③ 连接照楼修照圈。④
照圈之上修那夏，⑤ 那夏上供五白石。⑥
那夏之后立旗杆，旗杆顶上有旗帽，
旗帽上面拴旗线，旗线之处插白旗，

① 希多又名赵巧，为羌人传说中的著名木匠。据说希多为端公祖师阿爸锡拉之子。汉臣有木匠祖师鲁班及其徒赵巧的传说，故羌区此说可能是受汉族传说的影响。
② 紫莲为羌区一种草本植物，羌人修房时，常以此搁置于接触屋梁一层，用以隔绝尘土。
③ 照楼为房顶储藏室兼供神处。
④ 照圈为房顶四周围墙，约半人高，又称“人字墙”。
⑤ 照圈上面建一小石碉，用以供奉白石神，称为“那夏”。
⑥ 那夏上面供五白石以代表五尊神。此五神，羌区各地又有所不同。

神灵就位多吉祥。

9. **天仙女（“木吉卓”）**

上坛经之一。木吉卓又称木姐妹，传说为天神（天王）阿爸木比塔的三公主。她与凡间羌人斗安珠（意为美男子，又称热比娃）相爱结婚，繁衍羌族，并制就人间的一切，被羌人尊为始祖。此经为上坛经中最长最主要一部唱经。新中国成立前每年秋收后还大愿，以谢天答地，及其他重大节日，必请端公演唱此经。经文反映羌人社会历史和生活习俗诸方面。因唱经甚长，整理时加上小标题。

小引

木吉卓是天仙女，常从天上到人间。
斗安珠乃凡间人，经常打柴上高山。
木吉年纪十七八，不婚不配为的啥？
她想找个好青年，斗安年届二十四，
不订婚事又为何？为了选个美且贤。
木吉很想降凡间，凡间或可遂心愿。
斗安随时上高山，高山可望遇天仙。

初会

天王阿爸木比塔，养有三男和三女。
大儿名尼罗甲格，花果山前放神牛。
次男名奕阿谷格，他在黄猴坡牧马。
幺儿汶山把羊放，喀尔别格好牧场。
大女名唤喜沙格，嫁给天神理神事。
二女名唤泽不甲，嫁在龙宫理龙事。
唯独幺女未定亲，往来汶山多自在。
姐弟同将神羊放，汶山牧场水草好！
幺女就是木吉卓，她是天王三公主。

一日木吉出天门，毛线杆杆拿手中，
篼盛羊毛背背上，吆喝羊群到汶山。
山上有个大石包，石包上面垒白石。
公主打坐白石上，手拧毛线守羊群。
若有豺狼虎豹来，立即驱赶护羊群。
尚遇神鹰叼羊羔，吆喝连天鹰飞去。
羊逐水草四处觅，公主跟随羊群后，
翻越一坡又一坡，不觉遇上斗安珠。
羌族青年斗安珠，勤劳勇敢性憨厚，
当日打柴上高山，邂逅巧适三公主。
二人相见甚有礼，相互寒暄又询问。
居住生平皆问及，天事人事互相告。
人事似较天事好，木吉油然生逸趣。
言语契合不嫌长，笑逐颜开日沉西。
临别木吉言未竟，白裹腿儿赠斗安。

定情

倏忽农忙季节到，二人薅草又相见。
白铁锄儿交换使，麦面馍馍互赠送。
你言我语话不休，互唱山歌来助兴。
斗安薅草好又快，要赶木吉实在难，
然而斗安不服输，紧紧追赶不放松。
飞鸟归林草薅完，二人各自回家转。
一日收工背水时，二人池尔再相遇。
柳木瓢儿互相使，背水绳索交换用，
杉木水桶交换遣，头上青丝互赠送。
从此二人将情定，衷情叙尽方分离。

九月三十吉祥日，谢天答地秋报时，
二人相聚还愿坛，木吉告诉斗安说：
今宵本是吉祥夜，天不见亮云不散，
一年一度天门开，天下凡民还大愿，
诸仙诸神去朝天，你我二人可同往！
斗安回答木吉说：天神天仙居天庭，
天兵天将威凛凛，我乃羌地一凡夫，
岂敢冒昧闯天庭？木吉一听斗安言，
忙向斗安说分明：天宫乃是我的家，
同我一道不用怕，隐藏天庭我安排，
保证不会出错差！

朝天

二人夜半往天庭，一路顺风无阻挡。
果然天门大敞开，朝天仙神熙攘攘。
木吉在前斗安随，理直气壮进天门。
天宫本是木吉家，照例须先看阿爸。
忽闻皮鼓咚咚响，诸仙诸神拜天王。
趁此时刻好办事，斗安安排羊圈内。
藏匿稳妥不现身，运筹一切由木吉。
十月初一天庭会，四大天臣窃私语：
为何宫内凡气臭？莫非天庭来凡夫！
天臣前来问天王：天宫内院有何人？
天王立即回答说：白须白眉我一个，
内院岂能有凡人！天臣四处搜寻遍，
未见凡心不甘臭。斗安虽未搜查出，
然而凡人秽仍旧。天王归家方片刻，

四大天臣迭来报：宫内凡秽实难受，
天城确有凡夫来！此事决非寻常事，
天王木比也震惊，左思右想终不解，
突然想起三公主，急忙唤她堂前问：
我家养你三姐妹，大姐嫁在神宫内，
二姐嫁在龙庭上，只你一人未定亲，
天天放牧汶山场。木比询问刚开始，
天臣又来禀天王：你家确实来凡夫！
此实木比破动气，忙唤大女堂前问：
大女您嫁神宫内，今日家中凡秽臭。
莫非引入凡民来？大女回禀阿爸说：
我在神宫理神事，缘何引入凡民来！
继续又将二女问：您在龙宫理龙事，
可曾引来凡民否？二女回答父亲说：
龙宫龙事忙不休，怎会引入凡民来！
问罢大女和二女，木比重重生疑窦，
立即吩咐大女说：你到排楼四面看，
有无凡民来我家！大女四处皆巡遍，
一个凡人也未见，急忙如实禀天王。
大女看罢不放心，接着吩咐二女道：
你到排楼外面看，可有凡夫来此间！
二女赶到排楼外，仔仔细细查一遍，
什么凡人也未见，即将实情告父亲。

求亲

先后搜查无下落，再唤幺女堂前说：
我的幺女木吉卓，不配神来不嫁龙，

常到汶山务耕牧，你可引来什么人，
凡秽弥漫实难受！木吉回禀父亲说：
你女不愿嫁神宫，什么神事我不理，
也不要嫁龙宫内，什么龙事不相干，
你女放牧汶山郡，从未引入凡民来！
木比听罢颇踌躇，寻思良久吩咐道：
既然未引凡民来，你到外面放眼看，
僻静角落须搜巡，查罢回家来复命！
木吉急忙往外走，忐忑不安细琢磨：
藏匿终非万全策，不如出面见天王！
快步来到羊圈内，忙向斗安说分明：
我们到达天宫后，天臣叫有凡秽臭，
三番五次到处查，虽然不曾查着您，
隐藏最终非良计，不如出面见天王。
若问何故来天庭，就答天庭来求婚。
斗安听说见天王，战战兢兢告木吉：
凡民不该来天庭，闯入天宫问斩刑，
今日出面见天王，我们性命定有亏！
木吉鼓励斗安说：来到天宫不用怕，
一切自有我安排，今日出面见天王，
到时当有好主张。说罢二人进天宫，
木吉带路斗安随，来到天宫内院后，
木吉高声禀天王：来者斗安是凡民，
特来天庭见父亲！木比厉声问斗安：
昨晚谢天答地时，凡间众人还天愿，
端公击鼓敬众神，吉祥时刻你不在，

来到天宫有甚事？斗安回禀木比说：
昨晚神坛我不在，冒昧上天来求亲！
阿爸木比忙笑道：你配天庭来求亲？
斗安郑重禀天王：特来求您三公主，
阿爸木比可许亲？木比一听怒难消，
本想立即斩斗安，奈何木吉邀来庭，
左思右想颇为难，木比忿忿开言道：
木吉本是天仙女，岂能配你一凡夫！
若要配我三公主，照我吩咐办点事！

一次考验

木比高声吩咐道：明早天未破晓时，
麦面馍馍带在身，同我去到凌冰上，
我到崖顶下木石，大头石块下完后，
我须冰上滑下来，你须冰凌腰上站，
木石下来要接住，还须保我无灾恙，
这门亲事方有望。斗安一听木比言，
瑟瑟缩缩心胆寒，冰凌腰上接木石，
此去恐怕难生还，顿时心惊又肉跳，
忙求木吉出主意。木吉告诉斗安说：
此事看来很凶险，要完差使并不难。
明早天不见亮时，麦面馍馍身上带，
同我阿爸到冰凌。他到崖顶搬木石，
你躲山腰石包下。木石滚下响声起，
千万不可出来看。木石下完响声歇，
跳出石包山腰站，白眉老翁滑下来，
他是阿爸木比塔，你须眼疾手要快，

仔细把稳抱住他。事后你可不用管，
黄昏时分回王城。
次日斗安依计行，完成差使不犯险，
兴高采烈转回程，以为亲事有希望。
他到天宫见木比，谁知木比不认账。
假装糊涂问斗安：昨日你可去冰凌？
木头石块接住否？斗安回答木比说：
木石滚来我放下，阿爸溜下我救护，
苦又苦来累又累，你的女儿应许我！

砍地火

谁知木比食了言，正言厉色告斗安：
这桩事儿不上算！若要我女许配你，
明早天未破晓时，背上馍馍带上刀，
去到一十九疋梁，九坡火把须砍完，
事完回程来复命，我的女儿方许你！
斗安闻言吃一惊，这桩差使怎完成？
明知山高路又远，一天怎能砍九坡？
差使难完亲绝望，不如趁早回家转。
斗安焦急无办法，黄昏时分求木吉。
木吉告诉斗安说：明日一早就启程。
麦面馍馍背背上，白铁弯刀带腰间，
去到一十九疋梁，九坡火地在眼前，
东南西北四面去，四只角上取下刀，
每只角上砍一株，即躲石包下休息，
自然有人替你砍。响声四起你莫管，
响声停歇出来看，九坡火地已砍完，

黄昏回城告木比。斗安一听办法好，
木吉吩咐记心间，次日件件皆照办，
火地砍得很顺利，不到黄昏就砍完，
回到天城告木比：九坡火地砍完了，
苦又苦来累又累，你的女儿许我否？

烧火地遭难

阿爸木比颇刁难，节外生枝告斗安：
砍完火地不上算，烧了火地再看看。
麦面馍馍背背上，白铁火链挂腰间，
九坡火地四只角，每只角上放火烧。
荆棘燃烧火势猛，你可躲到岩下睡。
火地烧完往回转，我的女儿许配你！
此次斗安太疏忽，以为烧地不犯险。
不与木吉通商量，以致次日遭祸灾。
次日斗安起得早，天不见亮云未散，
麦面馍馍背背上，白铁火链带腰间。
到达九坡火地后，四只角上皆发火。
然后躲藏岩下睡。烧火地时须当心，
柴禾云地火会来。不料斗安刚睡着，
果然猛火烧岩脚。顷刻斗安被烧醒，
醒来一看无处躲，一身寒毛被烧焦①。
此时木吉在汶山，喀尔别克放牛羊，
顺风嗅到焦臭味，感到势态很不好，

① 传说羌人男祖先斗安珠浑身是毛。而后代人为什么身上无毛呢？据说因其男祖先斗安珠受天王之命，烧火地不慎，将身上的毛烧了，故后代人身上无毛。

大声呼救回天庭，衷恳天神快降雨。
天神忙命降雨神。九坡火地来降雨。

灭火抢救斗安珠

当日木吉收工早，关好羊群就返家，
坐立不安心烦躁，背水路上候斗安。
待到暮色苍茫时，远远望见有来人。
手拿一根拄路棍，偏偏倒倒步履艰。
木吉一见颇感伤，又是气来又心疼，
急忙迎上开言道：为何事前不商量。
一身皮肉被烧焦！即将斗安送后院。
忙请锡拉①来医治，锡拉敬神又作法。
神水洗罢神香熏，不日斗安伤痊愈。
忙进天宫见木比。阿爸木比问斗安：
九坡火地可烧完，为何迟迟来复命？
斗安回答木比说：九坡火地已烧完。
险些葬身火海中，苦了累了又受伤。
你的女儿许配我！

火地播种

阿爸木比诡计多，一计不成又一计。
斗安禀罢开言说：火地烧了好下种。
九斗菜籽背背上，九坡火地去播种。
一日撒完回天城，菜籽播完方叙亲。
九斗菜籽播九坡，一天播完谈何易？

---

① 锡拉，羌话，即阿爸锡拉，意为祖师、巫师、端公。传说锡拉为天王阿爸木比塔的家庭祭司，因天王的三公主木吉珠与斗安珠结婚下凡后，天王乃命锡拉下凡，成了木吉卓和凡间羌人祭司，是为羌族端公始祖。

斗安闻言心纳闷，忙求木吉出主意。
木吉告诉斗安说：明早火地去播种。
九斗菜籽装九袋，九坡火地各一袋。
每袋只须撒一把，羊皮口袋不扎口。
你且休息石包下，自会有人帮你撒。
日落黄昏鸟归林，收拾口袋回天城。
木吉吩咐记在心，次日斗安很顺利。
鸦噪夕阳近黄昏，走出岩窝细端详。
九坡地里查一遍，九斗菜籽均撒完。
转回天城见木比，阿爸木比问斗安：
今日九坡去播种，九斗菜籽播完否？
斗安回答木比说：九斗菜籽播九坡，
照你吩咐无差错，我苦又苦累又累。
你的女儿许配我！

拣回菜种

谁知木比又变卦，正襟危坐告斗安：
若要我女许配你，明早背上馍和袋。
九坡火地拣菜种，九斗菜籽须拣完。
一天拣完无遗失，我的女儿方许你！
斗安一听周身凉，感到亲事绝了望。
菜籽多来坡又广，小小菜籽入土中。
怎能拣完无遗失？心乱如麻无办法。
背水路上候木吉，垂头丧气说缘由。
问她有甚好主张。木吉讪笑斗安傻，
连忙安慰告诉他：不用忧来不用愁。
这桩差使不算难，明早天不见亮时。

麦面馍馍带在身，九条口袋背背上。
到达九坡火地后，一件一袋放一坡。
一坡寻找九粒籽，丢入袋内不扎口。
你到岩窝去休息，自会有人帮你拣。
噪音四起你莫看，噪音停歇方抬头。
九斗菜籽拣完后，扎上口袋背天城。
次日斗安到九坡，拣回菜种不算难。
日落西山鸟归林，离开岩窝来火地。
九条口袋已装满，扎紧口袋背天城。
阿爸木比问斗安：九坡菜种拣完否？
斗安回答木比说：九坡火地已拣完。
九斗菜种现在此，特来禀告木比塔。
你的女儿可否许配我？

量菜种射杀鸠鸟

木比存心要毁亲，莫等斗安话说完。
立即高声吩咐道：拣回菜种岂作数！
明早找来筐秤称，四大天臣召集齐。
外斗秤勺量菜种。一斗一斤须够足。
一斤一两要不差，一粒半颗不可少。
升斗若差秤不足，一粒半颗短缺了。
四大天臣斩尔头！
斗安闻言吓破胆，预感来日有凶险。
拣回菜种难上难。颗粒无差难保险。
升斗若差粒不足，求亲不成要问斩。
痛悔当初来天庭。埋怨不该把亲成。
事已至此可奈何。忙找木吉把苦诉。

木吉泰然告斗安：不用怕来不用愁。
化险为夷有主张，明日进宫别害怕。
过斗过秤不管它，过秤若差粒不足。
但请天王借弓箭，保你安全无凶险！
次日斗安进天宫，天王正坐龙廷上。
四大天臣已上殿，新斗秤勺放两边。
九袋菜籽摆一边。传呼斗安量菜种。
过斗过秤若干遍。八斗九升九合多。
最后一勺差九颗。立即传呼斩斗安！
幸好木吉早安排，斗安全然无所惧。
从容不迫禀天王：丢失菜种容寻找，
明早出发到九坡，请求天王借弓箭。
一弓三天不可少。倘若寻找无着落。
再斩斗安不算迟！天王犹豫好一阵。
勉强答应借弓箭。随即吩咐打猎神：
一弓三天交斗安，看他有甚好本领！
次日斗安起得早。麦面馍馍身上带。
手拿弓箭就出发，直奔九坡火地来。
当他到达一疋梁，晴空飞来黑乌鸦。
斗安一见高声问：九颗菜籽你吃否？
乌鸦回答斗安说：九颗菜籽我未吃。
请你不要射杀我！斗安再翻两疋梁。
红嘴老鸦又飞来，立即上前问它们：
九坡菜种可吃否？红嘴老鸦回答说：
我们未吃菜籽种，千万不要射我们。
斗安又过三疋梁。两只斑鸠正飞来。

斗安高声问它们：火地菜种可吃否？
前面一只忙答道：我看见了不曾吃。
后面一只得意说：我吃了却不曾见。
斗安一听怒火起：偷吃菜种罪不饶。
张弓搭箭猛一射，猛的一声鸠落地。
剖开胃囊仔细寻，九颗菜籽在囊内。
斗安取出菜籽种，小心翼翼放兜内。
不到黄昏回天城，立即进宫见木比。
木比一见斗安回，问他菜种寻回否？
斗安抑制心中喜，不冷不热告木比：
天上地下皆寻遍，菜种已经寻回了！
木比听罢可不信，命令立即交给他。
斗安郑重告天王：要我交出菜籽种。
请你坐在天庭上，四大天臣召集齐。
当众交出并不迟，你须当众说一声。
斩不斩我斗安珠，你的女儿可配我？

定亲完婚

天王听罢斗安言，前思后想口难开。
斗安毕竟是凡民，怎能配我天仙女。
奈何木吉不听话，一心一意喜欢他。
刁难阻止终无用，不如成全这门亲。
再加斗安颇憨厚，勤劳踏实本领强。
最后被迫改初衷，方允木吉配斗安。
天王匆匆回府转，先将天后请出堂。
怒气冲冲告诉她：木吉婚事已定下。
女婿就是斗安珠。接着又告事经过。

絮絮叨叨啧有言。天后听罢亦震恐。
大惊失色感叹道：木吉本是天仙女。
怎许斗安一凡夫？天上人间差万里。
神仙凡夫岂容混？既然木吉爱上他，
艰难险阻全不怕，天王阻止亦无效，
我又有甚好办法！
接着天王唤儿女，先将大女二女唤，
儿子女婿叫上庭，最后唤出三公主。
木吉生来秉性憨，她同姐姐不一样，
既然被迫将亲定，堂前郑重告全家。
天王放声开言道：木吉亲事已定下，
现已许配斗安珠，斗安本是一凡民，
木吉亦须下凡尘，同我天庭绝缘分。
从今后各处一方，天上人间不一样。
从今后人神殊途，天神凡民不能混。
然后掉头告木吉：今天是你出阁期，
头戴凤冠与霞帔，身上须穿龙凤衣，
当此分离在即时，父母教训记心间。
凡间须要忙生产，一年四季务耕牧。
火塘本是敬神处，不可在此喂猪狗。
开坛请神方念《笛》①，牲畜圈头不可念。
青稞麦子陪嫁你，雪谷黍子陪嫁你②。
各种粮食给三斗，带到人间去播种，

① 《笛》又称《免也》，羌语，即羌族端公做上中下坛法事开始演唱的开坛请神经。
② 传说雪谷、黍子为羌族地区古老的粮食作物。

子孙后代有食粮。给你荆刺种三斗，
撒到凡间高山顶，子孙后代有柴烧。
给你杉木桦木种，撒到矮山好采伐，
修造房屋做家具。给你三斗木香种①。
种子撒在房四周，请神解秽不可少。
绫罗绸缎陪嫁你，缝制衣服多体面，
穿着不失天仙女，龙凤罗裙陪嫁你，
系在腰上轻盈盈，节日舞蹈飘飘举。
给你禽兽无其数，带到人间去喂养，
皮毛作衣肉可食。金银财宝陪嫁你，
要使要用全不缺，三块白石陪嫁你，
放到人间房屋顶，太阳一出银光闪，
阿爹阿妈看到你！
堂前教训完毕后，天王天后告木吉：
陪嫁之物全齐备，快唤斗安来堂前，
收拾清点好启程。一会斗安到堂来，
天王木比吩咐道：今天你俩完婚日，
天上人间吉祥期，忙收拾来细清点，
好到人间度春秋。出了天门往前走，
一直下到尘凡处，路途之上须小心，
眼睛切莫往后看②。

---

① 木香种即柏木树种。羌人以燃柏枝作香，用以敬神解秽，故称柏枝为木香。

② 羌人按传统仪式举行婚礼，当新娘离开娘家时，其父母总要嘱咐她：出门眼睛不要朝后看，据说此传统来自木吉卓。

创业人间

木吉、斗安忙收拾，陪嫁之物全带上，
三番五次清点后，浩浩荡荡出天门。
前面禽兽上百千，后跟禽兽有万千。
祥云朵朵风拂拂，一阵迷茫一阵青，
不知不觉到凡尘，高山之巅着了地。
木吉、斗安颇高兴，你言我语话不休，
商量如何把业创，装点人间胜天堂。
不料木吉太粗心，此时突萌思家念。
一匹梁上回头看，天庭宫阙能看见。
二匹梁上回头看，天庭照楼尚可见。
三匹梁上回头看，房顶那夏可看见。
木吉不该回头看，回头看了出麻烦。
前面禽兽尚安静，后跟禽兽皆惊散。
前面禽兽到人间，随人喂养成家畜。
惊散禽兽匿山林，出没无常变野物。
此事影响可不小，两类禽兽从此分。
家禽家兽仅八种①，野禽野兽上万千。
木吉、斗安抵家乡，艰苦创业日夜忙，
不避艰险勤劳动，誓用双手换人间。
喜鹊营巢蚁掘穴，二人先将房屋建。
底层用来关牲畜，积肥还可种庄稼。
二层用来人居住，敬炊神来待宾客。

① 传说羊为羌人原有，木吉卓与斗安珠结婚后，从天宫带来马、牛、猪、驴、兔、狗、鸡、鸭八种。

三层房顶神居住，打晒粮食供神灵。
修好房屋居住定，披荆斩棘勤耕牧。
山坡高地种麦子，河滩地上种青稞，
高山深处放牛羊，豆类杂粮种半坡。
人间耕牧实在忙，农牧生产随时会，
惨淡经营忙不迭，忙中难免出错差：
荆棘种子撒矮山，杉木种子高山撒，
桦木种子撒半山，杜鹃花种撒山顶，
木香种子半岩撒。乱撒树种可不该，
采集使用多不便，使用不便犹事小，
人畜因此常受伤。树木分布成定局，
不能挽回无奈何，木吉突然明白了，
父母赠言不可忘。为免日后出差错，
五块白石供房顶，喜庆节日常礼拜，
请神敬神谢天恩！

10. **九段经（“苦涅巴”）**

上坛经之一。为端公做上坛法事唱经，此经反映羌人宗教观念和民情风习俗一斑。全文如下：

世间万类皆有苦，苦根苦难说分明。
树长千枝从根起，苦根苦难有原因。
大山苦根同小山，大岩苦根同小岩。
深沟苦根分小沟，分梁苦根梁重梁，
分坪苦根坪连坪，分路苦根路途长，
分城苦根分四门，分村苦根村连村，
分房苦根房重房，分屋苦根分照楼。
照楼苦根分照圈。照圈苦根分神位，

神位顶上插神旗[1]。苦根苦难叙完了，
赓续又叙天和地。
天分日月放光彩，地分山河巧安排。
天地之间生万物，万物种种均有灵。
要问灵物谁当先，万物之中人最灵。
人生五行不可少，天地五行不可忘。
天地五行叙完了，柏树神灵叙一番。
柏树神灵恩情厚，世间凡民不离它。
解污除秽不可少，柏香一燃神灵到。
天地百神叙完了，赓续再叙黄牛公。
黄牛一生苦不尽，人间衣食不离它。
今天敬神谢天地，挥舞当子还牛愿，
当牛身来凿牛腰，凿罢神牛舞师刀。
师刀本是端公剑，剑腰用来开神路，
剑尖用来引神牛，剑刃用来还牛愿。
叙毕剑刀和剑峰，接着又叙牛罪行。
牛的罪过在何处？花果山头百草吞，
连根带叶一齐啃，伤生害命理有亏，
犯罪牛儿做祭牛，神灵享有理应当。
牛有罪来羊有罪，牛罪诉毕诉羊罪。
千群白羊放汶山，汶山郡上好牧场，
百草百根乱噬咬，树叶树芽一起吞。
羊有罪过做神羊，敬神还愿不可少。

---

① 新中国成立前羌人认为人有苦难，生物有苦难，甚至无生物和人造物也有苦难，反映出羌人的万物有灵观念。

诉了羊过诉猪过，须知猪过从何来？
凡民养猪养家畜，千盆食子万盆糠，
粮食野草做饲料，辛辛苦苦将它养。
谁知猪不感神恩，盆食满圈洒遍地。
猪犯罪过怎么办？凡民敬神做刀头！
猪过叙毕叙鸡过，鸡过由来说分明。
鸡本凡民司晨物，为何鸡又犯罪过？
鸡长两翅四处飞，飞上房顶遍处抓，
青稞麦子抓乱了，粮食鸡粪分不清。
青稞麦子磨成面，做了馍馍敬菩萨，
菩萨和人都尝到，污秽五谷罪弥天。
不论公鸡和母鸡，凡民用来还鸡愿。
牛羊猪鸡叙完了，接着又叙神童苦。
神童本是猴头神，端公作法请动它。
神童不是非凡童，救助祖师恩情大。
十九岩台它上去①，神犬凡犬逼岩边。
祖师手中握神棍，十九岩台把狗撵。
猴头神童功劳大，端公将它抱回家。
我的神童真辛苦，常与祖师同来往，
祭山会上立左右，做法事时它当先。
它的眼睛比我亮，它的牙齿比我尖，
夜半三更请动它，脸不洗来神不爽，
衣不穿来周身寒，不拴腰带怀中空，
神童照旧显神功。神童事迹叙完了，

① 十九岩台它上去，指端公作法请猴头神将鬼怪邪魔驱赶到十九岩台以外。

赓续又叙柏木卦。

端公作法不离卦，柏木卦儿说分明。

一卦神路神清醒，二卦师路好跳神，

三卦神童不分离，神灵旨意我全知。

柏木卦儿说完了，再说扫帚扫神坛。

一扫神坛坛清洁，二扫神路路光滑。

叙毕扫帚叙秤杆，秤杆秤砣不离身。

四大会首来掌秤，神举轻重须称准。

果然山神重量足，用来祭天祭山神。

山神羊愿今还毕，保佑羌人大丰收！

秤杆叙毕叙五谷，五谷种植说分明。

一年到头多辛苦，挖山犁地在坡上。

时节一到齐动手，抛粮下种把肥施。

除草耘苗日当空，天旱还须把雨求。

五谷得来颇不易，人神都很珍惜它。

五谷叙毕了心愿，家家吉祥万民安！

11. **买猪敬神（“必格纽”）**

上坛经之一。又称“吆猪”，其中心内容说明因何事买猪敬神，追溯古羌人与戈基人间发生的一场战争。此唱经内容为理县、汶川羌族地区普遍流传的一段历史故事。在理县，新中国成立前羌人请端公作法驱农害时，必演唱此经。为清晰起见，整理时按其内容加上小标题，全文如下：

羌戈大战缘由

吆猪一事说分明，羌戈大战起根源。

天神阿爸木比塔，令其长男牧神牛。

长男名尼罗甲格，花果山上把牛失。

关起圈来细数点，头数不足怎么办？
遍山遍谷皆寻找，豺狼虎豹也问过。
杨叉角抢财角牛，始终无踪又无影。
尼罗甲格颇着慌，丢失神牛怕受责。
隐瞒不报终非计，最后禀告木比塔。
木比一听很生气，偷盗神牛太无法！
父子商量定计后，方找羌戈查底细。
先问羌人你知否，花果牛场失神牛？
羌人回答木比说：牛场神牛我未见！
再问戈基可见否，花果牛场失神牛？
戈基亦告木比说：牛场神牛我未见！
查清此事并不难，木比父子再计议。
先将羌人牙缝搜，干菜渣渣藏其间。
再把戈基牙缝查，全是牛筋与肉屑。
事已清楚不须查，缘何心地怎知晓？
木比郑重问羌人，尔等爱神爱羌人，
是否还爱戈基人？羌人思量回答说：
爱神爱羌不爱戈！木比再将戈基问：
尔等爱神爱羌人，还是只爱戈基人？
戈基回答木比说：不爱神来不爱羌，
我只爱我戈基人！

摆阵劈柴场

一日木比见羌戈，劈柴场上摆战场。
比比谁的力气大，谁劈柴多算谁赢。
戈基自恃力气大，不带工具来劈柴。
羌人举斧把柴劈，柴块裂开大裂缝。

戈基个个逞豪强，忙将双手往缝塞。
妄图撕开大柴块，功劳全归他们得。
羌人立将斧头抽，夹伤戈基叫不停！

摆阵雪山上

接着羌戈再摆阵，战场选定雪山上。
木比父子告双方，武器须由他们给。
先给戈基雪三砣，后给羌人三白石。
先叫戈基打羌人，对准羌人扔雪砣。
羌人身上雪开花，戈基个个笑哈哈。
再叫羌人打戈基，手掷白石不客气。
打一个来死一个，戈基死伤万万千。

摆阵“日补巴枯”①

羌戈战事誓不休，三摆战场见高低。
日补巴枯是战场，木比父子施巧计。
铁柴棍子递羌人，麻秆棒子送戈基。
先叫戈基打羌人，麻秆飞舞响声起。
看来麻秆虽粗壮，猛抽一下就断折。
戈基个个甚得意，以为胜算属他们。
木比父子开言道：戈基本领真高强，
麻秆棒子不经用！再叫羌人打戈基，
铁柴棍子不饶人。棍子虽小坚且韧，
猛抽猛打不断折。一阵乱棍抽打后，
戈基伤亡遍山野。

① 日补巴枯，羌语，地名，今茂县阴沟口平坝地。

摆阵红岩边

羌戈再摆第四阵，战场设在红岩边。
原来戈基住岩脚，羌人逼处高山巅。
木比父子施奇计，山巅岩脚归羌人。
先叫羌人伏岩脚，又叫羌人扎草人。
草人开脸又穿衣，酷似羌人临战阵。
木比先摔三草人，顷刻飞下红岩脚。
然后高声问岩下：红岩脚下可安乐？
预伏羌人回答说：红岩脚下真快乐，
房屋结实又洁净，珍餐美味全不缺。
接着木比把令下：现在岩边摆开阵，
羌左戈右排整齐，红岩脚下地方好，
谁先占领归谁有。羌人听命摔草人，
立刻摔满红岩脚。戈基一看红了眼，
唯恐羌人占岩脚，为了抢先去占领，
迫不及待跳下岩。万丈悬岩岂可跳，
从此戈基无踪迹！

庆功龙坝[①]

凶狠戈基灭亡了，得胜皮鼓闹喧天。
木比、羌人来龙坝，人神同庆得胜功。
统兵元帅忙下令，千军万马齐集会。
戈基虽然灭亡了，羌人还须建功业。
军民个个齐努力，修屋羌人忙不停。
有了城池好防卫，建功立业万万秋。

---

① 龙坝，地名，今茂汶县一平坝名。

不久羌城即告竣，赓续再建冉駹府[1]。
冉駹府庭真巍峨，修建完毕谢天恩。
接着再把战将分，兵将分驻汶山郡[2]。
山岭沟壑皆巡遍，各村各寨须派人。
分驻各处须地盘，地盘业主举寨首。
从此安居又乐业，谢天答地买神猪。

到成都买猪

为了感谢神灵恩，乐善寨首最热心[3]，
白银、秤杆身上带，急急忙忙往南奔。
往南奔跑为何事？欲下成都买神猪！
不料消息传开了，沿途寨首求带猪。
带猪谢神是好事，处处请求均应允。
连日兼程不怕苦，下到成都找寨主。
寨主名叫珍美基，询问来此为何事？
乐善寨首回答道：专程到此买神猪！
议价既定点头数，数百只猪付价清。
买了神猪往回赶，首先赶到郫县城。
郫县寨主见猪回，立即逮猪付猪钱。
沿途带猪交寨首，买猪价钱结算清。
往返跋涉真辛苦，不日回到乐善寨。
买猪回寨是大事，全寨羌人喜盈盈。
立即挖洞安上锅，煮猪食喂实在好。

---

① 冉駹，部落名，司马迁《史记·西南夷传》有冉駹的记载，即在今松茂等羌族聚居区。
② 汶山郡，古郡名，汉武帝在今松茂等羌族聚居区置汶山郡。
③ 乐善寨，地名，即今汶川县雁门乡小寨子。

小猪用来做猪种，大猪喂到九月三，
村寨老少齐聚会，神猪神羊谢天恩！

附：汶川雁门乡小寨子羌人谢天还愿时，端公演唱《必格纽》须数点沿途经过的寨子，请其地盘业主神。演唱时先从上到下，再由下到上。现将沿途经过寨名及其地盘业主神名列表如下：

寨　名	地盘业主	在今何地
小寨子	日博基	汶川
索　桥	如古都基	汶川
雁　门	德博基	汶川
过街楼	董根基	汶川
江石坝	察根基	汶川
威　州	凿子基	汶川
绵　篪	克必基	汶川
娘子岭	博兹基	汶川
龙　溪	许拉基	都江堰
灌　县	勿辟基	都江堰
郫　县	吉希基	郫县
成　都	珍英基	成都

12. **还天愿请神（“国苦”）**

上坛经之一。每年秋收后，农历十月初一晚上，在村寨附近神林石碉前（或在神林祭厅石碉前）举行祭祀活动，在所谓“天门开，还天愿”时演唱。全文如下：

许愿还愿有地方，乃在神林那夏前，
还愿之地排神位，所请众神皆安排。

首先安排两尊神，有明神来有亮神①。
最大天神是哪位，吉勒木比是其名。
此神神通颇广大，十二时神属它管。
天神娘娘是地神，其名叫做苦不西。
地神还有护卫神，四大功臣当护卫。
威州山神凿子已，山神娘娘亦著名。
舍比足角麻达色，此名遐迩皆知晓。
山神府中有众神，还愿时刻须请到。
神坛两边有门神，白勒格和西勒格。
还愿时刻亦请到。寨上火神排正座，
火塘诸神排正座。关圣帝君和娘娘，
还愿时刻排正座。明神宫内有诸神，
亮神宫内有诸神，个个神灵皆天神。
虽然神名叫不出，端公今宵亦相请。
端公请神须呼名，诸神千万别多心。
去岁诸事已过去，今年的事就来了。
皇帝治下一棵树，此树名字唤马勒。
马勒树有十二牙，代表一年十二月。
每牙再分三十牙，代表一月三十天。
旧年过去新年来，历书人把新历造。
去年猪年过去了，今年鼠年又来到。
十月初一是兔日，一年之中吉祥期②。
十月初一开天门，凡民诚心来还愿。

---

① 农历十月初一为羌年年节，故羌人认为是一年中的吉祥期。
② 农历十月初一为羌年年节，故羌人认为是一年中的吉祥期。

此时天上插神旗，地下凡民正齐心。
凡民许愿求丰收，为的风调雨又顺。
凡民苦遇天旱年，没吃没喝真伤惨。
玉米荞子枯死了，麦子青稞亦枯萎。
老老少少挨饥饿，男男女女愁在心，
甚至山泉皆干涸，解渴饮水无处寻。
九寨老人齐议论，连忙请人来卜算。
卜算结果到威州，山神面前苦哀求，
许了鸡愿许羊愿。龙王面前也恳求，
许了羊愿许鸡愿。钱财香蜡献神前，
刀头馍馍亦敬献，许愿白旗插神前。
果然天降滂沱雨，凡民庄稼皆苏转，
花草树木亦葱茏，丰收在望免饥寒。
凡民个个不忘情，许愿还愿在今天！
威州人敬凿子已，今晚请你劳个神，
天神地神齐通知，打开天门和地门，
天不亮时即还愿。众人还愿在神坛，
拦路刺儿已拨开，挡路石头亦搬开。
精狗怪狗须关住，以免它们把人伤。
众人顺利到神坛，还愿作法亦顺利。
天神快来许羊愿，地神快来许羊愿，
请将鸡羊均收下。

说起还愿可不易，还愿尚须有会首。
天上须有神会首，地下要有人会首。
白衣会首有三个，手中拿着还愿旗，
黑衣会首亦三个，十九匹梁把羊牵。

威州山神凿子已，请站岩台神位上，
台下便是还愿坛，端公跳神还大愿。
还愿为何须用羊？乃因羊子有罪过。
羊在山头吃百草，连根带叶一起吞。
羊子头上犯宰罪，用刀杀羊无罪过！
还愿为何须用鸡？因为鸡也犯罪过。
房顶晾架晒粮食，人神未吃鸡先尝。
粮食堆中拉鸡屎，污秽粮食罪弥天。
鸡也犯有宰头罪，用刀杀鸡可无罪！
还愿为何须用猪，猪的罪过更不小。
凡民养猪多辛苦，千盆食子万盆糠。
猪不领情洒遍地，浪费粮食罪不饶。
猪亦犯有宰头罪，用刀杀猪无罪过！
端公还愿神童帮，再将我的神童说。
今天晚上还愿坛，它与端公同来到。
不洗脸来面色黑，净水一洗脸白了。
不穿衣服周身寒，衣服一穿身暖和。
不拴腰带衣松散，腰带一拴紧扎了。
天不见亮云不散，天门开时还大愿。
神童未食肚内饥，让它吃饱好还愿。
它的眼睛比我亮，它的牙齿比我尖。
神童与我一起跳，神童与我同来往，
我未还到它帮还！
威州山神凿子已，天神地神到齐了，
鸡羊猪也均赶到，祭品祭物已齐备。
天上神会前已到，凡间人会首出场。

请到神旗来享祭，请攀旗杆来享祭，
请到神会首处领，请到人会首处领！
羊子头上三撮毛，将它拴在旗杆上，
请神快来领羊愿。鸡毛三撮拔下来，
将它拴在旗杆上，请神快来领鸡愿。
告诉天上神会首：应解绳索须解开，
应放绳索放坛下。不管神拴或人拴，
绳索解开放坛下。
神羊头毛用火烧，烧一遍来烧两遍。
岩中神水汇龙池，池水背到还愿坛。
羊子头上淋神水，淋了神水羊头摆，
羊子身上淋神水，淋了神水羊打战。
摆头打战将水抖，表示神灵已领受！
一次淋水羊不抖，表示神灵不领受，
羊子抖了神领愿。二次淋水羊不抖，
表示神灵不领受，请神领愿别推辞。
三次淋水羊不抖，表示神灵不领受，
端公作法再请神。羊子抖了三次水，
表示神灵来领愿。
列位众神有名次，望照名次来领受。
神会首和人会首，逮住神羊按膝上，
拔出神刀杀神羊。杀羊时刻须当心，
刀口不可对着神。三刀杀死三只羊，
刀落之处羊血喷，忙用盆子接羊血，

凡民用来做血饼[①]。

神会首和民会首，插上新旗换旧旗，

以示为神换新衣，香烛钱财敬献神，

刀头馍馍敬献神。天神享祭回天宫，

地神享祭返地宫。今年愿信已还了，

端公退堂神归位。

13. **驱农害（“日驱”）**

上坛经之一。每年还天愿做驱农害法事前演唱，唱毕做驱农害法事，以保农林牧业生产丰收，唱经内容是为神灵解秽。据说端公以言词解秽，即可驱除农害。唱经全文如下：

净坛神功颇灵隐，先净天来后净地。

神羊解秽神羊净，会首解秽会首净。

羊看胛骨多光滑[②]，绵羊脾上看吉凶[③]。

亮神坛上洁净了，白神坛内也洁净。

白神坛外洁净了，九只仙鹤也洁净。

刀头馍馍干净了，敬神旗子也干净。

还愿雄鸡干净了，岩上神水也洁净。

巴依龙池洁净了[④]，天上水碗也洁净[⑤]。

天神地神洁净了，香蜡钱纸也洁净。

四大王后洁净了，威州山神也洁净[⑥]。

山神娘娘洁净了，山神宫殿皆洁净。

---

① 羌人还愿时将麦面浸入羊血，做饼蒸热，谓之血饼。吃血饼象征丰收和吉祥如意。

② 羊肩胛骨为羌人卜算吉凶的卜具之一。

③ 据说敬神如用绵羊，杀羊剖腹后，如羊脾无破损则吉，有破损痕迹则凶。

④ 羌人称山顶湖为龙池。巴依龙池，地名，在威州附近山上。

⑤ 羌人认为天上有水碗，水碗无水则旱，水多成涝。

⑥ 据说威州山神管威州地区的风云雷雨。

天地神灵洁净了，个个神灵显神威。
来年风调雨又顺，无涝无旱无冰雹，
鸟兽虫害皆绝迹，凡民再来还大愿！

14. **请神灵归位（“索”）**

上坛经之一。上坛法事结束时，端公数点诸神，许还鸡羊愿，燃香插旗，请神归位唱词。全文如下：

端公遇事总爱分，分天分地分公母。
千千祖师在侧面，不敢违背祖师言。
一分山来二分树，三分平地四分岩，
五分沟河六分梁，七分大坪与小坪，
八分路途千里远，九分村寨村连村，
十分城池开四门。天分地分完毕了，
开口再请诸神灵[①]，端公作法来相请，
神功神力佑羌人。神鸡神羊已献过，
恭请诸神归原位。

中（下）坛经

①请各寨山神（“息”）

中下坛法事开始，端公须演唱此经，兹从略，请见上坛经。

②开坛经（“笛”，又称“总也”）

中下坛法事开始，端公也须演唱此经，兹从略，请见上坛经。

③请各寨地盘业主神（“篾”）

中下坛经之一。新中国成立前，羌人家中如有损失或发生不顺遂的事时，请端公作法，端公须演唱此经。其主要内容为请本寨及附近

① 在此句之后，端公数点念唱一长串神名。汶川雁门乡小寨子端公袁正祺先念唱天地、山、山神娘娘、关圣、关圣娘娘，再念唱其神名。

各寨寨盘业主神[①]。从本寨开始，沿岷江河谷甚至杂谷脑河两岸各村寨寨盘业主神请到。为清晰起见，将经文内容列表如下：

寨名	地业主神名	在今何处
小寨子	日补基	汶川雁门乡
萝卜寨	如的基	汶川雁门乡
巴　川	学家基	汶川雁门乡
青　坡	立家基	汶川雁门乡
老文镇	彭凿基	茂县南兴乡
普梭（文镇）	文家基	茂县南兴乡文镇
安乡九寨	如苏基	茂县南兴乡安乡大队
不枯（梭谷坪）	热阿足基	茂县南兴乡梭谷坪
七　溪	于巴基	茂县南兴乡七星关
白　水	牙质基	茂县南兴乡
石　鼓	岳家基	茂汶石鼓乡
纵　渠	熊家基	茂汶石鼓乡即原石纽乡
格　纽	勿兹基	茂汶城关即凤仪镇
白西比亚黑	土立基	茂县土门乡即土地岭
踏水墩	默耳古基	距茂县城五里
日　兹	易国基	松潘县
西　水	勿纳基	
波　西	勿纳基	
勿哀古	于巴基	茂县城内
勿　软	白枯基	茂县城外

① 羌人尊最初占领此地的著名代表人物为神，是为地盘业主神。

陡促棉促	于巴基	茂县
莫勿搓	循家基	
木　托	渴家基	茂县南兴乡
梭波（水磨沟）	于必基	
枯沙昔初阿	若不西	
孔山三寨	若不西	汶川县
格阿索	且知基	
勿　独	且知基	
不昔一	助谷基	理县
通　化	继国基	理县通化乡
干　溪	助谷基	理县通化乡干溪大队
古　城	默尔补基	理县薛城乡
三　坪	勿纳基	
多　立		汶川县绵篪乡
作格昔初阿	忽昔西	汶川县绵篪乡
黑阿苏	黑　苏	汶川县绵篪乡即老汶川
板　桥	瓦学基	
次　巴	博立基	汶川县七盘沟
阿儒哀	次忽基	汶川县牛脑寨
质　质	录古基	汶川县水井湾
石格阿	不不基	汶川县上白水
齐　学	岳家基	汶川县
入儒月西里	徐拉西	汶川县花果园
枯　基	岳家基	汶川县月里
瓦打昔初阿	秋家基	汶川县大寨三村

柯　萨	凿子基	汶川县城即威州镇
瓦底牙	热阿足基	汶川间舍坝，又称江石坝
助　甲	董家基	汶川县雁门乡过街楼
蒲　子	德博基	汶川县雁门乡即雁门关
莫比边	龙家基	汶川县雁门乡毛月岭
察　吉	如古都	汶川县雁门乡索桥
小寨子	日不基	汶川县雁门乡（返回原地）

④赤吉格补

中中坛之一又称“缔基格补”或“赤吉格补”。“赤吉”人名；“格补”意为孤儿。赤吉格补为羌人传说中的英雄，为报父母之仇，曾率兵马攻打成都，抵郫县而返。新中国成立前羌人打太平保护时，端公演唱此经以解秽。经文反映羌人尊民族英雄为神，端公则演唱其事迹以驱邪解秽。为清晰起见，整理时按其内容加上小标题。全文如下：

赤吉简介

赤吉格补是英雄，勇猛顽强众所知。
若问赤吉居何处？日兹所辖如波地①。
此人出世颇不凡，耳聪目明心灵便。
一岁冲乳在母怀，二岁嬉戏父臂肩，
三岁火塘弄火铲，四岁助母忙炊爨。
五岁攀梯登高楼，背筐背筛到房顶。
六岁扬叉作武器，柴禾棍子做刀枪。
七岁坡上看牛羊，八岁高地种青稞。

① 日兹：羌语，四川阿坝州松潘县；如波：羌语，地名，在松潘县境，具体地址不详。

地址不清难分辨，移动界桩起纠纷。

九岁上山砍柴禾，坡垮岩滑亦不惧。

行年十二想应考，十六岁时学端公，

师傅指点他全会，不久精遍就解卦[①]。

起兵报仇

只因父母遭残害，惨情惨景记心间。

八岁立志报父仇，九岁发誓雪母恨，

岁月流逝长成人，屯聚兵马雪仇恨。

大门前面立扫帚，牛粪巴巴将门封。

兵马直抵日兹场[②]，寨主易国相劝阻。

赤吉不听往南行。兵马来到汶山郡。

茂州羌城在眼前[③]，立城寨首于巴己，

不准兵马往南行。阻止无效兵马过，

浩浩荡荡到纵渠[④]，寨首熊家又相阻，

劝阻不力到石鼓[⑤]。石鼓寨首岳家基，

出面阻挡亦枉然，兵马南下抵七溪[⑥]，

立地寨首于巴基。于巴出面来安慰。

赤吉不听往南行。人马到达文镇场[⑦]，

寨首文家来询问：兵马到此欲何往？

是敌军来非敌军！赤吉一听开言道：

---

① 解卦：羌人学端公满师举行一定仪式后，被公认为可以独立做法事，谓之解卦。

② 日兹场，传说当时松潘尚未建城，仅有类似村寨的街子，故谓之日兹场。

③ 茂州羌城，传说该城即古汶山郡治，唐宋毁于兵燹，其旧址在今茂县附近。

④ 纵渠，羌语，寨名，在今茂县城南十五里。

⑤ 石鼓，地名，在今茂县石鼓乡，传说当时有类似村寨的石鼓街子。

⑥ 七溪，地名，即七星关，在今茂县城南四十五里的南兴乡。

⑦ 文镇场，在今茂县南兴乡，即老文镇，当时为类似街子的村寨，故谓之文镇场。

人马到此是路过，欲下依多雪仇恨[①]！
文家一听颇放心，立即放行不相阻。
赤吉环顾文镇场，隔江对面是木托[②]。
木托还像我羌寨，文镇俨然似汉街。
兵马从容过文镇，转瞬之间抵蒲子[③]。
蒲子本是关隘地，顺利通行颇不易，
所幸寨首无防备，兵马过关很顺利，
嘻笑叫骂喧声起。寨首德博闻喧声，
急忙前来问分明：兵马开往哪里去，
为何事前不通禀？赤吉闻言忙答道：
开往依多雪仇恨！兵马南下抵柯萨[④]，
立地寨首凿子已，寨首出面来阻挡，
不许兵马往南行。赤吉见状心恼怒，
奋勇前驱闯寨行。日暮兵马抵沙窝[⑤]，
赤吉上前欲借宿，寨首听闻表同情，
当即安排宿营地。赤吉下马忙吩咐：
快拣柴来快背水！羌兵闻言就出动，
顷刻柴水准备足。拣柴最多黑莫基，
背水最快白莫朱。次日一早即启程，

① 依多，羌语，即成都。此称呼来自古汉语，两汉之际成都称益州，故羌语称依多，一直沿袭至今。
② 木托，羌语，地名，在今茂县南兴乡，与老文镇隔岷江相望，为一羌寨。
③ 蒲子，羌语，地名，在今汶川县雁门乡，即雁门关。当时关隘处有羌寨。
④ 柯萨，羌语，地名，今汶川县城关古威州所在地，传说当时尚无威州城，仅有类似羌寨的街子，故称柯萨场。
⑤ 沙窝，羌语，地名，在今汶川县城南数里。

凌晨到达茨巴寨①。寨首博立忙诘问：
兵马一早抵我寨，来此作甚说分明？
赤吉连忙开言道：报仇雪恨到依多，
沿途与我无纠葛！兵马到达黑阿苏②。
寨首克必欲相阻，但见赤吉兵马壮。
问明缘由即放行。不久到达怀比亚③，
寨首诘问岭上站。赤吉委婉说缘由，
人马呼啸越岭行，兵抵柯杂上场后④，
寨主盘问颇啰嗦，赤吉耐心告实情，
立即放行不阻挡。瞬间来到六谷多⑤，
西门本是蛮城地，兵马到达寨首惊，
忙问赤吉欲何往，何故兴师到此间？
赤吉耐心说缘由：兵马到此无别事，
报仇开往川西坝！问答既毕复前行，
顷刻就是川西坝，兵抵国涅比亚街⑥，
寨主吉希颇惊诧，急忙出面诘问道：
若为敌军容整队，双方交战决雌雄！
赤吉放声回答说：你我无冤又无仇，
缘何敌军到此间！只因父母冤仇大，

---

① 茨巴寨，羌语，地名，即七盘沟，在汶川县城南十余里。
② 黑阿苏，羌语，地名，即汶川，古绵篪镇，为今汶川县绵篪乡。
③ 怀比亚，羌语，地名，即娘子岭，距今汶川与都江堰交界处不远，为汶川县所辖。
④ 柯杂，羌语，地名，即今都江堰龙溪，羌人称龙溪。传说当时为类似羌寨的街子，故名柯杂场。
⑤ 六谷多，羌语，地名，即今都江堰，传说当时都江堰已有城，城西关称蛮城。
⑥ 国涅比亚，羌语，地名，即今郫县城关，传说当时尚无城镇，只有类似村寨的街子，故称国涅比亚街。

带来兵马打依多，路过此地别害怕！

鏖战川西

赤吉到此放眼观，川西坝子实在宽，

既无坡来又无岩，沟渠交错田畴密。

村寨相望多人烟，日兹、如波岂可比，三千人马难济事！

赤吉兵马屯国涅，寨主吉希难放心。

忙召人马筑城池，兴师动众严斥堠。

屯聚兵马驱赤吉。不久双方就交战，

雌雄未分鏖战急。赤吉远道打川西，

人既少来粮又缺，旷日持久非良计，

见势不妙往回撤！

回师如波

赤吉兵回六谷多，寨主正将城池筑。

赤吉一看势不好，往上冲杀不停歇。

谁知蛮城马队出，紧紧追赶不放松，

一边还击一边走，不觉来到柯杂场。

此时寨首已筑城，所幸城内无驻兵。

杨柳扁担城外立，根根扁担九排长。

竹麻草鞋上面挂，长九卡来厚九寸。

赤吉一看颇惊讶：此地所居是何人，

扁担草鞋何其大？倘若战阵遇斯人，

粉身碎骨难交战！看罢匆匆往前赶，

马不停蹄不解鞍。人马到达怀比亚，

寨首拦马问赤言：此番兵马到依多，

父仇母恨已报否？赤吉恐将真情告，

笑话自己太无能，立马放声回答道：

父母之仇已报了！赤吉回抵黑阿苏，
此地城池已筑成，寨主克必起歹心，
设计欲将赤吉擒。奈何诡计太拙劣，
穷途末路乃放行。兵马抵达柯萨寨，
寨首派兵逮赤吉，所幸赤吉兵英勇，
逮捕落空乃放行。赤吉兵到蒲子关，
欲渡险关须留神，衔枚疾走静悄悄，
偷关而过鼓噪行。兵马神速抵七溪，
寨首于巴询问道：此次兵马下依多，
父母之仇可报否？赤吉唯恐露真情，
顿起杀机遭祸殃，从容镇静佯答道：
仇恨已报转回程！七溪一过抵茂州，
茂州羌族无动静，寨主询问颇和气，
赤吉施礼告经过，双方叙毕方启程，
不觉奔临日兹境。赤吉兵马回日兹，
日兹协台正筑城①，一见赤吉兵马到，
欲将赤吉兵马逮，幸亏协台无本领，
赤吉安然返如波。

返抵家园

赤吉返家颇凄凉，门前荆棘杂草生，
忙唤兵将拔荆棘，竹扫帚儿将地扫，
封门牛粪全拔掉，收拾房屋好栖身。
此时屋内全发霉，到处皆是蜘蛛网，

① 协台：官名，传说当时松潘地方官为协台镇主。据考协台为清代官名，当时是否在松潘设官，已无从确考。按传说推测，松潘当时属汶山郡，不可能设什么协台镇。

所幸赤吉兵将多，打扫收拾不费难。

赤吉忙令启猪膘，九代猪膘尽启出。

又令启出陈砸酒，九代砸酒亦启完。

启出猪膘和砸酒，犒赏兵将酬苦辛。

仇虽未报愿已足，返回家园务耕作。

兵将饮酒又吃肉，欢天喜地梦一场！

⑤蜜蜂颂（“补五昔”）

为中坛经之一。新中国成立前羌人结婚过礼时，女家请端公敬神还愿，演唱此经。羌人结婚常用蜜蜂配蜜、蜘蛛结网、喜鹊营巢等形象化的美好言词勉励新人成家立业，勤劳生产。此经实为羌人婚事颂词之一。为清晰起见，整理时因其内容加上小标题。全文如下：

蜜蜂由来

自古羌人喜蜜蜂，须将蜜蜂说从头。

传说蜜蜂天上来，突然飞下三桶蜂：

一桶飞回天宫去，不造神业造蜂业①；

二桶飞到戈基家，不造戈业造蜂业②；

三桶飞来羌人家，不造蜂业造人业③。

招蜂

我家不是养蜂人，邻居却有养蜂人。

---

① 不造神业造蜂业：传说飞回天宫的蜜蜂变成野蜂，对神无用，故谓之不造神业造蜂业。

② 不造戈业造蜂业：“戈”即戈基人，羌语名“嘎尔补”或“嘎”。传说古羌人从青海、甘肃向东南迁徙到岷江上游时，曾与当时原住居民戈基人激战。戈基人被消灭和赶走后，羌人才定居下来。据说飞到戈基人家去的蜜蜂变成马蜂，虽又凶又恶，对戈基人亦无善意，后来戈基人被灭亡了，留下马蜂处处伤人，故谓之不造戈业造蜂业。

③ 不造蜂业造人业：传说飞到羌人家的蜜蜂乃采花酿蜜，造福人群，羌人常以蜜蜂酿蜜自祝，并以此嘱咐新婚夫妇，故谓之不造蜂业造人业。

养蜂之家三弟兄，分蜂季节常查桶。
眼看蜜蜂将出桶，随时准备把蜂招。
第一桶蜂出得快，老大慌忙去招蜂，
十九梁上蜂飞过，蜂招不着长叹息。
蜜蜂又分第二桶，轮到老二去招蜂，
九匹梁上蜂飞去，空跑一程转回来。
蜜蜂再分第三桶，老三狂奔把蜂招，
十九匹梁蜂飞过，巧逢蜂歇牡丹枝。
老三爬坡又攀岩，半天接近牡丹台，
手拿蜂罩将蜂引，蜜蜂蹒跚入罩内，
忙将蜂罩装口袋，黄昏时分转回程。
口袋放入杉木桶，牛粪敷桶加篾箍。
袋内蜜蜂入桶后，蜂桶安置岩台上。

采花酿蜜

勤巧美丽数蜜蜂，蜜蜂实在令人喜。
头长两角像绵羊，身长腰细似蚂蚁。
两翼活像金翅膀，山高路远任翱翔。
运水用口不用手，不假绳索搬花粉。
大腿弯弯似搭钩，钩住花粉凝腿上。
飞腾上下百十里，仔细把稳运回桶。
正月工蜂去采花，飞到深沟河边上，
季节尚早不见花，蜜蜂悻悻飞回桶。
二月工蜂去采花，飞到矮山小路旁，
迎春花儿开放了。三月工蜂去采花，
飞到羌人菜园角，桃李杏花正争妍。
四月工蜂去采花，寻到九匹梁上去，

兰草花儿遍梁开，五月工蜂去采花，
红岩顶上打花粉，杜鹃喇叭花正红。
六月工蜂去寻花，沟头沟尾把花寻，
倒钩海棠满岸开。七月工蜂去采花，
茵茵农田采花粉，稻谷花儿正飘香。
八月工蜂去寻花，半山火地方寻到，
荞子花儿开满地。九月工蜂去采花，
寻到羌人菜园内，黄菊白菊满园开。
忙将花粉送桶内。十月工蜂颇气馁，
满山满地百花凋，霜雪来得太无情，
四处寻找无花粉，屯聚桶内待来年。

蜜酒宴嘉宾

养蜂弟兄早打算，择吉定期将蜜取。
黄错来到蜂桶前，松箍揭桶手拿刀。
驱赶蜜蜂割蜂房，蜜蜂嗡嗡叫不休！
弟兄取蜜儿大桶，背回家中大锅熬，
蜜糖熬好兑酒内，大坛小坛蜜酒装。
麦草箍儿箍坛口，小小石板将坛盖。
为使蜜酒味道美，调和稀泥加密封。
蜜酒贮存三年后，吉期已到乃启封。
一坛蜜酒甜且香，敬奉母舅与姑爷；
二坛色鲜味亦美，敬献家门与房族；
三坛蜜酒亦不差，敬请亲戚与邻朋。
蜜酒甜来蜜酒香，多亏蜜蜂将蜜酿。
祝愿新人勤发奋，成家立业赛蜜蜂。
家门亲戚来祝贺，共饮蜜酒笑哈哈！

⑥说妖精（“质”）

即驱赶邪魔妖怪。中下坛经之一。新中国成立前羌人认为，凡生疮患病都是人被邪魔妖精纠缠所致，故羌人医病治疮主要是请端公作法念经以驱除邪魔妖精。有时也用中草药医治，但二者不同时进行。唱经全文如下：

天地之间有妖精，妖精亦须分公母。
精公名叫质陆比，质陆米亚是精母。
不痒之处疮一生，不痛之处忽剧痛，
必有妖精作祸祟。须知妖精有来由，
听我端公从头说：箭茅山顶做精窝，
精窝之中生精蛋，精蛋慢慢生精血，
不久精血变精怪。
地红神来地白神，忙把精怪四处分，
精怪到处作祸祟。一精缠到山上去，
山遇精怪要崩垮。一精缠到树上去，
岩石逐渐往下塌。一精摔到深沟里，
溪沟阻塞水不流。一精缠在山梁上，
山梁树木皆枯死。一精拖到平坝去，
平坝遇精地裂缝。一精拖到路途上，
路断人稀道不通。一精窜到村寨里，
村村人口不安宁。一精落到城里去，
城内人口染灾病。一精缠着撵山狗，
狗被精缠撵不动。一精落到保县去[①]，

① 保县，地名，即保宁县。按《四川郡县志》引《宋史·地理志》：“本唐薛城县，后唐改此名。”今理县薛城乡，新中国成立前为理县县治。

恰巧坠落黄泥潭，黄泥潭有黑母鸡，
精怪落在鸡头上，黑鸡乱飞断翅膀。
一精飞到天上去，天空阴黯昼不明。
太阳上面落一精，各种灾害要降临。
月亮上面落一精，月亮云遮夜不明。
一精落在星星上，星星黯然无光亮。
皇帝头上落一精，宝座龙庭坐不稳。
县官头上落一精，小小官印亦难掌。
端公头上落一精，击鼓唱跳都不灵。
农夫头上落一精，种田种地要歉收。
富豪之家落一精，谨防放债蚀本利。
耕牛头上落一精，犁地断绳跌下岩。
一精落到马头上，马不饮水不吃草。
今天端公请妖精，能请能送亦能收。
精怪收入马蹄壳，一蹄壳也装不满。
精怪收入羊蹄壳，一蹄壳也塞不满。
邪魔妖怪赶快走，端公手里有磨石，
还有柳条等利器，倘若尔等不快走，
休怪端公不客气！

⑦说孝子和逆子（“弥”）

中下坛经之一。新中国成立前羌人村寨或家中不顺遂、人丁不兴旺、六畜不发达，出现不正常现象，请端公在打平保护时，端公演唱此经。全文如下：

弥父名叫陆祖比，东走西走说闲话，
最终说到他自己。陆西比雅是弥母，
东窜西窜惹是非，结果自己丢面子。

上山打柴不吉利，柴捆被人拖下岩。
家中刷把偶不慎，刷把就会戳破锅。
金银钱财放柜旁，窗户不牢被人偷。
猎狗扶到欠口①上，一无所获跑空趟。
孝顺之子弥木匹，父母教训记心间，
三分财产分给他，自己发奋增三成，
修建新房有三间。不孝之子弥木伊，
父母教训他不听，打枪放狗做买卖，
摸鱼捞虾受冻馁，给他财产全卖光。
孝不孝顺怎分辨？观察行动见分晓。
孝顺之子留家内，生产敬神还大愿，
婚丧大事他应承。不孝之子跑四方，
长年累月不归家，所作所为非正道。
羌人有个故事说：皇帝针筒几颗针，
颗颗金针送众人。生番拿去一颗针，
掉在灰里无法寻。蛮家拿去一颗针，
缝制皮衣做衣针。羌人拿去一颗针，
缝制衣衫不可少。汉人拿针裹溜索②，
可惜落在河里了。所有金针均丢失，
逆子难守一颗针。端公用刀驱邪魔，
邪魔就是弥木伊。

① 欠口：打猎术语，指打猎时野兽出没的要道路口。

② 裹溜索：溜索为古羌地交通工具。一般将两根铁索系于河的两岸沿石上，一端高一端低，以供人们来往。人用两手握住溜筒吊于索上，即可往来自如。裹溜索指裹制溜索的溜筒。

⑧解病（“叶”）

中下坛经之一。新中国成立前羌人认为，凶鬼作恶使人生病，解病必须除凶鬼。“叶”即凶鬼。端公治病作法时演唱。全文如下：

叶父名叫助陆比，助协米雅是叶母。

叶的叔父叶比不，叔母名叫叶吉卓。

叶鬼还有三兄弟，他们到处害良民。

主家有人生病恙，须要请人寻病根。

一户人家有三子，寻找病根皆能手。

先请老大去寻根，山沟山脚都寻遍，

寻找不着转回程。再请老二寻病根，

岩坎岩脚皆寻遍，寻找不着回家转，

老幺沿路寻病根，找到一十九匹梁，

大石包下找着它，黄昏时分乃返家。

弟兄三人齐商议，决定次日去捉它。

次日弟兄同出发，老大肩上找锄头，

老二带着大斧头，老幺背着铁弯刀。

三人来到石包下，誓为主家除病根。

老大用锄猛力挖，一锄挖掉病鬼头。

老二忙用斧头砍，砍断病鬼脊梁骨。

老幺挥舞弯刀砍，砍掉病鬼手和脚。

然后弟兄用火烧，病鬼一炬化灰烬。

从此主家病根除，九年九载不生病。

⑨赶凶死鬼（“日莫”）

中下坛经之一。新中国成立前羌人认为，人遇凶死鬼即遭凶死，如跌倒、跌岩、滑坡等。为杜绝这类事情发生，凡凶死者死后，必须请端公做赶凶死鬼法事。端公做此法事时，必演唱此经。全文如下：

凶死鬼怪非一个，如同凡民有一家。
鬼父名叫阿勿比，阿夸米邪是鬼母，
鬼子名叫华基木，鬼女名叫毕吉若。
凶鬼窜到良民家，家中一定出凶事。
明亮之处摆着鼓，房中开坛撵鬼出。
撵鬼时刻惊动神，暂请神灵往外走。
羌人家有什么神？房顶那夏有诸神，
屋内还有各种神，端公通禀皆出走。
前面出来是白神，后面出来是黑神，
最后出来是凶神。凶神面目很可憎，
一身绯红似鲜血。凶神藏匿凶死鬼。
捉弄凡民犯凶事。有人上山跌悬岩，
血肉模糊丧了生，此事发生不偶然，
乃是凶鬼在作祟。一日三更半夜里，
鬼父鬼母上高山，高山乏食饥难忍。
站立不住坐不稳，要唱山歌也无力。
它俩商量怎么办？最后决定下山来。
他们半夜下矮山，矮山村寨有人烟，
闯入人家吃饱后，放牛山歌唱起来，
各种山歌都在唱。一天凡民上高山，
口渴难忍寻清泉，无奈四处皆无水，
但往歌声处寻找，黄水沟里把水喝[①]。
不料此水凶鬼吃，凡民吃了遭祸殃。

---

① 据说羌族地区人迹罕至的高山上，有的地方从岩缝中冒出黄色的水，其味很涩。羌人认为这种水是凶死鬼喝过的水，如果人喝了这种水，不遭凶死，亦患暴病而亡。

为了制服凶死鬼，凡民逮鸡上高山[①]。
凶鬼随鸡下山来，凡民用枪打雄鸡。
鸡从高山往下跑，凡民持枪躲树下，[②]
凶鬼伴鸡到跟前，点燃火绳把枪放，
一声枪响不现形，二声枪响不见影。
接连三声枪响后，凶鬼和鸡一齐倒，
须知凶鬼形善变，一炮打倒变鸟飞，
虎豹身上去拉屎，屎落地里变成灾，
凡民用锄挖鸟粪，挖出鸟粪灾害除。
凶鬼或变大长蛇，钻入椽缝暗藏躲，
凡民竹尖刺长蛇，除掉长蛇灾害除。
凶鬼或变大青蛙。凡民动手捉住它。
青蛙嘴里放花椒，麻死青蛙灾害除。
凶鬼或变四脚蛇，四脚蛇儿到处钻，
凡民蛇身涂烟油，除去灾害得安全。
鬼或变蚊将人咬，毒蚊咬人生恶疮，
凡民用烟把蚊熏，熏死蚊子祸害除。
凶换或变割麻草[③]，路头路尾把人伤。
凡民荆条打割麻，一切毒害全消除！

⑩驱家怪（“日堵”）

中下坛经之一。新中国成立前羌人家中发生不正常现象，便认为家中出了“怪物”，须请端公作法驱怪，端公作法时演唱此经。全文

① 据说凶死鬼很喜爱雄鸡，一见雄鸡必跟踪而至，故端公放雄鸡以制服凶鬼。

② 端公做赶凶鬼法事时，持抢打鬼的人须躲在一种称为“马悬子”的树下，据说躲在这种树下打鬼很灵验。

③ 割麻草为川西地区一种草本植物，高二三尺，分红、白两种，叶和茎上均有茸毛状毒刺，人被刺伤后会剧痛并起疙瘩。

如下：

怪物之中有公母，须将怪物说清楚。
怪公进屋作怪事，怪母进屋作邪事。
外面怪物来家内，野外邪魔扰家庭。
从前有个老猎人，一日猎枪扛肩上，
火绳圈子拿手中，牵着猎狗上高山，
十九匹梁去打猎，留下老伴在家中。
老伴在家忙磨面，打出麦面放板上，
用水调合用棒擀，做成面饼尚未切。
此时老人正打猪，一见野物即放狗。
猎狗狂奔撵一程，不再撵山跑回家。
狗见板上有面饼，立即去把面饼啃。
老伴一看很生气，忙用面棒将狗打。
再用火钳烫狗嘴，猎狗嚎叫又打滚。
东跳西跳想逃跑，急从土排跳出外[①]。
仍旧逃往十九梁。
不料老伴不解恨，一看狗往外面逃，
立即拿棍去追赶。她从菜园追过去，
但见粪堆长棵树，走近一看树不见，
原是一株红牡丹。她见牡丹心欢喜，
摘朵牡丹头上戴。不戴牡丹无病恙，
戴上牡丹叫头疼。

---

① 羌人房屋一般为三层，底层为牲畜圈，二层人居住，三层即房顶打晒场、粮仓及供神敬神的照楼。一进大门即为底层，有一小院坝，由一独木梯登上人居住的第二层。第二层的门为二门，入门即为堂屋、火塘、住房、储藏室等。二门外有一土排，土排置一独木梯登房顶，也可以从土排跳到房外，但一般都不从土排跳到房外，而是由大门进出。这里猎狗被打后急从土排跳到外面去。

再说狗到十九梁，立即撵山把口开[①]。
然而怪事发生了，不撵野狗撵个怪。
狗逐精怪不放松，精怪爬上青杠树。
打猎老人手拿枪，跟踪追去看分明。
岩脚一看在岩上，老人急往岩上爬。
岩边一看在岩脚，老人又往岩下跑。
此时老人方看准，原来精怪在树上。
老人看清就瞄准，一声枪响怪落地。
灌木丛中将怪寻，两次三番方寻着。
背上精怪入家门，独木梯上忙攀登，
气喘吁吁背上去，然后背到堂屋去，
大步来到火塘边，猎神面前放下怪。
此时家中很热闹，男人坐在火塘边，
嘻嘻哈哈笑此怪。妇女站在火塘外，
指手画脚骂精怪。然后众人剥外皮，
剥开怪皮宰怪肉。掌坛端公有大锅，
还带一只砂锅来。大锅用来煮怪肉，
砂锅用来煮怪血，顷刻消息传开了，
邻近村寨来了人，吃起怪肉不觉腻，
喝着怪血不发呕。有十个人争着吃，
后到的人未及尝。怪皮用来垫马背，
骑着马儿如步云。
吃罢怪肉人散后，老伴方对猎人说：

---

① 猎狗见猎物后，立即嚎叫，追逐，撕咬，称为猎狗开口。

今天面饼被狗吃，打狗追到菜园里，
远看粪堆一棵树，近看原是牡丹花，
摘朵牡丹头上戴，不料立即就头疼。
猎人回答老伴说：今天的事不吉祥，
不是野怪进家门。既然家中出精怪，
他俩心里很着慌，猎人急得无办法，
还是老伴出主意：明早天未破晓时，
麦面馍馍带在身，十九匹梁去请神，
请天上阿爸锡拉，求他来家做法事。
先做一场喜法事，杀只羊子送茅人，
再做一场怪法事，齐将家怪赶出门。
老人一听有道理，决定次日就出发。
次日天未破晓时，老人到达十九梁，
呼天呼地将神请，果然天门打开了。
阿爸锡拉不在家，锡拉娘娘出来问：
你请锡拉有何事？打猎老人回答说：
我家要做喜法事，替死还生送茅人，
再做一场怪法事，太平保护送家怪。
锡拉娘娘又问道：既然你家做法事，
童男童女舍得否？千仓万担舍得否？
陈年猪膘舍得否？老人一听很吃惊，
有些东西家中有，有些东西难办到，
无言以对颇踌躇，快快不乐回家转。
老人回家告经过，老伴责备老人说：
比你笨的没有了，比你傻的没有了！

明早天未破晓时，麦面馍馍带在身，
一个杠子放肩上，白铁弯刀拿一把，
割草镰刀佩腰间，再到十九梁上请，
锡拉问你东西时，你可这样告诉他：
童男童女我没有，一对羊子我家有。
千仓万担我没有，一个刀头我家有。
次日老人依计行，到达十九梁上时，
天不见亮云来散，打猎老人再请神，
果然锡拉从天降，落地变成一麦棚。
老人左手取镰刀，右手准备割麦草，
麦棚立即变老翁，白须白眉立面前，
他问打猎老人道：你来请我做什么？
打猎老人回答说：我家要做喜法事，
抓生替死送茅人，还要做场怪法事，
打扫房顶驱家怪。阿爸锡拉又问道：
童男童女你有不？千仓万担你有不？
陈年猪膘你有不？五色布匹你有不？
打猎老人回答说：童男童女我没有，
八月公鸡有一对，八月公羊有一对①。
千仓万担我没有，一斗一升我家有。
二个刀头我家有，五色布儿从不缺。
锡拉边听边点头，表示愿意到他家，
然且锡拉郑重说：我的法器全未带，

---

① 羌人传说魔鬼只收满岁的鸡羊，不满岁的鸡羊为解秽鸡羊，魔鬼不收。公鸡八个月开始叫鸣，表示已满岁。公羊八个月也可视为满岁羊。满岁鸡羊可用以当魔鬼。

怎到民间做法事？老人根本不介意，
立即告诉锡拉说：未带法器不打紧，
需要法器并不难。端公猴帽像棉花，
路旁正有野棉花，老人左手取镰刀，
右手准备割野棉，突然猴帽在眼前。
端公神杖像黑茨，遍坡都是黑茨丛。
老人左手取弯刀，右手准备砍黑茨，
眨眼黑茨变神杖。面前有个大石包，
形状酷似一个鼓，老人用杠撬石包，
石包一撬变成鼓。有了猴帽和神杖，
又有一个羊皮鼓，端公法器已齐备。
于是锡拉拄神杖，老人背着帽和鼓，
来到民家做法事！
端公一进民家间，打鼓作法把经念。
我们祖师已请来，同我一道做法事。
做喜事来还喜愿，抓生替死送茅人。
打扫房屋驱邪怪，火塘上方我坐定。
驱魔除妖头发白，赶情逐怪面包黄。
我年已届七十七，我不算大祖师大，
我不算大师娘大。师祖师娘赶鬼怪，
保护凡民大吉昌。主家人住这间屋，
天上飞鸟飞进来，带来鬼怪作祸祟。
此怪不是家中怪，乃是外面野鬼怪。
猫头鹰歇木梯顶，声声凄厉叫不停，
此怪不是民家怪，乃是邪魔妖精怪。
旧房旧屋冒汗珠，新房新屋也冒汗，

不是人怪是邪怪。火塘四周鼠乱窜，
不是人怪是鬼怪。水桶下面蟋蟀跳，
水缸下面蟋蟀叫，不是人怪是邪怪。
畜圈内外有了怪，鸡孵四雏猪生对，
牛马产子皆一双，山羊一胎生三个，
绵羊一胎产两仔，狗生七个无人养。
村前村后有了怪，出门便见蛇绞绊①。
一升一斗放桌上，扫除鬼怪出主家。
一个大刀桌上放，扫除邪魔出主家。
雄鸡一对扫此宅，鬼怪邪魔往外行。
公羊一对还神恶，保佑主家大吉昌。
五色布儿扫鬼怪，五色旗子挂门前，
邪魔鬼怪不敢进，恭喜主家人平安！

11. **赶毒药鬼（“绿”）**

中下坛经之一。毒药鬼又称毒药猫或毒药婆。在羌族地区被称为毒药鬼的人，一般为活着的妇女，个别地方也有活着的男子。传说毒药鬼以眼或指甲传毒，受毒者须请端公作法驱鬼，方能痊愈。其实被叫做“毒药鬼”的人，是因为人们的无知愚昧和感觉上的错觉造成。新中国成立前一个人一旦被认为是“毒药鬼”后，即受到人们冷落歧视，精神上备受折磨。端公做赶毒药鬼法事时演唱此经，全文如下：

毒药公来毒药母，先来三天不算早，
后来三天不算迟，不迟不早三昼夜。

① 新中国成立前羌人凡遇以上列举的不正常现象，都认为是“精怪”或“鬼怪”，必须请端公做法禳解，以驱除之。

山梁名叫密卡拉，一个老父你来了，
为何你的妈不来？果然事隔不多久，
老父母子都来了。你们来的可正好，
听我当面说分明：老母毒药本一家，
造病造毒害良民。限定你们三日内，
死病活病收回去。死病皆由你们造，
三日之内须除根！须知端公收孽鬼，
套鬼索子有三根。天晴之日我上山，
鬼行之路安套索，近处山林全封了，
要想躲藏已无望。天阴之日我下山，
低矮之处把网张，路头路尾全截断，
要把毒药全捉获。铁匠家中有红炉，
毒药丢入炉中烧。田边地角立界桩，
不准毒药胡乱窜。大河上面架座桥，
铁索长了我锯点，铁索短了我接上。
行人来往两岸通，捉拿毒药很方便。
端公、主家和寨人，同放狗来同安索，
同打枪来同张网。大家纷纷来聚会，
众人议话息气坪，今晚一起拿刀枪。
凌冰槽上同飞去，红锅里面同过去，
除掉毒药办法多，杀死冻死或烧死。
毒药鬼来毒药猫，快将病毒收回去。
肚腹肿胀脑袋疼，头晕眼花手脚软，
周身疼痛没力气，茶饭不思没精神，
所有这些全收起。端公法力大无边，
手拿刀剑治尔等，打烂□子碎尔头，

打断麻秆断尔脚，再将尔等都杀死。

砂锅用来装尔血，大锅用来煮尔肉。

喝着鬼血不发呕，吃起鬼肉不腻人！

鬼公鬼母且听着：快快走来快快逃，

我无力量神有力，我无法力神有法。

请来天上十二神，放了鬼来又收鬼。

再将地神菩萨请，放了鬼来又收鬼。

山神旁边四个将，端公一请均到场。

威州山神凿子已，山神娘娘亦请到。

娘娘带领女兵将，同放鬼来同收鬼。

还请关圣来收鬼，关圣娘娘亦来帮。

山神坛上供神爷，放出鬼来收回去。

火塘边上几尊神，放出鬼来收回去。

端公祖师我请到，祖师娘娘亦请来。

县大老爷我请到，老爷娘娘亦请来。

大家帮我来赶鬼，不干不净全扫除，

太平无事过红锅。从此毒药被赶走，

八年八载不回头，九年九载不作怪！

12. **请铁飞祖师（“萨”）**

中下坛经之一。即请端公祖师阿爸锡拉。新中国成立前羌人病重，请端公做送茅人丢替法事时，端公在主家火坟场附近演唱此经。全文如下：

阿爸锡拉是萨父，德日米亚是萨母。

十月初一来设坛，侄儿前往请叔父。

十月初二来设坛，叔父又将侄儿请。

主家今日做法事，掉生换死须压鬼。

邪魔鬼怪压何处？压在房边木梯脚。
叔父岩上换生死，来请侄儿去帮助。
侄儿深沟换生死，叩请叔父去扶持。
叔父、侄儿换生死，祖师压鬼上木梯。
今晚开坛把掌鼓，解放病魔如解绳。
青稞麦子正拔节，祖师今夜来分解。
鬼怪胆敢来索命，祖师对它不客气！
一日天神灵机动，要修天府补天城。
亲出天城找赵巧①，顷刻赶到赵家来。
当日赵巧不在家。巧父锡拉在家中。
阿爸锡拉问天神：来找赵巧有何事？
赵巧此刻不在家！天神告诉锡拉说：
来请赵巧通天府，务须前往莫迟延！
阿爸锡拉回答说：既然天神修天府，
巧儿回家即转告，工具行装收拾妥。
即到天城来报到，日落赵巧回家转，
锡拉即告儿子说：今日天神来找你，
请修天府补天城，已允立即转告你，
尽快前往去报到。既然儿子去天城，
行前须当细叮咛，锡拉告诫儿子说：
到达天城天府里，黄色井水不可吃，
阿爸锡拉问差官：尔来我家有什事？
地府差官回答说：为修地府补址城。

---

① 汉族民间木石工匠尊鲁班为祖师。传说鲁班不仅为能工巧匠祖师，且为神工鬼匠祖师。鲁班有一很能干的徒弟名赵巧。羌族端公将其祖师阿爸锡拉的儿子称为赵巧。

冥王派我到你家，特将希多[1]木匠请！
阿爸锡拉回答说：希多木匠不在家，
他在天上修天城，三天三夜未归家，
若要找他修地府，待归家时告诉他。
差官离开赵家后，锡拉匆忙上高山，
走到一十九匹梁，望着云天呼赵巧。
赵巧听到父召唤，暮色苍茫赶回家。
老人告诉儿子说：地府差官来到家，
叫你地府修地城，修地城时请当心，
前番告诫要记清。任何一件违反了，
性命难保要丧生。行前再三叮咛你，
修好地府就回程。
赵巧前番修天城，自始至终很顺利，
此次地府修地城，父母教训不在心。
青苔井水他不吃，黄色井水他吃了。
黑马地方他不去，白马地方他去了。
黑狗地方他不去，白狗地方他去了。
磨石上面不磨刀，白铁上面将刀磨。
他用右手将锯把，左手拉锯出错差。
他用右手掌墨斗，左手醮墨弹墨线。
他用右手取斧头，左手劈木出错差。
修城方向弄反了，颠倒起来往下修。
装板壁时出错差，他从上面往下装。
斗方不是左到右，而是从右斗到左。

---

① 据说赵巧又名希多。

赵巧违反父母言，件件桩桩出错差，
甚至四柱倒竖立，激怒阴官地府人。
冥王一声大令下，赵巧最后问斩刑。
从此赵巧无踪影，三天三夜未归家。
三年三载也未回，锡拉夫妇颇沮丧，
端张凳子坐门前。祈望赵巧快归家。
一日娘娘告锡拉：我儿三载未归家。
快到地府探消息：倘若我儿被整死。
屯聚兵马去报仇。明早天未破晓时，
麦面馍馍带在身，去到一十九匹梁，
那里兵多将又广，搬兵搬将雪仇恨！
次日锡拉依计行，十九梁上把兵搬，
首前搬动野牛兵，野牛回答锡拉说。
我怕地府太溜滑，未能到达尔跌死。
接着再搬老熊兵，老熊回答锡拉说：
阴曹地府不长命，遍地都是狼毒药，
吃了狼毒被毒死。陆续又搬岩驴兵，
岩驴回答锡拉说：我怕地府安套索，
套索套住被活捉。接着再搬岩羊兵，
岩羊回答锡拉说：我怕阴曹设陷阱，
掉入陷阱要丧生。转身去搬獐子兵，
獐子回答锡拉说：我怕地府放猎犬，
猎犬来了无处躲。回头又搬野猪兵，
野猪回答锡拉说：我怕地府用枪打，
我皮虽厚被射穿！锡拉抬头见老猪，
不待请动便回答：我怕地府护粮弓，

乱箭射来定有凶。接着又搬土猪兵，
土猪回答锡拉说：我怕地府用烟熏。
烟若熏来无处藏！最后搬动麻雀兵，
麻雀回答锡拉说：我怕阴曹把网张，
又怕地府用筛盖。锡拉搬兵终未成，
直到黄昏方返家！阿爸锡拉一进门，
锡拉娘娘忙问道：你可搬到什么兵，
阿爸锡拉回答说：十九梁上兵马多，
然而他们都害怕，没有哪家敢应承，
只得原路返回家。锡拉夫妇无办法，
终日倚门想赵巧。一日飞来吉祥雀，
喳喳叫嚷告锡拉：有什么事可告我，
要探消息我当先，你别看我个子小，
我的神通可广大。锡拉忙告吉祥雀：
我儿地府修地城，三年三载未回家，
他的下落你知否？吉祥雀儿回答说：
原来你是问赵巧，此事我已早知晓，
希多木匠修地城，父母教训他忘了，
黄色泉池去饮水，白狗地方他去了，
白铁上面将刀磨，右手取锯左手拉，
右手把墨左手弹，右手取斧左手砍，
板壁从上装到下，长方短方反起斗，
地府层层往下修，房基四角倒立柱。
地府阴官将他擒，捆赴杀场处死刑。
木匠临死心不甘，口口声声后悔迟，
死后无人认领他，几根肋骨留阴城！

吉祥雀儿言未竟，一飞飞到门槛上，
再飞飞到柴堆下，转瞬之间就不见。
锡拉夫妇闻此言，一阵心酸肝欲裂。
夫妇商议再搬兵，誓与阴宫决死战。
此次搬兵法力高，各路兵丁均请到。
千万兵将聚阴府，阴曹地府动干戈。
大仗小仗若干次，锡拉得胜将仇报！
现在我将祖师请，请来主家赶邪魔。
若我端公赶不走，我们祖师能赶走，
祖师娘娘能赶走。我驱邪魔白了头，
我撵鬼怪面色黄。一斗一升赏尔等，
一匹海马做坐骑[①]。一只雄鸡赏尔等。
香蜡钱财往外送，五色布儿赏尔等。
五色旗子门上升，邪魔妖怪永不回。
经我端公做法后，病人安康邪脱离。
端公身上邪脱离，祖师祖爷邪脱离。
白鼓上面解邪秽，老房老屋邪无踪，
新房新屋邪无踪，火塘四周邪无踪，
住房堂屋邪无踪，往来门上邪绝迹。
从此邪魔永不回，保佑病人大吉昌！

13. **驱邪怪（“米雅”）**

中下坛经之一。新中国成立前羌人家中不顺遂，往往认为是家中有“邪怪”作祟，须请端公作法驱除。端公作法时演唱此经。全文如下：

---

① 新中国成立前羌人病重请端公杀羊为魔鬼做“海马”。据说海马到阴间可做坐骑。

男米雅是牛头鬼，女米雅为鸡头怪。
它们行踪谁知道，造成祸祟人不察。
它们喜藏在罐内，装菜就造苦和酸。
它们不仅藏罐内，还在外面混时光。
有时果进民家门，暗使民家不吉昌。
蒜放案板变绵软，麦子青稞忽生虫。
陈年猪膘味很美，一旦遇它就生蛆。
旧房新房冒汗珠，也是它们在作怪。
男女遇它出怪事，牲畜遇他要害瘟。
今天主家请动我，邀我前来做法事。
不知米雅是男女，端公一定不客气。
种种法器皆利器，请来送去随我便。
经我端公作法后，旧房新房脱凶灾，
荞仓麦仓免虫害，火塘四周无凶灾，
板凳上面无邪恶，水缸灶头无邪魔，
堂屋之中无邪魔，往来门口邪不进。
从此大蒜不染毒，缸内装菜味道鲜，
陈年猪膘不生蛆，粮食经吃无虫害。
东西耐用少破损，牛羊猪鸡无瘟疫，
主家事事皆吉祥！

14. **赶精怪（“米雅”）**

中下坛经之一。新中国成立前羌人请端公作法驱邪怪时演唱此经，一般与“米雅”一起演唱。全文如下：

主家请我做法事，誓将“米雅”赶出去，
赶出八匹梁子外，赶到九匹山外去。
最后端公问米雅：赖着不走还等谁？

米雅回答端公说：我在这里等米那！
说起米那不陌生，马嘴牛蹄长角叉①。
端公再把米那问：你在这里等“哪个”？
米那回答端公说：我在这里等“巨洋”！②
端公不查犹小可，一查发现怪兄弟，
沆瀣一气害良民。端公正告众邪魔：
只因尔等作祸祟，害得凡民不安宁，
此次主家请动我，我请祖师救凡民。
正月开坛属鼠日，吾师生死都来救。
二月开坛属牛日，吾师生死都来救。
三月开坛属虎日，吾师生死都来救。
四月开坛属兔日，吾师生死都来救。
五月开坛属龙日，吾师生死都来救。
六月开坛属蛇日，吾师生死都来救。
七月开坛属马日，吾师生死来相救。
八月开坛属羊日，吾师生死来相救。
九月开坛属猴日，吾师生死来相救。
十月开坛属鸡日，吾师生死来相救。
冬月开坛属狗日，吾师生死来相救。
腊月开坛属猪日，吾师生死来相救③。
开坛须择好日子，今晚我要过红锅。
要过红锅请祖师，祖师正在打草马。

---

① 据说米那的形状为马嘴牛蹄长角叉。

② 据说巨洋为一种邪怪之名。

③ 据说一年十二月中，上述属系的日子均为开坛作法的好日子，在这些日子作法驱邪很灵验。

五色线儿捆草马，祖师今晚过红锅。
过一锅来过百锅，过了百锅过千锅。
千代祖师我请来，祖师娘娘我请来，
扶折今晚过红锅。万贯钱财谢你们，
刀头馍馍谢你们，邪魔赶出主家去，
从此万事大吉昌！

5. 理县桃坪乡增头寨巫师唱经简介[①]

端公以其做法事的性质不同，分为上中下三坛，上坛为许愿和还愿，请神敬神，属神事一类。新中国成立前羌人无病无灾、风雨调适，五谷丰稔时，照例须请端公谢天谢地，请神还愿。做这种法事认为是吉利事。中坛为消灾除难，大抵属人事，但与邪魔鬼怪有关。新中国成立前羌人凡遇三灾八难，生病医治无效，必以为邪魔作祟，鬼怪缠身，须请端公驱邪逐鬼。下坛乃为死者解罪解煞，为凶死者招魂超度，全为鬼事。新中国成立前羌人死后须请端公解罪解煞，据说其灵魂方能顺利归西，特别是凶死者，须请端公招魂“除黑”，其灵魂乃得超度。

由于端公做法事的性质不同，上中下三坛的经典也不同，计上坛有十二部经：

（1）“得遮阿吉”：为所有经典序篇；
（2）“昔得喜足”：为请神敬神经；
（3）“壳”：叙述古代羌人发祥地，包括雪灵堡等圣地；
（4）“出”：即“出必南满”。意为爷娘的事情，歌颂民族祖先；
（5）“毕”：叙述羌地山川气候风土人情；

① 此简介由理县桃坪乡羌族端公杨步山（又名杨茂山）于 1983 年 10 月口述。理县文化馆馆长羌族周巴翻译，钱安靖整理而成。

(6)“吉”：为敬神经；

(7)“兹勿”：叙述羌区山石神灵和著名老人；

(8)“遮”：歌颂羌区的水清亮洁净；

(9)“湟萨”：叙述与高级神灵交往等神话故事；

(10)“质比雪勒”：通白和交待大神的侍从（类似勤杂人员）唱词。新中国成立前羌人请端公还愿，打太平保护，谢天地山川诸神，均念此经；

(11)“勒尔格乐”：安神经，即做法事时安顿羌人家中的十二尊神；

(12)“麦补麦哲”：歌颂羌人圣山雪灵堡的雪母神。

中坛经计三部：

(1)“十萨”：扫圈经。新中国成立前凡羌人家中六畜不兴旺，则认为畜圈不洁净，须请端公作法念经，以打扫畜圈。

(2)“格萨”：打太平保护唱经。新中国成立前羌人凡被什么吓着，或认为在外面遇邪，或梦兆不佳，精神恍惚，家中不顺遂时，则认为房子不洁净，须请端公作法念经，打太平保护，打扫房子。

(3)“巴萨”：打扫猪圈经。新中国成立前羌人凡遇猪瘟，须请端公念经打扫猪圈。

下坛经计四部：

(1)“亦补若”驱鬼经。新中国成立前羌人患重病卧床，则认为“鬼怪缠身”，须请端公作法念经驱鬼。

(2)“亦补威”：送鬼魂经。新中国成立前羌人凡凶死（滑坡、坠岩、落水、抹喉、上吊而死），须请端公招魂“除黑”；脚痛头痛，患疯狂病等，亦请端公念此经，以送走邪魔。

(3)“阔时阔忽”：赶妖怪经。羌人认为妖怪类似邪魔，足以使人致病。新中国成立前羌人患某些病，请端公念此经以赶走妖怪。

（4）“默”：赶鬼经。

上中下三坛合计为十九部唱经①。

上中下三坛经典如按唱段划分又有所不同，计上坛经十四段。

第一段“得遮阿吉”，即请神敬神经，可分为三小段：

（1）“出曲”。即解秽。因还天愿时须先将祭品、供品、香烛、纸钱等敬献神灵，解除污秽时演唱。

（2）“吉黑出曲”。为解房秽。羌人房顶为供神之所，为了请神敬神，须先在房顶解房秽，此为解房秽时演唱。

（3）“且迪白雪”。意为请家中十二尊神。因端公解秽作法要惊动家神，故须请家中十二尊神，此为请家神时演唱。

第二段“格得”。意为从房顶到畜圈。畜圈和大门解秽，端公演唱此经时会准备一只白公羊、六只红公鸡解秽，并用一只红公鸡扫房。故又称为“遮匹德”。

第三段“满纽”。意为打扫神位。将全部污秽扫出去，分为两小段：

（1）“满纽”。意为将污秽从家里扫除送到野外去。此为扫污秽时唱经。

（2）“勒勿兹培”。意为招财回家。端公将污秽送到野外后，带回沙子，表示招财回家，向神龛撒三把沙。此为招财时唱经。

第四段“日魁”，意为请天神除农害，将野禽野兽关起来。因羌人地处高山区，野禽野兽糟蹋庄稼，端公祈祷天神“阿不确克”将它们收了。可分为两小段：

（1）“阿不确克”与“兹博娃”打亲家。相传天神阿不确克的女

---

① 据杨步山端公说，新中国成立前他主要学做上坛法事，对上坛经比较熟练，中下坛经咒法事未学全。据他所知，中坛经有十来段，下坛经有七八段。他所提供的中下坛经是不全的，所谓十九部唱经，是就他所能提供而言。

儿木吉朱与凡间羌人兹博娃的儿子吉比娃结婚，据传说是羌人先族。凡人间的生产生活、衣食住行、婚丧嫁娶等，都是他们为凡人制定的规则。还天愿须演唱这段经文。

（2）阿不确克打清醮，驱除农害，以免野禽野兽糟蹋庄稼。端公作法演唱时，调青稞面做成各种害兽、害鸟、害虫形状。作法过程中用刀将青稞面制成的面塑像砍烂，将这些砍碎的面塑像埋入深坑。

第五段“莫巴雪”。“雪”为数之意，“莫巴”为九代祖先，“莫巴雪”即追念祖先。端公演唱时。请九代祖先回来享祭。据说九代祖先皆长寿，祈求祖先保佑子孙也长寿。演唱时端公要数九代祖先的名字，有的能数九代，有的数不上九代。

第六段“十基初”，意为舅舅点酥灯。新中国成立前羌人还天愿打太平保护时，舅家必前来祝贺送礼。端公演唱此经文颂扬舅家。此外，在演唱中还数点在场老人。歌颂他们年高有德，经验丰富，教育后代有方。

第七段“拘玉昔”。意为捏鸡献羊神。端公演唱此经文时不敲羊皮鼓，而敲木瓢说：“这群羊有一只头羊，今天还愿，为子孙昌盛，离不了这只头羊。头羊！头羊！你出去吧！一处山吃草，二处山喝水，叫你回来你就回来，带回牛羊满圈，粮食满仓！”献羊神的鸡不杀，须捏死，表示以完整的鸡献神。祭羊神须用黄母鸡，据说因羊神是母羊，必须献母鸡。鸡不杀，捏死。祭羊神必须用头羊，头羊祭羊神后称为神羊，神羊照例不杀，只用刀划破左耳。以后这只羊不杀不卖，用刀划破其左耳，任其老死。

第八段“鸟洛莫于”，意为神灵坐堂，为羊皮鼓解秽，端公须打鼓念经。

第九段“默构”，意为在水缸边请神。在羌人神系中，水火灶三神连在一起。还天愿时须通白此三神。此经为通白词。

第十段“宜玉昔”，意为敬中柱神。羌人认为房屋中柱有中柱神，又称中央皇帝。新中国成立前羌人还天愿打太平保护时；以红公鸡一只向中柱神还愿时演唱此经。据说平时家人患病，有所谓触犯中柱神者。端公用酸菜、柏枝少许、荞秆七节、清水一碗解之。

第十一段“南安戚”，向姜太公还鸡愿。羌人信奉姜子牙，供于中门左侧（出门左边进门右边），据说来源于姜子牙封神，为汉区引进的神，新中国成立前羌人还天愿敬姜子牙时演唱此经，献祭时将一只红公鸡捏死。

第十二段“吁宇昔”，意为敬仓房五谷神，新中国成立前羌人还天愿打太平保护敬仓房五谷神时演唱此经，因敬仓神用一只黑母鸡，故又称“补谷吁宇昔”，即仓房五谷黑鸡神，祭神的鸡不杀，放生。

第十三段“勿拙”。意为向玉皇（天神）还鸡愿。据说从前玉皇（天神）为白石神（“勿辟”），后来白石“显圣”，改称“勿拙”。新中国成立前羌人还天愿敬玉皇（天神）时，端公演唱此经，向玉皇（天神）献白公鸡和白羊各一只，杀羊，鸡捏死。

第十四段“勒勿”，即还天愿打太平保护的结束词，端公向会首、村寨群众（或主人）说：“做此法事事先花费了粮食、酒肉、钱财，大家（或主人）破费了，但神灵暗中扶持，日后收回来的一定比花费的多。有的法事做得好，有的不好，是非好歹望大家不要介意。”

中坛经四段：

第一段“莫黑”，意为将邪魔赶出去。新中国成立前羌人患病，请端公驱邪送鬼时演唱此经，将邪魔送到岩头或三岔路口。

第二段“时黑纽”，意为做夜法事。新中国成立前羌人家中不顺遂，或有人患重病，请端公驱逐魔怪，端公于深夜开始演唱，半夜将鬼驱逐到野外。

第三段“跌歹足”，意为丢替代。替代即替死鬼，一般扎一草人

(即茅人)。新中国成立前羌人病重，请端公丢替代时演唱此经，边唱边跳，并掷一种特制的骰子，病人的骰子数为四五六，替死鬼的骰子数为一二三。表示病人战胜替死鬼，替死鬼必须代替病人死不可。然后将病人的破旧衣帽给草人（替代）穿上，弃之野外，替死鬼有男女，据说男替代名毛廷贵、女替代名毛秀英，替死鬼生前本是华阳的两兄弟，死后到酆都，专为人当替死鬼，变成一男一女。这段法事和唱经可能是受道教或汉区巫教影响演化而成。

第四段“阔汝扯”，意为赶野讪，据说讪类似妖怪、精灵之类。妇女触犯它，往往生畸形儿或不成人形的肉块。新中国成立前羌妇和生畸形儿，则请端公赶野讪演唱此经。患者骑在草马上，前面有人引路。然后端公用铡刀将草马铡三刀，端公铡一刀，在场的人叫一声，如此者三。据说此后不再生畸形儿。

下坛经四段：

第一段“时多莫匹”，意为请城隍神。新中国成立前羌人病重时，往往认为病人被所谓阴差用九条链子、九把锁逮走魂魄，须请端公作法念经，端公杀红公鸡一只，只念唱不打羊皮鼓，用铧头一个、镰刀一把，并纸钱、荞花、柏枝敬献城惶神，请其开销，放回病人魂魄。

第二段“嘎诗堵格”，意为羌戈大战，即羌人（“日拉堵拘”）与戈基人双称窑人（“嘎诗堵”）打仗。为羌人历史传说故事，故事中将“嘎”（戈基人）作为邪魔鬼怪。新中国成立前端公赶鬼必演唱此历史故事。

据杨步山端公说：羌人六弟兄，粮食不够吃，常外出帮工。甚至借戈基人的粮，但羌人长于计谋且狡猾。戈基人九弟兄，粮食多，老实憨厚。有一天戈基人九兄弟与羌人六兄弟在山上打柴相遇。戈基人向羌人索要所借粮食，羌人说他家的狗已送给戈基人，没有什么可还的！双方争执，戈基人提出捞渍锅、穿铧头、耍炼子，羌人也同意。戈基人先做，一个也未被烫伤。羌人六兄弟手脚都烫伤了，然后制斗秤，最后打仗，结果羌人胜了，将戈基人九兄弟消灭八个，只剩一个。

杨端公所谈故事情节与其他端公所谈不同。特别对戈基人与羌人性格的描绘，与其他端公所说相反，尚须进一步调查研究。

第三段“其息”，意为解煞解罪。新中国成立前羌人葬老年人时，孝子行礼，群众发丧，端公作法念此经，谓之解煞解罪。据说只有经过解煞解罪，死者才能顺利通过十殿云云。

第四段“疏其”，凶死者招魂除黑。新中国成立前羌人凡坠岩、跳河、抹喉、吊颈而死，须请端公招魂，超度死者亡灵。作法时演唱此经。

新中国成立前羌人遭凶死后，其家人须请端公招魂除黑，端公择定日子，带羊皮鼓两个、长刀两把、矛一根，径直到死者凶死处，用枪将一只作替代的羊打落或坠岩，或落水（以坠岩、跳河为例），根据羊坠岩或落水后表现决定法事如何做。先用黑白线结成蜘蛛丝网状，将凶死者死亡点处网罗起来，据说这样做，以免会影响他人，然后念咒，用刀将线网割去，做招魂法事。

招魂祭品有月亮馍馍、太阳馍，地上插旗，石上铺白纸一张，如附近有蚂蚁一类东西出现，则认为代表死者灵魂，端公立即拔去旗子，用白纸将蚂蚁包好，念唱三声，为死者招魂，并击鼓舞蹈，玩弄刀矛，表示驱走孤魂野鬼，以免它们拦截死者灵魂，让死者灵魂顺利离去。然后向死者坟地走去，表示将灵魂引到其坟山，凡遇沟坎，均须叫死者名字。再从坟地回到死者家中，说吉利话而罢。招魂除黑的羊不吃，须埋掉，并杀一只鸡作为压山鸡。

招魂除黑咒语（唱经为古羌话，咒语为汉话）：

某某某，何年何月何日生，何年何月何日死。城隍到了要你命，命该如此莫奈何！城隍九链九锁将你锁，要想还魂不可能。

此地死，有原因，孤魂野鬼要你命，你与它们结了缘，家中十二尊神不认你，须知生死皆有地，你死在此地了！

你在此地死，但非你的安身地，家家都有祖坟地，还是祖坟把身安。

要到祖坟不容易，判官小鬼要捆你，全靠端公法力大，前矛后杆把驾保，方能顺利闯过关。路遇城隍须上书。引路之物一只鸡。

出门经（为汉语）

据杨步山端公说：羌人居住高山区，有的地方山高林密，道路险阻崎岖。新中国成立前如单身出门感到胆怯时，则念出门经以壮胆，抄录如下：

出门经，出路经，进门头顶观世音，四大丞相保我身，只张神，不张鬼，鬼鬼鬼，快快走！（此段连念三遍）

出门经，出路经，出门头顶观世音，四大丞相保我身，只张神，不张鬼，鬼鬼鬼，快快走！一把沙子跨三下，朝后撒！

还有念弥勒佛、释迦佛的。

摘自钱安靖：《羌族宗教习俗调查资料》，四、理县桃坪乡羌族端公经典简介，《羌族社会历史调查》，四川省社会科学院出版社 1986 年版。

6. 汶川县龙溪乡巫师唱经[①]

汶川县龙溪乡余明海、朱顺才两端公新中国成立前主要学做上坛法事，他们掌握的经典为上坛经。调查中他们演唱了上坛经三十段：中下坛经二段，现将其翻译整理如下：

---

① 该唱经调查时间为 1983 年 11 月和 1984 年 11 月。调查地点 1983 年 11 月在汶川县龙溪乡比亚朵寨，1984 年 11 月在龙溪乡招待所，调查人川大宗教学研究所钱安靖、汶川县文化馆馆长（羌族）汪有伦、龙溪中学教师（羌族）余明甫，调查对象余明海，男，羌族，68 岁，端公；朱顺才，男，羌族，68 岁，端公。由汪有伦、余明甫翻译，钱安靖整理。

①坐坛（“刮祖”）

上坛经之一。即请神接受还愿。为每年秋收后农历十月初一酬神还愿开始唱经。全文如下：

还愿用白旗小旗，还用青稞和麦子。

远远近近众神灵，领愿就在天亮前。

请本寨寨神领愿，请外寨寨神领愿。

请水神岩神领愿，请山神树神领愿。

请草坪神田坝神，房神和天神领愿。

属猪年份过去了，属鼠之年已到来。

若问还愿是哪月，还愿之日为何日，

哪个时辰最相宜？就在十月初一日，

天不见亮云不散，凡民对天还大愿。

所有神灵亦还愿，还愿牦牛大又大。

还愿羊子肥又肥，还愿用鸡亦不小。

诸位神灵来领受！

②解秽（“刮司莫”）上坛经之一

新中国成立前每年农历十月初一各羌寨敬天神、山神时以牛、鸡、猪、白公绵羊还愿。当牵牛、羊等牲畜进庙，燃柏香时，端公一面裁纸做旗，一面演唱此经，谓之“解羊秽”，“解羊秽”后即杀牲，杀牲之先须向牛、羊、鸡淋水，待牲畜抖水，以示神灵领受，才杀牲献神。唱经全文如下：

诸位神灵相信我，我端公亦相信神。

诸神助我显神威，端公亦为神效力。

柏枝点燃烟霭霭，我用香烟把秽解。

牵羊人帽子解秽，赶羊的鞭子解秽。

拴羊的绳子解秽，牵羊人全身解秽。

端公的帽子解秽，我端公全身解秽。

诸位神灵相信我，我端公亦相信神。

众神助我显神威，端公亦为神效力。

③扫地安神（“出学”）

上坛经之一。羌人还愿须燃柏香去污，先将庙宇打扫洁净。青稞籽须用柏香熏，坡上地里也燃柏香解秽。据说粮食种籽、耕地经过解秽，来年庄稼才好。端公做此法事谓之扫地安神。(唱经内容从略)

④开坛请玉皇（“格底莫比阿拉齐”）

上坛经之一。玉皇即天神，因受道教影响，将天神称为玉皇。全文如下：

今年庄稼已收割，丰收时节报神恩。

端公禀报玉皇神，不离皮鼓和猴帽。

好比木匠用斧凿，又像石匠用钻锤。

五月端阳把愿许，风调雨顺祈年丰。

七月里来农害出，家家户户再许愿。

九月粮食收回家，告请神灵来乡祭。

九月、十月须敬神，端公八月就忌嘴①。

神灵从来喜洁净，不洁不净神不领。

皮褂不洁不能穿，皮鼓不净不可用。

猴帽亦须解污秽，否则端公不能戴。

各种污秽如何解？点燃柏香用烟熏。

然后带着青稞籽②，杀鸡宰羊见玉皇③！

---

① 新中国成立前为了准备十月还天愿，端公从八月开始吃葱蒜，以示洁净，便于请神敬神。

② 青稞籽为羌人古老传统作物之一，羌人敬神时多以青稞籽代表各种粮食，并以青稞神代表谷神。

③ 据说从前羌人还愿用牲，按传统用牦牛、黄牦牛、公绵羊、山羊和鸡，将还愿旗插在玉皇（天神）牌位前，后来多用鸡、羊作还愿祭品。

⑤跪地向神通白（“刮巴”）

上坛经之一。全文如下：

今天还愿将杀羊，玉皇请神别客气，
鸡羊特地献神灵，见血时刻即乡祭。
正告老鹰鹞子神，还有豺狼虎豹神。
快快飞去快快跑，今天尔等没有份，
该领受时赏尔等，千万不准来偷抢！
今天杀鸡又宰羊，神灵之物已奉献。
敬告玉皇和诸神，勿嫌奉献之物少。
神灵欢喜显神动，羌人吉祥家太平！

⑥请地盘业主和寨神（“阿补齐雅”）[①]

上坛经之一。龙溪沟端公演唱时须请龙溪沟十七寨地盘业主和寨神。据说龙溪沟新中国成立前为二十三寨，均为古老村寨。由于种种原因，新中国成立前已有六个村寨的群众分别迁居到有家门亲戚的村寨居住，今原寨已不存在[②]。但端公请各寨地盘业主和寨神时，仍按二十三寨邀请。由于经文内容主要是数点各村寨地盘业主和寨神之名，为清晰起见，列表如下：

寨名	地盘业主神名	寨神名
（1）比亚多寨	苦勒吉	沙达吉
（2）木朵寨	喜夸吉	绕五且

① 传说龙溪沟各羌寨地盘业主初来此地时，用火烧去荆棘野草，将青稞、雪谷种子撒下，来年看到长势好，才纷纷播种。当时没有房屋，住岩洞。由于农业生产发展，人类得以繁衍，后人为继承和纪念祖先，把他们立为神。至于寨神，原为村寨很能干的先人，后人尊敬和纪念他们，尊之为寨神。寨神或立于奇伟的树木旁，或立于古怪的岩石边，均以白石为代表。后来学汉人修庙，供泥塑木雕神像。

② 龙溪沟二十三个村寨中，木朵、雪溜、二里、轮布、外巴、木比亚等六寨今已不存在。

(3) 雪溜寨	孔　不	且吕栖
(4) 二里寨	如阿木塔	二已且
(5) 软布寨	苦塔维	卡布齐
(6) 阿尔寨	必补齐	述宜且
(7) 立必寨	至亦吉	二巴且
(8) 外巴寨	外　吉	二巴且
(9) 自牙寨	禾夏维	二五且
(10) 木比亚寨	卡木树	二一且
(11) 直台寨	补立吉	二一且
(12) 垮坡寨	必亚昔吉	那纪阿且
(13) 血格寨	日作补	朱曲且
(14) 马房寨	苦四吉	萨那栖
(15) 大门寨	务　吉	二一且
(16) 东门口寨	湟木吉	二一且
(17) 木尚寨	拉母吉	宣学栖
(18) 布兰寨	几娘黑	黑祖栖甲萨且
(19) 龙溪寨	格里华	惑布且
(20) 鹅步寨	不迫及	二阿且
(21) 地里寨	陆五吉	甲萨且
(22) 马灯寨	巴士已	
(23) 白家朵寨	察布吉	李达且

⑦请神验收还愿牲畜（“热拔”）

上坛经之一。全文如下：

这只羊子肥又大，赶到庙里去还愿

明日不是非凡日，乃向祖先还愿期。

男祖名叫瓦奚比，玉奚米雅是女祖。

还愿本是吉来兴，子孙后代须遵行。
许牦牛愿还牦牛，许黄牛愿还黄牛。
许了猪愿必还猪，许公羊愿还公羊。
许母羊愿还母羊，许了鸡愿必还鸡。
还愿牲畜长得好，个个都是选来的。
眼耳头蹄无残缺，或白或褐皆一色。
这些牲畜人人爱，想来祖先也不嫌。
只要祖先爱它们，满意收下别推让！

⑧用青稞请神（“兹且足”）

上坛经之一。端公演唱时，手握青稞籽和三小块猪膘，分别在玉皇（天神），山王（山神）和地盘业主神前献一些青稞籽和一小块猪膘，表示已将所有的神请到，并领受了供物，据说这样神和人都高兴，象征来年大丰收！唱经全文如下：

今天端公请众神，请了天神请国君。
还请太阳月亮神，再将各地神灵请。
百代以前这样请，五十代时成古规。
向十二天神还愿，许青稞还青稞愿。
许牲畜还牲畜愿，千千神兵和神将。
许青稞还青稞愿，许牲畜还牲畜愿。
还愿之处插白旗，杀罢牲畜撒青稞。
诸位神灵来领受！

⑨颂锄神（“觉比”）①

上坛经之一。新中国成立前还愿时，端公演唱此经，其大意为：

① 这段唱经还附有一个说白，大意为：从前羌人收割后酬神，花费很大，粮食需一石二斗，猪膘猪油需十六斤，后来改为用刀头敬神，刀头不论大小。

我们寨中有把锄，此锄不是非凡锄。

虽然锄头不算大，全寨用来种庄稼。

坡地荒地靠它挖，各种作物靠它种，

羌人吃饭不离锄，锄头对人恩情大！

⑩唱婚嫁（“母齐”）

上坛经之一。新中国成立前羌人办婚事时，请端公敬神作法，端公演唱这段经文，大意如下：

古今婚嫁大不同，不同之处说根由。

从前羌人男出嫁，男子赘入女子家。

但因女子无体统，三脚[1]上面擦鼻涕。

虱子三脚上面歇。吃饭猪狗坐上方。

这样一来可不该，人神发怒罪难逃。

父母责备她不改，无可奈何另安排。

从此乃将婚制改，男子娶女到男家！

⑪请祖神（“玉奚初”）

上坛经之一。新中国成立前龙溪沟阿尔大队一带羌人请端公还愿时，请神中有请祖神的法事。此为请祖神唱经。大意如下：

羌人祖先名亦窝[2]，插占龙溪阿尔寨，

亦窝名下有三男，大儿不樵又不耕。

老二打猎勤生产，老三挖药务耕稼。

老大怠惰未成家，老二老三立家业。

如今阿尔人繁衍，都是二人的后代。

---

① 三脚，即羌人火塘的锅桩三脚架，用以支锅，为羌人崇拜的神。

② 亦窝为龙溪沟羌人祖先，即部落祖先，而非民族祖先。

⑫颂祖先（“木吉卓”）

上坛经之一。木吉卓意为仙女，传说为天神马必且的三公主，与凡间羌人首领自比古瓦相爱成亲，繁衍羌族，被羌人尊为始祖。全文如下：

最大天神马必且，养育公主有三个。
大女天上理神事，从来不曾到凡间。
二女三女来汶山，一个放牛一放羊。
三女名叫木吉卓，聪明能干很美丽。
一日公主来汶山，吆喝羊群到牧场。
羊走前面她随后，梳子插在发髻上。
公主赶羊不留神，不慎梳子失落了。
心爱梳子遗失后，公主反复四处寻，
山上山下皆寻遍，一天一夜未寻着，
公主实在不放心，次日一早又来寻，
寻找无着正气馁，突遇一个青年人，
此人不是非凡人，乃是羌人一首领，
自比吉瓦是其名，经常打柴上高山，
公主一见有来人，立即高声问自比：
见着我的梳子否？藏了偷了拿出来！
自比一听很诧异，漫不经心回答说：
你失梳子我无关，错怪好人太不该！
未藏未见更未偷，为何这般不讲理？
公主亦觉说错话，忙赔不是忙施礼。
然后两人互询问，问了居处问生平。
家庭身世皆问及，谁知二人分手时，
自比吉瓦冒失说：请问公主年几许？

父母可曾将亲定？要是公主未定亲，
我俩若有良缘分，白石神前好定亲！
公主一听红了脸，腼腆不堪回家转。
自从公主见自比，爱慕之情油然生，
可惜自比太直率，公主一时口难开，
公主回家自忖思：此等大事不平常，
纵然心里喜欢他，还须郑重告阿爸，
一日天神家中坐，公主立即禀告说：
我在汶山放牧场，遇到一个青年人，
名唤自比吉瓦者，问我可曾把亲定？
我已明白告诉他：十七八岁不出嫁，
须要放牧汶山场，穿用之物备一点，
二十五岁方定亲！
天神听罢女儿言，立即认真吩咐说：
我知自比好青年，勤劳勇敢颇不凡，
还是羌众一首领，你俩定亲亦相宜，
不该轻率谢绝他，我虽天上最大神，
奈何婚事管不着，人间婚事二人管，
一是西吾草坪神，二为西勒山坡神，
缔结良缘它们定，为了你的婚姻事，
我到西吾草坪去，替你许个牦牛愿。
再到西勒山坡上，替你许个鸡羊愿。
天神说罢便起身，立即前往把愿许。
西吾、西勒尽职守，一闻天神来许愿，
姻缘簿上忙登记，神灵撮合颇有方。
不久二人将亲定，一度寒暑一度秋，

择吉定期即完婚。天神吩咐木吉说：
我的幺女要牢记，出嫁时刻须高兴，
眼睛不可朝后看，不必想家念父母，
粮食种籽陪嫁你，带到人间去播种，
子孙后代有吃的，麦子撒在山顶上，
青稞撒在矮山上。各种禽兽陪嫁你，
带到人间去喂养，皮毛作衣肉可食，
然而禽兽怕惊吓，一旦惊散变野物，
那时人间可烦恼！由于公主太粗心，
父母嘱咐她不听，刚从天上下凡尘，
立即思家念父母，眼睛频频向前后。
果然回头出麻烦，多数禽兽惊散了。
逃匿山林变野物，只有少数带回家，
随人喂养成家畜。
公主出嫁三年整，沿着山路回娘家，
山路迢迢高万丈，仰望长空徒吁嗟。
幸而一阵祥云起，木吉乘云回到家。
天庭宫阙皆依旧，未免肃穆寡人情。
公主高声把门叫，但见白犬出来迎。
摇尾匍匐又打滚，舐手舔脚甚殷勤。
入室升堂拜父母，请安问好叙别情。
天神首先问女儿：人间生活究如何？
女儿回答阿爸说：人间生活信美好。
一年忙碌少闲暇，或耕或牧随时令。
有吃有穿无冻馁。阿爸再问女儿道：
人间可要敬神灵？女儿回答阿爸说：

每年秋收粮入仓，牛肥羊壮膘满时。
人间敬神还天愿，谢天答地报神恩。
家中敬神在火塘，四周板凳很洁净，
家门亲戚来入座，饮酒吃肉宴嘉宾。
还愿时刻上房顶。杀鸡宰羊献神灵。
神灵高兴人欢乐！村寨还愿在神林，
祈求神灵赐吉祥，保佑人兴牲畜旺，
清洁平安无灾病，风调雨顺庄稼好，
请给羌人大丰收，天门开时神领愿，
村村寨寨皆吉祥，阿爸边听边点头。
赞叹人间办得好！[①]

⑬羌戈大战（“戈基嘎补”）

上坛经之一。新中国成立前羌人请端公做上中坛法事时，都要演唱这段经典，理县蒲溪乡端公做下坛法事中将戈基人比做邪魔鬼怪和农牧之害，而加以诅咒、驱赶和消灭。（唱经内容从略）

⑬说买铁（“锡米补”）

上坛经之一。新中国成立前羌人还天愿时，端公演唱买铁。即请铁神，从成都西南的“八吉纳维”[②] 经成都，一直请到松潘。汶川龙溪乡阿尔大队一带端公请铁神到比亚寨，全文如下：

---

① 据说最后还有一段：即木吉卓下凡后勤劳生产，因凡间生产太忙一个天仙女逐渐变得衣着不整，且养成一些不良习惯。如在火塘的三脚架上掐虱子，揩鼻涕，晾衣服，到九条河洗澡，请客时在上方喂猪等等。其父天神知道这一切后非常生气。给她处罚、磨练和考验。由于余、朱二位端公只能介绍此大意，而不能演唱，故整理时从略。

② “八吉纳维”，羌话，地名，汉名不详。一说是崇庆县，则不须经过成都。一说八吉纳维即西坝，“八吉”意为低平之地，“纳维”意即附近之意，整个意思为川西坝。

翻山越岭去买铁，过桥涉水去买铁。
买铁之地在何处？八吉纳维平坝地。
派了几个能干人，带着金银带着秤。
走了九天又九夜，买了铁块骡马驮。
骡马力大跑得快，每匹骡马运三坨。
说起买铁颇不易，各地寨主皆惊动。
成都、郫县和灌县，还有尤溪①、娘子岭。
十七寨和绵篪镇，威州、茂州与黑水②。
到达卡玉、卡窝后③，此地开炉把铁炼。
炼铁鼓风用风箱，炼铁最好黑茨炭。
日夜炼铁真辛苦。最后炼成把功头。
很快消息传开了，尤溪④羌人很振奋，
立即商议去买铁，日必维基是代表。
日必带领众帮手，带着皮绳和金银，
去到卡玉将铁买。一路运送颇不便，
或用人背或马驮。翻越龙池高山后，

---

① 尤溪，羌话，本为都江堰龙溪乡，羌人称为“尤溪”。

② 传说古代羌人买铁所经各地均有寨主，买铁人须同当地寨主交涉，如成都，羌语称“依多”，寨主名珍英已；郫县，羌语称“巴沙”，寨主名格杂；都江堰，羌语称“陆格”，寨主名扎卡已；尤溪，今龙溪乡，羌语称格德杂谷，寨主名米察已；都江堰与汶川县交界的娘子岭，羌语称“俄涅比亚格”，寨主名那窝已。汶川县境须经十七寨，羌语称寨为“孤夸”，十七寨寨主名不祥，汶川县绵篪，即老汶川，羌语称“哈苏”，寨主名且八已；威州即今汶川县城，羌语称柯杂，寨主名凿子已；茂州即今茂汶县城，羌语称宜格维，寨主名日勿已；黑水县，羌语称纳乌乌谷期吉，寨主名谷日已。

③ 卡玉、卡窝，羌语。为二地名，在今茂汶县三龙乡，其名仍旧。

④ 今汶川县龙溪乡。

杳无人烟宿岩洞[①]。途中经过二里寨。

最后回到比亚朵[②]。此地开炉将铁打。

打铁铁器羌人用，农具家具样样有。

首先打制铁三脚，脚顶是个大圆圈，

用来放锅做饭菜。三脚乃是三尊神[③]。

雄伟立在火塘边。铁三脚来颇耐用。

坚胜磐石永不动，端公通禀众神灵。

火塘神灵去转告，众神赐福我羌人。

亦用火塘神带来。火塘神灵恩情大，

吉祥如意满人间。

⑮除农害（“日区”）[④]

上坛经之一。每年秋后农历十月初一还大愿法事中，必有驱农害一节。此为端公做驱农害法事唱经，全文如下：

全寨为着驱农害，请动天地远近神，

还有山树日月里，甚至田边地角神，

白旗杉杆火塘神。端公一手握神刀，

一手握住青稞籽。猎人打枪将狗放，

金猫银猫同出力，不管野物藏何处。

统统拿获问斩刑。

---

① 龙池山为茂县与汶川县之间的界山，大山周遭是无人居住的原始森林，故行人翻此山须住岩洞。

② 二里寨和比亚朵寨均为龙溪沟古羌寨，地名今仍旧。

③ 火塘三脚分别代表三尊神：一为火神，羌语称莫易谷谷胡一且；一为男祖宗神，羌语称迪尔谷谷莫一且；一为女祖宗神（又称媳妇神），羌语称昔特谷谷一且。

④ 在演唱此唱经过程中，还配合做驱农害巫术法事，称为请在神关野物，每年农历九月三十日晚做此法事，正月初一日（羌年）还愿。

⑯说修房（“锡达柳”又称“勒日足耶”）

上坛经之一。新中国成立前还小愿时，请端公作法演唱修房子。全文如下：

欲修房屋先备料，木料石料不可少。
木料上山去砍树，石料河滩地上选。
房屋坐落有方位，最好面向雪龙包。①
地基选定动工前，请我端公择吉期。
冬月属猪吉祥日，挖掘屋基最相宜。
羌人修房靠人帮，相邻各族来帮忙，
泊古莫勒背石头，灰古莫勒运泥土，
希古莫勒忙背水，涅古莫勒调稀泥②。
挖掘墙基用尖锄，运送泥土用撮箕，
调和稀泥用刨锄，大石用来垫基脚，
基脚牢固好砌墙，砌墙泥浆须调匀，
一层片石一层泥，端端正正往上砌。
门云安放须周正，门扇做得要牢靠，
门栓结实又灵巧。四只墙角砌齐整，
墙壁四方须光滑。安了大梁安横梁，
然后再将楼板铺，底层乃为戈基修③。

① 雪龙包为都江堰、汶川、理县、大小金川等县间的大雪山，羌人尊为神山、圣山，汶川县龙溪乡羌人修房，以面对雪龙包为吉祥。

② 泊古莫勒，羌语，意为穿白衣服的人，即羌人；灰古莫勒，羌语，意为穿蓝衣服的人，即汉人；希古莫勒，羌语，意为穿红衣服的人，即藏人；涅古莫勒，羌语，意为穿黑衣服的人，所指不详，疑为彝人。

③ 戈基，即古戈基人，传说古羌人从青海、甘肃向东南迁入岷江上游地区时，曾与戈基人相遇而发生战争。羌戈大战若干次，羌人把戈基人赶走，才定居下来。为了纪念此事，羌人修房把底层用来关牲畜的，说成是为戈基人修的。

羌人用来关牲畜，犏牛羊子要发展①，
猪鸡驴马一大群，中层修来人居住。
挖个火塘安三脚，三脚上面好放锅。
火塘四周放凳子，炊事敬神宴宾客。
子孙后代烟火旺，金银财宝堆满屋，
粮食满仓畜满圈，猪膘多来猪油多。
三层房顶为神修，大小梁上放椽子。
上面再铺大小竹，竹上先将稀泥放，
再用黄泥铺一层，房顶边缘须修好，
眉毛石板放整齐②。修好照圈修照楼，
然后再将那夏建③，那夏上面放白石。
那夏背面插杉杆，羊毛线捆杉杆顶，
白旗插在杆顶上。从此神灵皆就位，
全家老小大吉昌！

⑰修磨坊（“勿达柳”）

上坛经之一，新中国成立前羌人盖磨坊，请端公敬神演唱词。全文如下：

选好地址修磨

选好地址修磨坊，磨基须用大石安。
建好磨基安六角④，安了六角安转轴。

---

① 牦牛和黄牛杂交品种曰犏牛，兼有牦牛、黄牛之长。体大力强，是善耕良畜。
② 羌人房顶为打晒场、储藏室和宗教祭礼活动场所，房顶边缘四周砌半人高的矮墙，称为照圈。这种房顶矮墙的第一层，一般用白石，以示整齐壮观，称为眉毛石。
③ 羌人房顶矮墙上修建一供白石的白碉称为那夏，相当于神龛。
④ 转轴的轴心安置一个六角，既能转动，又耐磨损。

转轴之下安磨车，磨车叶子须安牢。
打个石槽来做冲[1]，水冲磨车轴转动。
磨坊之内铺楼板，磨旁须立两根柱。
上扇磨子系柱上，磨绳最好用牛筋。
上下磨齿须钻好，羌人靠它磨粮食。
玉米、青稞和麦子，磨子一转变成面。

⑱端公哪里来（“厄阿子促”）

上坛经之一，此为汶川县龙溪乡端公传说唱词，大意如下：
端公祖师哈比母，来自“波补俄寨”地[2]。
此地不是非凡地，神仙居处有五寨。
祖师常年到处游，“阿察瓜格”亦曾去[3]。
那里人烟颇稠密，衣食丰足居住好。
回到老家羌人地，睡觉休息无安处。

⑲采花（“凿”）

上坛经之一，此为新中国成立前羌人还天愿时，端公敬神作法唱经，边问边答。大意如下：
正月采什么花？正月里来采割麻花！
二月采什么花？二月里来河滩地上花！
三月采什么花？三月里来采桃花！
四月采什么花？四月里来采铁棍柴花！
五月采什么花？五月里来采巴普花！
六月采什么花？六月采麦花、青稞花！
七月采什么花？七月里来采荞花！

---

① 碾坛和磨坊的冲，或打制石槽做冲，或用三个石板合做一个冲。
② 波补俄寨，羌语，地名，在今茂县南兴乡木托寨。
③ 阿察瓜格，羌语，地名，即今川西坝。

八月采什么花？八月采高山草坪花！

九月降霜树叶黄，野草枯萎百花凋，雀鸟啁啾山下翔！

十月初一是羌年，村村寨寨还大愿，村寨庙宇刷白泥，换上新装好过年！

年节过，青壮年，出远门，寻副业。成群结队到川西，或打井来或砌堤，或背茶包与盐包，或挎药包卖打药。待到明年二月二，回家打柴做庄稼。

⑳唱十二月季节变化（“厄”）

上坛经之一，全文如下：

旧的一年过去了，新的一年又来到。

旧去新来景物换，人间万象又更新。

正月严寒未消退，人间到处寒冰霜，

冰从河坝结高山。

二月迎春花儿开，迎春花开抗春寒，

从河滩开到高山。

三月里来桃花开，姹紫嫣红一片片，

先在河坝后高山。

四月草木正葱茏，眼看大地全换装，

从河坝绿到高山。

五月布谷鸟飞来，声声啼泣催播种，

从河坝叫到高山。

六月青稞麦子熟，大地一片金黄黄，

从河坝黄到高山。

七月荞子花儿开，太阳一出银光闪，

从河坝白到高山。

八月秋收又秋种，麦子青稞播种了，

但愿来年又丰收。

九月高山把霜降，树叶红黄山换装，

百鸟高山坝下翔。

十月房屋刷白泥，插旗还愿庆丰收，

谢罢神灵谢皇上。

冬月猪儿喂肥了，准备杀猪过大年。

家家户户皆欢畅，

腊月一年过完了，天地人神皆知晓。

准备迎接新年到！

㉑说黄牛（“鄂”）

上坛经之一。黄牛既是羌区役畜之一，又是祭牲之一。故端公有说黄牛的唱经。全文如下：

牛愿祭牲要黄牛，须将黄牛从头说。

牛在田边地角转，青杠林里常出入。

高兴时刻上高山，青青嫩草是美餐。

每逢犁地季节到，吃了嫩草还加料，

苦荞馍馍不可少。太阳出来牛出圈，

边走边来又啼叫，太阳当顶岩窝息。

安详睡卧慢反刍。羌人衣食不离牛，

牛儿总是精心养。有的黄牛不犁地，

敬神还愿做神牛。

㉒说犏牛（“士”）

上坛经之一，犏牛为川西北羌族和嘉绒藏族地区的一种家畜，是黄牛和牦牛杂交种，体大力强耐寒，是良种役畜，主要不用于祭祀。端公演唱此经，带有娱神及表彰古代几个著名牧人之意。全文如下：

黄牛一段唱完了，再将犏牛唱一番。

放牛人博如瓦吉，一早放牛上高山，
牛逐水草遍坡转，三转两转皆不见。
博如瓦吉四处寻，逢人他便高声问：
看见我的犏牛否？还有一个放牛人，
大名鼎鼎古木吉，上午赶牛放半坡。
牛儿吃草他干活，农活完了再寻牛，
遍山寻找皆不见，还有几个放牛人，
或放高山和半坡，或放山脚沟坎边，
日落西山把牛唤，收拾归家夜已深。

㉓说猎狗（“壳”）

上坛经之一。放狗打猎为羌人一种古老的生产活动和驱农害活动，故端公唱经中有所反映。全文如下：

牛一段唱完了，猎狗一段又接上，
从前这里一家人，放狗打猎是能手，
月明之夜他放狗，星星之下可打猎。
打猎之地在何处？高山密林或山梁。
无论獐麂和鹿兔，野牛野猪和虎豹。
撵狗开口必有获，带回猎物献猎神。
要问猎手是何人？远近闻名基木已！

㉔说马（“勿”）

上坛经之一，马为羌人重要役畜之一，端公唱经中亦有反映，全文如下：

唱罢猎狗还唱马，可惜马儿长得差。
养马人家发了奋，天亮赶马上高山。
马儿放牧山坡上，水草丰美马儿欢。
有时黄昏坝地放，不到天黑不归家。

马儿长得肥又壮，犁地驮运做坐骑。

牧马能手是何人，龙溪沟的基木已！

㉕还羊愿（“勒日卡”）

上坛经之一，羊是羌人最古的传统牲畜，羊愿是羌人最古老和最普遍的宗教祭祀活动。唱经内容如下：

羌人养羊一大群，羊子多了好敬神。

许愿还愿不离羊，神灵领愿心欢喜。

向天神地神还愿，向水神火神还愿。

向财神谷神还愿，向树神岩神还愿。

向山神寨神还愿，向男女神灵还愿。

还愿须用白头羊，还愿人日比瓦吉！

㉖收庄稼敬神（“喜自维”）

上坛经之一，新中国成立前龙溪沟羌人收割庄稼时请端公敬神作法唱经。大意如下：

青稞麦子玉米收回家，十七寨羌人笑哈哈！①

十七寨庄稼须赞唱，古今著名宝地可不少②。

杀羊燃香敬拜天地神，祈祷明年丰收把愿许。

人喜丰年还愿不用愁，人愁灾年还愿难上难。

今天村村寨寨还大愿，神灵保佑明年大丰收！

㉗丰收敬地盘业主神（“国若”）③

上坛经之一。新中国成立前丰收后，十月初一请端公还愿敬地盘

① 十七寨，为新中国成立后的说法，新中国成立前龙溪沟为二十三寨，端公演唱为二十三寨。

② 端公演唱时，一一数点各寨有代表性的地，赞唱地里生长的庄稼如何好。

③ 端公演唱此段唱经别具一格，不敲羊皮鼓，而用木棒敲击猪掀盘骨，将龙溪二十三寨地盘业主之名都唱到。

业主唱经，大意如下：

地盘业主寨寨有[①]，先辈创业代代传。

今年生产大丰收，寨寨欢腾多热闹。

插占为业真辛苦，丰收不忘创业人。

子孙后代须还愿，地盘业主来领受。

㉘砍杉杆敬神（“勒促瓦足”）[②]

上坛经之一，新中国成立前羌人房屋建成后，须请端公还愿，砍杉杆插于房顶，据说杉杆象征天神，亦为羌人始祖神，天神住于杉杆上，唱经大意如下：

小小杉树苗，一岁长两寸。

两岁长两尺，三岁与腰齐，

四岁齐肩臂，五岁正好用。

砍来做杉杆。

杉杆何处寻？天神都知道，

端公亦知道。群鸟天上飞，

飞鸟也知道。野兽栖山林，

野兽亦知道。猎人山林转，

猎人也知道。挖药入深山，

采药人知道。

今年主家盖新房，新房竣工须还愿。

为了答谢神灵恩，请我端公砍杉杆。

带着斧头和绳子，进入杉林花椒林。

---

① 紧接着数点二十三寨地盘业主之名。

② 新中国成立前羌人修房还愿须准备旗子、雪谷、金银和水，敬神后装入筒内，表示招财进宝。修房落成须砍杉杆敬神还愿。

要砍哪株须看准，第一斧从根部伐。

树欲倒时须留神，须让树梢先着地。

神圣杉杆须去皮，剥皮须从上到下。

为将杉杆巧打扮，杨柳树儿砍一株，

毛窝草儿扯一把，美丽山花采一束。

绳索捆好搬上路，息气坪上且休息。

再将杉杆运房后，放到房顶“那萨”处。

杀鸡宰羊敬神后，插上石碉登神位。

亲戚家门来祝贺，神灵和人都喜欢！

㉙安神（“默阶出”）

上坛经之一，新中国成立前羌人修房后须请端公安顿四角地神。端公燃柏香念唱，不敲羊皮鼓不跳，唱词从略。

㉚庆丰收（“离促”）

上坛经之一，每年农历十月初一还愿结束时唱经。大意如下：

今年庄稼实在好，坡坡粮食收回家。

十月初一愿已了，祝贺村寨众乡亲。

青山常在老年人，岩石永驻山岗上。

你们经验多且好，教育后代颇有方。

丰收时节人欢庆，怎能忘却老年人！

天天向上青年人，勤劳生产务耕作，

待人谦和敬长辈，丰收时节人欢庆，

希望寄托青年人。会首寨民吉祥了，

来年再来庆丰收！

㉛送鬼（“陆比刹”）

中下坛经之一。新中国成立前龙溪沟一带羌人还愿时，须先送走妖魔鬼怪，据说这样还愿才顺利。端公送鬼时演唱此经，大意如下：

中三枯来木尚寨①，天地神灵都恨鬼。

我今请神还大愿，须将鬼送东门口②。

上坛还愿须洁净，送走鬼怪敬神灵。

㉜畜圈解秽（“休呷”）

中下坛经之一，新中国成立前羌人请端公打太平保护时，从房顶、房内、畜圈到大门口，均须解秽。此为畜圈解秽经，大意如下：

从前畜圈不洁净，牲畜看管无安排。

太阳升起羊出圈，开圈门时要用角。

日落西山畜回圈，关圈门时畜用蹄。

牛羊上山皆敞放，常常夜晚不回圈。

同中豺狼虎豹多，牲畜遭害难发展。

后来羌人供畜神，看管牲畜办法多。

出入畜圈有定时，畜圈洁净畜兴旺。

要使牲畜大发展，牲畜圈儿须解秽！

7. 汶川县绵篪乡沟头寨巫师唱经③

1983年11月，先后对汶川县沟头寨羌族端公王治国进行调查访问。关于唱经部分，1983年11月，由于王治国身体不适，仅介绍了上中下三坛唱经部数和名称，1984年11月，着重介绍了上中下三坛唱经的内容。因王治国长期患病，身体虚弱，已不能击鼓演唱，只能

① 新中国成立前沿杂谷脑河一带有九枯十八寨之称，中三枯即今龙溪沟一带，木尚寨为龙溪沟一羌寨名。

② 东门口，今龙溪乡古霸州城遗址下，即龙溪沟口。

③ 该唱经调查时间为1983年11月和1984年11月。调查地点均在汶川县绵篪乡沟头寨王治国家中。调查人川大宗教学研究所钱安靖、汶川县文化馆馆长（羌族）汪有伦。调查对象王治国，男，羌族，64岁，端公。由汪有伦翻译、钱安靖整理。

以谈话方式尽可能对所掌握的端公法事和唱经作了详尽介绍。现将其整理如下：

上坛经二十二段：

①解秽（“出学”）

新中国成立前羌人请端公还愿、做法事等宗教祭祀活动必先解秽，包括用水解秽（“不如瓦格”）、熏烟解秽（“出”）、祛秽气（“拍”）和参加祭祀的人和祭品、器物解秽（“折”）。大意如下：

一说滔滔海中水，二说奔腾大河水，
三说涓涓溪沟水，皆可用来解污秽。
倘若用水不奏效，端公自有解秽法。
高山盘香油榨子[①]，矮山柏木杉木椏，
砍回家中点火熏，香烟四散污秽除。
人间秽气可不少，看不见又摸不着，
用水洗涤再熏烟，一切污秽皆除净。
神灵从来喜洁净，人不解秽难敬神。
鸡羊身上多污秽，敬献神灵须解秽。
祭品祭器随处放，难免沾上脏东西，
解秽之后方可用，解罢污秽敬神灵，
神灵纷纷来享祭，欢欢喜喜赐吉祥！

②还愿开始（“笛雪儿匹”）

说明还大愿起源，追念羌人祖先木吉卓，唱词很短，但必不可少。大意如下：

开坛先唱木吉卓，不唱不念无体恤。

---

① 盘香油榨子为羌族地区高山灌木，枝叶芬芳，用未燃火熏烟，香味甚浓，新中国成立前羌人还愿时，必上山砍此木以熏烟解秽。

话有从头树有根，木吉恩情垂后世。
法事要做三日夜，一切污秽扫干净。
今天全寨还大愿，飞禽走兽要撵走！

③天仙女（“木吉卓”）[①]

传说木吉卓为天神（又称天王）阿爸木比达的三公主。与凡间羌人热比娃婚配繁衍羌族，被羌人尊为祖先。此唱经为上坛经主要唱段，每年秋收后还愿必唱之。因经文较长，为醒目起见，整理时加小标题。

相遇

天王阿爸木比达，养有三个天仙女。
羌人祖先木吉卓，便是天王三公主。
一日姊妹出天门，来到凡间洗麻线，
降临高山跨溪流，不觉海子在眼前。
海水清澈如明镜，正是洗麻好地方。
姊妹来到海子边，麻线浸入海子里。
木吉挽袖洗麻线，银圈首饰放一边。
凡间羌人热比娃，当日亦到海边来，
拾起银圈首饰后，放到海边柳树杈，
悄悄爬上树梢头，柳叶荫处把身藏。
仙女洗麻实在快，一刻工夫便洗完。
木吉回头看岸边，银圈首饰却不见。
姊妹寻找无下落，大姐二姐回家转。
留下木吉仔细寻，寻寻觅觅亦无着，

① 王治国端公演唱的“木吉卓”与别的端公不同之处，在于木吉卓不是到汶山牧羊，而是来洗麻线，另外有木吉卓回娘家和端公下凡等情节，这是其他端公所没有的。

不料来到柳树下，忽从水影看到它。
木吉一见心爱物，左手捞来右手捞。
水影毕竟非真物，捞来捞去总是空。
此时热比暗窥视，不知不觉笑出声。
木吉闻声把神定，方知树上有生人。
原来她的心爱物，此人放在柳树杈。
木吉央告热比说：请将东西却还我，
金银财宝都给你，绫罗绸缎也给你，
还有粮食和牲口，需要什么全不缺！
热比回答木吉说：什么东西都不要。
只要“低蒲米亚瓦”[①]！木吉一听热比言，
顿时腼腆口难开，虽然木吉生天庭。
她对凡间不陌生，背水放羊常来往，
人间生活早倾慕，经过一番踌躇后，
便叫热比跟她去。

上天

木吉随即驾祥云，带着热比上了天。
然而热比是凡民，带到天宫犯天规。
倘若天王知道了，热比性命定有亏，
幸而木吉本领强，纵有险阻亦无妨。
他俩到达天宫时，天宫内院未察觉，
当时天王正上殿。家人一个也不在，
堂屋门后有一角，隐藏热比似稳妥。

① 低蒲米亚瓦，羌语，羌人称丈夫为“低蒲克瓦”，称妻了为“米来俄克瓦”。“低蒲米亚瓦”意为做夫妻，即热比要求与木吉卓成亲。

天王家规颇特别，每人饭量有限额。
每顿不多也不少，木吉仅能盛三碗。
自从热比上天后，木吉每顿吃一碗，
一碗悄悄一边放，无人时刻给热比。
一碗喂养家中狗，以免日后狗咬他。
由于木吉未吃饱，一天一天人消瘦。
天王察觉生疑猜，一日突将木吉问：
我的幺女木吉卓，近来为何消瘦了！
莫非常往人间去，凡间俗事打扰你？
近来家中有异样，为何凡秽袭煞人？
木吉闻言吃一惊，如何回答费琢磨，
干脆禀告不知情。一日天王吃罢饭，
声言上殿去办事，此时堂屋亦无人，
木吉送饭给热比，正当热比接饭时，
不料天王回家转。天王打量陌生人，
双手是毛很难看[1]，立即将他叫出来，
大发雷霆责问道，你是何方一凡民，
胆敢闯入我天庭？凡民不该来天宫，
闯入天宫要问斩，热比听了天王言，
瑟瑟缩缩心胆寒，心想既然闯了祸，
任凭天王怎发落，此时天王亦寻思：
一个凡民怎上天，定是我女带来庭，
本想将他来处斩，女儿面前怎交代，
天上神仙亦笑我，不如设法施暗害，

① 传说热比类似古猿人，浑身是毛，手上的毛长而显著。

女儿绝望了此事，主意既定告斗安：
今后不必再躲藏，要吃要喝全给你，
但须为我做些事，办事不成要问斩！
说罢匆匆出家门。热比一听吓破胆。
又急又怕很懊丧，赶忙前去求木吉。
是死是活怎么办，木吉安慰热比说：
不用着急不用愁。天王吩咐全应承。
叫你干啥就干啥。一切自有我运筹。

砍火地

次日天王告热比：明日你去砍火地，
九疋山梁九个坡，一天一夜须砍完，
不能完成要问斩！热比一听寒毛竖，
冷汗直冒心发慌，九山九坡何其广，
山深林密荆棘多，一天一夜怎砍完？
正在着急无主张，忽然木吉到眼前。
热比急忙求木吉，问她有甚好主张。
木吉听罢很坦然，稍一颦眉巧安排：
明早你去找天王，借来刀斧各四把，
你到火地四只角，一角只砍一株树，
一刀一斧挂四角，休息岩窝不用管，
但听山中响声起，一夜之间便砍完。
次日热比照着办，砍完火地告木吉。
阿爸木比颇惊诧：一个凡夫和俗子，
本领竟有这样大？若非木吉帮助他，
这桩差使怎完成！木比随即又用计。

烧火地遭难

砍完火地不几天，木比突将幺女唤，
煞有介事吩咐说：家中麦面已吃完，
快背青稞去磨面！接着又将热比传，
气势汹汹吩咐说：今天你去烧火地，
一到那里就生火，烧完火地来覆命！
热比生来太憨厚，哪知木比有阴谋，
以为此事如反掌，完成差使不用愁。
恰巧木吉去磨面，无法识破此阴谋。
当日热比便启程，怀揣火镰背着馍。
一到火地就生火，然后即躲岩下睡。
谁知热比刚睡着，霎时猛火烧岩脚，
四面八方大火来，醒来一看无法躲，
找到一处小岩洞，不能藏身仅藏头，
一身寒毛被烧焦，幸有一只吉祥雀①，
飞到磨房把信报："凡人气味烧得臭！"
"热比娃烧焦烧臭！"② 木吉一听明白了：
我的热比正遭难！立刻飞奔火地来，
忙揭头帕脱衣服，抛入溪沟用水浸，
奋力灭火救热比。周围大火虽扑灭，
周身寒毛已烧完。所幸头藏岩洞内，
紧夹两腋未烧着，所以古来羌人说：
人身为何不长毛，只有头发腋窝毛，

---

① 吉祥雀为羌族地区一种小鸟，汉语称葫豆雀。羌人传说，凡遇吉祥雀，必有吉祥事。

② 这两句话为吉祥雀叫声的谐音。

此事由来自热比。

悬岩遇险

天王本来很开心，以为热比葬火海，
不料未到黄昏时，热比返程来复命，
顿时懊丧难开口，沉思片刻生一计，
然后吩咐热比说：烧完火地须平整，
明天你我一同去，我到岩顶搬柴块，
柴顺岩边滚下来，最后我也往下滑，
你须站在岩脚下，既接柴块又接我，
倘有差错未接住，将你处斩不留情！
热比一听暗吃惊，魂飞魄散不开言。
辞别天王找木吉。看有什么好对策。
木吉告诉热比说：不用怕来不用愁，
天王打算我全知，明日木吉有安排。
先搬石头再搬柴，石头柴块往下滚，
你躲岩窝不出来。木石响声停歇后，
天王变一大疙瘩，顺着悬岩往下滑，
你即跳出石岩窝，热情将他抱住说：
我的阿爸辛苦了，热比全无半点差！
次日热比照着办，任务完成避开险。

撒菜籽射鸠鸟

然而木比心不甘，生了一计又一计，
急唤热比吩咐说：明日菜籽背九斗，
九坡火地须撒完。火地播种寻常事，
撒完菜籽并不难，谁知天王怎打算？
为免上当遭不测，热比急去求木吉。

木吉告诉热比说：天王给你九斗种，
你可千万不要撒，背到火地藏岩窝，
立即转程来复命。倘若贸然撒下地，
日后天王要菜种，拣不回来会犯险！
次日热比起身早，九斗菜籽背背上，
直奔九坡火地来，隐藏稳妥就转程，
回禀天王木比说：九斗菜籽撒完了！
果然不出木吉料，事隔不到一两天，
突然天王告热比：明日你到火地去，
九斗菜籽拣回来，丢失颗粒要问斩！
幸好木吉早料到，冒失撒了定遭难。
热比一听颇惊奇，背回菜种有何难！
次日热比到岩窝，起出菜籽背天城。
此时天王坐殿上，四大天臣皆来庭。
升斗秤勺一边放。等待热比量菜种，
菜种背到天庭后，升斗秤勺均量过，
最后一勺差几颗。四大天臣高声叫：
九斗菜籽差几颗，找不回来斩热比！
原来热比太粗心。前天埋藏菜籽时。
丢失几颗被鸠吃，此时方知不足数，
顿时一身冒冷汗，幸而木吉早料到。
急忙安慰热比说：不用惊慌不用怕。
你向天王借弓箭，隐藏火地岩窝处。
一见鸠鸟飞来时，一只说看到未吃，
一只说吃了未见。立即射杀后一只，
剖开素囊取菜籽，带回天城交天王。

头可免斩无灾难，吉祥时刻就到来。
次日热比照着办，直奔火地大岩窝，
射杀那只斑鸠鸟，找回菜籽正足数!

完婚下凡

天王一直谋毁亲，三番五次设陷阱，
妄想整死热比后，另择天上美姻亲。
奈何木吉恋人间，一心一意爱热比。
虽然天王诡计多，自始至终未得逞。
如今事都难挽回，天王被迫来让步。
一日木比回家转，唤出木吉堂前说:
我的幺女木吉卓，阿爸知道你心事。
只因热比是凡民，凡民怎配天仙女?
既然你不嫌弃他，我也没有好办法，
让你同他下凡去。今日是个吉祥日，
正是你的出阁期，陪嫁之物全给你，
凡间需用皆不缺。金银财宝与禽兽，
粮食籽种和花草，各种果木树木种。
带到凡间去播种，子孙后代有食用。
禽兽随你一道去，前面走的仅几种，
后面跟的可无数。下到凡间高山顶，
千万不可朝后看。听罢天王吩咐后，
木吉热比便启程。此时二人心忐忑，
一则喜来一则忧，喜在下凡蒙允准，
陪嫁之物万万千，忧在天王诡计多，
谨防路途遭杀戮。二人出了南天门，

风吹拂拂云朵朵，顷刻降临大山头，
但闻鸟语花飘香。木吉害怕遭不测，
频频回首四处望。一看天门和天宫，
再看房屋与照楼，木吉不该向后看，
后看出了大麻烦，前面禽兽尚安静，
带到人间成家畜，后跟禽兽皆惊散，
逃匿山林变野物。为了记取此古训，
如今羌人嫁女时，父母告诫姑娘说：
出门不可朝后看！

创业回娘家

木吉热比到人间，披荆斩棘甚操劳，
衣食居处皆亲创，婚丧嫁娶定典则，
人间一切均制就。创业艰难多辛苦，
可累坏了木吉卓。木吉本是天仙女，
不久劳累变了样，衣衫褴褛头不梳，
颜色憔悴形枯槁，屈指人间三载半，
木吉想起回娘家，忙驾彩云升天际。
兴致勃勃到天门，高声呼唤门开了，
大姐出来不认她，不准木吉进天门。
木吉感到很扫兴，急忙自我介绍说：
我是你的三妹子，下凡以后回娘家！
大姐一听颇觉奇，从头到脚打量说：
我家三妹天仙女，如花似玉多美丽，
一个又脏又臭人，敢来冒充我妹子！
木吉急忙申诉说：你不相信可是真，
倘若不信可验证。过去我曾管天门，

天宫大门十二道，各门配有钥匙锁，
请把钥匙交给我，立即将锁全打开。
倘若我非三公主，岂能顺利打开门。
大姐一听有道理，取来钥匙交木吉。
木吉拿着钥匙后。左开右开全不误。
然而大姐仍怀疑，不让木吉进天门。
木吉再向大姐说：不信且将天狗放，
倘若我是陌生人，天狗一出便丧生。
大姐一听连忙说：天狗岂能随便放，
难道不怕咬死你？木吉郑重告大姐：
天宫本是我的家，天狗出来我不怕！
大姐无奈将狗放，狗见木吉喜且狂，
摇头摆尾又打滚，驯驯服服迎接她。
自古羌人常言道：出嫁姑娘回娘家，
娘家恶狗不咬她，此事由来自木吉。
大姐见状无话说，方认是三妹木吉，
然后转报天宫内，天王乃出见木吉，
至此木吉回到家。

叙别情端公下凡

父女共叙别后情，往事桩桩涌上心，
阿爸木比问木吉：陪嫁之物今如何，
可够人间受用否？木吉回答阿爸说：
陪嫁之物用不尽，唯独禽兽出错差，
只有少数成家畜，多数逃匿变野物，
如今山林鸟兽多，糟蹋庄稼害百姓。
阿爸木比又问道：人间生活怎么样？

可将风物告诉我。木吉回答阿爸说：
人间勤劳做耕牧，劈岭开山创业忙，
森林花草遍山坡，衣食房屋全不缺。
家家户户有火塘，既供神灵又生火①。
炊爨取暖烧馍馍，客人来了塘边坐。
入门还有独木梯，入室登楼上房顶。
照楼晾架藏粮食，“勒夏”用来插杉杆②。
人间用具可不少，生产生活需用它。
升斗秤桶筐篼斧，锄犁风车均制就。
人间常有生老病，还有死亡不容情，
婚丧嫁娶有定制，你来我往互相帮！
阿爸听罢点头道：看来人间章法好！
阿爸又问女儿道：人间可有不好处？
女儿回答阿爸说：人间不好不洁净。
人们脚踩火塘边，鼻涕揩在三脚上，
升斗垫坐唾桶内，晾架上面晒衣服③。
这些举动可不该，亵渎神灵多病灾。
木比听罢摇头道：这些错误须当改，
灾害疾病自消除！为治凡间灾害病。
女儿当面求阿爸。阿爸告诉木吉说：
我家祭司神端公，阿爸木拉本领大，

① 羌人室内火塘边竖石三脚支锅以便炊爨等，称为三脚神（“母不士”），且每脚代表一尊神，即祖先神（阿爸老祖）、媳妇神（“吉兹阿”）和火神（“翁不士”）。

② 勒夏，羌语。羌人房顶围墙与大门方向相对正中围墙上，建一小石碉，上供白石神（五至九块白石），称“勒夏”。

③ 羌人房顶晾架既是晾晒粮食的工具。又是粮仓。认为是粮食神（谷神）驻跸之所，故不可在晾架上晾晒衣服，否则被认为亵渎神灵。

派他下凡助羌人，百姓吉凶他卜算，
驱鬼治病降妖孽。木拉奉命下凡后，
成了端公老祖师。

④驱农害（“热扯”）

又称为“撵鸟兽”。新中国成立前羌人每年秋收后还大愿时，端公作法演唱。时天还未明，先在村寨神庙内，后在神庙外进行。唱经内容见前驱农害巫术，兹从略。

⑤分好坏、白黑二神（“国”）

羌人认为神分好坏、白黑，好神、白神要留住；坏神、黑神须送走。此为还大愿、打清醮的唱经之一，大意如下：

大山连小山，山上撒树种。
大树连小树，树叶做窝窝。
窝里生二神，颜色分白黑。
白神是好神，黑神是坏神。
黑神问白神：你有什么用？
白神回答说：人间需要我，
有我人财旺，牲畜也发达。
白神问黑神：你又有何用？
黑神回答说：我结伴妖魔，
与鬼怪交往，到处作祸祟。
使夫妻不和，促婆媳吵架，
牲畜闹瘟疫，家庭不顺遂。
白神发怒道：祸首原是你，
撵到阴山后！黑神问白神：
撵我阴山后，于你有何益？
白神回答说：我乃保护神，

理当佑羌人，撵你阴山后，
人间百事顺！

⑥送邪魔（“默默格”）

新中国成立前羌寨每年还大愿所需费用物资，由会首（村寨每户轮流担任）按户收取，有的出钱粮，有的出鸡羊，有的出其他物资，对此，多数人是乐意的，他们说好话；也有少数人不乐意，他们说坏话。羌人认为，好话是吉利话，会给村寨带来好事；坏话是不吉利的话，会招来邪魔，使村寨发生坏事。为使坏话不致招来邪魔危害村寨，端公须作法禳解，演唱此经，其内容大部分与“国”差不多，仅最后部分不同，其最后部分大意如下：

村寨还大愿，有人出钱财，
有人引鸡羊，有人出粮食。
出了钱财物，有的心欢喜，
有的不了然。心欢说好话，
不悦讲坏话。好话寨吉祥，
坏话要作祟，端公来作法，
赶走邪魔怪！

⑦说旗杆树的来源（“不灰”）

新中国成立前羌人还大愿时，由“许”裁纸做旗，将一些旗子插在杉杆或桦木杆上，以代表天、地、山、树、水、火等神。此唱经主要说明旗杆树的来源，大意如下：

古人说得好：撒种太阳下，
不撒菜籽种，只撒树木种，
不种别的树，只种旗杆树。
杉木和桦木，还愿做旗杆。

树种撒下后，不久便发芽，
阳光雨露泽，岁岁往上长。
十一岁发椏，发椏便成树。
长到十三岁，可以做旗杆。
到了十四岁，神旗插得牢。
遍山都是树，岂能任意砍?
旗杆是神树，须要上山寻。
莽莽丛林中，谁能看到它?
天上老鹰飞，老鹰看到它。
山中野兽多，野兽看到它。
猎人山林转，猎人看到它。
从前一老人，养有三个儿。
老三是猎手，四山皆走遍。
村寨还大愿，请他去砍树。
老三受重托，斧头放肩上，
弯刀插腰间，带绳穿草鞋，
上山找神树，找到用斧砍。
砍了旗杆树，用绳将它捆。
穿过大森林，跨越小溪流，
来到神树林，众人感谢他。
神树砍回了，寨人迎接它。
端公来安神，神位在树上。
神位十二株，枝椏捆麦草。
每株插一旗，神灵十二尊。

⑧请远近诸神（“色国作”）

新中国成立前汶川县绵篪乡羌人秋收后还大愿请神时，先请本寨诸神，再请外地神，最后请端公（“许”）的祖师，请外地神时，北到茂县，南到成都，西到杂谷脑（今理县）。唱经内容主要是数点神名，现将其所请诸神简要介绍如下：

本寨诸神

计有天神“阿爸木比塔”；地神即当地地盘业主神“色木吉达木比塔”；“那夏”神即神树林和房顶石碉神；仓神；庄稼神即供于房顶管庄稼的神；堂屋内诸神即汉式神。

外地神

为顺大江大河交通要道各重要地方地盘业主神，计有茂县：“格雍基格”、“格涅色”；威州：“楚尔基格”、“独促色”；羊店：“基勒杂色”[①]；都江堰：“格戈色”；成都：“卓涅色”、“勿巴色”[②]。理县：“不祖基格”、“勿优色”。

请祖师

“许”请祖师须从始祖请到自己的师傅，但现在的“许”只知始祖、师祖和师傅之名。据汶川县绵篪乡羌族地区的嘉绒藏人中，也有端公为群众做法事，其始祖名“莫勿歪”。

⑨羌戈大战（“尕”）

为古羌人和戈基人间的一场战争。这段唱经被理县蒲溪沟羌族端公列入下坛经，为驱农害唱经。汶川县雁门乡端公袁正祺列为中坛经，亦为驱农害唱经。汶川县绵篪乡沟头寨端公王治国列为上坛序经，为请神唱经。无论列入上、中、下坛，其内容均大同小异。由于

---

① 羊店，地名，在汶川县飞沙关南十里。据说此地盘业主神生癞疮，请神虽也请它，但请它不必到场，撒一些粮食，请它远走。

② 羌人传说卓涅色为成都地盘业主神，勿巴色为成都城墙神。

唱经较长，整理时加上小标题，大意如下：

天王遣子放牧人间

天王阿爸木比塔，养育儿子有三个。
一日天王坐天庭。派遣老幺到人间。
老幺首次来人间，大地迷茫无四季。
老幺二次来人间，遂将人间分四季。
春天一到万物生，夏日炎炎物竞茂。
秋来结实草木枯。冬天雪龙包积雪，
四季景物随时令，人间作息亦有序。
老幺三次来人间，选定牧场放牛羊。
正月属猪属马日[①]，驱赶牛羊从天降。
七月属猪属马日，再赶牛羊到人间。
放牧需要好牧场，水草丰美又宽敞。
两次三番换地方，最后选定大草原。

神牛被盗

神牛放牧三天后，天王即唤幺儿问：
你将神牛放人间，数点神牛可足数？
牛羊均须看管好，不可偷懒有遗失！
老幺立刻到牛场，反复清点数不足，
趴角牯牛不见了，断角母牛亦无踪。
东寻西找皆不见，于是急忙告羌戈：
天上神牛放牛场，是谁胆敢来偷盗？
须知盗牛犯死罪，天神木比不容情。
五天六天七天后，老幺再来点头数，
谁知牛场又失牛，白头牯牛不见了，

① 每月属猪属马日，即每月的十四、十五日，据说此二日驱赶牲畜为吉祥之日。

独眼母牛无处寻，老幺又将羌戈问，
两家都说不知情，转瞬到了第九天，
老幺再来数神牛，短尾牯牛不见了，
踩子母牛无去向。四处找寻八方查，
三番五次问羌戈，然而两家都回答：
既不见牛也未偷！

戈基人诬告羌人

原来戈基很狡猾，偷吃神牛装好人。
秘密商议想办法，牛头埋到羌门口，
再向天王告状说：欲知偷盗神牛贼，
羌戈门口地里查！天神得报回答说：
马上派员来查办！果然事隔三天后，
天神木比把令下，派遣老幺扛锄头，
来到两家门口挖。先到戈基门口挖，
挖出三个柴疙瘩。再到羌人门口挖，
牛头三个不虚假。老三一见牛脑袋，
怒气冲冲叫嚷道：偷盗神牛要问斩！
羌人明知遭冤枉，有口难辩忙申诉：
恳请天王仔细查！

设计辩冤

羌人遭冤心纳闷，仔细商量把计设，
他们找到戈基说：咱们两家打平伙，
我住高山出圆根[①]，你住河坝出牛肉。
戈基向来嘴很馋。羌人一说笑开颜。

① 圆根，蔬菜名。川西北和川西南羌、藏等少数民族居住的高寒区一种类似萝卜的蔬菜作物，形状扁而圆，谓之圆根。

圆根合肉煮熟后，羌人尽选圆根吃，
戈基嘴馋吃牛肉。打罢平伙各四散，
羌人立即告大王：谁是偷食神牛者。
查查牙缝见真情！天王闻报又下令，
命其老幺查牙缝。次日老幺查羌人，
口内全是菜渣渣，再把戈基牙缝查，
尽是牛筋和肉屑，查罢牙缝有凭据，
降罪戈基理应当。

别善恶天王问羌戈

然而戈基强辩说：神牛本是羌人偷，
缘何降罪我尕人？尕人心地颇善良，
从未做过理亏事！为了辨别心善恶，
天王乃召羌戈问：尔等每年丰收后，
先敬神灵和祖先，还是只顾自己吃？
羌人首先回禀道：每年秋收还大愿，
插上杉杆桦木杆，先敬神灵和祖先，
再敬父母与长辈，还请亲戚与邻朋，
然后自己才享用，最后方把牲畜喂。
接着戈基也回禀：尕人历来有规矩，
凡有收获先享用，自己用后喂猪狗，
再请亲戚与邻朋。最后方把神灵敬！
天王听罢开言道：羌人敬神颇真诚，
盗窃神牛未必真，尕人对神太不敬，
偷食神牛当降罪！

比赛上天

然而戈基不服罪，誓与羌人比高低。
天王木比巧安排，羌戈比武赛本领。

木比郑重告羌戈：谁能上天谁无罪。
不能上天要降罪。传说顶天马桑树，
攀缘此树可上天，长坡树大不顶天，
容易攀登终枉然。戈基先爬长坡树，
攀缘到顶不上天。羌人后爬马桑树，
唱起歌儿上了天。

赛悬岩下坝

戈基秉性很倔强。不服罪来不认输。
天王吩咐羌戈说：既然戈人不服输，
尔等都到悬岩上，谁先下坝算谁赢。
戈基选择安全处，先从悬岩到荒坡，
再从荒坡往下滑，荒坡凹处多荆棘，
刺刺挂挂难下坝。羌人身着羊皮褂，
选择冰槽往下滑，滑冰时刻唱起歌，
顷刻溜下河坝地。

第一次大战

戈基连续输两次，恼羞成怒更嚣张。
上天下坝不作数，要与羌人动干戈。
天王木比召羌戈，战场选在河坝地，
武器均由天王给。粮食面粉做馍馍，
形状酷似白石头，这种武器给戈基；
河滩地上拣石头，白石武器给羌人。
然后双方摆开阵，先由戈基打羌人，
馍馍一打就开花，打得羌人笑哈哈。
再由羌人打戈基，乱石横飞叫不迭，
死伤戈基遍山野！

第二次大战

虽然戈基伤亡大，仍旧逞凶不认输。
接着羌戈再摆阵，武器仍由天王给。
黄荆条子给羌人，麻秆棍子递戈基。
先由戈基打羌人，麻秆飞舞响声起。
看来麻秆虽粗壮，可惜一打就断折。
再由羌人打戈基，荆条上下不停歇。
细细荆条坚且韧，猛抽猛打不断折。
戈基个个叫连天，皮开肉绽血模糊。

黄水朝天

戈基实在太凶顽，死伤累累不认输，
为了惩治戈基人，决定黄水来朝天。
天王随即把令下，滔滔黄水如开闸。
为免好人被水淹，派遣老幺查水情。
一日天王问水情，老幺查罢禀报说：
大江大海水滔滔，小沟小溪已满盈。
二日天王问水情，老幺查看禀报说：
漫天黄水如沸汤，地上人间变汪洋。
天王听罢告老幺：立即晓喻众羌人，
做好皮船躲上船，任凭水涨不用怕。
天王木比再问道：如今黄水涨何处？
老幺仔细查看说：黄水升腾颇神速。
“结固子子托得拍”，“地塔子子托得拍”①。

---

① 结固子子托得拍、地塔子子托得拍，皆羌语，为两地名，传说此两地为戈基人居住较集中之地。

全是戈基居住地，如今洪峰到此间。
三日天王问水情，老幺回答天王说：
洪峰已过戈基地，个个戈基喂鱼鳖！
天王听罢忙下令，管叫洪水快消退！
漫天洪水消退后，天王吩咐老幺说：
快到人间去察看，哪些人物还存在？
老幺随即带弓箭，还有开山辟地斧，
查遍人间回禀说：所有羌人还存在，
凶狠戈基灭亡了，飞禽走兽无消息。
不料事隔不多久，飞禽走兽又出现。
天王知道诅咒说：老熊永远是黑的，
土猪永远长不大，葫豆雀也长不大。
这些全都应验了，假若不信看事实，
端公所说全不差！

10. **说鼓（“遮”）**

说鼓的制造、作用和端公本人解秽，大意如下：
端公作法不离鼓，制鼓需要用鼓圈。
鼓圈木料是杉木，端公先说撒树种。
样样树种我不撒，端公只撒杉树种。
种子发芽出土后，年年月月往上长，
一十四岁树长成，可以砍来做鼓圈。
要砍此树并不易，须到山中仔细寻。
听说从前一老人，养育儿子有三个，
老幺善识鼓圈树，众人请他上高山。
老幺拿斧背上馍，进入高山杉树林。
四处寻找仔细看，终于砍回做鼓圈。

杉木鼓圈绷羊皮，大鼓小鼓均制就。
四十斤鼓还愿鼓，三十斤鼓驱邪鼓。
驱邪小鼓我不要，我要大鼓还愿用。
我的鼓儿真正好，又白又亮很美观。
阵阵鼓声似雷鸣，打一沟来震几沟，
打一山来震几山，鼓声震动邪魔避。
鼓声一响污秽除，村村寨寨皆吉祥！

演唱毕，端公本人解秽，放一杯水在面前，画水念咒后，将水弹洒各处以示解秽，解秽毕，端公请神享祭，领受祭品，略谓法事已做一天一夜，请神灵领受，将以上所做法事作一小结，表示承上启下。

11. **求吉祥（“兑也”）**

本段唱经内容包括求吉祥，分黑白两小段，大意如下：

吉祥如意真正好，可惜不易来人间，
众人请它它不来，只有端公能请来。
端公用馍馍请它，十二斤猪头祭它，
彩纸花山奉献它，方可将它请到场。
吉祥如意来人间，牲畜发展人丁旺。
今天村寨还大愿，请求神灵分黑白①。
白牛白羊还愿用，黑牛黑羊送鬼用。
上坛神愿须用白，下坛鬼愿才用黑。
黑白牛羊寨寨有，今天还愿用白的。
端公念唱白牛羊，黑的绝不念唱它。
代代留传有规矩，羌人要白不要黑②。

① 据说专司分黑白的神即为“兑也”。

② 羌人传说观念中，白代表美好善良，黑象征丑恶邪辟。

12. **说什么好（“尔”）**

村寨还愿时，端公为村寨说吉利话，据说能给村寨带来吉祥。故村寨每年还愿时，端公须演唱此经，大意如下：

今晚还大愿，有话我才说，
没话就不说，究竟说什么？
该说我才说，不该说不说。
说天或说地，天地说一段。
鬼神也要说，人神要说到，
说了有好处，说当官掌印，
说端公打鼓，说路路好走，
说山山常在，说水水长流。
说到手艺人，木匠与石匠。
样样都说到，今后样样好。
万事皆大吉，村寨得平安。
该说全说到，该唱都唱到。
说的不白说，说好不说歹。
说的都应验，一切皆吉祥！

13. **说劳累（“枯”）**

勉励人们勤奋劳动，不怕劳累。大意如下：

当官掌印费心机，端公不可乱打鼓。
大路要平须修整，山要常青费经营。
水要长流须疏导，庄稼要好勤耕耘。
当官掌印有劳累，端公打鼓也要累，
修整大路汗如雨，经营山水茹苦辛。
放牧放羊挨冻馁，拧麻织布手酸疼。
唱了几多苦和累，唱了苦累心了然，
唱了苦累意志坚，若说不苦又不累，

且看羌人老祖先，须知木吉热比娃，
艰苦创业多劳累[①]！

14. 说修房（“巴”）

说房屋如何修建装饰等等，大意如下：
木吉热比到人间，艰苦创业先建房。
建造房屋先选地，前后左右须看好。
动工修建先砌墙，墙头堆柴很美观[②]。
房屋须把门安好，门不安好不好看。
有了门墙安正梁，没有正梁不成房。
羌人房屋有三层，三层用处不相同。
底层用来关牲畜，中间一层人居住，
房顶照楼藏粮食。中层须挖一火坑。
火坑正中修火塘，塘边竖起石三脚，
三脚放锅做饭菜。修房须建四只角，
四角修好才壮观。中层门外独木梯，
攀登一梯上房顶，还有一梯下底层。
房顶四面修围墙，围墙须安眉毛石[③]，
远近望去都好看，房屋顶上修晒坝，
打晒粮食在此间，晒坝正面修照楼，
照楼用来藏粮食。接连照楼修照圈，
照圈上面建“那夏”，“那夏”须供五白石。
“那夏”后面安片石，片石须打五个孔，

---

① 传说木吉卓为天王三公主，与凡间羌人热比娃相爱结婚，繁衍羌人，创业人间。
② 墙头堆柴，不是住房墙头，而是住房外围墙墙头。
③ 羌人房顶围墙底层须砌一层颜色与其他围墙墙石不同的石料，远近望去特别显眼壮观，羌人把这一层石头称为眉毛石。

还愿时刻插杉杆，杉杆上面插旗子，

神灵就位多好看！

15. **唱一年十二月（“厄”）**

一般由端公师徒一问一答，大意如下：

问：正月里来开什么花？

答：正月河坝草发芽，河边地上青秀了，迎春花儿岩边开，藤子花朵都茂盛！

问：二月里来开什么花？

答：二月里来山桃花，满山遍坡正开放！

问：三月里来开什么花？

答：三月里来坡头上，倒钩刺花正飘香！①

问：四月里来开什么花？

答：四月地埂藤条茂，根根藤上挂着花！

问：五月里来开什么花？

答：五月如瓦达科花②，争奇斗艳山岩上！

问：六月里来开什么花？

答：六月地里黄金样，小麦青稞成熟了，虽不是花胜似花！

问：七月里来开什么花？

答：七月苦荞野荞花，满山遍坡正热闹！

问：八月里来开什么花？

答：八月檀香、油榨子，高山顶上开红花！

问：九月里来开什么花？

答：九月高山降霜雪，草木枯黄树叶红，山山岭岭裹红装，恰似

---

① 倒钩刺花，即七里香。

② 如瓦达科花，羌语，为一种野黄花。

披上新娘装。

问：十月里来做什么？

答：十月高山已积雪，白衣白帽巧梳妆，群山素裹连天际，转瞬严冬到人间。

问：冬月里来做什么？

答：冬月家家户户忙，杀猪宰羊迎冬天。

问：腊月里来做什么？

答：腊月里来更好看，大沟小沟结冰了，悬流恰似金银柱，阳光辉映奇景观！

问：腊月三十做什么？

答：腊月三十团年天，敬神敬祖一家欢，鸡不啼叫狗不咬，送走旧年迎新年。回想一年好事情，打算来年怎么办！

附：羌族年节简介

汶川县绵篪乡簇头、沟头等寨，因地邻汉区，新中国成立前农历十月初一的羌年已不盛行，而农历年则颇为隆重，但带有羌族特点。兹将王治国端公提供的年节情况简介如下：

腊月三十团年，当日早晨到火坟场敬祖，晚上在家中用刀头馍馍敬神，家人一起吃酒肉馍，老人勉励儿孙，半夜后到房顶敬神，送旧迎新。从房顶下来即为正月初一，青年人向老年人拜年。

腊月三十日晚上敬神，须由当家老人掌刀切敬神肉。当晚肉煮熟后，当家老人亲自切肉三片：第一片是神的，据说因神灵保佑，风调雨顺，五谷丰登，一家清洁平安，向神献肉以示敬意；第二片是祖先的，据说一年四季，劳碌奔波，家人辛苦，衣食丰足，人丁兴旺，有赖祖先保佑，向祖先献肉以示酬劳；第三片是六畜的，据说一年中六畜平安，未遭瘟疫，以肉敬六畜神；祈求来年六畜仍然平安。这三片肉切好后置于神龛上；馍馍蒸熟后，也拣三块置于神龛上，神灵、祖先、六畜各一块，其意与献肉同。正月初一出行（出外敬神的一种仪式）回家后，将这些供物从神龛上端下，置于储藏柜，到正月十五才吃，除家人外，别人不能吃。

腊月三十日晚上全家人一起吃团年肉，也须由当家老人亲自切，家有多少人切多少片。吃肉之先，即席敬神，仪式简单。当晚吃酒肉馍与平常习惯不同，以小为尊，老让小，以示家庭和睦，席间老人慰劳和勉励儿孙说："儿孙们辛苦了，一年四季，风里来雨里去，挣了钱，一家清洁平安，今晚尽量吃，明年要更加努力。"为了使家中清洁平安，老人还要说避邪话，带头举杯请家人吃酒，带头吃魔芋豆腐，表示吃掉鬼头肉，驱除邪魔妖怪，以求明年更顺利。然后老人带头请家人吃过年肉，并高兴地说："今年庄稼好，猪儿喂得肥，全家一起吃酒吃肉吃馍，欢声笑语不绝。"

吃罢团年饭后，老人说："送旧年迎新年，鸡不啼叫狗不咬时上房顶敬神！"到半夜时全家人上房顶烧香换水，以示送旧迎新，从房顶下来，已是新年正月初一，青年向老人拜年。出嫁的姑娘正月初四回娘家拜年，初八返婆家。正月初七、初八请春酒，先请众母舅，次请寨中老人，最后宴请平辈人。

16. **解罪（"助耶"）**

在正式做还愿法事之先，端公须演唱为自己解罪，大意如下：

端公本来无罪过，万一有罪归咎谁？

此人就是木勿歪[①]，他在桌上铺桌帷，

---

① 木勿歪，羌语，人名，传说汶川县绵篪乡羌区古代一位女端公，羌语称为"吉比诗卓"，为当地嘉绒藏人。生于何时不详，新中国成立前这位女端公诞辰之日，当地端公必至其墓祭奠，传说她擅长扯索卦，卜算吉凶，并据此决定禁忌事项和所做法事。新中国成立前当地的羌族端公扯索卦，按十二段卦词解卦，就是这位女端公传下来的。新中国成立后绵篪乡和平大队尚有一位羌族老端公精通此术，1982年这位端公病死，索卦失传。

件件法器放桌上，向着日月扯索卦[1]。
然后教人做法事，我做法事倘有罪，
罪过不在我端公，罪过来自木勿歪。
众人请我做法事，杀了一些猪羊鸡，
我在这里还大愿，杀鸡宰羊不可免，
这些都是古来兴，倘若有罪莫怪我！
我的皮鼓很干净，砍来杉木做鼓圈。
山上藤条做鼓心，山中杂木做鼓手。
鼓槌竹根十二节，鼓皮本是白羊皮。
我做法事很当心，打鼓念经从莫错，
端公好比庄稼人，犁地一犁接一犁，
打土一锄连一锄，我做法事没有罪，
向神还愿按古规，一身清洁又整齐，
头戴猴帽穿法衣，一手握住羊皮鼓，
一手拿着击鼓槌，腰拴带子脚穿鞋。
衣服四角盛青稞。
端公主持还大愿，不是为了图吃喝。
未做法事先忌嘴，不吃葱蒜与马肉，
马皮从来不曾踩，端公实在无罪过，
诸位神灵均到场[2]，请说几句公道话，
大小愿信还得多，你们说我犯何罪？
要说端公有罪过，只有冒充端公者。

---

① 传说木勿歪扯索卦时必选择有阳光或月光的时候进行，表示日月所照，光亮所及，可以洞察一切隐秘幽微，当着日月扯索卦，可以卜算出一切吉凶祸福。

② 在本句之末，依次呼叫远近各地地盘业主神名，整理时为避免在唱经中梗阻，将其移到最后。

胡乱制鼓到处敲，不懂经典随便唱。
世间多有造孽者，然而端公可无罪！
须知当官人有罪，罪在判案不公正，
百姓不断打官司，冤案一天多一天。
百姓养牛牛有罪。牛的罪过从何来？
主人割草饲养它，乱吃乱踩有罪过。
百姓养羊羊有罪，须知羊过从何来？
羊子放牧山坡上，乱吃庄稼有罪过。
猪有罪来鸡有罪，猪鸡罪过从何来？
猪吃饲料洒遍地，鸡乱飞来又乱抓。
牛羊猪鸡皆有罪，杀了敬神理应当！

现将各地地盘业主神排列如下：

地名	当地地盘业主神名	在今何地
成　都	子也木耶	成都
灌　县	多甲	都江堰
白　沙	白沙比亚	在都江堰境
龙　溪	龙溪多甲[①]	在都江堰境
娘子岭	娘子白士（为一道士）	在汶川县境
映　秀	独格查则	在汶川县境
兴文坪	玉祖坛甲	在汶川县境
桃　关	扯得扎不	在汶川县境
大叶坪	等宣木甲	在汶川县境
羊　店	萨十合甲	在汶川县境
绵　篪	哈苏子也莫耶	在汶川县境

① 都江堰龙溪羌人称尤溪。

白玉乐	白枸于甲	在汶川县境
板　桥	巴古陆甲	在汶川县境
磨刀溪	木独王桂	在汶川县境
七盘沟	萨巴比亚	在汶川县境
威　州	则叟叟麦吉	在汶川县境

17. **说箭（“色士”）**

每年秋收后还愿中须还箭愿[①]。此为请箭神时演唱。大意如下：

别的树种我不撒，箭杆树种我才撒，
一岁长到十四岁，可以砍来做箭杆。
此树不是非凡树，树梢长得像王冠，
枝桠甚多密麻麻，叶子长得像耳朵。
树干挺拔甚雄壮，树根好似长尾巴。
山中箭树谁作伴？野牛鹿子和岩羊，
还有獐麂常来往。
箭愿须在鸡叫还，天不见亮就上山。
野牛息在杉木林，上山还愿惊动它，
摇头竖尾磨牛角，发出叫声忙奔跑。
山驴栖身桦木林，岩羊息在岩上边。
獐子息宿无定处，麂子栖身在竹林，

① 新中国成立前每年农历八月初一还大愿中做此法事。在做法之先，做好三支箭。端公通白说：今晚还三支箭，第一支箭还阿爸木比塔，第二支箭还当地地盘业主神，第三支还火神，并请火神通报其他二神（据说火神是通报神）。端公已砍了箭树，做好了箭，现在还箭愿开始。此时一些人带两支箭到房顶，端公在房内问：“箭射上来没有？”房顶的人答：“射上来了！”然后将房内一支还火神的箭烧了。带到房顶两支还天神和地盘业主神的箭，在房顶烧掉，表示还了箭愿。在还愿时端公和主人（即当年的村寨会首）都须躲神箭。据说还箭愿是祈求村寨的人不受暗箭的伤害，可以避免意外的灾难和病害。

红嘴老鸹栖碉楼，乌鸦栖息在树上，
大小长蛇藏洞中，端公今晚还箭愿，
尔等不得来扰乱！

18. **请各地地盘业主神和祖师（“折”）**

还鸡愿、羊愿时均须演唱此段，先请从成都经都江堰到威州等地沿岷江河谷古大道上一些著名城镇村寨的地盘业主神，再请端公祖师。因前面唱经已有此内容，兹不赘。主要是向神灵说明，还愿是代代相传的，众人诚心诚意还愿，不是好愿不还，端公还的是好愿。

19. **还杉杆或桦木杆愿（“波”）**

羌人还愿时须上山砍回杉杆或桦木杆，这种树杆须有五至九根枝椏，由端公裁纸做旗插在每根枝椏上，将杉杆或桦木杆插于房顶石碉处，表示还愿请神灵登位。在插杉杆或桦木杆时，端公演唱，说明杉木、桦木长大了，一岁长到十四岁，现在用来还愿，其内容与前面第七段“不灰”基本相同，兹不赘。

20. **说牛（“俄”）**

即说还牛愿。羌人还愿有鸡愿、羊愿、牛愿三种。每年秋收后还愿，一般为鸡愿、羊愿，牛愿为特大愿，新中国成立前每隔三四年还一次。还鸡愿时也杀羊，还羊愿时必杀鸡或放鸡，二者很难区分，故羌人说，羌人还愿，鸡愿、羊愿。还牛愿时不仅杀牛，也杀鸡杀羊或放鸡。还牛愿时端公必演唱此经，大意如下：

木吉热比到人间，带来神牛一大群①。
其中一头大牯牛，膘肥体胖很好看。
一岁长到十四岁，不供乘驮不耕地，

① 传说天王阿爸木比塔的三公主与凡间羌人热比娃相爱，他们在天宫结婚时，天王陪嫁木吉以神牛，故羌人说牛是木吉卓和热比娃从天上带到人间的。

任你驾上犁和耙，神牛乱跑毁农具，
一旦让它供驮乘，损坏东西把人伤，
不耕不驮怎么办？杀来还愿理应当！

21. **天亮还愿（“索”）**

为天亮正式还愿作法唱经，大意如下：
天将破晓天门开，天门开了谁知道？
神灵知道鸡知道，鸡将啼端公知道！
天破晓时人睡醒，手拿农具到野外。
树上雀鸟到处飞，野兽林中忙奔跑。
兽奔鸟飞为何事？营巢觅食须当早。
一年一度天门开，端公开始还愿了！
还愿时刻须杀牲，我请铁匠把刀打。
铁匠打刀需用铁，哪里才能置到它？
一男一女到处找，京城地方买到它。
万里迢迢骡马运，运回送到铁匠家。
大家商量打什么？决定先打还愿刀，
杀牲还愿不可少。须打一把端公剑，
作法念经不离它。再打一些刀和针，
家用避邪都需要。农用家具须打制，
弯刀锄犁和斧头。炉火熊熊将铁炼，
样样铁器都打成。
还愿时刻须修路，修好神路迎神灵。
请来能干小伙子[①]。肩抬杆子手拿斧，

① 传说修神路的能干小伙子中以“氐白子”和“白格色子”二人最著名，端公还愿修神路，必请他们。

还有弯刀与锹锄，逢坡修路沟搭桥，
一直修到雪龙包[①]。雪龙包有千年雪，
路断无人鸟兽绝。莽莽丛林参天树，
管它杉林盘香林，还有大片桦木林，
伐木开山把路修。倘遇悬岩临大溪，
伐木凿石造扁桥[②]。经过一番努力后，
雪龙包到神树林，再到会首家门口，
一条神路修通了。此路胜比御道好，
往来方便又壮观！
还愿刀子很锋利，神路畅通无阻挡，
端公杀牲还大愿，远近神灵来领受。
个个神灵心欢喜，保佑村寨添人口。
六畜兴旺财源茂，清洁平安无灾难！

22. **吃砸酒（“谷谷维”）**

因还愿花费了钱财，故还愿的次日须在会首家中和村寨神树林中举行招财仪式。此两处各备砸酒两坛（事前由会首准备，做砸酒的粮食由寨人凑集）。每处男女各一坛，众人围坛而坐。吃砸酒前，端公击鼓演唱，说明酒的制作由来。大意如下：

要有说的我才说，要有唱的我才唱，

---

① 雪龙包，地名，为都江堰、汶川、理县和大小金川等县间的大雪山，传说羌人祖先木吉卓和热比在天宫结婚下凡时居住于此，故雪龙包被羌人尊为神山、圣山，据说还愿请天神到人间享祭时，也由天上到雪龙包，再到还愿村寨，所以还愿时须修一条到雪龙包的神路。

② 羌人居住高山峡谷，不少山间交通要道，有的被悬岩大溪所阻。羌人在悬岩大溪旁石壁上凿若干高低距离相等的大洞，然后将一支大树杆的一端横插入洞中。这样在悬岩绝壁上便有一排横木，并在此横木上先放长树条，再放树桠、草秆，最后堆放泥土并压牢，这样就把道路连接起来，这种无桥墩桥基的悬空桥为扁桥。

没有说的我不说，没有唱的我不唱，
不唱天来不唱地，听我唱个吃砸酒。
说起砸酒不一般，我向众人说一番。
要有清泉要有柴，还须青稞和麦子。
青稞麦子从何来？此事说到老祖先。
木吉热比到人间，带来青稞和麦种。
播种须在大田里，还须种在好地上。
播种时刻是八月，下种不久寒冬到。
寒冷干燥难生长，冬雪一压方发芽。
正月插针苗出土，二月长叶苗发篼，
三月清明叶正茂，四月拔节往上长，
五月怀胎出穗子，六月成熟遍山黄，
夏日炎炎日正长。木吉热比甚匆忙。
一日二人出大门，不觉来到息气坪，
过了小沟和小坡，来到青稞麦地里。
二人地里仔细看，果然庄稼成熟了，
准备收割吃新粮，新粮煮酒味道好。
腰别镰刀肩挂绳，起早摸黑好几天。
镰刀飞舞银光闪，颗颗汗珠滴土中。
二人本领真高强，割上三刀便一把。
三把足够一大捆，十二捆来足一背。
然后捆上牛皮绳，打成背子往家背。
过沟过坡又过桥，背进家门房顶放，
收割完毕上晾架。晾了三天又三夜。
青稞麦子晾干了，再用铡刀将头去，
堆放屋顶墙四边，堆了三天又三夜，

麦子铺成一行行，挥动连枷反复打，
再用风车把麦扬。粒粒青稞粒粒麦，
颗颗粮食酬辛苦！青稞麦子打完了，
背篼装好背下房，过梯入门进堂屋，
倒入柜中好储藏。藏了三天又三夜，
升斗打出用水洗，洗净再用大锅煮。
煮好还须晾一阵，放入酒曲和均匀，
放入囤内好发酵，三天三夜发酵了，
舀入坛内用泥封。七天七夜再开坛，
满屋扑鼻香喷喷，品尝酒味甜如蜜。
先敬阿爸木比塔，然后村寨众人吃！

中坛经八段：

1. **祸从天降（“莫打阿白”）**

丧事唱经之一，大意如下：

这位老人去世了，主家遭逢大灾难。
须知世人皆有死，未闻有谁可豁免。
世间生死本相连，有生必定也有死。
据说生就欠死债，死债到头总要还。
此债不比平常债，金钱财物不可偿。
纵有金山和银山，清偿死债哪可期。
须知生死皆天降，不可改变不可免！

2. **说死者生前功劳苦绩（“雪阿日”）**

丧事唱经之一，大意如下：

老人生前很能干，内外操持全靠他。
好比一颗大星星，走到哪里哪里亮，
高山河坝常见他，收种庄稼放牛羊。

房顶那夏常见他，打晒粮食忙生产。
敬神还愿插杉杆，修造房屋安正梁，
火坑火塘立三脚，件件桩桩不离他，
独木梯子老人安，上下房顶可攀爬，
敬神劳动皆方便，堂屋柜房他操持。
安放家具储粮食，样样安排很周到，
老人一生很能干，猪膘油饼吃不完，
还有陈粮陈砸酒，牛羊猪鸡关满圈，
又肥又大有数群，老人朝夕常饲养。
老人儿孙已满堂，养育后代颇有方，
可喜子孙个个贤，如今成人立门户，
老人功劳苦绩多，子孙后代永不忘！

3. **说病愁（“得愁日”）**

说人老生病，愁眉苦脸，丧事唱经之一，大意如下：

人老生病气奄奄，愁眉苦脸体不安。
好像乌云遮月亮，又似大雾蒙太阳。
人老生病常忧愁，上山愁来下山愁，
过桥过水更忧愁，愁肠寸断几时休！

4. **躲病（“堵日克”）**①

丧事唱经之一，大意如下：

魔鬼缠身人患病，躲去魔鬼病自除。
羌人躲病有规矩，首先躲到母舅家，
次躲家门房族家，再躲亲戚长辈家，

---

① 羌人认为魔鬼缠身使人患病，如病者离开自己的家，暂时换个地方居住，则可摆脱魔鬼勒绊，以消除疾病，史籍记载古羌人有“闪病”之俗，殆即指此，汶川县绵篪簇头、沟头寨羌人，新中国成立前仍保留此习俗。

最后躲到平辈家，离家躲魔多应验，
疾病多有消除者。老人患病已多时，
作法吃药皆不应，儿女为他想办法，
应躲之处皆去过，无论老人躲何处，
魔鬼总是紧跟随，昨天老人去世了。

5. **诀别（“格戛日克”）**

丧事唱经之一，大意如下：

不到别时竟永诀，别后众人长悲戚，
老人去世如此快，原是无可奈何事，
离别村寨与家族，离开长辈和亲朋，
抛弃儿女和子孙，孑然一人离去了。
家门愿你久团聚，亲戚愿你长寿考。
儿女孙子依恋你，生离死别肝胆裂。
疾病使你离人世，请你心里别难过！

6. **唱死者穿戴（“孤土”）**

丧事唱经之一，大意如下：

老人一生颇操劳，常年地里山上忙，
勤爬苦做度日子，买田制地兴家业。
生儿育女教养好，收圆打发立门户，
儿孙发达又能干，老人生前很孝顺，
敬母舅来爱父母，个个长辈送归山。
如今自己去世了。家门亲戚来吊孝，
村寨邻里亦哀伤！老人即将归山去，
穿戴之物不可缺。头上须戴红绸帽，
身上须穿绫罗缎，腰间要拴红绸带，

脚穿白袜与素靴，腿缠葱白布裹腿①。

7. **赞灵房（“牛约克”）**②

丧事唱经之一。大意如下：

这座房子真漂亮，四根柱子立得牢，
四方板壁装得巧，四只翘角翘得高，
屋脊宝顶颇雄伟，一只雄鸡站顶上，
灵房好比雪山高，灵房犹如雪山白。
儿女将你送归山，把你送到祖茔上，
你与祖先在一起，同吃同住同生产。
望你永保儿孙好，兴旺发达无灾难，
一代胜比一代强！

8. **招财（“勒勿埃”）**

因办丧事花费了钱财，故在丧事结束时做招财法事，以便把花费的钱财招回来。

法事开始，一人手握长杆，将灵房顶上站的公鸡打下，表示端公为丧家招财，接着众母舅为孝子披红，绕灵房三周后回家，将公鸡置于堂屋神龛供娘娘神处，孝子戴的白孝帕也放在此，表示转忧为喜，死者的子孙兴旺发达，众母舅送给丧家的猪油放到柜旁（即储藏室），表示将花费的钱财招回来了，因法事和唱词均琐细，故从略。

---

① 此唱经中说的穿戴为男性死者的穿戴之物，女性死者的穿戴为：头上须包花白帕，身上穿着葱白衫，腰间须拴白绸带，脚穿白袜与花鞋，腿缠葱白布裹腿。

② 新中国成立前羌人丧葬时须为死者修造灵房，一般为木结构一层房间。较富裕的人家则为木结构三层楼房，有房柱十六根，端公和吊丧人可任意在一二层楼上跳动而不致损坏倒塌，帮修灵房的木工为义务帮工性质，丧家仅供酒食。

下坛经十二段：

1. **说消灾（“质”）**

为下坛法事首段，先唱“笛雪儿匹”[①]，说明还愿来源。然后再唱“质”，大意如下：

作法消灾木吉兴，古规古训须遵行。
不念经咒不作法，灾难岂能自消除。
五谷丰登要消灾，消灾风调雨又顺。
人畜平安须作法，作法人畜皆兴旺。

2. **打仗（“迟”）**

羌人意识中的打仗含义较广。凡父子兄弟不和、夫妻不和、婆媳吵架、邻居不睦、做官人抢权夺印等，都称为打仗。这段唱经借历史上羌汉之间一场战争经调解而停止后双方和睦相处的故事进行演唱作法，以消除家庭不和，防止吵嘴等事发生，大意如下：

从前羌人未做官，羌地皆归汉官管，
汉官勒索摊派重，逼得羌人来造反，
虽然羌人未做官，然而羌中有头人，
松潘羌地一头人，名叫日遮比亚立，
集合松地众羌人，屯聚兵马万万千，
号召大家齐鼓劲，打倒汉官享太平，
打仗需要好武器，刀矛弓箭准备足，
打仗必须带干粮，每人九斤不可少，
随身携带九斤蒜，作战行军做菜吃，
听说汉官胆小鬼，摆出武器吓唬他。

① “笛雪儿匹”，见上坛经二段，兹从略。

弓须五排箭五丈，草鞋须要五卡长，
这些东西准备好，到时自有妙用场，
经过一番准备后，日遮立即把令下，
松潘发难往南打，直抵成都方罢休！
兵马首先打平房①，一股作气无阻挡。
平房一过是茂州②，茂州汉官来阻截，
打了三天又三夜，汉军败溃到纵渠③。
打罢石鼓打文镇④，文镇守军来拦击。
连续战斗三日夜，汉军败溃抵威州⑤。
威州本是一重镇，驻军统帅叫天寿。
天寿统军来迎战，鏖战不久败汉军。
威州以南七盘沟⑥，当地官员名比亚⑦。
率领地丁来相阻，阻止不住到板桥⑧。
板桥官员是于优。拦住去路不放行，
打了一仗冲过去。板桥以南绵篪镇⑨。
木格天寿来迎截⑩，战斗进行三日夜，

---

① 平房，地名，为古构茂大道上一羌寨，今属松潘还是茂县不详。
② 茂州，地名，为古代川西北羌地军事政治重镇，即今茂汶县城。
③ 纵渠，地名，为古羌寨，在今茂县城南十五里。
④ 石鼓，地名，今茂县城南石鼓乡，文镇，地名，为古羌寨，今茂县南兴乡。
⑤ 威州，地名，为古代川西北羌地重镇之一，即今汶川县城。
⑥ 七盘沟，地名，古羌寨，在今汶川县城南十里。
⑦ 当地官员名比亚，传说成都到松潘古大道上重要羌寨的所谓官员，都不是汉官，而是汉官任命的当地头人，如后来地保、乡约之类。以下各寨的所谓官员，皆属此类性质。
⑧ 板桥，地名，古羌寨，在今汶川县七盘沟以南。
⑨ 绵篪镇，地名，为古代川西北羌地重镇之一，即今汶川县绵篪乡。
⑩ 木格天寿，人名，传说为绵篪镇驻军首领。

羌兵到达大叶坪[①]，当地官员名蒙甲，
交锋不久就败阵，然后来到兴文坪[②]，
官员曹甲见兵到，仓猝应战力不支，
顺利前进到印秀[③]，印秀官员名扎塞，
阻截无效让开路，兵马直抵娘子岭[④]，
岭上有座大道庙，道士长老不阻拦，
羌兵迅速抵龙溪[⑤]，当地官员名足甲，
带领地丁来阻击，阻击失败到荣关[⑥]，
荣关官员名长补，急忙出面来相阻，
阻挡不住抵白沙[⑦]。白沙官员名比亚，
忙召地丁来相抗，羌兵一直抵灌县，
当地军官是多甲，联合比亚抗羌兵，
羌兵被阻坚城下。
双方兵马屯灌县，势均力敌成拉锯，
此时人困马又乏，一时胜负难分晓，
于是请来调解人，双方议和息纷争，
谁知汉官很阴险，议和原是缓兵计，
一俟援兵到灌县，多甲比亚就翻脸，
立即下令往上打，驱赶羌兵回松潘，

---

① 大叶坪，地名，古羌寨，在今汶川县绵虒乡南。
② 兴文坪，地名，古羌寨，在今汶川县大叶坪以南。
③ 印秀，即映秀湾，地名，古羌寨，为今汶川县南部重要工矿市镇。
④ 娘子岭，地名，古羌寨，为汶川县南部接近都江堰一重要关隘。
⑤ 龙溪，地名，古羌寨，今属都江堰市龙溪乡。
⑥ 荣关，地名，古羌寨，今属都江堰市。
⑦ 白沙，地名，古羌寨，今属都江堰市。

日遮见势很不利，率领羌兵赶快撤，
一气撤退到荣关，马不停足不下鞍，
所幸沿途关隘地，防守松弛少戒备，
一见羌兵威凛凛，或逃或让不追击。
日遮兵马过茂州，守城汉军颇吃惊，
待到日遮已北去，汉军出城来追击，
日遮兵马回松潘，伤亡数目并不大，
当地羌众来迎接，杀牛宰羊吃砸酒，
正在劳军庆凯旋，谁知战云绕松潘，
茂州汉军到达后，沿途关隘众官员，
奉命统兵来松潘，欲与日遮较长短，
日遮立即发号令，召集松地诸羌人，
同心协力御汉军，不容羌地遭侵犯，
汉军冒失入羌地，不服水土人地生，
几个回合皆败溃，主动派人来和议，
日遮质问来使说：议和是假还是真？
为何前议不作数！使者回答日遮说：
前番羌兵屯灌城，无可奈何才用兵，
此次议和是真诚，和议一成便撤军！
最后和议实现了，双方心平气和说：
过去羌汉要打仗，为争边界夺地盘，
今后大家息纷争，同化干戈为玉帛，
互相往来互相帮，互通有无做买卖，
红白喜事有问聘，酒席筵前有祝贺，
桥梁道路共修建，大道畅通人称便！

3. **送六畜鬼（“鄂”）**

新中国成立前羌人家中发生瘟疫，请端公打太平保护时演唱[①]，大意如下：

六畜鬼怪太可恶，牛羊猪鸡被你毒。
主人辛苦养牲畜，你来作怪造瘟疫。
你的危害实在多，牛犁地时断绳索。
眼看鸡雏快长大，你叫老鹰来叼捉。
端公赶你阴山后，永远不能再回头！

4. **送怪物（“勒”）**

由于羌人不了解各种自然现象发生的原因，把那些不常见的自然现象称之为怪事、怪物或精怪。据说凡出现各种不正常的自然现象，即象征不吉祥，会招来灾祸，还大愿时，为防止村寨出怪事招来祸患，必须请端公演唱作法禳解。演唱时还须配合一种巫术仪式活动，将荞面做成各种形状的怪物，将它们送到三岔路口（称为送花盘）以解厄，唱经内容和大意如下：

本寨家人不顺遂，各种怪事累发生。
公鸡跳上房顶啼，猫头鹰飞屋脊叫。
长蛇窜入房屋里，新旧房屋发霉了，
云雾绕屋不散消，这些怪事发生后，
寨人迟早要遭殃，大人小人生恶疮，
医治不灵药不应，鸡生鬼蛋鸡吃蛋，
蜜蜂一天分两桶，猪生五崽羊三崽，

---

① 端公演唱配合一种“送花盘”的巫术仪式，将事先用黄泥捏的人、小鸟窝、螺蛳和麦面馍馍放在一个宽大的木板上，由一人端着，送往离村寨较远的十字路口，表示赏给六畜鬼吃，让它们远走。此时主人全家每人手持藤条树枝，拍打叫骂，并抓一把灰撒向端木板的人，表示赶走了六畜鬼。

狗生七崽无人养，青稞麦子出双穗，
出门遇见蛇绞绊[1]，割草看到疙瘩藤[2]，
所有这些不祥事，件件都是怪物精。
端公拿出九根绳，捆住怪物不放松，
再拿九根连环扣，扣住抛到阴山后，
从此寨人得安宁，吉祥如意无灾难！

5. **消灾（“则”）**

新中国成立前羌人家中如遇三灾八难，则请端公作法消灾。据王治国端公说：一年有灾，月月有降，称为年灾月降。引起灾难的原因是“逢冲”。如家中有属龙属狗的人。此二人即“逢冲”。会出现灾难，需要消灾。

还有因时日的属相不同，据说每月有两天不吉利，如这两家中出现什么灾难，也须要消灾，如正月属龙属狗日，二月属猪属蛇日，三月属鼠属马日，四月属牛属羊日，五月属猴属虎日，六月属鸡属兔日……

还依各人的生辰属相不同做消灾法事。如正月属鼠的人，二月属牛的人，三月属虎的人，四月属兔的人，五月属龙的人，六月属蛇的人，七月属马的人，八月属羊的人，九月属猴的人，十月属鸡的人，冬月属狗的人，腊月属猪的人都要消灾。

端公根据年月生辰属相推断主家有什么灾难后，即作法演唱。大意如下：

主家今年有灾难，扎个草人来替代，
灾难扫到阴山后，让它永远不回头，

---

① 蛇绞绊指两蛇交配，羌人认为见此不吉祥。

② 羌人认为藤子打了疙瘩是“怪物”，不吉利。

灾难脱体如脱帽，又如脱衣与脱鞋，
从此遭难人得救，主家清洁又平安。

6. **除家怪（“米亚”）**

据说“米亚”为羌人家中一种类似鬼的怪物，如家中有“米亚”，则怪事不断出现。其表现如老鼠到畜圈里咬牛羊猪，据说牛羊猪被咬时不叫不跑；再如家中粮食不经吃，东西不耐用，经常损坏家具用具等。新中国成立前羌人家中如认为有“米亚”。须请端公作法驱除，其作法演唱的大意如下：

米亚米亚藏何处，端公作法将你找，
鼓声阵阵将你寻，找到一定不客气！
或让马蹄踩死你，或请老鹰来啄食，
你使鼠咬牛羊猪，我在圈中挂驴头，
还挂马头与乌鸦，它们一叫吓死你①，
叫你永远不回头！

7. **解罪（“助耶”）**

即端公为自己解罪，见上坛经十六，下坛亦须演唱此段，但声音语调不同，上坛是向神唱，语气和缓，结束时须说好话；下坛是向鬼唱，语气凶狠，结束时须咒骂鬼怪。

8. **送口嘴（“蔑”）**

凡婚丧一类人事唱经皆属中坛，故此段应为中坛经之一，但王治国端公列入下坛。

新中国成立前，羌人认为某家或某人背地被别人议论时，议论的话往往会应验，如议论了好话，被议论的人日后必有吉祥；如议论了

① 新中国成立前羌人家中牛羊猪在圈中被鼠咬后，须找驴头、马头（驴马头骨），并打一只乌鸦，端公作法时挂于圈中。据说“米亚”最怕驴、马和乌鸦叫声，可以将它吓跑。

坏话，被议论的人日后必遭祸殃，则必须请端公作法预为消除，羌人称为“送口嘴”。

羌人请端公送口嘴，一般是办喜事（主要是办婚事）之后，据说办婚事时有人说好，有人说坏，故办婚事后，请端公送说坏话的口嘴，大意如下：

主家今年办喜事，四门亲戚全到齐，
宾客众多话就杂，有的说好有说歹，
说了好话固然好，端公今天感谢他。
说了坏话怎么办？端公将它全送走。
说了好话当答谢，端公好话来相还。
说了坏话可不好，端公照样奉还他，
远方来的还远方，近处来的还近处，
寨上来的送寨上，寨下来的送寨下，
亲戚来的还亲戚，邻朋来的归邻朋，
无论好话与歹话，哪来哪去端公送！

9. **送妖精（“里依”）**

新中国成立前，羌人认为耸入云霄的高山上有“妖精”，如晴天在高山上鸣枪后，立即落一阵细雨，随即泛起一层薄云，在阳光照射下，遍山出现簸箕状的虹，羌人称为“里依”即妖精。据说高山上的里依被猎人吼叫、打口哨或枪声惊动以后，往往尾随猎人之后到人间。“里依”一到人间便不愿回去，它很喜爱花。人间一年十二月都有花，它一年十二个月都在人间观花。村寨姑娘们在一起吹口琴（一种竹制口琴）时，往往会引诱它来村寨，如果它逗留村寨不走，村寨中也会发生怪事，故须请端公将它送走，羌人认为，这种妖精非鬼非神，介乎鬼神之间，故端公对它亦与对待鬼神有别，既不迎请，也不打骂，而是善言劝走，新中国成立前羌人打保护时须作法演唱送“里依”，大意如下：

里依本来住高山，猎人惊动到人间。
一到人间就不走，留恋人间有花看，
人间月月有花开[①]，里依长期不归山，
端公作法请你走，仍旧回到高山去，
高山胜比人间好，需要什么全不缺，
参天杉林是住房，红黄绿叶做衣裳，
山野青稞是粮食，朵朵乌云运水来，
山上藤条做绳子，遍山桦林柴不缺，
不用牵牛上山去，野牛犁地很带劲，
高山不必养牲口，野驴便是好坐骑，
山羊绵羊不能去，高山岩羊盘羊多，
公鸡母鸡不逮去，盘香林中有野鸡，
人间本是人居住，你的住处在高山，
假如你是什么神，我送你到神山去，
假如你是什么仙，我送你回仙山去，
但是请你牢记住：到了高山别回头，
你的住地不住人，人的住地不容你，
须知送你在今天，风吹来的风吹去，
飞下来的飞回去，走路来的走回去，
好东好西奉请你，吃饱喝足好走路！[②]

10. **收鬼（“模”）**

又名送血光，新中国成立前羌人认为，魔鬼使人生病，治病必请端公收鬼，作法演唱“模”，大意如下：

---

① 人间月月有花开，端公作法演唱时须唱一年十二月中每月开什么花，见上坛经十五，兹从略。

② 端公击鼓演唱时燃柏枝，并撒麦面、青稞籽和麦籽，表示请“里依”吃饱回高山。

传说鬼与人相似，有家室，有父母子女。有一鬼家，父名“木比子孙”。母名“木米亚俄夸”，儿子名“朵固”，女儿名“朵扯”，据说从前鬼与人共处，且交往密切，甚至同做一件事情，尽管人与鬼同做一事，但做法却不同，假若人不把鬼事人事区别开来，错把鬼事当人事做，人就会受害。羌人中有一个聪明能干的小伙子名叫“优默格补”，善于从区别鬼事和人事中识破魔鬼，勇敢地同魔鬼战斗，无论魔鬼怎样变化，施展什么伎俩，他都能识破，并能用恰当的办法对付，最后终于制服了魔鬼。

11. **乃尔（“尔”）**

为羌传说中一木匠的名字，据说乃尔是一个很聪明能干的小伙子，后被阎王害死，这段唱经为中下坛经，除下坛法事演唱外，婚事和冬腊月安神、修房建屋等，均可演唱，大意如下：

传说乃尔的母亲十八岁时生他，乃尔十岁时学木匠，不久将木匠手艺全学会了，一次乃尔上山，一杉林中砍杉木，砍毕用绳捆住往下放。木料本应从杉木沟放下来，但因山岩阻隔，木料放到了鬼槽沟，从鬼槽沟放下来，木料落到阎王门口，阎王问哪里的凡人这样胆大，敢把木料放到他家门口，当他知道砍放木料的人是乃尔后，设法把乃尔骗去替他修房，最后把乃尔害死。

12. **解梦（“司”）**

羌人认为，人有灾难多恶梦，新中国成立前羌人做了恶梦须请端公解梦，以消灾解难，每年村寨打太平保护时，须演唱解梦，由端公师徒一问一答，徒弟代表主人，大意如下：

端公请问主人家：你说梦多梦不好，昨晚做了几场梦？

主人回答端公说：昨晚恶梦做三场，梦了又醒醒了又梦，两次三番梦不好！

问：昨晚你做什么梦？

答：梦见头上三堆雪，脚踩黄刺和青刺。

问：你还做了什么梦？

答：梦见雪山宝顶塌，几座大山齐倾崩，山上树木全倒了！

问：你还做了什么梦？

答：梦我坐在红锅里，红黑铧头脚上穿！

问：你还做过什么梦？

答：梦见我家中梁断，梁上神旗已撕破，梁摧旗破很不好！

问：你还做过什么梦？

答：梦见羊子被豹咬，大鸡小鸡被鹰叼，河水消退井枯干！

问：你还做了什么梦？

答：梦见神龛灯台倒，龛下蜡烛熄灭了！

问：你曾请人解梦否？

答：为了解梦消灾难，请来道士与和尚。

道士和尚把经念，恶梦未解灾未消。

接着再把喇嘛请，喇嘛解梦不见效。

如今又把端公请，请来了“索加比西”。

“锡祖呷里锡比祖”①，三岔路口去解梦。

梦见什么解什么，解去恶梦来好梦！

端公再问主人说：昨晚你可曾做梦？

主人回答端公说：昨晚做了三场梦，一个更比一个好！

问：究竟做了什么梦？

答：头上没有三堆雪，不踩青刺黄刺了，昨晚我的梦兆好！

问：你还做了什么梦？

答：梦见老鹰飞得高，老虎豹子长新牙！

---

① 二者均为端公始祖，最擅长消灾解难。

问：还做了什么好梦？

答：梦见雪山宝顶高，大山稳坐不动摇，遍山树木皆青秀！

问：你还做了什么梦？

答：梦里不再坐红锅，红黑铧头也不穿，如今我的梦兆好！

问：还做了什么好梦？

答：梦见中梁粗且壮，梁上神旗已全新。

大河水涨小河满，井水不枯清且甜。

最后且听端公说：主家三灾八难除。

犹如脱帽脱衣服，好比解带解鞋子。

恶梦解去好梦来，主家清洁又平安！

摘自钱安靖：《羌族和羌语支各居民集团宗教习俗调查报告》，四川大学宗教学研究所油印本，1987 年 12 月。

8. 理县蒲溪乡大蒲溪寨巫师唱经①

理县蒲溪乡大蒲溪寨王真元端公，新中国成立前擅长做下坛法事，唱下坛经，此次调查访问中，以他为主，演唱完毕下坛经后，又演唱了几段中上坛经，一并整理如下：

下坛经十二段：

1. **请神解秽（“洼远”）**

法事开始，陈设刀头敬酒，燃香点蜡，端公边裁纸做旗边唱：

自从世间有了人，传说端公便产生。

端公本领我练就，众人有事将我请。

① 此唱经调查时间为 1984 年 6 月下旬，调查地点在理县蒲溪乡大蒲溪寨王真元家中。调查人为四川大学宗教学研究所钱安靖、马庆川，理县文化馆干部（嘉绒藏族）杨香花（女）。调查对象王真元，男 79 岁，羌族，端公；韩廷玉，男，62 岁，羌族，端公。由中共理县县委招待所干部（羌族）王定湘翻译、钱安靖整理。

主人家中不洁净，邀我前来做法事。
现在法事已开始，头一件事裁白纸。
边裁纸来边做旗，请求神灵来帮助。
一切污秽须扫除，邪魔妖怪赶出去！
主家请我做法事，我到西天求佛祖，
借来铜锤和铁榨，还有金铃羊皮鼓，
猴皮帽子和响盘[①]，这场法事方奏效！
件件法器已齐全，解除污秽不为难，
主家如有不洁净，请来神灵除污秽，
若有妖魔藏主家，挥舞法器将它赶！
请天神山神树神，岩神地神房屋神，
白石神门神家神，请火神灶神水神，
天地君亲牌位神，福禄财神皆降临！[②]
裁纸做旗毕，端公手执一杆纸旗对着病人唱道：
你家请我做法事，要用纸旗敬神灵，
所有神灵均请到，众神给我这杆旗，
将它插在你枕上，定能治好这场病。
你睡觉时旗不睡，魔鬼不敢近你身，
这杆旗子威力大，妖魔鬼怪被赶走！

---

① 端公的神杖，蒲溪乡羌族称为“克必瓦”。传说此杖由铜锤、铁榨榨、金铃组成，来自西天佛祖，是“威力无比”的法器之一，端公做下坛法事必执此杖。羊皮鼓，蒲溪乡羌语称为“恰雅必不”。猴皮帽，蒲溪乡羌语称为“如扎达”或“如拉必扎达”。响盘，蒲溪乡羌语称为“成扯”。

② 天神，理县蒲溪乡羌语称“蒙达必色”；山神称“苏色”；树神称“坡色”；岩神称“热阿色”；地神称“如埃色”；房神称“几色”；白石神称“洛正色”；火神称“蒙色”；灶神称“注者色”；家神称“里亚几色”；门神、天地君亲师牌位神和福禄财神等，乃汉化影响所供之神，无羌语称呼。

击鼓对着病人演唱，使病人感到端公“法力无边”，“神通广大”，对治病抱有信心，一时精神振奋。然后端公再唱：

佛祖那里借石头，收石足有千斤重，

十六那天到西天，十八方才返人间①。

皇帝面前举石头，本领高强受称赞，

听说主家有病患，皇帝许我来作法。

法事一做妖魔惧，驱赶鬼怪并不难。

请罢西天佛祖神，再将雪灵堡神请②。

它有万年不化雪，还有神水驱病魔。

请来公神“足汝色”，又请母神“于裸色”③。

端公一请均到场，解除污秽有主张！

请雪灵堡神后，端公对着主人、病人再唱。

此次作法三两天，病人定会思茶饭，

主家治病要尽心，家门亲戚须费力。

法事做过百病除，从此无灾又无难。

纵然端公离主家，保证主家百事顺，

三年五载没病痛，清洁平安人兴旺！

2. 与魔鬼搏斗（“拿汝达汝”）

为开坛首段，端公边挥舞法器边唱：

端公翻山越岭来，誓与魔鬼见高低。

男女众人拣白石，白石对准妖魔怪。

---

① 端公做上中坛法事，请神日期一般为一、三、五、七、九等单日，做下坛法事一般为二、四、六、八、十等双日。

② 雪灵堡又称雪龙包，为都江堰、汶川、理县、大小金川等县之间的大雪山，羌人尊为神山、圣山。

③ 传说雪灵堡有“神”，神分公母。公神羌语称“足汝色”，母神称“于裸色”。

端公请动“足汝色”，借来它的银石头[①]，
还须求助“于裸色”，借来它的金石头[②]，
白石银石和金石，一齐对准妖魔怪。
铜锤铁榨左手举，打击妖魔不留情，
锋利铁钎右手拿，魔鬼心脏要戳穿！

经过以上演唱作法，象征一场“搏斗”。然后端公用荞面或麦面做成各种形状的“妖魔鬼怪”，置于一个可以端走的木板上，称为“送花盘”。端公对着这些“妖魔鬼怪”唱道：

万般法事我全有，要想滑脱难上难。
尔等作恶我尽知，制服尔等有办法。
尔给病人一分病，端公治病力九分。
尔等作恶字一个，端公救人九个字。
哪怕尔等伎俩多，端公法力胜尔等。
现给尔等盘缠费，哪来哪去莫啰嗦。
荞面馍馍山样大，尔等永远有吃的。
高高兴兴离主家，莫在主家作祸祟。
血光产难家庭鬼，还有凶死道路鬼[③]，
吃油用的赏尔等，赶快走得远远的！

---

① 银石头，为一种银白色的千层石，即云母石。端公以此石作法器，称为银石头。

② 金石头，即铜矿石。端公以此石作法器，称为金石头。

③ 血光，即凶死鬼，蒲溪乡羌语称“儿蒙虎”。凡抹喉、吊颈、跳河、坠岩、杀头致死而见血的鬼魂，统称血光。新中国成立前，羌人认为凡凶死者死后，其魂魄必到处找替代，作祸祟，造疾病灾难，危害人们生命安全，因而对“血光”感到特别恐怖。端公做下坛法事必送血光，与之“搏斗”。产难，羌族语称“格质杂得先蒙堵”，意即生小孩而死的女鬼。家庭鬼，羌语称“九堵”。道路鬼，羌语称“许此堵”，又称为“独脚鬼”。

明早天未破晓前，我的法事要做完，

什么东西都赏了，快快走来快快逃！

假如尔等还不走，谨防我的竹竿箭，

这种武器可厉害，射杀尔等罪不饶！

演唱毕，端公再请火神、火塘神（“枯色”）和家神帮助。边请神边用八九把竹竿扫帚准备打扫妖魔。在挥舞竹竿扫帚之前，端公又请祖师及诸神帮助，然后继续唱道：

今晚弟子作法事，请动师祖和师爷

主家妖魔鬼怪多，必须动用竹扫帚，

请求祖师把令下，竹扫帚儿扫魔妖！

我的祖师实在好，听我通禀就来到，

赶走魔鬼有希望。再请天神和山神，

还请家神白石神，火神以及火塘神！

端公前来求帮助，借助神功驱妖孽。

众神听我端公言，如今都已到跟前，

扫帚一挥神功显，妖魔扫到阴山后，

从此永世不回头。此次端公做法事，

多亏神灵来帮助，端公感谢众神灵，

今后作法还要请。

唱毕，端公燃香画水，从房顶、房中到火塘洒水熏香，表示使主家清洁平安，请诸神和祖师保佑，使魔鬼不再闯入主家。这段法事称为“退神”，表示感谢诸神。

然后端公在火塘边唱跳击鼓、绕火塘三周，大叫“呸！呸！呸！”三声，从大门扶到三岔路口，表示将一切妖魔即抹喉、吊颈、坠岩、跳河等凶死者的鬼魂——血光、产难、龌龊、家庭、道路、瞎子、跛子等鬼，赶到三岔路口阴山背后。端公高声唱道：将尔等扶到高门大户，黑漆龙门。十字路口，九支道路，别回头！象征已撵走魔鬼。

撵走魔鬼后，端公还须为病人招魂，唱道：

妖魔鬼怪已赶走，病人魂魄不能走。

你的魂魄有多重，我用等秤衡量过。

为防妖魔拐带去，我用银纸仔细包。

再给病人一杆旗，端公走后旗不走，

将它插在枕头上，自有神灵保佑你。

最后送你一道符，青布包裹针线缝，

将它挂在你颈上，三魂七魄不离身！

3. **与“闯祸鬼”搏斗（“质勒”）**[①]

新中国成立前，羌人认为人患病的原因是由于人的灵魂被“鬼魂”、野兽甚至活人吓住，失了魂魄的结果。要治病，须请端公为病人驱鬼、除根、招魂，使病人一魂附体，三魂七魄归身。为此，必须同“闯祸鬼”搏斗。法事开始，端公唱道：

开天辟地到而今，闯祸鬼怪捉弄人，

若不战胜闯祸鬼，主家安全没保障。

我已禀告县太爷，太爷准我捉拿它。

我向汉人借绳子，大把绳索捆“血光”，

捆了“血光”查鬼根，首先查到道路鬼，

最后查到闯祸鬼，它们都是鬼弟兄。

---

① 闯祸鬼，蒲溪乡羌语称“巴他蒙堵”。新中国成立前，羌人认为闯祸鬼最捉弄人，往往使人闯祸得祸，故端公做下坛事须同“闯祸鬼”搏斗。

一人除根颇不易，还须请动祖师爷，
祖师同我一道去，祓除鬼根有保证。
正告一切妖魔鬼，只因尔等太猖狂。
横行村寨作祸祟，暗中害人造病孽，
百姓忍气又吞声，无可奈何将我请。
端公不是非凡人，自有本领除尔等，
此次治病来主家，不许尔等害良民。
血光产难道路鬼，暗藏家中家庭鬼！
我已请动诸神灵，还请师祖与师爷，
纵然尔等鬼计多，端公全然能识破。
人中还有毒药鬼①，眼睛传毒作祸祟，
端公作法制服她，法事一做病根除。
饮食不当亦生病，端公看病配药方，
上山采集几味药②，或吃或敷病就除！
人生在世几十年，魔鬼纠缠常遇险，
此次主人请动我，誓与魔鬼见高低。
去岁属猪今鼠年，上月四月今五月，

---

① 毒药鬼，又称毒药婆，蒲溪乡羌语称“默都朴母”，为活着的女人。据说毒药鬼一般为母女相传，但有的也不遗传。新中国成立前，羌人认为毒药鬼以眼或指甲传毒，受毒者须请端公作法赶鬼，方能痊愈。其实被认为是“毒药鬼”的妇女，乃人们心理上的错觉造成。一个妇女被视为“毒药鬼”后，即受到冷落歧视，精神上备受折磨。

② 据我们调查了解，访问对象王真元能采集一百零几味中草药，配制十多种相当有效的秘方，可医治肿瘤（羌语称“比子”，即包块）、上夹痛、下夹痛、衬耳塞等多种疾病。但服用中草药不与作法驱鬼同时进行。

病人生辰乃属虎，新年新月本命日①，
端公来到主人家，治病除魔有把握。
我们法器已齐备，如今法事就开始。
端公虽然法力大，要上天去不可能，
然而祖师能上天，现将我的祖师请：
阿爸麦祖，阿爸热且，
阿爸日阔，阿子十一，
阿子十国，阿子国昔，
阿以哈哈，比子国一，
阿爸咸吉，阿爸登乎，
阿爸三古，阿爸惹汝，
阿爸于前，阿爸日且，
阿爸长明，阿爸王吉，
阿爸日克，阿爸卜学②，
弟子已向祖师禀，祖师急忙上天去。
见罢佛祖见玉皇，借来武器降魔妖。
天上最多是何物？到处皆是铁兵器。
祖师借来交给我，不打天来不打地，
专打邪魔化埃尘！

唱罢，端公请神解秽画水，边做红锅、踩铧头、耍链子等法事边唱：

---

① 新年新月本命日，即今年五月属虎日。据说做法事日期由端公根据病人生辰属相推算八卦图决定。

② 蒲溪乡端公传说。端公始祖羌语称“斯多吉比”，相传为天神的家庭祭司，后下凡所传第一代徒弟为“阿爸麦祖”。蒲溪乡端公做法事请师祖时，从“阿爸麦祖”开始，据说自他以下皆为古代著名端公。

昨天端公做好梦，火塘安上毛边锅，

大火一烧锅通红，病人和我过红锅，

来来往往过三遍，妖魔鬼怪脱病体①。

白铁铧头入火塘，猛火一烧发红光，

端公舌舔脚踏后，踩在病人病患中，

不踩天来不踩地，端公踩死妖魔怪！②

天上借来白铁链，拿到人间用火烧，

待到链子烧红石，端公病人颈上拴，

链子须要拴三周，吓死妖魔病自消！③

演唱和法事毕，端公杀鸡（或羊）一只，为病人解秽。做荞面或麦面馍馍一个，撕碎撒掉，表示赏鬼，令其离开主家。此时须烧一锅开水，将杀死的鸡丢入锅内，端公唱道：

妖魔鬼怪看看我，吐出双箭射杀你，

头戴猴帽是猴王，身穿豹皮猛如虎，

手比鹰爪还尖利，抓住尔等锅内煮！

待鸡肉煮熟后，端公与寨人一起饮酒吃肉，称为吃“妖魔肉”。吃罢妖魔肉，端公再唱：

妖魔从来形善变，不识真相常受骗，

---

① 新中国成立前，羌人认为魔鬼虽使人致病，但它却怕火，故人病后往往请端公做过红锅法事，使魔鬼与人决裂，以除病患。

② 新中国成立前，羌人患肿瘤、肠胃病、生大疮等，也认为是妖魔作怪，往往请端公做踩铧头等法事。铧头烧红后，端公先舌舔脚踏，再用踩到红铧头的脚踩病人患处，象征踩死妖魔以消除病患。踩时病人往往高声呼叫呻吟。这种法事一般须做三次，每次法事后给病人喝一口“神水”。

③ 新中国成立前，羌人认为“触犯神灵”魔鬼缠身致病后，还须请端公做耍链子法事。铁链放入火塘烧红后，端公先在自己脖子上拴三圈，后在病人脖子上拴三圈。根据魔鬼最怕烧红的铁链，通过耍链子可以将魔鬼烫死、拴死，则病患自除。其实过红锅、踩铧头、耍链子均为一种模拟魔术。

古今多少善良人，受骗上当遭戕害。
此次端公来主家，慧眼识破鬼伎俩，
哪怕尔等巧变幻，端公自有降魔法。
妖魔变猪躲圈后，或变犏牛上牧场，
端公作法打油火，立将尔等清查出。
或变麻雀藏柴堆，或变老鸹栖碉楼，
端公箭射或枪打，终叫尔等无处藏！
妖变长蛇四脚蛇，路头路尾把人伤，
我用荞面捏尔形，作法念经铁锤打。
尔等想变癞蛤蟆，入水潜逃人不察，
端公识破用网打，全部捉获放火烧！
无论尔等逃何处，法网恢恢终难逃，
不管尔等变何物，自有办法灭尔等！
鬼中刁顽数血光，胆敢当众逞凶狂，
说我端公无本领，不敢传呼它到场，
我说血光一厉鬼，既非皇帝儿女辈，
又非佛祖子孙俦，定要传呼正典刑！
妖魔鬼怪须知道：我的胃口可不小，
喝血吃肉不果腹，喝光鲜血不解渴，
骨头堆成山样大，血如河水浪滔滔。
倘若尔等不听话，追随血光来作孽，
捉住尔等妖魔怪，不咀不嚼便下咽！

4. 与“血光”搏斗（“儿蒙勒”）

法事开始，端公师徒赶到距村寨较远的三岔路口的“血光交会处”唱道：

最难对付血光鬼，到处流窜暗窥伺，

此鬼不仅平坝有，山顶山腰山脚有，

树上树下草丛有，甚至床上床下有，

趁人不防猛一袭，良民被缠遭祸殃，

今天端公来作法，管叫尔等现原形！

唱罢，端公用荞面或麦面做成各种形状的“妖魔”置于一木板上，边做边唱：

主家拿出荞面粉，由我端公捏面团，

面团捏成鬼模样，特为尔等送花盘。

做一百来送一百，做一千来送一千。

尔等须听端公言，送尔高门大户去，

或送九字路途上，莫说主家未相送。

尔等领到东西后，赶快远走莫回头，

病人康复主家喜，也免端公再唠叨，

倘若尔等不听话，惹恼端公动打杀！

鬼怪之中血光鬼，奸狡巨猾又凶顽。

尔等那副鬼样子，不伦不类真难看，

脑袋像个棺材头，耳朵恰似朽木菌，

眼睛犹如花椒刺，上身好像大黄桶，

双手类似鸡爪爪，腰细又像蚂蚁腰，

两脚如同猪脚杈。祭起神杖将尔打，

一杖打成十二块，害人绝无好下场！

唱毕，端公用“神杖”将荞面做的“妖魔”捣碎，众人手拿黄刺黑刺条拍打，一阵吆喝，鸣枪数响，端公再唱：

血光鬼怪有男女，男的头上长羊角，

女的嘴巴像鸡喙，尔等白天藏起来，

晚上八方害百姓，血光产难夭折鬼！①
此地不容你留居，快快滚来快快逃，
赶快滚得远远的，从此不许再回头！

5. **咒鬼（“勒”）**

此为端公威慑“妖魔”，颂扬端公“法力无边”。法事开始，端公唱道：

妖魔鬼怪别猖狂，听我端公说端详，
无论男鬼和女鬼，尔等行踪我知道，
百姓不察没奈何，岂能瞒过我端公？
尔等脚印我收了，收到脚印收鬼魂，
立即装入土罐里，罐内捉鬼如反掌，
捉住剖腹又挖心。尔等若不听交节，
休怪端公太无情！
主人邻人协助我，快快背来马儿杆②，
连根带叶压尔等，从此永世不翻身。
尔等妄想要翻身，除非马儿杆开花。
如果马儿杆开花，端公要挖它的根，
挖它九十九丈深，灭绝尔等快人心！
马尔杆草搓绳子，一百根来一千根，
绳子结实又粗壮，尔等拴在檀木上③，

---

① 夭折鬼，蒲溪乡羌语称“扎次堵”。指不满十二岁的儿童死后，传说其鬼魂为“夭折鬼”。

② 马儿杆，草名，羌人传说此草可避邪，不开花。羌人以此草搓绳子作工具，草根坚韧，可作鼓槌。

③ 檀木，木名，羌人传说此木可避邪，不开花，木质坚硬，羌人常以此木做刀矛斧的柄。

檀木九年不开花，尔等翻身绝了望。
倘若檀木开了花，端公西天求佛祖，
还求玉皇老君神，借来各种铁兵器，
首先砍树又挖根，挖它九十九丈深。
树叶树干和树根，连同尔等妖魔怪，
神火一把化成灰！
妖魔鬼怪害百姓，端公发誓灭尔等。
从前有个牧羊妇，她放羊子无边际。
羊子遍岩到处跑，竟将端公经书吞①。
吞食经书罪孽羊，寻查出来颇不易，
端公请神作法后，立即将它来捉杀，
剥皮食用皮绷鼓，如今端公还敲它。
尔等若不听交节，残害良民呈凶横，
谨防端公剥尔皮，用皮绷鼓常敲击。
或者拴尔碉楼下，掀翻碉楼将尔压，
碉楼一倒像座山，尔等永远无消息！
妖魔鬼怪缠捉人，百姓纷纷咒尔等，
羌人汉人和藏人，到处一片责骂声。
尔等害人一分力，端公还击加九分，
要打官司陪到底，尔等呈词递一个，
端公呈词递九个，保管太爷逮尔等。
官司打到玉皇处，自有祖师把腰撑②。

---

① 蒲溪沟羌人传说，端公祖师“阿爸默祖”从西天佛祖处取经归来，因漂洋过海打湿经书，在一座山岩上晒书时，不料经书被一妇女牧放的羊吞食，端公查出此羊，杀而食之，以其皮绷鼓。

② 传说端公始祖“斯多吉比”为玉皇即天神“蒙达必色”的家庭祭司。

不管费时多少年，无论花钱千万贯，
不胜尔等不罢休！成败胜负已分明，
何去何从快快定，免我端公动刀兵。
尔等须放明白点，端公不大菩萨大，
端公不大祖师大，菩萨祖师协助我，
我代它们来传话！

6. **与“怂恿鬼”搏斗（“赤勒”）**①

法事开始，端公用荞面做各种形状的“妖魔”，置于一可以端走的木板上，挥动法器，来回舞蹈，边作法边唱：

瞧瞧尔等妖魔鬼，张牙舞爪欲害人，
然而尔等最虚弱，外强中干无本领。
现将尔等脑袋砸，脑袋之中无脑髓。
一刀劈下鬼耳朵，耳内没有长耳心。
一斧砍断鬼脖子，尔等竟然无热血。
剖开胸腹仔细看，原来尔等没心肝。
尔等平时可吓人，头上长有羊子角，
脑袋酷似一个斗，嘴巴像个喇叭口，
上身犹如大黄桶，腰杆细得像蚂蚁，
脚如岩石弯弯树，到处害人造病灾。
此次主家请动我，专寻尔等来较量。
哪里摆阵任尔选，或在家中或门口，
或在路头或路尾，只要端公一作法，
管教尔等化埃尘！

① 怂恿鬼，蒲溪乡羌语称“麦克蒙堵”。据说“怂恿鬼”专门怂恿纠集魔鬼危害百姓，故端公做下坛法事须与怂恿鬼搏斗。

主家东西颇丰盛，备有猪膘大馍馍，
还有香甜陈砸酒，谁有本领归谁吃。
你我较量好一阵，尔等均非我对手，
现在较量已分晓，理当端公来独享。
姑念尔等饥饿鬼，特替主家赏尔等，
吃了东西赶快走，莫在主家作祸祟！
这些鬼怪太刁顽，端公面前不认输，
公然信口出狂言：誓死要与端公斗！
好在此地有众人，大家说说怎么办？

此时主家亲戚家门和邻居早已准备刀枪和草木灰，并点燃松枝、麦草、竹竿等扎的九个火把，一阵吆喝，不断鸣枪，从房上、房下、房中将“妖魔”赶出大门，并高声呼叫：打它的背，砍它的脚，挖它的心！然后撒草木灰和泼水在堂屋、房中、楼上、楼下，表示已将“妖魔”赶走，主家清洁平安，再从大门一直赶到十字路口。端公边挥舞法器边唱：

大家看到魔鬼否？十字路口跷脚坐，
九字路途拴阳魂，还在作恶将人害。
端公正告害人鬼：天有天规不可违，
地有地狱无处躲，妖魔鬼怪往哪藏，
打入地狱十八层！

7. **请神（“色耳国促”）**[①]

法事开始，端公先唱白几句：

① 据王真元端公说，新中国成立前做下坛法事，唱下坛经，一天一夜演唱六段已足够。但有的人病情实在严重，家人非常担心，有的病情虽不很严重，但家庭富裕，治病心切，故要求端公做全堂法事，演唱三天三夜，这样端公须演唱十二段。所以在演唱六段之后，再请神解秽。

自从世间有了人，鬼神之事便产生。

主家有人生病恙，此次请动我端公。

这场法事要做好，首先解秽将神请。

唱毕，请当地天神、山神、地母、王母、催生、送子、观音、牛马二王，请雪灵堡神“足汝色”、“于裸色”，共同战胜妖魔鬼怪，请罢再唱：

为了战胜妖魔怪，须请百神和百人，

还请千神和千人，人神合力奏奇功，

阴阳两界布网罗，邪魔妖怪哪里藏！

唱毕，再由近及远呼请各地山神及其他神，计有：

蒲溪乡山神：大蒲溪寨“热足色”

大韩寨“奴瓦色”

尽头寨“穷诸色”

休溪寨“热夸色”、“干奴邦士色”

奎寨“贵格邦士色”

色耳寨“热郁色”

河坝寨“热足色”

老鸹寨“奴确色”

薛城乡山神：大齐山“哈勒色”

马山“麻略色”

南沟“川主色”

薛城神“隍城泽略色”

笔架山“熊耳神”

建山半坡“不格色”

建山“不热色”、“耶打色”

木卡乡山神：木卡三村寨“密坡色”

桃坪乡山神："西玉马泽色"

灌县二郎神："纳果二郎色"

成都山神地神："耶则色"

天神二尊："阿力亦色"、"必补色"

茂汶山神：即茂汶最高山山神"扎比扎密扎尔色"

叠溪山神："传必色"

赤不苏山神："传乌色"

上孟乡山神："莫车色"

下孟乡山神："莫勒色"

杂谷乡山神："这士旦则"、"旦则瓦泽"、"用不用谷"、"用谷共足"、"瓦兹壳卜"、"茨若"、"纳比"

甘堡乡山神：古堵寨"呷确色"

阿尔不寨"呷古色"

士林达寨"厄蒙惹色"

八十瑙寨"厄蒙惹色"

墓堆寨"松吉色"

甘堡寨"勒耳色"

朴头乡山神：古尔沟"补足色"

请罢山神，端公唱道：

端公请动众神灵，请神智慧法力高，

神功神力无比大，务须全力帮助我，

妖魔鬼怪齐捉获，统统关在我鼓里，

接着又请祖师，与第三段同，兹从略。请主家火神、家神、门神、房神。然后再唱：

世间人有万万千，菩萨面前须敬重，

不道短长不詈骂，自有神灵保佑他。

主家请我做法事，须要请动主家神，
诸神乃是一家主，理当护佑家中人，
妖魔鬼怪须赶走，病人魂魄要留住。
赏给妖魔猪羊吃，妖魔发出怪议论，
不满一岁解秽用，它们坚决不收取。
赏给妖魔一只鸡，不到八月也不收①。
妖魔鬼怪别猖狂，尔等阴阳定不长，
春天一到生机发，阴间鬼怪难度春。
现在端公请春神，同我一道念经咒，
日日夜夜不停歇，驱赶尔等如反掌，
解除污秽病自除！

8. **退神解秽（“注远”）**

法事开始，端公不敲羊皮鼓，只念一长串祖师名字（与第三段同，兹从略），挥动三或五面纸旗，求祖师和神灵帮助，然后击鼓唱道：

从前神灵游太空，未闻地上供有神，
后来它们到人间，人们纷纷把神供。
村寨山坡神林中，个个龙嘴垒白石，
家家户户房顶上，正中建个小石碉②，
最后习俗又改变，神灵供到庙房内。

---

① 传说魔鬼只收须满周岁的猪羊，不满一周岁的猪羊是敬神解秽猪羊，魔鬼不收。公鸡养到八个月开始打鸣，方算成年鸡。未打鸣的公鸡尚未成年，是敬神解秽用的，传说魔鬼也不收留。

② 羌人原供神于村寨附近神树林的大石碉（蒲溪沟羌人称“龙咀”）上和每家房顶正中照圈的小石碉上。石碉上嵌白石以代表神。后来受汉文化影响，在村寨及其附近建庙宇供白石或泥塑木雕神像，但多为汉式神。羌人固有神灵供法基本仍旧。茂县羌人称供神的石碉为“那萨”。

端公敬神请祖师，已将妖魔捉归案。
我的旗子已解秽，插在病人枕头上，
人睡时刻旗不睡，自有神灵护病人。
自从我进主家门，法事做过已见效，
如今病人精神好，眼看病魔就脱体。
端公祝福主人家，老者添福又添寿，
少者百事皆顺遂，东进财来西进宝，
脚踏四方皆得财，月进财来日进宝，
全家清洁无灾难，没病没痛人平安！

9. **送血光（“儿蒙勒”）**

法事开始，端公挥舞法器唱道：
“血光”到处纠缠人，造病造孽万万千，
为使主家人清洁，村寨邻里均安全，
法事做过许多遍，再向“血光”来开战。
命令“血光”来见我，“血光”狡猾不见面。
谁能命令它们来，唯有我的老祖师。
虽然“血光”也想逃，奈何祖师法力高。
如今请动祖师爷，已将“血光”捉归案。
我问害人“血光”鬼：尔等为何造病孽？
“血光”哽咽回答说：原来我等皆凶死，
坠岩跳河或抹喉，阴间三殿三道门，
我等统统过不去，然而阴间不能回，
生存之地早失去，唯一指望缠凡民。
赏点东西来续命！听罢“血光”诉苦情，
联想祖师曾吩咐：要想制服“血光”鬼，
单用武打可不行，主家九年冻猪膘，

还有九年冻砸酒，盐茶米豆与馍馍，
多少赏点给它们，然后命令它们走。
祖师说得有道理，立即安排赏东西。
现在东西也赏了，尔等为何又不走？
我已请动诸神灵，还有我的老师祖，
尔等已经捉归案，不听交节动打杀。
要上天去我不能，然而祖师能上天。
须知天上武器多，件件都是神兵器。
祖师上天见玉皇，为民除害借武器。
玉皇一听祖师言，欣然应允把令下，
雷公急忙取武器，送交祖师带人间。
“血光”鬼怪睁眼看，这里武器可不少，
锄头弯刀和铁耙，斧头矛子样样有，
假若尔等还不走，刀砍斧劈炮火打，
如今武器均齐备，专门用来打“血光”，
上下左右前后打，剿灭尔等罪不饶！

10. **继续与“血光”搏斗（“儿蒙洒西”）**

法事开始，端公点“血光”及其同伙之名，击鼓舞蹈，表示与之继续战斗，唱道：

多次作法治“血光”，然而“血光”很狡猾，
总想蒙混逃法网，继续暗中作祸祟。
现在端公再作法，男的送过五四山，
女送五条沟外去，叫尔永世不回头！
尔等不要太猖狂，可别藐视我端公，
我虽不能上天去，我的祖师能上去，
借来各种神兵器，件件都能降妖魔。

白蒿馍馍背背上，将它撕碎撒四方，
吃的东西赏尔等，远走地方别害人，
假若领赏还不走，暗藏主家再害人，
立即挥动神兵器，休怪端公太无情。
如今病人还头疼，端公挥动白铁锄，
对准“血光”挖脑袋，“血光”头痛病自除。
假若病人身不安，心疼肚痛不安枕，
我用火把打油火①，猛火烧向“血光”去，
痛在“血光”身心上，病人周身得安然。

唱毕，端公做找油火法事，一人拿枪，一人拿火把，端公口喷烫油于火把上，顿时烈焰升腾，油烟滚滚，端公高声叫道：痛在“血光”身上，痛在“血光”心上！其他人手拿刀矛火把黄刺黑刺条，吆喝鸣枪，不断呼叫拍打，高声喊：“杀杀杀！”表示主家和村寨邻人胜利，“血光”及其同伙失败逃走！

11. **挖“血光”的根（“儿蒙勒出”）**

法事开始之前，端公先扎好草人，准备好需用法器和其他东西，然后击鼓舞蹈唱道：

必须挖掉“血光”根，以免作恶缠捉人。

---

① 新中国成立前羌人认为，魔鬼最怕火，尤其怕滚烫的油火。做打油火法事时，端公倒一两斤清油于一小锅内，置于火上烧，待油沸腾后，端公丢豆子一把于锅内，豆子立即叭叭作响，使人相信锅内的油已沸腾。此时端公请神画水念咒，喝“神水”一口向油锅喷去，立即化为一股白雾，即使人相信油已沸腾，更使人相信端公随即喝滚烫的油而不被烫伤，是由于端公请神画水念咒，“本领高明”。然后端公将锅内滚烫的油倒入一大碗内，连喝几口，喷向火把，烈焰阵阵升腾，并将火把在病人前后左右挥舞。“打油火”的目的是使魔鬼脱离病体。端公以“打油火”使病人、主人和村寨邻人相信其“法力”足以“驱魔治病”。其实“打油火”与“过红锅”、“踩铧头”、“耍子”等法事一样，是魔术的一种。

须知“血光”诡计多，或者深藏地下去，
或者田边地角躲，千方百计想埋伏。
天上借来白铁锄，挥动锄头挖“血光”，
不管“血光”藏多深，务必挖掉“血光”根。
天上借来白铁铧，使牛犁地犁“血光”，
横顺犁它百十遍，田边地角无处躲，
再借一把白铁刀，擒获“血光”砍脑袋，
除恶务尽不手软！

唱罢，用一只猪代替“血光”，一人持枪将猪打死，表示打死了“血光”。此时有人喊叫：“血光来了！血光来了！”端公再唱：

“血光”来了看不见，“血光”来了摸不着，
绳索无从将它捆，猪头替代可适合，
草把一个扎草人，代替“血光”更适合。
有了替代好作法，法事一做病根除！

然后端公根据病人病情做各种法事（这里仅列举常做的一些法事）边做边唱：

病人头痛实难忍，刀砍猪头砍“血光”[1]，
痛在“血光”头上去，从此病人头不疼。
病人心疼身不安，借来弓箭射草人，
对准心窝背上射，“血光”疼痛病人安。
若是病人脖子疼，草人脖颈用刀砍，
痛在“血光”脖子上，病人脖子不再疼。
病人眼痛目不明，花椒刺戳草人眼，

---

① 此法事有两种作法：一是用刀砍猪头；一是用铜锤铁榨（即端公法器“神杖”）砸草人的头，据说其作用相同。

痛在“血光”眼睛上，病眼止痛复光明。

病人耳痛不闻声，端公刀割猪耳朵，

痛在“血光”耳朵上，痛人止痛耳复聪。

病人鼻痛呼吸难，竹签穿透草人鼻，

痛在“血光”鼻子上，病人止痛呼吸畅。

病人嘴痛难说话，我用枪打草人嘴，

痛在“血光”嘴巴上，说话吃饭均方便。

病人腰疼立不稳，我用铡刀铡草人，

“血光”拦腰被铡断，病人腰痛自消除。

病人腿病难行走，我用刀砍草人腿，

痛在“血光”的腿上，病人痛止走如飞！

唱罢，端公将酒泼向草人，再唱：

“血光”身上泼酒糟，法事一做变成蜂，

群蜂飞去蜇“血光”，蜇死“血光”罪难逃！

然后，端公和众人在一阵阵吆喝声中撵到三岔路口作法舞蹈，边做边唱：

端公请求白石神，借来白石制“血光”，

白石栽在三岔路，从此“血光”不敢来！

三岔路口挖个坑，捉住“血光”埋坑内，

黄刺黑刺放上面，背篼罩住定难逃！①

三岔路口的法事毕，端公在众人簇拥下，回到主家房顶请神作法，唱道：

房顶龙嘴白石说，请将“血光”往下撵，

---

① 新中国成立前羌人认为，黄黑刺背均可避邪。据说将“血光”埋人坑内，上放黄刺黑刺，使魔鬼害怕不敢出来，即使出来了，上面还有背篼罩着，如同天罗地网，魔鬼也难逃跑。

果然神灵威力大，神功一显鬼发愁，
“血光”鬼怪着了慌，急从水沟往下逃①。
家庭鬼和道路鬼，它们统统着了忙，
也从家门往外逃，然而端公已作法，
要想逃脱万不能，尔等埋在大石下，
从此除去魔鬼根！

此时，主人的家门房族和寨人不断吆喝鸣枪，发出阵阵喊杀之声。端公从最高层房顶一层层往下跳，直到跳出主家。众人在其后不断撒砂，表示已将“血光”及其同伙赶出。

12. **除根（“儿蒙格吉”）**

据说挖了“血光”的根之后，还须再挖一切魔鬼的根。法事开始，端公击鼓演唱道：

天上最多铁兵器，伏魔降妖不可少，
祖师天上借兵器，找到菩萨李老君，
借来刀斧犁锄耙，还有锤矛与弓箭。
先给魔鬼赏吃的，酒肉茶饭样样有，
饭赏不走还作恶，端公只好用武打。
件件武器都使用，务必挖掉魔鬼根。
“血光”家庭道路鬼，夭折龌龊穷困鬼，
今天端公要除根，从此不准来此地，
不许随便要东西。须知尔等有约定，
活动范围早安排，各回各的地方去，
不准到处害良民。尔等猖狂一阵阵，

① 羌人房屋类似西式楼房，平顶，一般作为打晒场。为排雨水，房顶四周还有排水沟，雨水汇集到一方的排水沟内，从一个孔到房外。做此法事时，端公说房顶“血光”从此孔向外逃走。

能够横行到几时，一年四季周复始，
春天一到判死刑，不信且看凶厉鬼，
谁能安然度春天。纵然尔等形善变，
岂能瞒过我端公？有时尔等变苍蝇，
我向苍蝇撒檐尘[①]，有时尔等变蜘蛛，
我用铁锤将尔打。有时变成山上藤，
我用弯刀将藤砍。有时变成黑泥巴，
我用锄头将泥挖。无论尔等变何物，
端公有法除尔等。法事已做好几天，
惊动我县县太爷，请动我的老祖师，
现在法事做完了，主家清洁人平安！

中上坛经六段[②]：

1. **观赏经（“八日都”）**

此唱经亦可译为“好看经”，为还愿时请神迎神唱经之一。全文如下：

夜去昼来永不息，古往今来似长河。
谁想停息把步止，到头总是梦一场。
夜幕沉沉罩大地，不知不觉天欲晓。
若问破晓始何处？云天高耸雪灵堡[③]。
天将破晓人未醒，雪灵堡映九道光，

① 檐尘，厨房炊烟凝结而成的一种黑色粉末状物。新中国成立前羌人认为，檐尘可以避邪，有杀死“妖魔”之效。

② 王真元端公擅长做下坛法事，唱下坛经，而做中上坛法事和唱中上坛经非其所长，故只演唱了六段。

③ 绵延于都江堰、汶川、理县、大小金川等县之间的大雪山，高耸入云，终年积雪，被羌人尊为神山、圣山，据说每天太阳首先照着雪灵堡，故羌人说破晓从雪灵堡开始。

银光闪闪照远近，光明慢慢临大地。
股股山泉汇入河，一路溅起白浪花，
浪花泛处现奇景，没有浪花不好看。
山间道路长漫漫，路旁秃兀不好看，
道旁美景须妆点，有花有草才好看。
山山岩岩紧相连，岩上无花太平淡，
山岩遍处长兰草，美景香花满人间。
修房造屋须做圈，房圈用处实在广，
圈头用来堆柴禾，既关牲畜又好看。
家家户户有火塘，火塘旁竖三个桩，
三脚放锅可炊烟，点缀火塘更美观。
修房造屋建四角，四只角上修盘角，
没有盘角太呆板，有了盘角才好看。
幢幢房屋修到顶，巍峨雄壮立山间，
房顶还须建龙嘴①，既供神灵又好看。
建了龙嘴插杉杆，杉杆九根枝椏叉，
每叉插上旗一杆，九面旗子更好看②。
作法不穿常人衣，件件法器须带齐，
带上法器穿法衣③，端公作法才好看。
百姓辛苦做庄稼，遍沟遍坡种粮食，
丰收还愿祭祀日，穿上新衣才好看！

---

① 羌人房顶小石碉为供白石神之所，蒲溪沟羌人称“龙嘴”，茂溪县羌人称“那萨”，汶川羌人称“那夏”或“勒夏”。

② 羌人还愿敬神时，须在房顶石碉旁插一根有九根叉的杉杆，每根叉扎一草把，其上插纸旗一面，象征神灵登位。

③ 蒲溪乡沟羌族端公作法时，上着黄色青云衣，外套豹皮，下着白裙，是为端公法衣。

2. 戒妄想（“热都”）

上坛经之一，为还愿敬神唱经。全文如下：

纷纭世事有万千，人分巧拙不一般。
有人做事如反掌，有人做事难上难。
可惜有人不安分，糊里糊涂生妄念。
有人一心想做官，不管有无官才运，
总想当官管百姓，到头落得梦一场。
有人一心想发财，可惜不懂生财道，
升斗秤两掌不好，结果绝了发财望。
有人想把铁匠当，可惜不会掌铁钳，
不会抡槌将铁打，要做铁匠也枉然。
有人又想当端公，不会打鼓念经咒。
这种端公无人请，想当端公总无缘。
有人还想当裁缝，偏偏不会量尺寸，
不会裁剪不会缝，哪有这种怪裁缝？
要想当官也不难，但有才气和本领，
能为百姓办好事，定会当官把印掌。
发财须懂生财道，会掌斗秤会算账，
生产买卖均熟悉，发财就会有指望。
开炉打铁本领高，打出铁器颇耐用，
人人称赞铁器好，自然是个好铁匠。
会念经咒会作法，各种法器均齐全，
舞蹈好来法事精，解卦就是好端公①。
会量尺寸会剪裁，缝好衣服正合身，
人人夸奖手艺好，不是裁缝有人请。

---

① 羌人学端公满师举行一定仪式后，被承认可以独立做法事，谓之解卦。

一切妄想皆虚幻，要想实现哪可期！
世间万事有份定，岂能由人胡忖思，
神灵未曾封赠过，诸般妄念总是空。
端公曾问幻想人：是否想到月亮去？
此人回答端公说：听说月中没有水，
登月虽好会渴死，我可不到月亮去！
端公又问幻想人：是否想到太阳去？
此人回答端公说：太阳那里没饭吃，
到了那里会饿死，也不想到太阳去！
端公又问幻想人：愿不愿去雪灵堡？
此人回答端公说：雪灵堡有万年雪，
到了那里会冻死，谁还想去雪灵堡！
奉劝一切幻想人：月亮太阳雪灵堡，
没喝没吃没衣穿，这些东西哪里来？
神和端公不能容，只有自己勤劳动，
有喝有吃有衣穿！

3. **路经（“如都”）**

上坛经之一，还愿敬神唱经。全文如下：

路经不念可不行，不念路经难敬神。
开天辟地到如今，有人之后始有路，
道路不仅人行走，牲畜亦须路上行。
传说佛祖有吩咐：足汝色路是银路，
“于裸色”路是金路①。

---

① 传说雪灵堡公神“足汝色”所在的山产银白色的云母石，故此山的路称“银路”。雪灵堡母神“于裸色”所在山产黄色的铜矿石，故此山的路称“金路”。

人间道路万千条，深山蹊径亦纵横，
或在悬岩陡壁间，或在草莽森林里，
兽蹄鸟迹满道上。凡民还愿用供物，
牛羊猪鸡献神灵，神灵要能领受到，
须为牲畜修条路。雪灵堡是大雪山，
人迹罕至鸟兽绝，若不开辟一条路，
山神难以领供物。修路终究是好事，
人和牲畜皆可行，甚至野兽亦经过，
端公修路不白费。凡需还愿用供物，
供物须先交端公，端公解秽交祖师，
祖师传送诸神灵。粮食须用升斗量，
牲畜要用秤来称，等秤旺来升斗满，
神灵一定很喜欢。“足汝色”和“于裸色”，
乃是凡间最大神，不会白吃众人的，
定会保佑全村寨，清洁平安百事顺，
人财两发老少安。端公最后告诸神：
牛羊猪鸡已献过，如果它们有残缺，
耳角鼻颈不周到，身脚蹄尾有伤痕，
命令它们长齐全，完完整整来敬献！

4. **请祖师（“麦拉维”）**

上坛经之一，还愿敬神唱经。全文如下：

师祖师爷传唱经，祈福消灾不可少，
师傅教我牢记住，原原本本传后代。
教育历来靠父辈，生产安排与待人，
生活管理婆教媳，煮饭喂猪送茶水。

婴儿坠地呱呱叫，从此父母便操劳，
父亲只能背和抱，唯有母亲把奶喂。
端公本领我练就，法力来自老祖师，
端公出门做法事，三天酒肉不可少，
这些东西哪里来？多亏我的祖师爷！
祖师功劳实在大，西天取经到人间，
如今经咒传给我。请神作法念动它。
蒲溪端公祖师爷，大名鼎鼎有两位：
“诗朵麦比拿”，“诗朵比自国涅那”，
还有其他老祖师，弟子作法来相请。
请罢祖师请众神，山神寨神和猎神，
直到西天佛祖神，端公作法来相请，
应酬不周望原谅！众神居处不相同，
或在天上和云上，或在山上和树上，
端公一请均到场，现在法事就开始。

5. **生产歌（“厄日都”）**

上坛经之一，每年农历二月逢单日（一般为初三、十三、二十三等）还愿时演唱。全文如下：

一年四季十二月，农时季节不误期，
二月牛愿祭天神，听我演唱厄日都。
正月瑞雪满天飞，雪兆丰年多宝贵，
请到河滩地里看，雪地小麦正发芽！
二月农事季节到，家家犁地正匆忙，
地里蜘蛛像蜂群，纷纷逃往地边上。
三月小麦已发芽，葱葱郁郁长势茂，

但愿风调雨又顺，今年丰收有指望！
四月小麦拔节了，五月怀胎麦出穗，
六月麦黄像金样，开链割麦铡麦穗，
七月房顶打麦子，连枷条子轮番打，
四只角上须打遍，打下麦粒风干净。
八月开始播青稞，家家户户忙播种，
地耕好来肥备足，明年青稞定增收！
九月高山树叶黄，有金黄来有银黄。
十月高山降霜雪，草木枯萎叶凋零。
冬月隆冬正严寒，高山流水全结冰，
太阳一出现奇景，到处都是金银柱。
腊月三十过年了，猪油猪膘挂满屋，
杀鸡宰羊敬神灵，一年忙累酬苦辛！

6. **送葬经（“麦祖补”）**

中坛经之一，羌人死后，请端公开路时演唱。全文如下：

白蒿馍馍背背上，白铁斧头插腰间，
走了一程又一程，经过许多息气坪。
原始森林无边际，古树参天日月蔽，
白铁斧头将树砍，看准树木倒何方。
先砍下口再上口，上口一砍树便倒①，
砍伐树木非小可，惊动山神和树神。
神灵上前来查办，如何回禀颇踌躇，
撒谎推卸均不妥，说不知情也不行。

① 砍树时先砍树倒向一面，称为下口，下口砍得差不多了，再砍相对的一面，称为上口。

果然神灵来盘问：谁人竟敢将树砍？
我说猎人山林转，猎人方知砍树人！
神灵听罢很生气，拦住去路不放行，
只有回家告父母，请求父母出主意。
父母说我阴间人，不该惹下这场祸，
如今既然闯了祸，只有求助阳间人。
牛羊鸡猪把愿许，祈求神灵得宽恕！
父母恩深情义重，勤苦操持养育我，
坠地吃的母亲奶，吃饭靠的是父亲，
岁月流逝人渐长，父母教我忙生产，
犁地播种勤施肥，粮食收割磨成面，
背水拧麻学织布，死后不忘父母恩！
要做水桶先砍树，再请木匠来做桶，
八块木板镶桶壁，安上底板桶做成，
东方发白到泉池，来来往往将水背，
杉树木料启杉板，杉板转子拧麻线，
百十万千不停转，拧出麻线好织布。
织布先栽四个桩，当中安个织布机，
如若麻线有松紧，再加片石垫长石。
安上一条矮板凳，从从容容织麻布，
织了百十千万刀，终使麻线成布匹，
洗涤晒干裁衣服，老老少少有衣穿！
织布方法有两种，或用软织或硬织。
软织将绳系腰上，硬织须打四个桩。
织法不同布不同，好的麻布须硬织，
质地均匀耐使用，家家户户喜爱它。

这些全凭父母教，培育之恩深且长!

摘自钱安靖：《羌族和羌语支各居民集团宗教习俗调查报告》，四川大学宗教学研究所油印本，1987年12月。

9. 理县汶川羌族巫师咒语

1983年10月到1984年11月，我们在四川阿坝藏族羌族自治州理县、汶川县调查羌族宗教习俗期间，接触到一些羌族端公的咒语。咒语往往是下坛法事的重要组成部分，并与巫术活动紧密联系在一起。从使用的语言看，羌族端公唱经几乎全用古羌语演唱，而咒语则不同，一般皆用汉语演唱，只有个别咒语中杂用少量羌语。从羌语端公的汉语水平看，除个别的人粗通汉话外，几乎全是文盲，汉话亦不太通，但听他们演唱咒语，却很像是学习过古汉语的人，实则全系师徒口传心记的结果。咒语思想内容为佛道杂呈，其形式则颇类道教咒语。现将我们搜集到的一些零星咒语整理如下。

理县蒲溪乡大蒲溪寨王真元咒语①

1. 观音水

据说观音水为“治重病”用水，病人吞服后如感到清醒甚至惊悸则表示有效。如病人服后仍昏迷不醒，则表示无效。咒语全文如下：

多谢祖师观音神，观音祖师老君神，弟子有事来相请。老君赴门来画水，画过三年一早晨，才将此水来画灵。此水不是非凡水，菩萨所赐雪山灵水。东方青龙神，南方赤龙神，西方白极龙神，北方黑极龙神，中央黄极龙神，五龙归位，七魄归身（向病人喷水一口)。一不吹天，二不吹地，专吹邪魔妖怪化灰尘!

① 1983年10月18日，理县蒲溪乡大蒲溪寨81岁的羌族端公王真元在其家中演唱了画水咒语二则。

2. **老君水**

据说老君水为“止血”用水，画水后向病人喷水三口。咒语全文如下：

老君赴约门大开，敬请老君到堂来。大喊一声天兵到，小喊一声地兵兴，血到黄河水不清。鼓横鼓，血不流。再出血，左手搬山塞海门，右手搬山来填海。今亲奉请，诸神到场，南斗六星、北斗七星，吾奉太上老君急急如律令！菩萨赐我金银锁，七七四十有九把，一不锁天、二不锁地，专锁疾病灾难，一切病根要脱体！

理县蒲溪乡奎寨王保山咒语①

1. **送花盘**

新中国成立前羌族端公为人治病作法时，往往须送花盘，即事先用荞面或麦面捏制的各种形状的“妖魔鬼怪”，置于一个可以用手端走的木板上，作法时将其送到十字路口。送花盘时不仅演唱中下坛经，还须念咒语。全文如下：

出门经，出门经，出门头顶观世音，八大金刚八大神，四大天王来助阵，南北阿弥陀佛！左边金银火，右边铁剥②，一不打天，二不打地，专打邪魔妖怪，吾奉太上老君急急如律令！

2. **化骨**

新中国成立前羌人偶有不慎，将骨刺或竹木签梗刺于喉时，往往请端公画水吞服，以化骨签。咒语全文如下：

吾从东方起，铁遇我成水。骨刺划入喉，遇我化成水。送骨丹，化骨丹，五龙口，化胸膛，日月之光，水合三光，天地自然，秽气分散，吞骨吞签化成水，吾奉太上老君急急如律令！

---

① 1983年10月19日，理县蒲溪乡奎寨64岁的羌族端公王保山在蒲溪乡演唱。

② 金银火与铁剥均为端公法器名称。

3. **打油火**

新中国成立前羌人患病，即认为魔鬼缠身，治病往往请端公作法以驱除邪魔，打油火即其法事之一。作法时端公先将一两斤清油倒入锅内，置于火塘上烧，待锅内冒青烟后，即将豆子一把投入锅内，锅内立即叭叭作响，表明油已沸腾。然后端公将滚烫的油倒入一个大碗内，并点燃一个麦草火把，接连喝滚烫的油向火把喷去，火焰立即阵阵升腾。端公将火把在病人头顶和前后左右挥舞，以驱赶病魔。羌人认为魔鬼怕火，更怕这种烈焰升腾的油火，故端公做此法事以驱魔治病。同时端公因喝滚烫的油而嘴未被烫伤，也显示其“法力无边”，其实这是一种模拟魔术。端公打油火时，除击鼓演唱下坛经外，还念咒语。全文如下：

谢神谢鬼，御河之水，交在师祖师爷名下，师爷要我弟子灵，凤车弟子灵，只能入口，不能入心，马安旁卜，阿爸锡拉则慈①，左边金银火，右边铁剥，一不打天，二不打地，专打邪魔妖怪化灰尘，吾奉太上老君急急如律令！

4. **穿铧头**

新中国成立前羌人请端公治病时，端公有时须做穿铧头的法事。作法时端公将犁地的铁铧头丢到火塘里烧，约一二时许，铧头烧红后，端公先用铁钳夹住铧头，绕火塘一周示众，并让围观的人用纸接触铧头，纸立即被烧焦。然后端公先用舌舔，再用脚踩，并用踩铧头的脚踩病人患处，或以铧头接着病人患处。羌人认为魔鬼怕火和铁器，当然更怕烧红的铧头，通过做穿铧头的法事，可使病魔脱体。端公舌舔和脚踩烧红的铧头而不被烫伤，使人相信其“神通广大”，其

① 马安旁卜，阿爸锡拉则慈二句为羌语。仅知“阿爸锡拉”为端公祖师，二句之意已不能解释。

实这也是一种魔术。端公做此法事时，除打鼓念下坛经外。还须念咒语。全文如下：

锤又锤，灵又灵，隔山叫，隔山灵，隔河叫，隔河灵。铧头祖师，铧头娘娘，披头祖师，披头娘娘，梳头祖师，梳头娘娘。冰又冰，冷又冷，冰又冰，冷又冷，吾奉太上老君急急如律令！

5. **过红锅**

新中国成立前，羌人请端公治病，有时端公也做过红锅法事。作法时端公将置于火塘三脚锅桩上的大锅烧红后，退去柴火，铲一铲灰于锅底，在一张纸上喷水一口，将纸放在锅底的灰上，锅的左右安一凳，然后端公击鼓念经，跳上一张凳子，用一只脚从锅中踏过，跃上另一张凳子，如此三次。接着端公再扶着病人，按端公的做法，从锅上过三次，此即所谓过红锅。羌人认为魔鬼怕火，当然怕烧红的红锅，通过过红锅使病魔与人脱离，故新中国成立前羌人患重病，往往请端公做过红锅法事，这也是一种魔术。端公在过红锅前须念咒语。全文如下：

公又公，明又明，怀中插手，脚上穿鞋。冰又冰，冷又冷，头戴雪山帽，身穿雪山衣，腰拴雪山带，脚穿雪山鞋。雪大哥，雪二哥，雪三哥，吾奉太上老君急急如律令！①

6. **耍链子**

新中国成立前羌人患重病请端公医治时，端公还做耍链子法事。作法时端公把铁链丢入火塘，待链子烧红后，端公以敏捷而灵活的动作耍弄和挥舞链子以示众。耍弄一阵之后，将链子在自己脖子上拴三圈，然后又将链子在病人脖子上绕三圈。羌人认为魔鬼怕铁链，更怕烧红的铁链，故端公做此法事使病魔脱体。因端公耍烧红的铁链而未

① 在演唱这段咒语之前，还须演唱前述穿铧头咒语。

被烧伤，也使人相信其“法力无边”，其实这也是一种魔术。端公在耍链子之先，除击鼓唱经外，还须念咒语。全文如下：

须知此链谁制就，本是西天佛祖神，左不拴来右不拴，专拴产难吊死鬼①。今天端公把卦卜，五里以外我全知，横五里来顺五里，共二十五个五里，左不拴来右不拴，专拴坠岩产难鬼。一简金来二简锁，专锁尔等害人物。祖师祖爷法力大，弟子一请均到场。吾奉太上老君急急如律令！

此鸡不是非凡鸡，它是一只凤凰鸡，又是一只打鸣鸡，不满周岁我不用，需用猪羊各一只，不满周岁也不用②。古来作法有规矩，杀牲用有定制，西天佛祖不准用，祖师祖爷不准用。

如今样样合规矩，所有菩萨均到场，动用铧头链子锅，冰上加冰凌加凌，不烫筋来不烫手，不烫脚来不烫嘴，吾奉太上老君急急如律令！

汶川县雁门乡萝卜寨张福良咒语③

1. **治病赶鬼**

新中国成立前羌人头疼胃疼请端公治病时，端公作法赶鬼，除击鼓唱经外，还念咒语。全文如下：

嘿！东方土地、南方土地、西方土地、北方土地，桥梁土地，庙门土地，二十四个路旁土地，端公油师，木匠油师，画匠油师④二十

---

① 生孩子而死的女鬼，羌人称为产难鬼。

② 传说魔鬼只收满周岁的猪羊，不满周岁的是敬神解秽的猪羊，魔鬼不收。公鸡八个月开始打鸣，不打鸣的公鸡是敬神解秽公鸡，魔鬼也不收。这段咒语是说明作法所用牲畜是按规矩符合魔鬼要求的。

③ 1983年11月21日，汶川县雁门乡萝卜寨60岁的羌族端公张福良在其家演唱的咒语。

④ 捞油锅既是新中国成立前羌人实行神判的办法之一，又为羌族端公的巫术之一。据说本领高强的端公捞油锅不会被烫伤，最受人尊敬，故称之为“油师”。油师谓法术高强之意，后来推而广之，将手艺高超的木匠和画匠亦尊为“油师”。

四个油师。端公不是凡人，玉皇称我管鬼训，一脚踏在金刚里行。玉皇官、马良神，吾奉太上老君急急如律令！

阴死鬼，阳死鬼，岩包鬼，树岔鬼，吊死鬼，凶死鬼，东方来东方去，西方来西方去，南方来南方去，北方来北方去，吾师弟子在此，梁浆水饭，帛钱五张，将尔等送到高门大门，十八龙门，千年不相见，万年不回头，吾奉太上老君急急如律令！

吾师弟子口含三十六牙，手拿千根白玉棍，一不打天，二不打地，专打邪魔妖怪化灰尘！（高声问在场众人）众人说打着没有？（众答：打着了！接着再问众人）死得不明不白的阴死鬼、阳死鬼、岩包鬼、吊死鬼、打着没有？（众答：打着了！再问众人）出去了没有？（众答：出去了！）

2. **踩铧头**

踩铧头即穿铧头，这种治病的巫术活动已如前述，但羌族地区各寨端公因师承不同，其咒语也不同。现将张福良端公踩铧头咒语介绍如下：

达摩祖师，披麻祖师，灵官祖师，华佗祖师，师祖师爷！隔山叫，隔山应，隔河叫，隔河应，弟子不是非凡人，一只雄鸡，千里迢迢，清水一碗！

此水不是非凡水，是甘泉水，神灵赐我雪山水。此水不是非凡水，是海子水[①]，神灵赐我雪山水。此水不是非凡水，是华佗水，神灵赐我雪山水。此水不是非凡水，是长江水，师祖师爷赐我雪山水，吾奉太上老君急急如律令！

雪花开，雪山高，雪山长，雪花童子下凡来，六月见霜，七月见

① 羌人称山顶湖为海子。

雪，吾奉太上老君急急如律令！

摘自钱安靖：《羌族和羌语支各居民集团宗教习俗调查报告》，四川大学宗教学研究所油印本，1987年12月。

三、羌族原始宗教崇拜活动方式与礼仪

（一）几位主神的崇拜仪式

太阳神（天神）：或用道教的“玉皇大帝”相称，对这位地位最高的神，以屋顶小塔塔顶的白石来代表他。虔诚的人家每天早晨在塔子里烧柏枝，也有晚上也烧的。遇着节日更要烧柏枝，尤其是正月初三清早，全家在屋顶敬白石，越早越好。柏枝中也夹杂有容易生烟的湿树叶，使烟气缭绕。节日也拿酒、馍之类献祭，遇着灾难也到屋顶烧柏枝祈求。

三江口地区的碉房已改汉式平房，一般将“白石神”放在屋顶小竹笼中，习惯在每年正月初三、初八“安慰白石”以“解郁”。据刘玉光端公谈，正月新年“安白石”取其吉祥；三月苞谷播种后要招财；八月苞谷收获要进财，都要安放白石。祭时杀鸡、挂纸，祈求或感谢丰收。现在改为正月或三月安一次，有的三年两次或根本不安了。

火神，羌族每家有“火塘”。在第二层的住房中间大屋里，用木条或石条镶成四方形，内放铁三角架（铁火圈），右上方一脚系一小铁环，就是“火神”（其含义包括灶神、铁匠，以至家神）。完整的更在右上角火塘外框留一小穴或立一小石板，在吃饭时先用饭置小穴或石板前敬献。另两只脚分别为“男、女祖先”，同样受人尊敬。

铁三脚不能移动，但必要时主要可在每月初三、十三、二十三点香通白，祈求保佑全家无灾无难，然后才动。外人无故移动三脚，要用火钳打他。三脚不能用脚踩，不能在上面烤鞋袜，或在上面搭东西，否则要犯肚痛、要生疮。也不能用手摸，更绝对不能摸小铁环，摸了触犯菩萨，遗失牲畜，主人要对菩萨念经，祈求宽恕。火塘的木框不准坐，也不能脚踏。火上不能倒水，自己的人倒了水，撒把面粉在灰上禳解；若外人在自家火塘上方倒水就要被咒骂。在灰内可以烤馍，不能吐痰在灰上。灶有头尾，火塘有上下，柴必须从下方顺着加，而且要从根烧起。火钳不能玩，玩了要惹口舌是非。喝酒、喝茶、吃饭要用手指点沾饮食并弹向空中，大年初一在灶灰内点三炷香敬神。以上这些禁忌，除灶灰内不许吐痰外，沙坝以南地区的羌族已不甚重视，铁火圈有的被换了鸦片，打了农具，火圈逐渐成为单纯的灶塘，既防小孩被烧伤，下雨后也可以烤衣服鞋袜了。

家神：供在第二层的屋角，包括“祖先”“当家人”“媳妇”“石匠公及石匠婆”“柱柱神”“门神”，也笼统称为“角角神”[①]。大约最初只是男女祖先的崇拜，后来加入了保护房屋的神。茂县北三区（沙坝、赤不苏、水沟子）及其以南地区受汉族影响，神龛写成某氏门第、财神、灶神以及天地君亲师等。

对家神要注意的是，在龛前打地铺睡觉时，脚不能朝着屋角的神龛，也不准在菩萨面前挂衣服，或坐在它的面前。不准在屋内吐痰、放屁、杀牲、劈柴和讲死人或杀人之类不吉祥的话，以免菩萨不喜欢。若犯了以上禁忌，须用火塘内灶灰敬屋角的神以谢罪。

下面再略述山上和地里的神，依其地位分为山王、羊神和青苗土地神。

山王菩萨：山王虽不是羌族最高的神，但因为羌族住在山区，在山上种地、放羊，经常会遇到各种自然灾害，所以人们祈求山王保佑，不下冰雹，五谷丰登，庄稼、牛羊不遭野猪、老熊、乌鸦之害，

---

① 因家神均供于屋角故名（编者注）。

使人畜平安，不滚坡跌岩，因而山王成了很重要的农业神。

山神设在村外岗顶或山顶。山神的标志是一块大的白石，也有在白石上面用石板搭成神龛的。或把白石放在小塔顶上，这是山神的本来面貌。极个别的如三龙乡扩尔基寨，将它供奉在汉式庙宇的大殿上，和“川主大帝”“三霄圣母”并列。这里山神已塑成了神像，但原来的山神塔仍保留在庙墙之内。

山神所在之地，常有一片树林或几株古树组成“神树林”。羌族选定几株古老魁梧的大树，称为神树。神树前通常留一块空地，以便祭祀。这里或其附近就是山神和羊神。祭山时大家集聚在神树林，举行各种仪式，神树林不得砍伐。

祭山一般在农历正月、五月、十月，一年一次或两三次。正月是岁首，五月是播种后，十月是秋收后“还愿”，祭祀由本寨端公主持。茂县城关的村寨已无端公，由老年人执行。或到渭门乡、雁门乡萝卜寨去请“蛮端公”“敲羊皮鼓鼓”。祭物一般用羊，也有杀牛、杀鸡或吊狗的。近几十年祭山仪式已趋向简化，或已停止举行了。下面略述几种祭山仪式：

吊狗祭山仪式，茂县东乡土门区，过去曾盛行吊狗祭山，正月间各户凑一升玉米，或到土门镇上募化，买一条狗，最好是白狗，由乡约喂肥。祭山时点香烛，将狗吊在老林内的“吊狗树”上，狗颈项挂一串圆圈形馍馍，吊七天后狗被吊死，以此祈求丰收。好些寨子都有这种吊狗树，以仁村的最有名。唐代汉人称这一带羌族为“白狗羌”，也有称之为“吊狗羌”的。以狗祭山，可能原是羌族最古老的祭山仪式。“白狗”可能是这一带羌族部落的图腾。从渭门乡、土门乡、东北至平武一线，寺庙或寨门多雕刻石狗，其形状有异于汉人刻的石狮，土门乡的人称之为二郎神的神犬，这些雕刻可能是图腾犬的遗存。

杀牛祭山的仪式，赤不苏一带在五月十五日祭山，事先寨上凑钱，由会首买一只没有破相没有劳动过的三岁公犏牛。祭时端公敲羊皮鼓跳神，会首等宰牛，以牛血涂白石上，并以牛置石前献祭，然后抬回寨中全寨分食。茂县土门永镇沟内早已不养牦牛，但在清末仍保留杀牦牛祭山的习俗，祭后将牛皮挂在树上，由主祭者在牛皮下走过。杀牛祭山，可能是比吊狗稍晚的方式。

杀羊祭山的仪式，大家凑钱交该年会首买羊、香烛，备砸酒，并请端公，祭山之日，每户一人穿新衣，带月牙形三叉形馍，清早随端公会首上山，到达山神前端公用小竹箭向空四射，跳跃至山神前礼拜念祝辞，撒青稞。会首以香烛、纸花、馍馍献祭。将冷水淋在羊身上，以酒揉羊踝骨。众人大吼三声，羊发抖，端公看羊抖的状况，预测年成的丰歉。羊子抖后，端公开始跳神许久，在山神前插一根大杉树杆，以小枝分给群众带回，插在屋顶“白石”旁。端公跳完，围火休息，众人则绕火堆跳锅庄。这时会首在神树林宰羊，以羊血洒白石尖端，将羊角置神房，煮羊肉大家分食，吃馍馍砸酒。祭完山后，照例封山不得砍柴，羊是最普通的祭物，可能羌族在从事农业生产为主之后，牦牛少了，改用羊牺牲。1935 年前祭山多的杀十几只羊，1935 年后一般杀一两只，因战事和疾病，羊的死亡率很高，也有改用公鸡作牺牲的。

上半年祭山以求丰收，十月祭山“还愿”酬神。仪式和祭山相同，从端公所念的祝词也可以看出是谢神的性质。其祝词为：

“千千兵马，万万神军：从前羌民风霜露宿，靠了石匠砌起房屋，才得安居乐业，但身上不好，骨瘦如柴。羌民无奈，在神前许了一个心愿：下年庄稼收了，猪养肥了，酒做起了，五谷之神不吃，羌民不敢吃。备牲礼敬酒还愿……求赐一寨老少男女无灾无难，无恙无病……”

还愿也多在山王庙，或在上山前夕烧火守夜，每家带一只鸡宰了敬神，天亮了众人到会首家吃羊肉、喝咂酒，然后散会。

祭山还愿，都不许外人和妇女参加，闯进去要受罚，杀了人、闹了凶事的人也不准参加。天旱不雨，每户派一人集合到高山上一个叫“龙池”的地方杀鸡求雨。将鸡血抹在铧头上，鸡头抛到水潭里，向水潭放明火枪，取牛角背水敬山上白石菩萨，抬狗游行；或将山上大白石浸水潭内，到下雨时为止。

祭山（包括还愿求雨）：是羌族宗教中最受重视的仪式，认为这件事关系一年的收成和生活，所以祭山是羌族最大的宗教活动。在南部羌族，自1935年后因战争和疾病，人畜丧亡很大，祭山仪式逐渐简单。如土门区吊狗，有的农民就想到不吊看怎样，结果不吊也没事，吊狗风俗就衰了。新中国成立后，茂县羌族也有好些因觉悟提高或怕被批评停止祭山了。

羊神：羌族自来以羊为重要家畜，因而有羊神。羊神是畜牧之神，羊神以泥石砌成圆锥塔形，中间镶一块白石。每年正月初五，农民赶着羊，以香烛、咂酒敬羊神，求神保佑羊只兴旺，不遭豹狼虎熊之害，也有在祭山后接着祭羊神的。把祭山小旗插在石碉上，端公舞诵，羊主人焚香敬神。也有拿一只鸡祭“羊神”赶走羊瘟的，赶羊瘟时请端公“打扫房屋”，使房子干净。

青苗土地：许多田地中或地边立有白石，是青苗土地，耕地播种前，杀一只鸡到田头祭青苗土地，茂县乬山则杀羊，吉余寨只点香烛。青苗土地是保护庄稼丰收的神，大概本来是青苗白石，后来采用了汉名而称土地神。另外羌族区地有所谓“土主神”，茂县小北乡牛角村的土主庙，当地传说是宋朝丞相曹典死后封的，主管庄稼。土主庙最多的土门区，认为“土主”（又叫“独雄大王”或“独雄菩萨”）原为“蛮王”，是“夷人所信”。该区小关子土主庙的土主就身着“番衣毡帽”，也有身穿盔甲，手持长剑的。当地认为“老蛮子”是地盘业主，汉人是后来的，现在土主庙多在偏僻村寨，“独雄大王”又转成“多兄大王”。传说从前八大王打四川[①]，打到土门东面，“多兄大王”弟兄七人（亦说九人，十二人）变成黄蜂，蜇八大王的士兵，把他们吓退了。土门独雄庙的钟是“大明万历十四年十月二十四日造”的，造钟的人主要是文忠明及其子铁住保、中元保等一家和其他一些羌民。证明“独雄庙”历史已久，确是“夷人所信”。土门的土主庙庙会在正月初四，做会时各村组成十二人的跳神队，跳时手执三叉棒，头戴鸡毛花冠。初六夜晚大会，在庙前燃起夜火，巡游各村，到“神石包”散会，并把火种带回各家灶中，当地人说“老蛮子是地盘业主，为纪念他才跳舞”，这可能是羌族受汉族影响后的误会，从跳舞步法、服装、神石包、分神火等看，可能是这一带羌族固有的习俗。平武、南坪和甘肃文县的少数民族，现在还有戴鸡毛的风俗。神石包可能原是“白石塔子”所在，神火则是火崇拜的一种形式。

摘自《羌族调查材料》，西南民族学院研究室编，1984年版。

（二）与生产有关的宗教祭祀活动

1. 与生产有关的宗教祭祀活动即岁时迷信经济习俗，巫师为祭祀活动主持者

所谓岁时迷信经济习为，就是指一年中与主要的经济生产活动相关的一些传统的祭典与巫术仪式。我们在《羌族的信仰与习为》篇中已说明羌民的宗教还滞留在灵气崇拜与巫教的阶段。所谓灵气崇拜即对鬼神或超自然势力的信仰。所谓巫教即信任巫师的支配超自然能

---

① 八大王即明末农民起义领袖之一张献忠（编者）。

力。凡是在这个阶段的社会，其政治、经济、法律、军事等种种活动均未分化，未成为独立的制度。这就使巫师所处的地位十分重要，因为巫师的活动是多方面的。法国社会学者于伯氏（R. Hubert）描写巫师的活动范围云："巫师能治疾病，驱逐鬼魔，侦察罪犯，软化劲敌，抓捕野兽，使天降甘霖，保证丰收，畜类繁衍……"[①] 羌民的巫师——端公差不多也具备这一切的能力，他是种种岁时迷信经济习为的主演者。

摘自胡鉴民：《羌民的经济活动型式》下篇乙，"岁时迷信经济习为"，《民族学研究集刊》第四期，1944 年 10 月。

2. **迷信经济习俗反映了初民的心理状态**

迷信经济习为乃至一切迷信习为的存在，大致可以说是两种心理力量的支配。

原始民族——文化简陋，知识幼稚，不谙自然法则的民族。在他们的生存过程中所感觉到的，一面是人类的脆弱与无能，一面是自然与人生之神秘。在此神秘现象的背后，他们认为一定有一种伟大的力量支配着，这力量便是鬼神或超自然的势力。因此原始民族（甚至文化相当进步的民族）都以为人类的力量与幸福均由神赐，即吾人取得的菲薄的享受，亦不能认为是吾人劳力的结果，为吾人所应得。一切均由神赐，"物阜民康"端赖春祈秋报，获鬼神之欢心，苟或干犯神怒，则一切不幸皆无可逭。

可是宗教学者均承认"敬畏鬼神"在宗教史上，是较高阶段的现象。真正的原始民族对于鬼神的态度并不如此单纯，他们的自我中心思想比较强烈。他们对鬼神虽也畏敬，可是这是有条件的。要是鬼神

---

① R. Hubert：Mannel de sociologie.

能“降之百神”，满足他们的愿望，则畏敬之。不然的话，那么他们对鬼神就要有种种不好的表示①。魔术与魔术师便产生在这个阶段。原始民族因为不谙自然法则，以为一切均由鬼神支配。他们也因为不谙自然法则，故不能分辨主观与客观，认意像为客观实在。一个使他们满意的观念，一句胜利的话，一种压倒敌对势力的姿势，便足以使他们信为真实的事情，得到精神上之满足。这便是魔术与魔术师产生的理由。因为魔术是一种表现人类意志，支配超自然动力的法术。魔术师便是玩弄这类法术的专家。比国宗教学者克莱葛林（R. Kreglinger）云：“文明人知道宇宙中有许多事情是人类所不能支配的。可是原始民族则忽视此点。他们相信魔术，以为魔术的势力和咒语便能支配宇宙，使无情的宇宙的运动，与他们的意志相符。”

总之，一切原始民族都有两种似乎互相矛盾的心理——依赖鬼神与支配鬼神，一切初民信仰与魔术仪式都建筑在这两种心理上面，羌民的一切迷信习为显然也是以这种心理为基础。

由现代科学的观点观察，这些与经济活动相关的习为，其性质截然与经济活动的本身殊异，显然是一种无补于事实的举动。可是由初民看来，却又不然，德国文化学者宋梵氏云：“初民以为魔术活动也是经济生产实际行为的一部分，初民忽视前者与后者的区别。”并且宋梵氏依据由新西兰摩利人（Maoris）所得的事实，认为“这种迷信习为确实有裨于工作的完成与工作者的信心”，绝非无补于事实的举动。我们也采取这样的看法，故将羌民所保存这一部分习为，附属于其他经济制度之后。

---

① 例如 Lubbuck 氏在 The Origin of Civilization 中称，黑种人当他们对鬼神的祈祷毫不灵验时，便要责打他们的神像。又如古代的 Accdians 人，如遇 Pan 神不能保佑他们免于饥荒的打击时，那么他们便要鞭打 Pan 神神像。斯巴达人每用绳索捆住 Aphrodite 神像，使不得逃脱、旷职。

摘自胡鉴民《羌民的经济活动型式》下篇乙、“岁时迷信经济习为”，《民族学研究集刊》第四期，1944年10月。

3. 迷信经济习俗中的主要祭祀活动播种仪式

古老民族不谙自然法则，谷物之生长、禽兽之繁殖，均认为须如此，得超自然力量之干涉，在播种之前必先祭谷神，中国古代也是如此。月令有季春为麦祈实之记载。羌民现在还保守这样的古风。当主要的农作物播种时，必举行播种的仪式。

理番通化①附近的羌民在四月举行玉米播种仪式：

择吉日开土，在良田中指定一块地方。中央放白石三块，代表谷神（一块亦可，但忌双数）。上燃柏枝，然后大众分头下种，种毕，下午请端公敬谷神，端公戴猴皮帽，打鼓念经。并于石头中间立杉木一根，顶上插白旗，下面放粮食一升及酒与刀头等物。端公念经毕，与人众集合砸酒。此时主要预备杉木杆，其枝数与主人所有田亩块数相等。杉木顶上扎白旗一面，然后分别插入各家田亩中。礼毕后，刀头馍馍等祭品各人分取一份。

近年通化一带的羌民均有汉化的青苗土地庙，播种那天到庙中祭祀，在家中宴会，请邻里参加。

九子屯一带②羌民的青稞播种仪式，亦与上述各节大致相同。播种日期既至，主人家未晓即起，请齐换工工人，家内诸神前均烧柏枝，工人吃糌粑，并砸酒（连糟都吃下）。天将明即赴田间撒播种子，

---

① 通化附近的寨子如下：朱耳三寨、佳山寨、若达寨、西山寨、汶山寨、增头寨、星下六寨、木尔达寨、木工寨、达蛮寨、窄溜寨、三岔沟、坪石头、牛山寨、罗山寨。理番县通化，即今理县通化乡，但其附近村寨则不完全属于今通化乡，有的则属今理县桃坪乡（编者）。

② 丸子屯一带的寨子如下：卡子寨、大河坝、木宅寨、八角寨、大流星、小流星、龙窝寨、耳瓦寨、立立寨、正九子寨、上水塘、下水塘。

讲吉利语（大意说撒下的种子个个能生，没有病害云云）。选良田留空地放石块等情形与上述略同。如用端公主祭，其一切经过，亦与前同。如不用端公，则种毕祭祀。用酒一坛、猪头一个、麦面馍馍九个及香烛等物，并于田角放四个刀头。一人开酒坛献祭谷神（以竹竿插入酒坛子沾酒洒之），说吉利话。从前即在坝上集饮，现在尚照古风，先砸酒数口，然后拿回家去设席共饮。

摘自胡鉴民《羌民的经济活动型式》下篇乙，“岁时迷信经济习为”，《民族学研究集刊》第四期，1944 年 10 月。

与农林牧业生产有关的祭山会

祭山会又名山神会、塔子会（“纳黑西”，即山王会），也有称为祭天会（“莫都土”）的。它是古代羌人祭祀山神，祈求山神、天神保佑人畜兴旺，五谷丰登，森林茂盛，地方太平的大典。会上由羌族巫师（“许”）演唱羌族史诗，教育后代团结友爱，共同维护本寨羌民利益，制订或重申乡规民约，强调封山育林，保护庄稼。

祭山会一般以村寨为单位举行，由每户的丁男参加（丧家和有产妇的人家不参加）。十二岁以上的男孩第一次参加时，需带刀头、敬酒、馍馍等祭品敬神，由于羌族地区气候不同，农事季节不同，或因古代属于不同部落，祭山会的日期也不同。茂县的鲫鱼寨、水西寨在每年农历二月第一个属牛的日子祭山；较场区在农历四月；渭门乡和三龙乡在农历五月；松坪乡与曲谷河东在农历六月。汶川和理县各羌寨则在秋收后农历八月一日举行。届时或还鸡愿，或还羊愿，或还牛愿（一般每隔三年举行一次）。祭山会由各村寨会首筹备，会首每家轮流担任。祭祀仪式由当地的“许”主持。有的村寨不请端公，而由会首主持。在内容和具体做法上，各地也不尽同。

1983 年 5 月茂县三龙乡羌族人民举了祭山大典，现将此次祭山会情形记录整理出来，以见一斑。

每个羌寨附近的山上，有一个高约两米的石塔（“纳黑西”)。塔顶供有几块白石代表山神、天神、树林神，塔的周围环绕青翠的“神林”，一般为松、柏、杉和青杠等树木。祭山会在塔前林间空地上举行，届时全寨男子穿新衣，随带刀头、敬酒、三叉形或新月形馍馍赴会。会首事前已准备一头黑色公羊（如为每隔三年还牛愿，需准备一头公牛)、一只红公鸡、一坛砸酒、一块重约两斤的猪肉刀头、一斗粮食（15斤)、一个大三叉馍馍和香蜡、钱纸、爆竹等等。“许”戴猴皮帽，上缀小海贝九个，帽前缀以长有大獠牙的凶恶神像（类似“吞口”)，用以“辟邪”，祈求风调雨顺。“许”腰佩法刀（“额九”)，颈悬一串骨质白珠，手持响盘（“克鲁”)、巴郎鼓（“柳古”）和羊皮鼓（“日果”)，羊皮鼓直径两尺余，单面蒙皮，上系丝质红穗，背面有木柄，上有两个小铜铃。“许”敲羊皮鼓，拄人头形神杖（“涅日谷杂”）走在祭山队伍最前，他的徒弟帮他拿一些法器，另一人（一般为会首）手执挂有五色纸飘带的杉杆（“十卓”，为杉杆祖神，表示敬神还愿)，上有五、七或九个枝椏。所有参加祭山会的人尾随其后，在各种响器声中，从村寨走向会场，此时附近道路不准有人行走。

一到会场，“许”首先在塔前燃香点蜡，用会首准备的刀头、酒和馍馍敬神，唱开坛解秽词（“塔特书”)。此时燃柏香一堆，凡参加祭山会的人（包括牵的祭羊）都无例外地从柏香上跨过，并将携带的祭品、用具等在柏香上熏一熏，以示解净污秽，以便迎神祭神。

“许”随即念还愿词（“郭喜格儿”）通白石神灵，表示祭山会正式开始。大意说：今天全寨人来还愿，请天神“太依支”和“热阿红”保佑人畜平安，庄稼丰收，保证今后不犯神灵。如有触犯，甘受惩罚。接着唱抖水词（“国菲”）向鸡羊嘱咐。略谓：现在山王神将领受你们了，请你们抖水（杀牲前须在鸡羊身上浇水三次，表示洗净污秽)，把身子洗净，要抖三次，神灵才接受你们。

抖水词唱毕，再唱消灾免祸经（“布尼基”，为羌族史诗之一），大意为：天神之子下凡遭误害，天神嗔怒降祸灾，火闪雷霆，雪弹冰雹，人畜受害，庄稼遭灾。野猪野牛，老熊獐麂，糟蹋庄稼，伤害林木。今天全寨来还愿，祈求免灾免祸殃。

然后，“许”用荞面做成山、树和各种野兽形状（“独默”），放在石塔右前方的木盘内（即送花盘），先唱开天辟地词（“十古特儿”，为羌族史诗之一）。大意为：“哀吾知”“哀吾巳”（传为羌族开天辟地神，前者为男性，后者为女性），开天辟地，先造天后造地再造山川，有树木有野兽后有人类，创造五谷和百物，养活人类万万千。接着再唱山神（“纳西许”）事迹，大意为：山神保佑人畜平安，庄稼丰收，消灾灭祸，降福羌人，羌人崇拜永不忘。

唱毕史诗再唱以羊替罪词（“国伯德格”）。先请山神、天神将鸡羊收下，边唱边用青稞籽从羊头抹到羊尾，并将几粒青稞籽丢进羊耳，向羊和鸡浇水三次。此时群众呼叫，鸡羊颤抖三次以后，象征神已领受，随即杀羊和放鸡归山（或杀鸡，或杀一只，放生一只）。羊角置于塔顶，羊皮赠给“许”。羊肉当场煮熟分每户，称为“散份子”，新中国成立前即按份子派差派款，内脏不依户口，而是分给到会的人每人一份。

接着，“许”唱长寿永生词（“时勿不作”）。代表山神、天神以最美好的言词封赠全寨的人。从风调雨顺，林茂粮丰，说到人畜兴旺，百事顺遂。并以羊毛线（代表始祖神）系在到会人头发上或纽扣上，表示生命已由神系住，长命百岁，像高山一样。然后唱丰收词（“太真热阿洪”），略谓：今天全寨的人在此还愿，祭品已经献过，从此庄稼丰收，吉祥如意。

随即向神求青稞种（“日克切克”）。青稞为羌族古老的传统作物，羌民认为青稞神代表谷神，向神求青稞种为祭山会的重要祭祀活动。

羌民认为能求得青稞种的“许”才是本领高明的。据说过去的老端公在敬神作法后，确有“本领”请神赐来青稞种。其实这并不奇怪，原来端公的法术有不少为魔术，这种求青稞种的魔术，颇能满足羌人渴望丰收的愿望。

求青稞种时，“许”一面敲羊皮鼓，一面念唱，大意为：今天全寨人在此插杉杆还愿，如我一人请神不行，就请地上一百个端公，再请天上一万个端公和一万个神灵，务必要青稞神给大家赐青稞种来。端公向四方请神时，情绪十分紧张严厉，到一定时候念唱愈快，击鼓愈频繁，突然翻转羊皮鼓，单手托起，身体猛一跃，能听到青稞籽飞入鼓内的响声。此时端公的表情由紧张而松弛，与会的人也欢喜雀跃，赞扬端公的本领高明。

据说后来的端公大多没有这种本领了，由他自己边抛青稞籽边唱，他的助手手持“十卓”接着，再撒一些青稞籽在翻转来的羊皮鼓内，摇几下又倒出来，撒在羊皮鼓的正面，视青稞籽的分布情况以判断凶吉，并据此决定禁忌事项。假托神的旨意，宣布乡规民约，号召全寨共同遵守，将“十卓”插于塔上。至此，祭山会达到高潮。

然后，“许”唱请鸟兽吃祭品词（“协古拉五”），大意为：今天请你们来，凡是想吃的东西，任你们吃够，今后不许再来扰害和糟蹋庄稼了，随即将荞面做的山、树和野兽置于距石塔较远的角落，表示让鸟兽去吃。“许”再通白天神“太依支”和“阿不斯”（传为管愿信的天神），略谓：今年愿信已还，明年照旧还愿。这是古代羌人假借神灵和超自然力量驱除农害在宗教仪式上的一种表现。

在此过程中，还为青年人举行冠礼（“时左六六”）。“许”边绕石塔转边唱，向第一次参加祭山会的青年人胸前系一根羊毛线，并在其额前抹一点陈猪油，以示天神保佑，命根有系，能见世面了，这些青年也向“许”表示感谢。然后“许”赞唱会首和寨民（“许达莫日母”），大意为：会首帮办祭山为大家消灾祈福辛苦了，寨民踊跃参加敬神还愿吉祥了，端公代表神灵封赠会首和寨民清洁平安，百事顺遂。时群众皆席地而坐，每家请“许”吃一点馍、一片肉，饮一杯酒。“许”又吃会首家的馍，饮会首的酒。于是大家纷纷吃馍和肉，一同砸酒，欢唱酒歌。第一次参加祭山会的青年将特意带来的盘龙馍馍分送给每一家，每一家也请他吃馍和肉，表示参加过一次祭山会，被全寨公认为丁男。这实际上是为青年人举行冠礼，与理县、汶川羌人举行冠礼的做法不同。

最后，由“许”唱祭山会结束词（“郭喜俄叔谷”）。宣告愿信已了，祭山会结束。此时举行“转山”，由“许”领头，群众绕石载歌载舞，绕三周后回寨，将“十卓”插于会首房顶的石塔上，以示该户为会首，从早晨到傍晚的祭山会至此结束。

古代羌人由于生产力有限而对自然界的认知能力低下，他们在生产生活中感到人力微弱和大自然的神秘，以为一切均由鬼神或超自然力支配。他们以为在生产上要取得较好的收成，只有靠春祈秋报，取得鬼神的欢心，否则会触犯神怒，一切不幸都会降临。特别羌人居住高山，气候多变，兴云作雾，雷霆电闪，雨雪冰雹，时时袭来。奇禽猛兽，栖息其间，使人感到高山神秘莫测。加以高山的生产具有较特殊的自然条件，使人认为有神灵掌管山中物产，控驭雨雪冰雹和各种野兽，所以对山神特别崇拜。羌人的祭山会由来已久，是古羌人原始宗教的遗留。它把羌族人民生产斗争的成果归结为春祈秋报的结果，反映了人们对自然界的无知和对自然斗争的软弱无力。它假借神权以加强民族内部的团结，制订或重申乡规民约，以克服各种困难和自然灾害，正是为了弥补这种无知和无能的缺陷，争取较好的收成。这虽是消极的，但也有一定的作用。

摘自钱安靖：《羌族宗教习俗调查资料》八、羌族的祭山会，《羌族社会历史调查》，四川省社会科学院出版社 1986 年版。

求雨祈晴仪式

求雨——羌人是山居民族，地理环境甚为险峻，昔时游人曾有“鸟渡也还愁，教人怎走”之叹。农地在溪水两旁，或在山坡之上。在这种环境之中从事农作，雨量需要之殷，可想而知，入夏不雨，每至收获无望，于是求雨就成为极郑重的事情。关于各地水旱状况，求雨仪式以及种种传说故事，叙述起来，颇占篇幅，我们此处仅拟介绍与宗教信仰有关的一二节目以飨读者。

理县杂谷脑河南北岸，羌民的求雨风俗最有趣味，例如星上六寨、增头三寨、朱耳三寨以及牛山罗山，甘溪汶山与佳山若达西山一带羌民。每值久旱不雨，必举行搜山，羌语称 ho－mu－mo－gee－sar－lir－rahgə。所谓搜山者，即禁止挖药草及设置绊索捕兽之谓。羌人相信挖掘羌活及其他药草是破损地之宝藏，违背生生之德；至于禁捕野兽，是因为猎人所供之叉叉神（Horn mo－tze，即打猎之神，以叉为代表），为杀生之表征。在灾难时期应把它除去，以顺天意，搜山之禁令一旦公布，每寨各派数人联合搜寻，如获违背禁例之人，必施痛殴，且照规矩必殴至流血，认为非如此不能使天下雨，这种心理与澳洲土人的心理相似[①]。

如举行搜山以后，仍乏甘霖，则进行更大规模之求雨组织。由星上下三寨民众向上三寨民众要求设法求雨。上三寨人民即派代表上羌民之圣山“be－ko－gə”对神许愿，并恳求取木刻以召集民众。木刻藏在距圣山四里之三尖山（羌人称 tchi－ru－gə）之山洞内。木刻取

---

① 此山在杂谷脑河北岸星上六寨上三寨，区域甚高，盛暑如隆冬，傍晚，山谷吐云雾，山巅在云雾之上，游息其间，有羽化登仙之感，现建有庙，供奉三圣石：白昂昂、白兰兰、白喜喜。

得后仍返圣山，在神前留木刻之半（留作符节），代表持木刻之另一半下山，依次传达于各寨。木刻所到之处，无论哪一家，均须派人参加，否则不但受大众辱骂，且须受罚，参加者以已嫁妇女为多，男子与青年则甚少。人众随经过寨数而增加（但星上上三寨除所派代表外，其他人不参加），每寨带酒一二罐，用以敬神。到达圣山山顶后，群集拜神前诉旱魃肆虐，焚香敬酒。上三寨代表还木刻与原留之一半符合，并申说："人众均到，天旱非虚，你可享受香火，应保人民丰足，你的符节在此"云云。然后当时做新木刻一块，送还山洞原处，将旧的一块在神前焚化。此时女人们在神前哭诉，呶呶不休，并在神庙前大小便以示怨恨，及至送木刻者返来时，开始唱极秽亵的祈雨歌曲（歌词另录），然后以带去之酒罐改盛清水，携带回来。一路继续唱歌，至纳瓦寨方始停止。当经过上三寨时，寨上人请祈雨团体饮酒，但不停留即行前进，各自返寨。将携回水罐之水泼在地方神 yei－bo 之前，以为如此便能得天之甘霖。

求雨歌

羌民的求雨歌词有好几首，兹只录一首如下：

男人的 X 物常求女人的 X 户，饿得很，渴得很！

弄 X 物，咕咕咕；弄 X 户，咕咕咕！

得了！云已聚集了！

得了！云雨一起都来了！

参加求雨的都是已婚妇女，所以唱得出这样的歌词，在别首歌词中，妇女们还得描写昨夜怎样与丈夫性交。不过，我们未闻羌民在求雨时有乱合的行为。这又与印度的农节有别，而与荷兰及德国的农民夫妇于播种时期在田野敦伦的情形近似。

羌语求雨歌词

pou li bou lo sue－i sai ho li kou kou－kou ho pi kou kou－kou

ngo ha o he oue ho ngo ha o si o losaihai

唱求雨歌时不问人数多寡，总须分成两班。甲班唱一段，乙班须随着重复唱一遍。例如上述一歌，首先两行歌词须两班反复唱五六次，然后再唱下面“得了”两行，“得了”两行亦须反复唱两次。未开始唱歌以前，每班须高呼三声，表示呼雨，第四声高呼是答应有雨来之意。

摘自胡鉴民：《羌民的信仰与习为》，《边疆研究论丛》1941年。

新中国成立前龙溪沟羌人凡遇天旱不雨，则向龙王爷求雨，求雨地点各寨不同。有的到龙王庙，有的到山顶海子（即山顶湖），有的到本寨山顶一定地点，但求雨均为村寨集体行动。直台寨朱天富端公说，直台寨在本寨山顶求雨，每户去一人，男女均可，随带香烛、刀头，并杀一只羊以敬龙王。敬龙王时端公须演唱求雨歌，大意为：天旱了，天旱了！龙王老爷啊！庄稼枯萎草木黄，往后庄稼无收成，生活困难怎么办？龙王老爷快下雨！

端公演唱时，村寨人跪地拜龙王。除烧香杀羊敬拜而外，直台寨求雨的人还须抬一只狗上山。拜毕龙王后，将狗抬到烧狗坪活活烧死。据说其目的是使龙王嗅到烧狗臭味，迫使它不得不下雨。当地羌人传说，龙王最怕狗臭，烧狗的臭气一熏，龙王难受，因而下雨。

龙溪乡布兰寨羌人到龙溪山后龙池求雨，颇为特别。传说布兰寨杨家二姑娘牧羊到龙池时。被龙王儿子看中，后来成了龙王的儿媳，并生了一对龙孙。杨家二姑娘回家看望父母时，将这对龙孙装在一匣内带回娘家，放在神龛上，特别叮咛家人，除她喂奶而外，家中任何人都不能去看。可是当外婆的很关心自己的外孙，有一天当二姑娘不在跟前时，她急忙抽开匣盖看外孙，匣盖刚一抽开，两条小龙立即昂首四面张望。这位老太婆从未见过龙是什么样子。一看立即吓呆，惊惶失措，急忙用力将匣盖一关，正好卡住小龙脖子。待二姑娘知道闯祸，赶来松匣盖时，两条小龙已被卡死。由于卡死龙孙惹下大祸，二姑娘回龙池龙庭后，老龙王大发雷霆，将二姑娘处死，二姑娘虽死。但布兰寨人认为，杨家是龙池龙王子孙的舅家，据说因有这种关系，布兰寨求雨的办法与别寨不同。他们每遇天旱则集体到龙池边痛哭，称为“众母舅求雨”，据说一哭就灵。

摘自钱安靖：《羌族宗教习俗调查资料》，五、《羌族社会历史调查》，四川省社会科学院出版社1986年1月。

新中国成立前茂县渭门乡羌人，不但久旱求雨，久雨也求晴。每个村寨都有一处求雨求晴之地，一般都在箐深林密，有水源的地方。如渭门乡内五寨中军开山寨的“卡把萨”，日颇寨的“牙涅”、立立寨的“补吉”，俄若寨的“瑞涅”，古怪寨的“柱此”。求雨求晴皆为村寨集体行动，由端公敬神（龙王神）作法，求雨要敲羊皮鼓，并放炮鸣枪，至于求晴则只击鼓，而不放炮鸣枪。

摘自钱安靖：《茂汶县渭门乡永和大队羌族宗教习俗调查》①。

还有一些祈雨活动，俗称“搜山求雨”。羌族地区入夏以后常遇干旱，祈雨便成为经常的宗教活动。这时羌民必定要搜山，即禁止上山打猎、砍柴和挖药等一切活动，以顺天意，并对违背者以谴责或痛打。若搜山之后仍不降雨，则须到高山之巅进行大规模的求雨仪式。在一些地方还举行特殊的仪式，参加者均为已婚妇女。她们齐集白石神前哭诉，唱形容男女性行为的祈雨的歌曲，以为这样就会感天动地，普降雨露。汶川绵篪一带还有“赶旱魃”的祈雨仪式。届时以一

---

① 调查时间为1983年7月上旬，调查地点茂县渭门乡永和大队，调查对象王清海，男，69岁，羌族，端公；文全兴，男，74岁，羌族，火居道士，调查人四川大学宗教学研究所钱安靖。

人装扮为“旱魃”，躲藏树林中，然后以巫师为首带领群众鸣锣执棍，遍山搜寻，直至将扮演者寻获并驱赶下山方告结束，以为这样将获瑞雨。

摘自冉光荣、李绍明、周锡银：《羌族史》，第343页，四川民族出版社1984年版。

收获节礼仪

各农业民族均有收获节（Harvest Festivals），在收获节举行期间，必尽情欢乐，甚至于狂放不守平日礼教，如印度的情况。农收节便是如此。羌民的农收节虽亦尽情欢乐，但是否至于狂放的程度，则未便断言。或者可于耳瓦寨之锅庄被守备禁止一事，窥见一二。农收节中还有一件重要的事情。即以新出之谷先敬神灵。中国古代新谷登场必“先荐寝庙”[①]。羌民亦有这样的举动。青稞收获完成，在房顶上打出后，先装一斗敬仓神（旧谷倒出后，只能自己家人吃，不能给外人吃），再煮熟敬其他诸神，然后敬亲戚长辈。小麦打成面以后，做成馍馍，先敬祖先（mo－joe），然后自食，亦以之敬亲戚长辈，在民族学上这类仪式称为Sacrificed Premise。

羌民的收获节情形，各区域颇有出入，且与汉族风混杂。节期时间亦多不同，五月至八月为羌民主要农作物的收获期，各地的农作物收获亦先后在这个时期举行。他们所报谢的神灵亦各不同，或为白石神，或为川祖，或为山王，或同时答谢数神。祭祀庆祝娱乐等情形，亦各地互异。或还鸡愿，或还羊愿，或还牛愿；或用端公，或不用端公，有些地方还保存复杂的原始形态，有些地方已简单化，下录数例以见一斑。

① 《礼记·月令篇》。

理番九子屯列列寨四房①之川祖会。川祖会为四房所共有，但川祖会的会费各房自备。举会日期为六月二十四日，但于二十三日民众即备乐队接各地古庙中所有关帝、禹王等神至川祖庙。当晚即在庙前演戏。并有盛大宴会。二十四日，庙上杀羊，正午祭神，男女老少盛装赴会，敬神看戏。是日赴会者之中，如有生后第一次赴庙会的孩子（mun－tchi－tai－vo，新人到会之意），事先即须送鸡一只、刀头一份及月亮馍馍与柏枝等赴庙，陈设在庙角白旗之前（会首早即预备并布置好），小孩子磕头，会首在小孩子头上擦猪油，并祝云："与白石长存!"然后将馍馍、刀头等物均成细块，分给众人，谓之"吃喜"，众人宴会尽欢，三日而毕。

九子屯耳瓦寨②龙王会。耳瓦寨有水田，赖泉水灌溉，筑有水闸，积水面积颇广，因此地方人民拜崇龙王，并于每年六月二十三日举行龙王会，举会事务由会首四人负责，有田地的主人都须轮流担任，所需经费除公田出一部分外，由寨上人集款，如尚不敷用，则由会首设法。会首预先置备烧酒砸酒及种种肴馔。十二日傍晚，鸣锣集众，走向泉水旁龙王庙，先拜水，水源头上插白旗，然后进庙拜神像，是晚即在庙上宴会。十三日地方官（守备）至庙上敬香，人民迎接，庙前设戏台演戏（由土人自己扮演）。守备官以红纸包钱奖演员，开酒坛行献神礼，当日亦有盛大宴会，会期三日始毕。从前耳瓦寨民众照例于举会期间还要跳锅庄，男女杂沓，狂欢作乐，现在被守备官禁止云。

---

① 理番九子屯列列寨，即今理县木卡乡列列寨（编者）。列列寨四房以水源作房名，最高为织锦达，水自地下涌出，筑有蓄水池，这一房所有的田亩均赖这一股水灌溉。第二房称崔溪勃达，水自庙底龙口出，亦灌注这一房所有田亩。第三房称植粗达，水自田中水成岩洞涌出，这一房赖此水为生。第四房称织达勃，赖山溪之水灌溉，有水源数处，但水量都很小。

② 九子屯耳瓦寨即今理县木卡乡耳瓦寨。

理番后二枯立木基与季瓦两寨[①]秋收还鸡愿山王会情形。这两寨还愿不用端公[②]，每年秋收后，于八月一日祭山王还鸡愿，各寨各备一白石代表山王，会务事宜由各寨推会首负责。伐取杉杆，插白旗于杉杆之巅，并预备白公鸡一只，黑色牡羊一只，以及酒米猪膘等物，当祭之日早晨，一并将各物送到山神之旁。众人齐集，烧香杀羊，并将白鸡举行祓除邪秽礼（Purification），其法如下：燃柏枝以烟熏鸡身，然后以清水涤鸡之全身。此鸡称为“秋收成功还愿鸡”，羌语称“ki sze youi zi”。

会首向山王跪拜祷告，祷毕将鸡压死，将头脚及两翅割下，在火上烧到毛脱脚趾骨下落为止，抽鸡之翅羽在杉枝上。会首又用清水调面，做面鸡面山面杯（代表水）各一，面杯内放花猪油、柏枝，然后在石盘中铺柏枝，将鸡头脚两翅排成整鸡的样子。面制物品排列在前面（杯在中央、山与鸡在两旁），会首手中握青稞子五个，取火燃柏枝，向神祈祷，然后将青稞子撒之，仪式告毕（羌语称 boe dar shouai wouo）。

鸡身单独煮熟，不与其他物相混，切成小块分给同寨的人，每家一份，当时即食毕，所余之骨须焚烧之，鸡汤不吃则弃之，凡此鸡之一切均不准外人吃到。最后开酒坛举行盛大宴会，男女都到，尽情欢乐，第二日继续欢聚一天而散。

乾溪沟卡哥寨[③]八月一日祭白石神向山王还羊愿情形，还愿请端公主持。仪式分两个步骤，七月三十日举行初步仪式（祓除邪秽仪

---

① 理番县后二枯立木基与季瓦两寨，即今理县通化乡马棚大队（编者）。

② 立木基与季瓦两寨自古相传共有一白石神，既无神林，又无庙宇。冬天还愿时，两寨人常起冲突，每由端公出来排解。后来两寨人怀疑是端公惹事生非，双方均驱逐端公。端公的诅咒，两寨人亦不畏惧。

③ 乾溪沟卡哥寨即今理县通化乡乾溪大队卡哥寨（编者）。

式），端公二人至会首家中制备白旗与草把（帚子形式）。会首请人到山王及白石神庙墙上涂白粉，并搭一公共的祭台，取杉木插在台上，下午会首与端公带鸡三只，羊一头，月亮馍馍太阳馍馍各一个及猪肉、旗子、草把等物，先到白石神庙，燃柏枝念经，然后带香盘上台，台前燃一堆火，旗子插在台前，端公打鼓念经，一人摇角角（sze gra），摇三次即止。此人随即捉一只鸡，另外一个人拿猴头，端公随后，三人绕火堆走三周。带鸡那一人用草把打鸡头至出血。然后至白石神庙，又转三圈。抱猴头那一人将猴头放在白石神庙内上方，拿鸡那一人随同端公至门前，端公念经毕，放下羊皮鼓，杀鸡洒血在草把上，端公将鸡之头尾足翅割下，穿在竹上（竹子预先插在草把上），这些都是祓除邪秽的动作，认为自后即圣洁可以祀神。

是晚端公整夜在庙中念经，天将明，不复祭猴头，将猴头横下来，牵羊带鸡上祭台。端公跳鼓念经，杀羊洒血，并将鸡捏死。然后带鸡至王崖洞，跳鼓念经，杀鸡洒血于白旗上。念经毕，回到台上，以荞面和清水，制面鸡、面山、面杯各二个，排在两个香盘中，然后一盘中排一整鸡，一盘中排一整羊。此羊亦须预先举行祓除邪秽仪式，其经过与立木基和季瓦两寨施之于还愿鸡的情形相同。鸡盘祭山王，羊盘祭白石神。

端公念经，祝丰年，撒青稞子，然后在台旁火堆煮羊肉一块，以羊肠与血做成血肠，然后煮熟。另外还煮羊肝。端公分一大份，其余帮忙的人亦各得一小份，当时即吃完。

放三炮。端公打鼓念经，其余的人把所有各物搬到白石神庙，寨上男女都集聚在白石神庙，端公又念经。最先拿鸡那一人取插鸡肉的竹交给端公，再取香盘，燃柏枝，将原来所杀那个鸡的肠子放在香盘内。端公打鼓念经，念毕，再执香盘及草把，一面念经，一面将草把在各人头上打一下，将香盘在各人头上转一转。演毕，将鸡及香盘交给原来拿鸡那一人，送至路口，端公随后，跳鼓念经，念毕，端公与人众同呼数声。然后回到白石神庙共饮太平酒。各分鸡羊肉一份带回家中。

九子屯木宅寨[①]山王会情形。木宅寨羌民共二三十户，地势平坦，有良好水田。举行山王会亦由会首负责，会首只备砸酒一坛，其种种开支均归公款。民众在会期中有种种组织，除全体民众的集会外，尚有随意性与年龄不同而结合的个别的集会。民众全体的集会称众人会。众人会负责购买黑羊一只及猪肉香烛等等，举行祭神典礼，排演童男童女，向山王跪拜。土人扮演社戏，有大规模宴会，男女杂沓，人神杂糅，狂欢三夜。

此外，老年人有老年人会，婆婆有婆婆会，少年人有少年会，并且还有姑娘会，唯家媳妇们无会。老年人会、婆婆会、少年人会，均有会首，每年轮流担任。姑娘会则临时集款组织之，例无会首。祭山会时老年人会、婆婆会、少年人会均去敬神献祭。祭毕，各返会首家中参加宴会，有丰盛酒食。姑娘只有宴会，不参加献祭。第一晚庙上无戏，各会在家内跳锅庄，请客参加，狂欢极乐，男女杂，嬉戏无拘。

理番三叉沟石头[②]山王会情形。坪石头居民有陈、梁二姓（采用汉姓），从前梁姓为头人，为贵族（嘉绒土官所封）。陈姓为富家，最早与梁姓合作，开辟坪石头。地处两山之间（左为二龙山，右为拉谷山），形势险陡，崖上出丹皮、麻黄诸药及青羊、獐、麂等动物。果类有李、柿、核桃等，牧羊业甚发达。寨上没有神林，寨子对面山脚岩洞内放白石一块，代表山王。每年逢祭祀时期，由会首备办黑羊一

① 即今理县木卡乡木宅寨（编者）。

② 即今理县通化乡三叉大队坪石头寨（编者）。

只，带白纸旗牵羊至山王庙前，杀羊洒血在洞前地上。主人祷祝：“石不落，山不崩……”祷毕，带羊肉回来，在家内设席，男女老少都参加，并特别请水田寨[①]人来参加宴会（因陈梁二姓本为水田寨居民），宴毕砸酒，老辈唱酒戏，述羌民族开创经过。

摘自胡鉴民：《羌民的经济活动形式》下篇乙，《岁时迷信经济习为》中“收获节各地风俗”，《民族学研究集刊》第四期，1944 年 10 月。

（三）宗教礼仪与民俗活动

1. 婚礼

羌族的婚姻制度是包办强迫，男尊女卑，封建买卖婚姻，一般男女没有选择的自由，自幼由父母包办，仅在大小黑水地区还允许自由恋爱结婚，但就在那里的上层子女也已失去了婚姻自由的权利，这说明了由于阶级的分化，贫富的差异，原有比较自由的婚姻不再适应了，有了严格的阶级限制，讲究门当户对，亲上加亲，所谓“穷找穷嫁，富找富配”。如茂县沙坝区三龙乡勒衣寨余家次女为了门当户对，不惜嫁给赤不苏区王太昌做二老婆。另外，选婚的限制还有八字凶吉的卜测，这是包办婚姻的宗教插曲，为了巩固家长的权力，绝大多数是自幼择配、早婚，如 1952 年茂县赤不苏区淮城乡小学有学生 11 人，男生年龄六到十三岁，但他们都已经订了婚。结婚的年龄，大都男方七至十岁，女方十二至十八岁。还有隆重的订婚、结婚仪式，更进一步地限制了子女悔婚的可能性。

一夫一妻制是羌族社会的主要婚姻形式，根据赤不苏区雅都乡

① 水田寨在今理县通化乡西山大队（编者）。

1952年统计，全乡242对夫妇中，多妻的仅有一对，占全乡比例4.5%，除大小黑水地区外，都不准许离婚，如家庭不和，妻子无生育，男子有钱可以另娶，或离家给别人入赘；而妇女却不行，连与丈夫分居都是不被允许的。

由于妇女是主要劳动力，也因此在婚姻的缔结中，男家要给女家许多彩礼，除屡次送礼花费之外，至少还得给五十至八十两银子（或折成其他礼物），以一定的代价弥补女家劳动力的损失；也就形成谁家出钱多就嫁给谁。从历史上看，同治五年，茂县沙坝区黑虎乡艾子关村岳希土司告示石碑规定，和三龙乡龙坪河东十二村张古五村公议石碑，都限制彩礼过重，后者规定“彩礼钱由二十千文到四十千文不得过多”，在结婚年龄上男女悬殊极大，为了劳动力，一般女比男大，如三龙乡三村山寨子一家男方十岁，女方二十岁；赤不苏区雅都乡第一村卡窝寨杨家儿子二十八岁，媳妇已有五十岁。入赘婚方面则多男大女小，如理县蒲溪沟色尔寨王国才现年二十七岁，给王羊青的女儿上门做女婿，该女才十一岁，女家主要是贪图劳动力。同时有钱人家可以多娶妻子，增加劳动力以便更多地积聚财富，从1952年沙坝区各村结婚数中多妻比例统计，因富有而多妻者占多妻总人数的65%，在多妻的家庭内，妻子们无妻妾尊卑之分，以最能最会劳动者管家，且得到家中的尊敬，丈夫的宠爱。

新中国成立后，由于原有婚姻制度的不合理，加上一些地区受到“婚姻法”的影响，所以婚姻纠纷增多，青年妇女都纷纷要求解除婚约、离婚。她们说：“本来处不好，老规矩（指不得离婚）行不通。”如理县蒲溪乡色尔寨妇女林墨清说：“感情处不好，心头不喜欢，合不到还是合不到。”李桂华说：“现在共产党的婚姻法很好，我很赞成，这是一辈子的事情，父母包办的，该活到四十岁的，只活到三十几岁……”一般中老年人不赞成自由婚姻，说：“难道说他们是天上落下来的？不服父母提调！”“自由婚姻，祖辈的脸丢了。”他们也不赞成离婚，认为“只有搭桥的，没有拆桥的”，“离了一个，妇女都要跟她学，揭开了盖子，蚂蚁脑壳都抬头了”。害怕准许离婚后婚姻纠纷更多，男人们害怕讨不到老婆，自己好容易花了许多钱讨到老婆，一旦要离婚可怎么办？个别的男人如白玉辉说：“现在这些闹离婚的，要弄一个劳改做榜样，镇压一下才行。”男人中也有积极分子认为“如果是受公婆的气，男人不务正业，这是一辈子的事，可以离婚”。

婚姻程序仪式

说婚：男家决定向谁家说亲后，即请“红爷”（媒人）带着酒（十二斤左右），两封点心，在双日到女家求亲。第一次女家照例不会允诺，女家在母舅、母亲、大哥三人都同意时方能允婚，在红爷二、三次来时，女家收下礼物和“庚书”，请红爷吃一顿，忌讳给吃辣子（辣子预兆不和），并送男家一个“人形馍”及“庚书”，两家将双方“庚书”搁在神龛香炉下，七天中家内不得打破任何器皿方为吉利。然后两家合八字，若八字相合就讲彩礼，多少视女方才干和男家经济情况决定，俗话说“养女不发狠（不多要钱），烧起锅儿等（就要穷）”。女方要借此得一大笔钱，彩礼数从五十两到一百两银子，一套铺盖。1952 年冬，茂县沙坝区黑虎乡政府干事王子明结婚，彩礼为“十个布，一床毡子；银首饰有耳环一对，圈子一对，簪子一对，戒指四个；另外还有五十两银子”，要一百多万。

定酒（即定婚）：彩礼讲妥了，婚事就算定准了，男家要给女家送酒、十多斤猪膘和一些银子；给女家亲戚送挂面、糕点，女家要办“定准酒”（即订婚酒），请众亲友与红爷吃饭，热闹三天，由乡村邻里互相招待，一家的喜事也就是大家的喜事。在结婚前一两年，男家送十斤酒到女家去催婚期，称为吃“插花酒”或“开口酒”，届时男家要送酒席到女家请客，一些地区在催婚期以后还有一次“报期酒”，男家送女家十八斤酒，以正式确定婚期、过礼接亲等事。

结婚：婚期前后约七天，在正期前五天，两方各开一笼酒请亲友来饮酒，以谢他们帮忙照料，称为“开笼”。结婚对男女一般都是隐瞒着的，到婚期前十天，家里就让女儿到他寨亲友家耍，有向亲友辞别的意思。女家这几天就忙着敬神还愿，在正期头天女儿才回来，走半路上亲友们就将她抓住，关在邻舍家或自己屋内，于是她就知道自己要出嫁了，照例要捶胸顿足地哭，称为“哭嫁”。过门的前一天是女家的正期，男家要“过礼”，送十斤肉、叶子烟、花帕子、梳头罐（内装清油）、头绳、木梳、蓖子、一套大红衣服、咂酒（前几次不能送咂酒，这次可以，一石二斗咂酒相当于五斗干酒）。当夜由女伴陪新娘，给她打扮，男客只能在外屋吃酒，女方亲友给新娘添箱，在黑虎乡、芤山、沟口乡等地，新郎晚上要来给女方父母磕头，半夜才回家去。

接亲多在黎明，时晨到了，男家去迎亲，要送开门钱、下马钱、进门钱等，女家才开门，并燃放爆竹或鸣枪，众姐妹就扑在新娘身上大哭，母舅带来一斗青稞、一幅红布，开一坛酒，对新娘子说些祝福话。新娘子穿红衣服，拜了祖宗，母舅将红布交给接亲人，撒些青稞，由接亲人用红布接住，表示发旺。然后由女方兄弟们轮流背新娘上马或上轿，男家在接人时要牵一只羊给女家，意即“少了一个人添一只羊”。女家也要交三个“人形馍馍”（先祭家神，意即告家神此人离家）给男家，馍馍拿回去先祭家神然后交男方父母食用。送亲的除了与新娘一样打扮的八个童女外，还有四大亲戚，新娘的亲叔伯堂兄弟，所谓“当舅子”，至少二十余人。

新人进屋，由端公祭神，并向新娘祝福，然后拜天地、家神、长辈客人，男家亲友送礼吃酒吃饭，送亲人是正客，除了一般菜饭外，多五样菜。就这一顿，男家有钱的要请几十到百多桌客，没钱人家也得请十多二十桌，宰两头猪，备三担酒，形成借债拉账做喜事，在理县龙溪沟[①]结婚请客一次用酒四五百斤，猪膘二三百斤，请七八十桌客，是很平常的事情。

新婚晚上，新夫妇不同房（也有个别同房的），新娘与女伴住在一起。晚上男家父母点香敬神，向新夫妇说吉利话，开一坛砸酒，然后男家兄弟们唱喜歌跳舞，唱新妇的历史、人才，赞扬新夫妇，并向他们祝福，喝酒吃肉，尽欢而散。次日男家招待亲友吃一顿，新夫妇谢客，第三天全寨请新娘子吃饭，亲友渐散，新娘与女伴住男家，等好日子回门。

新夫妇一起回门，男家要随送酒、香烛、馍馍给女家，另做成“弯形馍馍”、“三叉馍馍”各一对给新夫妇敬神用。女家要请近亲吃酒，此后新夫妇要在女家耍十天半月才又回去，大约婚后一个月以后，夫妇有了感情才同房。在婚后第一年，新娘住娘家时间多。

羌族也有不少童养媳（主要是女家穷）和童养婿，只要长大就同居，不经过什么仪式。

入赘：俗称“上门”，这种婚姻形式相当普遍，女家因无子或儿子年幼，缺乏劳动力；或为避免他人争夺产业时，往往招人入赘，承顶门户，男子因兄弟多，地少，贫困，或图钱财，或是亲戚家绝嗣，去有关亲戚家顶立门户入赘。一个男人可在家娶妻后再到别家入赘，两边照应；但不得同时入赘两家，少数有钱有势的人为扩张势力霸占财产，也有同时入赘三五家的。

入赘婚男方可以做主，父母不能包办，结婚仪式若女方是处女，则一切仪式都要举行，只是男家不出彩礼，女家给男家送礼。若女家

① 理县龙溪沟即今汶川县龙溪乡（编者）。

系再婚，则礼仪与寡妇结婚相同，婚后也不同房，有时要等男方劳动两三年后始得同房。上门汉一般要给女家写纸契，规定入赘后“……改名换姓……上山砍柴，下山背水……如有逃走，乱棍打死”。要跟女家姓，但死后可以归宗，若女方死去，男方可以离去不管女家；女家死绝，还可以继承女家财产；有的以儿媳招人上门，将上门者作为自已的儿子。一般上门汉都是受气的，俗称“三病两痛不与男家相涉”（如在女方家受气男家不得干涉），“招人上门是买一头骡子”，所以除了很穷困的人外，羌族男子多不愿给人上门，上门汉多系乐至、安岳、遂宁一带的汉人；这些汉人流落穷困，没有土地，但是会劳动，羌族妇女也乐意招他们上门。

抢婚：男方向女方求婚，若女方不愿或女方父母不答应的，男方就约青年好友趁女方在外劳动时将女的抢回家去成婚，若女方愿意，此后就住男家，五天后由男方父母背猪膘和酒到女家说好话；若女方不愿意，则成婚后可以偷跑回家；若引起官司，给女家点钱，挂红布了事；也有的是在成婚后次日女子回家，要生孩子后三年才到男家去；若没有生养，男家就不要那女的了。抢婚可以抢闺女，也可以抢寡妇或“活人妻”（有夫之妇）。

如茂县沙坝区三龙乡乡长陶永年已婚，1952 年 3 月又抢回赤不苏区曲谷乡一有夫之妇张氏为妻，事情发生后，原婆家带了三十多人到陶家去住，闹了七八天，吃了十几石粮食，两只肥猪膘，十几斤酒，当时县委提出三个办法处理此事：“退回妇人；赔钱；出钱给夫家另娶”，那边要退人，陶不肯，那边就要陪一千五百两银子，人民政府改为赔偿六百五十两银子，着陶在全县人代会上作了检讨。陶原配跑回娘家住，至今尚未解决。

寡妇再婚：寡妇结婚一般是自由的，不得由父母做主，不受歧视。俗话说：“头嫁由爹妈，二嫁由自身。”又说：“人能处处活，草能处处生”，所以寡妇再婚的很多。又有“转房”的习俗，弟弟娶寡嫂，弟弟不要，方得另嫁他人。在茂县沙坝、赤不苏两区，允许哥哥娶弟媳。

寡妇再婚前，后夫要出钱由该寡妇给前夫奠祭。彩礼钱约二三十万（人民币）由原夫家与娘家平分；还有两块洋布（每块长二丈五尺或二丈八尺）给娘家母亲，是为“奶母钱”，俗话说：“卖地三回不离主，女嫁三回不离母，”结婚仪式简单，只需请近亲吃一顿。因为寡妇是倒霉人，接寡妇要在下午或晚上。

寡妇可以改嫁，也可以招赘，改嫁不能带走前夫家财产，孩子留前夫或带到后夫家，后夫有义务供养；待孩子长大到十二岁后，回到前夫家顶门立户。

离婚：除大小黑水地区，一般都没有解除婚约和离婚的规矩，俗话说“订了就订了，一斤酒换十斤酒都不行”，“做官当太太，做叫花子当讨饭婆，没有话说”，除非红爷（媒人）也否认婚事，根本不能解除婚约。夫妇不和，男人可以另娶或去别家上门。个别女人因娘家有势力，男方不务正业，而最终离婚的，如茂县沙坝区政府干部蔡顺莲是三龙乡人，九年前招赘一人，生有一孩子，男方不务正业，蔡不要他，亲戚都不允许，蔡就跑到理县（那时三龙乡归理县管）打官司，经伪警察队判决，准她改嫁。但至今在乡家门中，蔡仍被认为是败坏了家风，按规矩任何情形都不得离婚，发生纠纷由娘家调解，俗话说：“娘家中梁不正下梁歪”，媳妇不好送回娘家教育，但如果闹出人命，则女家要到男家去“打丧火”①。

以上情况与大小黑水地区略有不同，大小黑水地区保留原来的特

① 新中国成立前羌人家庭闹口嘴，如引起媳妇、婆婆或上门汉不正常死亡，造成人命纠纷，死者娘家以舅舅为首带领许多人到婆家去责问闹事，称为“打丧火”。

点较多。在这里允许自由恋爱结婚，父母包办的婚事也得经本人同意才行。结婚仪式过程也比较简单，婚后女方在娘家住二三年，有了孩子后才去男家，有时男人也随妻住女家，女方的陪奁要在孩子出世后，才分批送到男家。可以解除婚约，也可以离婚，只要给头人送点银子，赔偿对方银子粮食就可以了。

摘自《羌族调查材料》，西南民族学院民族研究室1984年版。

羌族的家庭基本上是一夫一妻制的父系家长制的家庭，它是新中国成立前封建社会的生产和生活的单位。由于羌族妇女在生产劳动中居重要地位，以及母权制的残余影响，她们在家庭中也有相当大的权力。婚姻讲究门当户对，一般由父母包办，特别是须经母亲同意，有指腹为婚的现象。姑舅表可优先成亲，称为“亲上加亲”。兄死弟娶寡嫂，弟丧兄纳弟媳，目的是不让财产落给外姓。男女双方一般年龄相当，年龄悬殊的情况，往往是转房造成的（幼弟娶老寡嫂，兄老纳幼弟妇）。男子到女家入赘的较多，这既因为农民贫困，纳不起彩礼；也和母权制遗风有关。赘婿随妻姓，受歧视；饮砸酒，最后饮，不得坐上席；死后要经家族同意，其骨灰才能进火坟等。

婚姻仪式：以三龙、回龙为例。

第一是：“斯果尔额希”，意即开口酒，由男方请“红爷”（即介绍人，由有威信的人担任）到女家去说亲。如女方同意，由其家长开口，定某月某日办多少桌酒席。届时，由男方到女家来做“开口酒”，未婚婿拜见岳父母，并由女家开口要聘礼。此时，往往男女双方还未到婚龄。

第二是“订准俄酒”，意为斟订酒，又叫小订酒（插香酒）。数月或数年后，男女双方已达婚龄，男方又在女家办宴席，并送部分彩礼。

第三是“龙果尔格”，即大订酒，这时，男方又到女家办酒席，欢宴女方整个家族，同寨的外姓每户也要来一人赴宴。因此，穷人娶不起大寨子的姑娘。此时，要送银子给岳母，要交清聘礼，商订结婚日期。

第四是“居赫喜”，意即嫁女，又叫女花夜。由女家宴请亲戚家族。客人赠送衣料、绣鞋、首饰等礼物，欢饮砸酒，跳沙朗舞，直到深夜。次晨，放铁炮三响，新娘穿上红嫁衣，绣花鞋，由舅父给其披上红绸，由迎亲的人接往男家。

第五是“居罗格”，意即娶媳妇，男家在寨口鸣炮欢迎新娘，由双方舅父带头，姑舅长辈给新郎挂红（将六、七尺长的红布交叉挂在肩上）。随即拜堂，进洞房。午后，盛宴待客，宴席刚完，就由全寨人户分别接待远客住宿，并款待晚宴，称为“若余尔”，意即“分客”，如果分不完或怠慢了客人，被认为是全寨的耻辱。“分客”时必须依客人座次挨次恭请，如果不依次序，挑着喊客，则被认为失礼。当夜，亲友在男家欢聚，饮砸酒，唱酒歌。由男方客人先唱“赞新娘”，歌颂新娘美貌，从头一直赞到脚，女方客人接着“赞新郎”，主要是歌唱新郎的勤劳、勇敢。歌舞直到深夜，次日，主人设早宴谢客，宴毕，鸣炮送客。

婚后三天，新郎要同弟兄背酒肉，送新娘回娘家，由新娘家寨子里的姑娘凑办酒席“逗新郎”。用四尺长的油竹竿做筷子，放在新郎肩上，大筷子后端捆几个洋芋作坠子，桌上菜碗内有几盏灯火，灯盏窝是面做，直径一寸余，里面装油和棉花灯芯。新郎必须用大筷子拈菜，碗里盛着颗粒状的肉和菜，很难夹起，更难入口，容易烧到下巴。有时把新郎逗得狼狈不堪，时常由四个姑娘抬住新郎“筛糠”。此时，有人说情，罚新郎饮娘酒，往往灌醉，有的寨子新娘回门后，要在娘家住一至三年，有的不久就走。上述婚礼，仪式繁琐，花钱较多，有的因结婚欠债，儿女长大了，债还未还清，贫穷人家只得从简。

《茂汶羌族自治县概况》编写组：《茂汶羌族自治县概况》，第 19—21 页。

汶川县绵篪乡簇头寨羌族婚礼①。

汶川县绵篪区、汶川县绵篪乡羌丰大队簇头寨为羌族聚居寨，住有羌族汪、王、高、杨、尹等姓（此地羌人何时改为汉性，目前已难确考）居民，共六十三户。1983 年 11 月 22 日至 24 日，该寨高、王两家办婚事，笔者适逢其会，自始至终亲身参加此次婚礼，兹将调查和目击情况加以介绍以飨读者。

高、王两家前几代无姻亲关系，1981 年两家定亲，新郎高敬华、新娘王国英，现年均 25 岁。两家是怎样结成姻亲的，那是在 1981 年以前。

按羌人一般惯例，先由同双方老人关系密切的人从旁闲聊试探，看看两家老人有无结亲之意，如试探时都不反对，未提什么异议，表明两家有结亲可能。男家知道此情况后，如对女方满意，则采取主动，备一封糖，物色红爷（即介绍人，一般请当地德高望重，善于辞令的人）到女家说亲，这种先经过试探，后请红爷说亲的做法，女家一般不会矢口拒绝，而是答应商量再说。但有无希望的信号，是看女家退不退还这封糖，如婉言退还，表示说亲无望；如不退还，仅表示商量再说，就有希望，说亲有望后，男家再备糖一封，请红爷到女家去说，直到女家主人点头为止，这样，说亲告成。

说亲告成后，红爷同女家即商定何时吃“定亲酒”。届时男家备酒一斤，由红爷带到女家，女家直系亲属（父母、兄弟、姐妹）共同

① 此材料调查时间为 1983 年 11 月 21 日至 25 日。调查地点是汶川县绵篪乡羌丰大队簇头寨。调查人四川大学宗教学研究所钱安靖、汶川县文化馆馆长（羌族）汪有伦，调查对象为簇头寨羌族农民高敬华、王国英（女）、汪正才、汪登禄、王升禄、王升明、王升贵等，由汪有伦录音翻译，钱安靖记录整理。

商量决定（女方本人可以表态，但一般不起决定作用）。这就算定婚，日后不许反悔。

一般定婚二、三年后即行结婚，结婚之前，由男家通知红爷向女家提出，并须得到女方许可，女家同意后，红爷同女家商定何时吃“许口酒”。届时男家备一小罐（三斤）酒，男方本人在红爷陪同下带酒到女家，请女家家门房族吃酒，称为吃“小罐酒”。此时只是女方同意结婚，具体时间尚未最后决定。

具体时间确定后，男家备酒一大罐（七、八斤）酒，男方本人在红爷陪同下带酒到女家报期，请女家母舅、姑爷、姑母和家门房族吃酒，又称吃“大罐酒”。从定婚到正式结婚前一段程序大体如此，高、王家也是这样。

婚期既到，在正式办婚事的前一天（1983 年 11 月 21 日）晚上，高、王两家分别请自己家门房族中有威望的人吃“开坛酒”（“求勒恰”），商议办理婚事，举出内管、外管、收礼、厨房（包括煮饭、管饭、端饭）、安席、管酒、香灯师等执事人员若干，其中以内外主管为关键人物，当场宣布名单，并互相叮咛，各尽其职，保证不出差错，立即将名单用红纸书写，贴于醒目的墙壁上。如主家缺什么，亦可在会上向家门房族求助，家门房族有什么帮什么，绝不能日后索还。

当晚男女两家神龛上须挂“神衣”若干张。所谓神衣，为一种木刻板印的红蓝双色莲花图案，表示办喜事时为家神换新衣，以象征吉祥如意。当晚村寨邻居开始向两家送豆腐、麦面和米等等，以示相帮祝贺，收礼人须将礼物登记在礼簿上，以便日后有事时照样相帮还礼。从当晚开始，主人将准备办喜事的所有钱财物资交各执事人员全权保管使用，直到办喜事毕，将剩余的交还主人。

羌人办婚事一般为花夜、正圆、回门三天，1983 年 11 月 22 日为高、王两家花夜之期，是日中午，男家派与新郎同辈的两男、两女偕同红爷、吹唢呐的人到女家接亲，其任务是负责于次日将新娘接回，接亲时男家须备两个大开花馍头，猪肉一方约十六斤，青布一截一丈四尺，酒四瓶、两壶、一罐共约八斤，耳坠一副，红布一尺，梳子一把，以及香蜡等，称为“接亲礼”（“吉喜哲格”）。由于任务重大，男家须送接亲人每人一尺红布，他们在村寨群众簇拥下，将到女家时先鸣礼炮三响，再放一串爆竹。此时女家主人（一般为新娘的父亲）和外管到门外相迎，接待亲人入门，径至堂屋，将礼品置于神龛前桌上。随即由红爷用羌话致“接亲词”（“吉妞那那”），再由女家外管代主人致“答词”（“吉勒补登”）。红爷《接亲词》为：

世间万事有来由，羌人婚配说从头。
理不讲时人不知，须将此事晓众人。
自古男女皆婚配，此制本是木吉兴[①]。
所有规矩她制定，后人不敢有减增，
一代一代传下来，羌人古规须遵行。
养儿育女颇操劳，夜静更深常常想：
收圆儿来打发女，父母须当早准备。
一石粮食存一斗，婚事敬神做馍馍。
一百斤肉存十斤，婚事敬神做刀头。
一百斤酒留十斤，婚事时节做敬酒。
年年积存月月攒，存到九年又九月，
请了端公算生辰，生辰相宜亲有望，
高家男娃王家女，神灵定就这门亲！
养男之家望收圆，育女之家盼打发，
高家请齐众房族，商议王家去说亲。

---

① 传说木吉为天王三公主，为羌人祖先。

王家人好根底正，欢喜接待我红爷，
红爷说亲颇顺利，路途之上未放刺，
王家门上不曾阻，堂屋楼梯未搬走，
红爷介绍尚未毕，王家高兴结姻亲。
这门亲事不平常，几代亲戚常来往①，
除去两家根底好，上辈亲戚情谊深。
田地房屋不足计，人好才算美姻亲。
双方亲朋同声赞，这门亲事定得好！
养男之家好挑男，育女之家好选女，
双方主人同意了，年年月月过去了，
男女逐渐长成人，成人不婚逗人笑。
忙请端公将神敬，择定明日把婚办，
此日不是非凡日，天上神灵吉祥日，
地上新人吉祥日，此日完婚是佳期。
羌人接亲须送礼，此制亦是古来兴，
羌人口头常言道：人无彩礼身不贵！
王家姑娘新贵人，送上彩礼理应当。
高家想得很周到，应有之物皆办齐，
先送菩萨刀头香，还有敬酒与馍馍，
新娘头帕与耳坠，篦子梳子均不缺，
全按木吉规矩办②，既不增添也不减。
今天动步送上门，疏忽之处定难免，

① 簇头寨高、王两家过去本无姻亲关系，但因羌人崇尚“亲上加亲，雪上加凌”这一传统风尚，以“亲上加亲”为美，所以红爷致《接亲词》中故意这样说。

② 传说羌人祖先木吉卓不仅一般制就婚丧嫁娶，连羌人接亲须送什么礼品，也是由木吉卓规定的。

尚望主家多原谅，看在我红爷脸上，

看在未婚婿份上，今后是一家人了！

接着，女家外管代表主人致《答词》，其词为：

贵客辛苦到我家，迎亲之日上门来。

开天辟地到如今，男女婚配木吉定。

高家养有好男儿，我家育有好姑娘，

男女说合靠的谁？红爷大人汪登禄。

养儿育女总是想：好东好西留儿女，

婚事时节排用场，否则父母心不安。

两家自古是亲戚，不看房屋和财产。

不看彩礼看情谊，老亲旧眷更加亲。

此次婚事按古规，高家东西很齐备，

主家接待如不周，敬请贵客多原谅！

红爷和女家外管致辞毕，女家设宴招待接亲客人，然后安排其他客人入座。

当晚为男女两家花夜，两家家门房族纷纷前来祝贺送礼。一般送七尺红布，一双鞋或一件衣料，一、二斤点心，一个大月亮馍馍（以三升麦面做成，直径一尺，厚五分）。或送婚事楹联，或送鸡蛋等。凡收到礼物、礼钱，均由收礼人负责登记。

虽然当晚男女两家均为花夜，但重点在女家。当晚将出嫁的姑娘须先拜家神，后拜家门亲戚。此时堂屋神龛前设一礼台，地上铺席子一条，姑娘跪于席上。礼台放掌盘一个，内有两盘菜、两双筷子、两杯酒。由司信人（一般为外管）按礼簿登记名单一一呼名受拜。先拜四门亲戚，再拜内外管和所有相帮的人。

敬神拜客毕，即将出嫁姑娘若干年所做的一大背篼羌式云云鞋抬到礼台前。此时司仪人一面讲羌语，一面按亲长次序呼名，将所有的鞋分别送给亲戚和长辈，直到送完为止。司仪人所讲羌话是代表姑娘说的，其意为：

小女将要出远门，成家落业到婆家，
父母长辈待我好，从小疼我操劳多。
为了报答抚育情，理应从头换到脚，
只因我的针线差，送双鞋子表心意。
天晴落雨把脚垫，穿鞋时刻不忘我！

最后，司仪人请双老出堂收拜，姑娘向父母三叩首。

敬神拜客毕，新娘回房哭嫁。接着开始晚宴。

次日为正圆之期，重点转到男家。23 日一早，女家宴客后即准备出亲。在一阵阵唢呐声中，女家主人和内管敬神，堂屋神龛前陈设两桌，每桌放五碗菜、五双筷子、五杯酒。房族中一位老人用羌话高声念唱新娘离娘家敬神词（“黑哈恰”）。其意为：

今日非同寻常日，主家姑娘出远门，
将到外地人家去，特此敬拜诸神灵①。
此女出门非为别，成家乐业务生产，
制田制地勤劳动，养儿育女绵世泽。
祝愿神灵保佑她，吉祥如意万事顺！

当新娘的父亲敬神时，新娘放声哭嫁，接着将陪嫁之物如大小箱柜、衣物、铺笼罩被等，一一背出门外。

此时，一人执掌盘，内盛生猪肉大小七、八片，另一人用羌话高声念唱呼名，代表新娘将肉分别送给端公（“诗卓”）、母舅、红爷和哥哥弟弟，人各一片，以示离开娘家时答谢他们平日对她的关怀爱护。

新中国成立后羌人结婚虽不请端公了，但按传统仪式办婚事则应

① 从天神、房顶所供诸神到室内诸神均请到并通白，兹从略。

有端公。此次婚礼中给端公送肉，不过表示是按传统婚事仪式办的，故将这片送端公的肉置于神龛上。

接着，新娘由房内出堂，表示马上要离开娘家了。众母舅和至亲好友皆哭，其父母亦哭。新娘跪于堂屋神龛前一条席子上，拉着母舅和父母的手哽咽哭泣。此时，母舅用羌话高声祝咐新娘：

今天是你喜庆日，侄女儿恭喜发财，

一辈子有吃有穿，同新郎白头偕老！

边说边以敬神的青稞、麦子和米等撒向新娘。然后七、八个姑娘和青年妇女簇拥着新娘边哭边走出门去，并在门口伫立哭泣。其他姑娘们也边哭边用羌话说：我们都是你的姊妹，今天你要出远门了，我们怎么舍得你啊！此时，由男家派来的人将新娘背着向男家走去。

新娘即将到男家时（一般能看到男家房屋时），即鸣礼炮数响，并继之以爆竹，以示迎接新人。时新人止步，唢呐奏出各种喜事曲调，村寨男女老少均欢呼雀跃，拥向男家。男家则紧张安放新娘陪嫁之物于适当地点，以便迎接新娘进屋。

陪嫁之物安置毕，即迎新娘进屋，准备敬神拜堂。此时香灯师燃香点蜡，堂屋神龛前桌上放几个碟子，内盛青稞、麦子和米等等，新娘、新郎并立于地上铺的席子上，司仪人用羌话高声念唱：先拜天地，二拜高堂，三拜爷爷、奶奶、父母、姑爷、哥嫂、再拜四门亲戚，相帮弟兄，最后夫妻交拜，新郎举手揭盖头。在新人拜堂时，双方母舅用羌话祝咐他们成家立业，勤劳生产，遇事商量，同舟共济，白头偕老，并将敬神的青稞、麦子和米等，撒向新娘、新郎，众母舅讲话毕，新郎、新娘转入洞房。

接着，举行敬神、拜客和谢红爷仪式，首先由司仪代表主人用羌话高声念唱，其意为：

今天我家办喜事，添人进口颇吉祥，
特地敬请诸神灵[1]，保佑他们有吃穿，
家道兴隆人丁旺，开始一家发五家，
五家发到一百家，愿神灵保佑他们，
像太阳一样通红，似月亮一样明亮，
如星星一般耀眼，吉祥如意万事兴！

唱毕，主家向背陪嫁东西的人赠送礼钱，并恭请送亲的众母舅、弟兄、姊妹、房族们饮酒，一般不得少于五席，此时，将谢红爷的礼品置于堂屋礼台之上，计有猪头一个，猪一头，猪尾一根，猪肋肉三斤，点心一大盘，鞋两双，红布七尺，酒一瓶，人民币 214 元。然后司仪人照礼簿念唱，呼叫送礼名单："×××挂红花一勒！"意为某某人挂红送礼，并请送礼的亲戚家门房族长辈一一受拜，在新娘、新郎拜客过程中，新娘的母舅和哥哥等一面饮酒，一面起立用羌话教育和嘱咐新人。

一位舅舅的嘱咐词为：

今天你俩成了家，须要勤劳又和睦，
要像蜜蜂将蜜酿，要像蜘蛛把网结，
勤奋持家莫偷懒，建设一个幸福家！

一位哥哥的嘱咐词为：

妹妹今天到婆家，勤劳生产承家业，
养儿育女理好家，尊老爱幼是本分，
待人谦和莫纷争，望你记住我的话，
哥哥不会忘记你，逢年过节有接送，
倘若妹妹不听话，吵嘴闹架又懒惰，

① 从天神、房顶神（"那夏"）到室内诸神都一一请到并通白。

即使偷偷回娘家，也要赶你返婆家，

我家对你有教养，千万别丢娘家脸！

拜客毕，即抬出新娘陪嫁带来的一大背篼羌式云云鞋。此时司仪人高声唱名，由新娘将鞋送给男家舅舅、父母、姑爷、哥嫂等。每人一双，送完为止。在此过程中，新娘母舅、哥哥再用羌话教育新人，内容与上面大抵相同从略。

接着，新郎给女方送亲的母舅、哥嫂、姊妹斟酒点烟，感谢他们辛苦了，并用羌话说：饭虽不好，请吃饭；酒虽不好，请饮酒！

最后，由司仪代表男家主人致《谢红词》，并请红爷收礼。其《谢红词》：

红爷大人辛苦了！谈起话来费精神，

拨弄琴弦费指甲。说亲好比爬荒山，

往返说合踏出路。如今两家办喜事，

多亏红爷巧周旋，终于结成这门亲，

红爷大人辛苦了！天上无云不落雨，

人间无媒不成双。感谢红爷做好事。

主人本想重谢你，做双好鞋赠红爷，

奈何新娘针线差，粗鞋一双且垫脚！

红爷大人辛苦了！今天主家宴贵客，

重礼谢红理应当，只因主家钱财少，

猪头猪肉送红爷，还有猪腰猪尾巴，

聊表主家一片心，红爷大人请原谅！

致毕《谢红词》，即将谢红礼品从礼台送到红爷面前，此时红爷谦让两次，第三次才收下，并道谢主家，再次表示祝贺！

新中国成立前此地羌人在新婚之夜，由男方和女方的人组织对唱，一直唱到天明，是为闹新房，照例先由男方众母舅开唱，用羌话唱《为你们出好主意》，其大意为：

问声侄儿和侄媳：你们究竟要什么？
要鸡还是要星星！从前收的皆要鸡，
如今收圆要星星，要鸡还愿表忠孝，
要星乃为求吉祥，吉祥如意分外好，
奉劝你们要星星，舅舅主意不会差！

由男方母舅开唱以后，女方母舅立即对唱，这样轮番唱下去，由于种种原因，现在这种轮番对唱搞不起来了，另搞其他文娱活动。

第三天为回门之期，重点又转到女家，24 日，男家最后答谢家门房族和所有相帮的人，请他们吃早酒。早宴毕，客人们纷纷道谢而去，新郎偕新娘则回娘家，即“回门”。

回门时男家须备酒两瓶，一个太阳馍馍（以三斤麦面做成），一个刀头（三斤猪肉），以及香蜡纸钱等。当新女婿将到女方家门口时，燃放鞭炮，新娘的父母和外管即出门将女婿女儿迎到堂屋。

接着安排敬神，拜女家亲戚，家门房族长辈。先由香灯师燃香点蜡，然后由新娘的父亲引导新女婿敬天神、家神、财神、火神、祖宗神等，在每个神位前插三炷香并叩头。

敬神毕，即在堂屋神龛前地上铺一条席子，准备拜女家亲戚和家门房族长辈。此时新郎、新娘并跪席上，先拜众母舅、姑爷、姑妈及其他长辈，再拜内外管、司厨及其他相帮的人，在新郎、新娘拜客过程中，亲戚和房族长辈们纷纷用羌话嘱咐新人。

一位母舅嘱咐的大意为：

你俩成家当立业，吃苦耐劳数第一，
虽然舅舅钱财少，可以出点好主意。
你俩一生要和气，遇事需当通商量，
二人齐心合力干，兴家立业有指望。

一位房族长辈嘱咐的大意为：

如今你们成了家，不比过去靠爹妈，
既要勤劳忙生产，又须节俭来持家，
要像山中土猪子，营巢觅食埋头干，
莫学獐麂四处望，既无巢穴又乏食，
像土猪你们会富，学獐麂你们要穷，
穷困潦倒须避免，勤奋致富把家兴。
没有什么赠你们，几句俗话表我心！

最后，由新娘的父母受拜。新郎、新娘向父母三叩首，父母为他们披红一道。

敬神拜客毕，女家设午宴招待新女婿和女儿，答谢亲戚和家门房族。午宴后，客人们纷纷向主人道谢告辞。晚上，女家主人最后请家门房族和所有相帮的人吃酒。至此，整个婚礼结束。

摘自钱安靖：《羌族宗教习俗调查资料》六、汶川县绵篪乡簇头寨羌族婚礼，《羌族社会历史调查》，四川省社会科学院出版社 1986 年版。

2. **丧礼**

羌人的丧葬习俗也很复杂，我们此处仅记其最特殊的一幕——羌人死后，常杀一羊为死人引路，称为引路羊子：la－par－sar－ma－tchi。杀羊者须为死者之长辈，死者为男性，杀牡羊；如系女性，则杀牝羊。杀羊地点在死尸之前面，当时须先祝告说：“羊为你引路，你是何种病死的，可在羊子身上表现出来。”言毕杀羊，接首先流出之血于碗，以麦草浸入血中，将羊血洒入死者之手掌（男左女右），使死者知道有羊可以带路。然后将羊体解剖，在羊身上寻觅致死的原因。羊体内何处有病就以为死者是何种病死的。疾病证实后，亲人又痛哭起来，怨恨未能先知病因及医治失当。此羊之肉亲人不准吃。

这一幕虽属奇特，但并不是绝无仅有，西伯利亚的 Tchukchi 族，人死后都用天葬（抛弃），在未葬以前须将人体割开，成十字形，检查死亡之原因，如用火葬则不一定每次都割开，但喉部则必须割裂。非洲的 AZande（或称 iamniam），以为一个人凡是因为被邪气侵袭而致死者，其病源可由剖验而知之。民族学者称这种习为："Autopsia"。在非洲其他处如 Pahonius、Ngounie 等地有这样的风俗。不过这些民族都是直接解剖人体，而羌民则以羊代人体是否有特殊的意义，我们将在结论中讨论及之。

……

在丧礼中羌民有 Autopsia（验死）之俗，但不直接割验死者的人体，而以羊替代之。这种习为也须根据图腾原则方易解释。依照同体化的原则，人与羊原来相等，故凡表现于人体的现象，当然亦表现于羊体。故检验死者的病因，不一定直接解剖人体，而亦可在羊体内检验出来，并且这只被解剖的羊子是为死者引路的，称为引路羊子，这一层又含有图腾的意义，美洲的阿马哈族（Omahas），以水牛为图腾，人死后以水牛皮裹其体，在脑后画水牛图像，巫师祝云："汝来自兽界返诸兽界罢！汝去，一直走就是了，勿再回来！"羌民用羊子引路，大概也是表示"来自兽界返诸兽界"之意，这只羊子的肉，亲人不准吃，这点也有图腾的含义。

摘自胡鉴民：《羌族的信仰与习为》，《边研究论丛》1941 年版。

据《后汉书》记载，羌族实行火葬，可以说火葬是羌族原有的丧葬形式，但在近几十年来，受汉族的影响，土葬已形成为一种习惯。只在大小黑水地区，火葬仍然是主要的形式。在芦花以南的其他羌族聚居区，如理县蒲溪、茂县三龙乡、黑虎乡，汶川三江口等地，土葬是主要的形式，现在只有"凶死"（即摔死、被石头打死、淹死、伤寒、吐血、筋骨痛、难产致死）的人才举行火葬，他们认为凶死者死后变成妖怪，一定要烧化他们。在茂县黑羌乡艾子关村，土司死后还是火葬，沟口寨至今若死者自愿仍可火葬，或家属决定葬仪方式，在汶川县牛脑寨，四和五十年前举行火葬，在茂县城关壳壳寨、绵簇、走亲寨等，四和五十年前凶死的要火葬，现在凶死的只请端公招魂，不再火葬，但仍有火坟遗存。连在茂县大路上的白水寨的大寨子附近对河一带，均有火坟。茂县高龙乡接近汉区，在四十多年前已不用火葬了，在土门区永镇沟还保留有“火坟”地名，从土葬传入羌族地区的情形，我们可以看出羌族风俗变化的情形。

在羌族丧葬仪式中，母舅占很重要的地位，端公也是丧葬中不可缺少的人物，一般丧葬历时三五天，由于全寨都来送礼帮忙，所以丧葬负担并不重。在行土葬地区，民族形式尚或多或少地保留着，但仪式中显然掺杂了许多汉族的习俗，在大小黑水地区，则受到藏族习俗的影响。

羌族葬仪和禁忌

讣告及入殓：人死后，丧家随即遣人带酒二斤到舅舅和近亲家报丧，舅舅约齐近亲，带着香烛纸钱、一罐砸酒、一只山羊，请端公一、二人，一路上男男女女哀哭而来，远亲则在进丧家门后开始哭泣。此时死者家属已请端公（或道士、喇嘛）在家念经，给死者净身、穿戴，由亲人将死者背下楼，整衣坐在椅上，手中握一杆。若死者是女性，则是下踩猪膘，杆上插猪油（表示养猪一辈子）；若死者为男性，则足下踩筛子，筛内装粮食，杆上插猪膘。这些粮食、猪肉、猪油一半入棺，一半送母舅。将死者直立于“方子”（似棺材，一般长四尺多、宽二尺左右的木匣）中，“方子”内放入一把五寸小刀，一小瓦罐酒（四至五两），一个铁烟袋（铜的不行），死者肩上挂一杂粮口袋，内装五谷、纸钱灰、念经的路条，“方子”停在厩内或经堂内。

老者逝去哭的人多，久病死去者少有人哭，亲友来到，孝子到村外迎接，向母舅敬酒，到家门口时又敬一次，众人口嚼花椒，一边鸣枪，一边吼“啊！哟！”入内（据说这样可免被传染和避邪）。然后孝子跪在地上向母舅禀告入殓经过，母舅不论满意与否，照例要责怪一番，如“为什么不早通知”，“衣服材料不好”……然后众人饮酒，由端公带头敲鼓，在“方子”前面跳“鬼伞”、“马马灯”，“兰干寿”（是专门在丧事时跳的舞蹈），唱丧歌，为死者送别。

丧期中，邻居亲友都来帮助料理丧事和家务。每户至少要送“一个大馍馍，一对蜡烛，三炷香”，送馍馍意即陪死者吃饭，也有送酒和送白布的，在芦花县①每户至少要送一筒粮食。

火葬：一姓人或一寨人有一共用的火坟，有的地方在火坟处有类似小屋子的建筑，分为两间，内装骨灰，女左男右。在火坟房子旁边有一石堆，上为一块大石板，尸体置于上面火化，人死三天即行火化。吃早饭后由丧家送每人一块八两重的馍，然后青年人将“方子”抬到火坟处。每家送来一捆柴（二十多斤），将母舅家送来的羊宰杀了，每人将馍搁上一齐祭奠，然后由母舅砍去“方子”的两头木板（据说别人砍的烧不着）。倒入清油，用纸钱点火焚烧。同时儿子亦以柴枝点火烧自己身上，并作投火状。端公敲鼓，火化后，由端公将骨灰投入火坟小屋内。有的地区众亲守着火化，有的地区则仅留三、五人守候烧化。没有火坟房子的地方，骨灰任其飞散。晚上端公将秤、斗、砍柴刀等用具搬到屋顶上，死者家属跪于屋前，由端公念诵“死者并未用大斗小秤……”等语，并代表死者向母舅众人致谢和告别，

---

① 芦花县在四川阿坝藏族羌族自治州中部，1953年茂县析置芦花县，1954年改名黑水县（编者）。

火葬烧剩的柴不能另作他用。

土葬及其他：土葬礼仪同汉族，众亲吊孝，丧家开孝，点主，孝子披麻戴孝，请酒宴客，翌日埋葬。保存民族形式的方面，是以羊一只在家祭死者，一些地区在埋葬时众人边吃酒边跳丧舞。

一岁以下的孩子死后，丢在水里或放山洞内。三岁以上的孩子死后，挖一个土坑掩埋，或装入箩筛内投水。十五、六岁的少年死后，以坏木板做“方子”，埋葬在要道上或火化，火化后将骨灰盛入小木匣内，也埋在十字路口，不然会成精灵害人。

回煞与出灵：据说人死后阴魂不散，要回家，称为煞气，请端公推算出死人回煞时间，届时死者家属将死者衣服搁椅上，鞋子放椅子前面。杀一只小公鸡，鸡血抹在门槛上。桌上摆吃食、馍馍，家人避开，由亲属祭奠。几小时后鸣枪，死者魂魄闻枪声即离去，家属始返家，回家后又带着纸钱、吃食到坟上去祭奠，在死后一年或三年后要请端公（或道士、喇嘛）念经。办丧酒招待亲友，将死者灵牌拿到坟前烧化。众亲友围坟而坐，由丧家给每人一个馍、一片肉、一节香肠和一碗酒，就地吃喝或各带回家，是为报死者恩。

禁忌：家有死人，要在葬礼举行五天后方能与外人来往；死了孩子的父母要请端公以药香熏身后才得与外人见面；新近丧夫的寡妇要围青苗菩萨转几圈，以木梳梳头，将梳过头的木梳丢弃后才可与他人见面。人死后要请端公推算妖气的去处，并将所指地方的树木砍掉。已嫁妇女死在娘家，只能在大坟旁边火化。每年正月初三、腊月二十七、八是祭亡人的日子，届时到坟上去祭奠。

打丧火：家庭闹口嘴，如引起媳妇、婆婆、或上门汉不正常的死亡，会造成人命纠纷，娘家以舅舅为首带领许多人到婆家去闹事，称为“打丧火”。娘家人来到婆家时大吼三声，进屋后极尽破坏之能事，打桌子，摔锅碗，翻三脚架，还要大吃大喝。在闹的期间，婆家不得干涉，闹三、五天后，双方再议命价银子，和好了事。

新中国成立初发生过一次打丧火：1952 年 6 月初，茂县沙坝区小北乡一家里，因婆媳吵嘴，婆婆投河自杀了，娘家人就要来“打丧火”，婆家人立即到区政府告急，当即由羌族区长去信令娘家不得胡搞，由区人民政府调解处理此事。娘家提出“要赔一头牛、二十块孝布，十二斤猪膘、一个铁三脚架，一笼（50 斤）砸酒及其他零星东西，并给媳妇以劳改处分”。区政府干部研究请示县委批准：“半依乡规，半依政策法令，由婆家赔偿娘家十六斤猪膘，十五斤砸酒，一只羊，四块孝布，媳妇不是直接凶手，口角彼此有错，给以当众批评教育。”当调解时，双方人多嘴杂，难以解决问题，后来改变方式，请双方上层人物开会，协商调解说服，问题才得到解决。双方吃“和气酒”，表示不再闹意结冤仇。

摘自《羌族调查材料》西南民族学院研究室，1954 年。

羌族的葬式有火葬、土葬、岩葬三种，火葬是其传统葬俗，每个家族有自己的火坟场，它有石砌的围圈，往往有碑记载姓氏与开始设立坟场的年月。目前沙坝、赤不苏与校场岷江西岸尚盛行火葬，五十岁以下的死者才土葬。五、六十岁以上病死，被认为是寿终归天，要唱丧歌，举行火葬，也有按老人遗嘱，选择火葬或土葬的，凶死或传染病死者则必须火葬，但不能进火坟场。火葬所需要的柴都是临时砍伐，由家族内成员每户各送一捆；如柴不够，就拆死者家里的晾架①。火葬前，先得由舅父开棺验看，是否凶死；抬丧时，唱丧歌，

① 羌人房顶晾晒粮食的竹木架子称为晾架，有的地方又称玉米仓。晾架亦被羌人认为是神圣之物（编者）。

其内容是怀念死者和安慰家属的吉利话。焚化时，死者面朝西方，由亲儿子点火。火化毕，回家用柏香熏手，洗净，然后举行“坨子会”（丧宴），一般在日落时焚化，次日拂晓收拾骨灰，埋好，认为白骨不能见太阳。

婴儿死后葬入岩洞，称为岩葬。

“大葬”，有钱人为了炫耀自己和悼念祖先，在父母死后几年的一个冬季，择期举行“大葬”，历时三至九天，先由巫师“许”做几天法事，最后一天客人才参加，由一名有威望的“许”，身披牛皮铠甲，右手执刀，左肩挂枪，枪头挂一牛舌，带头歌舞，歌词内容是赞颂祖先功绩；紧跟着八名“许”，头戴面具，右手摇羊皮鼓，左手摆铜铃；跟着还有八名较亲的家族成员，也都戴面具敲羊皮鼓；后面有一百余人右手执刀，左肩挎枪，枪缠彩色飘带，排成一字长蛇阵，边唱边舞。先到火坟场转三圈，将飘带撒于坟地敬献祖先，然后到坝子转圈歌舞，有时扮演对阵战斗，这种丧事舞蹈称为“木九赫”。参加大葬礼的其他人也要到火坟绕场三圈，以示悼念，歌舞毕，大家就地欢宴，酒肉放在石头、木块上，颇似野餐。

摘自《茂汶县羌族自治县概况》编写组：《茂汶羌族自治县概况》，第21—22页，四川民族出版社1985年版。

新中国成立前，羌族的丧葬有火葬、土葬，个别地方还用水葬。火葬是历史悠久的传统葬俗，有按姓氏而设立的各自的火葬场，一般是人死后三天即行火化。在未焚之前，棺殓尸身，请巫师诵经，然后抬棺至本姓的火焚场。火葬场设有一座可以移动的小木屋，屋内供奉着本姓历代祖先的神位。葬时将小木屋移至他处，而置应葬的棺木于其地，四周堆放干柴连棺木火焚。这时死者亲属则围坐号哭，并唱丧歌、跳丧舞、喝丧酒以示永别。火熄后，取焚化后的骨灰，埋在地下，或封在崖穴中[①]。

近百年来，由于受到汉族习俗的影响。土葬已逐渐普遍了。目前在多数羌族地区，火葬仅仅成为凶死、传染病死亡和其他非正常死亡者的葬法。不过，在北部的一些地区，火葬仍然流行。就是在盛行土葬的地区，许多村寨也还保留着原有的火葬场以及火葬后的火坟场。

羌族的土葬，礼仪基本同于汉族，然有其特点。死者装殓以白衣(麻布为多)，由长辈在遗体前杀一只羊，为死者“引路”，然后将羊解剖，如发现羊的内脏何处有病，即以为死者因何种病而致死。家人则悲哀悔恨未能先知其病情及医治失当。棺木埋入土中后。要用石头或泥块垒成坟墓。有的在棺外还要砌以石槨，用乱石合泥，上盖板岩五至七块。

至于不到一岁的婴孩，死后有用水葬的，即装在木箱或竹笼里，放到河中冲走，亦有放在山岩洞内岩葬的。

摘自冉光荣、李绍明、周锡银：《羌族史》，第 337－338 页，四川民族出版社 1985 年版。

茂县谓门乡永和大队下寨丧葬目击记[②]。一九八三年七月五日，茂县谓门乡永和大队下寨张姓农民文冬秀（女）。于午后三时逝世，终年七十岁，死者有女二人，一出嫁，一招郎上门，有孙儿孙女七人(四男三女)。张家在当地虽属中等人家，因死者为年高有德贤淑可敬者，按当地羌俗办理丧事从优，文冬秀逝世后，其子孙正为她办丧事，笔者巧逢其会，因援笔记之。

据当地羌族老端公和一些老人说，渭门沟一带羌人清末仍盛行火

① 《川康边政资料辑要·茂县概况》。

② 此材料调查时间为 1983 年 7 月 5 日至 8 日，调查人四川大学宗教研究所钱安靖，调查地点茂县渭门乡永和下寨，调查对象王海清、何清云、孟成喜、文全兴等羌族端公，道士八、九人；翻译：渭门乡干部王传铁等，由钱安靖整理而成。

葬，每一村寨（每一姓）都有自己的火坟场，外地人和招赘上门者死后不得入此火坟场，火葬时由舅家点火。各村寨火坟场遗址至今犹存，到辛亥革命后才逐渐盛行土葬（当地羌人称“血葬”）。据说因火葬对子孙不利乃改行土葬。

按当地羌俗，人死后孝子（与死者居住一起的儿女）将死者的床搬到村外焚烧，鸣枪三响，表示礼送死者灵魂归天，借向村寨邻里报丧。同时孝子立即赴死者直系亲属家报丧，上门叩头，报告死者逝世时日和安葬事宜，孝子到舅家时，舅家照例要孝子举行盛大葬礼，并提出具体要求。孝子一般都一一应允，而办理时仍按自己的实际能力进行，如死者受虐待而死，则当别论。

在报丧的同时，丧家则紧张准备。如请道士择吉日将死者入殓，设灵堂和灵位牌，门上张贴丧事对联等等。张家大门对联的横额为“子哭灵前”，副额为“永言孝思”；上联为“夜静不随流水去”，下联为“心闲反笑白云忙”。二门对联的横额是“还山安葬”，副额为“哭泣之哀”；上联为“对对金童来迎接”，下联是“双双玉女捧花迎”，棺材上插纸剪的引魂幡和钱树各一个。这些与汉族办丧事颇相似，足见其汉化程度颇深。

唯羌族死者的灵堂不设在供奉家神的堂屋中，而设在邻近堂屋的屋内。死者棺材不置于灵堂屋子的正中，而置于紧靠墙壁处，棺材旁（紧接死者头部）置死者灵牌，牌上写着死者性别、姓名、享年若干。在堂屋家神神龛前置“祖先牌位”，供奉直系亲属各祖先；在祖先牌位侧，置“代荐牌位”，供奉旁系亲属各祖先。这两个牌位乃因家中死了人而连带设置，表示对新故亡灵一起祭奠，而将已故亡灵按照亲疏关系分别祭奠。从死者入殓后即进行一系列准备，棺材灵柩大体在灵堂停放三天凌晨安葬。

第二天（七月六日）请道士念经超度死者，死者为男性，念金刚经；死者为女性，念大小血盆经，均为佛教经书。丧家和死者亲戚在这一天都进行紧张准备，丧家杀猪买菜，准备迎接和招待前来吊丧的亲戚；亲戚则办置各种礼物和祭品，请人做多种纸花（羌人称为“纸糊”）。

第三天，（七月七日）办丧事进入高潮，亲戚均于当天来吊丧，举行盛大祭祀活动。永和下寨十一户皆沾亲带故，各户都到丧家相帮，其他大寨死了人，须与丧家沾亲带故者才前往襄帮，否则可以不管。此次丧事，张家及其亲戚共请了八个端公（“许”，其中有四个老端公）、八个盔甲（“格沙”，为羌族守护神，又称八大将军）来主持丧仪和祭祀活动。盔甲神一般由端公的助手或徒弟装扮，新中国成立前办丧事时，扮盔甲神者须戴皮帽、身穿牛皮铠甲，重三十斤，今永和上寨尚存一件旧铠甲，新中国成立后装扮盔甲神者均不戴皮帽，也不穿牛皮铠甲，仅手中拿三叉纸花。纸花的三叉各有表征，一叉代表山顶神，一叉代表山腰树林神，一叉又代表山脚平神。

据端公和扮盔甲神者说：丧家及其亲戚之所以在举行丧事活动时要请他们，一则是主持祭祀仪式；二是前来吊丧的亲戚较多，便于有计划的迎接安排；三则祭祀时鼓乐齐鸣，唱跳并举，安慰亡灵，法事不少，如果没有一定数量的端公和盔甲，就不称其为隆重的丧礼。新中国成立前丧家给他们的酬金一般为每人两个大洋，敬神的粮食（一般为两升玉米）和一个刀头（一般为三斤猪膘）归端公所得，新中国成立后丧家除供他们酒食外，仅给他们一张孝布，不给酬金，敬神的粮食和刀头仍为丧家所有，基本上为襄帮性质。

举行盛大的祭祀活动，一般从第三日午后开始，根据安排，吊丧亲戚分批前来，其程序大体是这样：

丧家先派出一个端公到吊丧的亲戚家，带领该亲戚前来吊丧，该名亲戚带礼物、祭品等，礼物主要是粮食、猪肉和钱，丧家缺什么送什么。祭品主要为“纸糊”，一般为各色剪纸做的绣油、施、罗、幡、伞和钱柜等等。

当吊丧亲戚走近丧家村寨时，唢呐频奏，八个盔甲神和在家的端公一齐出寨相迎，随带男女孝子，房顶鸣枪一响，以示礼迎。行至离村寨一箭之地的适当地点，孝男孝女跪地。端公头戴法冠，身穿豹皮衣，有的摇巴郎鼓和响盘，有的打羊皮鼓，舞蹈步伐为万字格和八阵，来回跳跃，左右穿梭，盔甲们在端公们舞蹈间歇时用羌话高声赞唱，大意是迎亲人悼死者，对丧家表示尊敬，这种活动约半小时结束。

接着，端公、盔甲、吊丧亲戚和孝男孝女鱼贯而至大门。此时门口陈设敬神的玉米两升（装在一小斗内）、一个刀头、八杯酒，玉米中插香蜡，端公持短剑念咒，表示驱邪，替亡人禳解，八个盔甲手执三叉纸花在门口用羌话赞唱（不跳），赞扬死者生前待人接物如何好，勤劳理家，省吃俭用，把子孙抚养成人，责备把门将军（门神）失职，家中人口减少了，他全然不管事。盔甲唱毕，孝子敬在场的所有成年人每人一杯酒，表示以神饮剩的酒敬亲戚邻里，门口的活动约半小时。

然后端公、盔甲率领吊丧亲戚和孝子进入灵堂，此时各种乐器轰鸣，端公挥动法器念咒作法，跳万字格，舞八阵，端公的舞蹈和盔甲的赞唱相互交替，唱词大意为死者活了多大岁数，生前如何辛苦，现在子孙多少，在干什么，望死者保佑子孙平安。然后孝子举哀哭泣（一般为女的），并向吊丧亲戚发孝衣孝帕。对近亲一般发全孝（孝衣孝帕全发，远亲发半孝即仅发孝帕）。死者棺材上放孝衣孝帕，是专为舅家准备的。此地羌人习俗，凡发给舅家的孝衣孝帕应在报丧时由孝子亲送，因一般都来不及，故改为舅家吊丧时发给，但孝布一定要放在棺材上，以示对舅家特别尊敬。

每一批亲戚前来吊丧都举行类似的仪式，所以整个午后都是锣鼓、唢呐、礼炮（打枪）声，端公不停地念咒作法舞蹈，盔甲不停地用羌话赞唱，直到吊丧亲戚到齐为止。是日午后本寨和邻寨羌民陆续聚集丧家家中和房顶，既表示哀悼，亦兼有娱乐热闹之意。

亲戚吊丧的仪式完毕，傍晚在丧家房顶又举行盛大的祭祀活动，羌人房顶颇类西式楼房的屋顶花园，平时作为打晒粮食的晒坝，办丧事时亦在此举行祭祀活动，房顶正中陈设敬神和向死者献祭的粮食两升（装在一小斗内），酒十六杯、刀头一个（猪膘三斤），粮食中插香蜡，八个端公和八个盔甲一齐出场，响器齐鸣，全部法器挥动，端公请神敬神作法后，或跳万字格，或舞八阵，或跳蛇蜕皮等，形式多样、变化倏忽。盔甲断断续续地以羌话高声赞唱，颂扬死者生前功劳苦绩，望其死后保佑子孙发达昌盛，此时丧家和邻居房顶都站满了人，舞蹈和赞唱大约进行一小时，为整个祭祀活动高潮。时夜幕降临，丧家向在场的人每人敬一杯酒，以结束房顶的活动。

晚上，丧家设宴招待前来吊丧的亲戚、端公、盔甲、道士和邻居，席间还穿插妇女的歌唱。

晚宴结束后，八个盔甲从厨房进入灵堂举行“赶马”（又称“吆马”）仪式，相传渭门沟羌人的祖先从松潘草地经校场、叠溪来到渭门沟，故此地羌人死后要到松潘草地买马，让死者亡灵骑马到西天。此时厨师已准备好凉拌猪头肉和豆腐干一盘，以代替马肉，表示已民从松潘草地买马回来，杀马吃“马肉”。仪式开始时，盔甲用羌话歌唱到松潘草地买三匹马，一匹亡人骑，一匹家人用，一匹送舅家，时孝子跪地，答应完全照办。然后，盔甲再唱，意为买马太多了，孝子办不到，向神请求减少，只买亡人骑的一匹，盔甲代表神灵表示应允后，孝子敬在场的人每人一片肉（即所谓“马肉”）。一杯酒、一小块馍馍（死者为男性，做一大块三叉馍馍，女性做一大块圆馍馍），此仪式约半小时结束。

举行“赶马”仪式即表示将扫灵安葬死者。接着，由道士荐灵，荐灵词为汉语，大意为安慰亡灵，快乐归天。孝子跪地烧纸燃香点蜡，以刀头敬酒祭奠亡灵。此时道士将所有祭奠之物基本上烧完，只留死者灵牌和引魂幡次日放到墓地，墓穴早已请阴阳先生选定挖好。

次日凌晨（四时）端公、盔甲为前导，率领孝子和送葬的家门亲戚，将棺材搬到墓地。渭门沟羌人丧葬不用引路羊，棺材上放鸡一只，据说是为了“避煞”，男性死者用公鸡，女性死者用母鸡。棺材入穴之先，端公杀鸡，以鸡血绕墓穴淋一圈，表示为死者“买地”。棺材入穴后稍事掩埋即止，随即举行“转路”（即招魂）仪式。“转路”的地点一般选择在与墓地相对的山腰，山前有大路通往本寨（或几个村寨）羌人祖先曾流寓过的地方，渭门乡永和大队的块坂、务直、法达格、上寨、下寨五个村寨的人死后，都“转路”到神木溪举行招魂仪式，与相邻的纳普大队内五代羌人死后招魂的地点不同，说明渭门沟各村寨羌人祖先在迁来此地之前，其流寓之地是不大相同的。

举行“转路”时，端公手执法器，摇巴郎鼓、响盘，打羊皮鼓。盔甲手执三叉纸花，率领孝子和亲戚家门从墓地出发，按一定路线到达既定地点，陈设玉米、刀头，敬酒，燃香点蜡，孝子跪地，端公敬神作法招魂，摇巴郎鼓、响盘，击羊皮鼓，来回跳舞。盔甲用羌话放声歌唱，请死者灵魂从生前到过的地方回来，从祖先流寓过的松潘、校场、叠溪回来，到自己的坟山去，此仪式大约两小时结束。

“转路”后本应转回坟山举行追悼死者的结束仪式，因死者坟山在庄稼地旁，故改在房顶举行，房顶正中陈设玉米两升（装在一小斗内）、刀头一个、二十杯酒，燃香点蜡，八个端公和八个盔甲一齐出场，端公敬神念咒后，端公和盔甲各在房顶的一端，在一阵阵响器声中，端公舞万字格，跳蛇蜕皮和线子挽疙瘩。盔甲用羌语赞唱，大意为追悼仪式闭幕了，死者亡灵应欢欢喜喜去，永驻坟山，子孙后代兴旺发达。舞蹈和赞唱大约半小时，端公举火烧刀头，丧家拿两个大圆馍馍（如死者为男性则为大三叉馍馍），分一小块给在场的人吃，表示丧事完毕，从此再不允许敲响器。

然后丧家诸端公、盔甲、道士、阴阳先生、亲戚家门和邻居吃早饭，每上一道菜即吹一次唢呐，表示转哀为喜，早饭后所有客人向丧家告辞，丧家请盔甲垒坟，至此，整个丧事结束。

从茂县渭门乡羌人整个丧葬习俗看，原始宗教和佛教、道教杂糅，汉化色彩颇浓，但羌人原来丧葬习俗特点仍依稀可见，从中还反映出渭门乡羌人历史的一些影子。

摘自钱安靖：《羌族宗教习俗调查资料》　七、羌寨丧葬目击记，《羌族社会历史调查》，四川省社会科学院出版社 1986 年版。

汶川县龙溪乡丧俗①。新中国成立前羌人病重，估计病情实在不能好转时，病人母舅家即携带几斤酒前来敬神探望，病家向众母舅报告老人发病和医治情况后，众母舅认为家人已尽了最大努力，一般不对家人有所责怪和苛求，但众母舅认为，在他们前来敬神探病之后，病情一定会好转，半月之后病人即告痊愈。这是众母舅祈求神灵保佑，安慰病人及其家人的一种说法。实际上一般在众母舅前来敬神探望吃酒时，病人去世者多，有的在探望后十五天即去世。

病人去世后，丧家立即请家门房族开会，商量如何办理丧事，决定用多少钱粮酒肉，确定各项丧事如何分工负责。落实到人，推选出

---

① 此材料调查时间 1983 年 11 月 13 日至 15 日，调查地点为汶川县龙溪乡直台大队羌族农民李顺才家，调查人四川大学宗教学研究所钱安靖、汶川县文化馆馆长汪有伦（羌族）。调查对象羌族农民李顺才、王明伦、王明才、何正海、朱兴明、朱顺云、朱天富等，由汪有伦翻译，钱安靖整理。

总管、外管、内管、炊事、管桌、管碗、管饭、香灯师等执事人员，丧家如确有困难，须请家门房族资助者，也在此会上提出解决。还有到众母舅家报丧，请哪些端公作法、哪些道士念经等等，都在会上决定，分工执行，专人办理，故羌人丧事虽忙不乱。

孝子到众母舅家报丧后，众母舅闻讯立即组织前来吊丧。丧家给众母舅六张孝帕、两坛酒，表示请动舅家给以特殊礼遇。其他家门亲戚也纷纷前来吊丧。

新中国成立前六十岁以上老年人死了，一般请端公（“许”）二、三人杀羊作法，三天安葬，葬后请道士一、二人念经。六十岁以下的人死了，请端公一、二人杀羊作法，两天安葬，有的当天安葬，葬后或请一道士念经或不请。

众母舅到丧家后，晚上须演唱《迎接舅舅》（“吉里古里”）、《为死者热闹一夜》（“纳沙”）等丧歌，为主人与舅家对唱。

《迎接舅舅》的大意为：

丧家：舅舅，舅舅！哪里来？

舅家：舅舅翻山越岭来！

丧家：为母亲（或父亲），舅舅一路辛苦了！

舅家：只要儿孙孝且贤，舅舅辛苦算什么！

丧家：为母亲（或父亲）舅舅远天远地来，我们很感激！

舅家：只要你们母亲（或父亲）安葬好，爬九坡九坎九条河，我们也不怕。

……

《为死者热闹一夜》的大意为：

舅家：侄男侄女将母亲（或父亲）安葬好，我们愿热闹一夜！

丧家：为把母亲（父亲）安葬好，劳母舅辛苦一夜！

舅家：你家母亲（或父亲）打算怎么葬？

丧家：母亲（父亲）辛苦一辈子，我们按古规办，按众母舅说的办！

舅家：我们要按古规办！

丧家：母舅为大，我们还是依众母舅意见办！

……

虽到深夜，休息砸酒后，再唱《死者功劳苦绩》“不奢川”，从生前一直唱到病死安葬。

此时堂屋桌上放砸酒一坛，由舅家开坛，用竹管在坛内搅三次洒掉，表示先请神饮，然后由舅家与丧家家对唱（不是一句一句对唱，而是一段到数段对唱），边唱边饮砸酒。

在正式对唱以前，首由丧家来一段序白，大意为：

今晚众母舅为我家母亲（父亲）辛苦一夜，请六房亲戚奉陪到底！接着舅家起立表态，大意为：奷奷（姑爷）去世来吊丧，丧家花了一千八百，今晚一定要唱好，六房亲远道来，爬山涉水辛苦了，请不要见外，舅家唱得不好说得不好，请不要见怪。然后由舅家先唱。

第一段，病从何来？大意为：

奷奷（姑爷）病从哪里来？来无踪影看不见……

摸不着也闻不着，是非好歹能听到[①]。

奷奷（姑爷）一向体健旺，平日很少生病恙。

此次为何病不起，死期一到永别了。

房顶石坏可延宕，不搬不换无关碍，

人死不能久停放，不满三天须安葬。

靠神靠人病不好，求神不灵药不灵。

① 指父母生前儿女是否孝顺、在父母生病期间儿女为父母治病调养是否尽了心力，可以从亲友邻人处得知。

妊妊（姑爷）啊！那是您的寿数尽！

第二段，诉苦情（实为叙述羌人丧葬变化史），大意为：

康熙四十二年前，羌人死后不用棺。

草连软裹架柴烧，姓姓都有火葬场。

四十二年天下乱，乱后羌人归大朝①。

人死须穿六件衣，装入棺材用土埋。

习俗大变行土葬，人畜兴旺万民安！

第三段，慰亡灵，大意为：

妊妊（姑爷）为儿女辛苦一辈子，哪知您竟然去世！

须知家人待您也不薄，您所需的东西都给了，

任任（姑爷）啊！请您放心去吧！

舅家唱完三段，丧家针对舅家唱的内容及其长短，也和唱三段（略），既表示尊敬舅家，悼念亲人，也表示丧家不乏好的歌手。吃毕砸酒后，舅家再唱《拿酒拿干盘子来》、《吃羊肉》、《吃鱼肉》、《吃鸽子肉》等等，节目很多。丧家再唱办丧事《到松潘草地买牦牛》、《到茂县买酒》等等。

然后舅家、丧家对唱，如唱《修房子》，大意为：

父母生前修房苦，择吉动工请锡拉。

挖沟奠基砌墙脚，伐木立柱上屋梁。

前后忙碌三年整，修好房屋留儿孙。

子孙继承前辈业，须当勤劳又和睦。

一代胜比一代强，家道兴隆万万春。

这样，一直闹一个通宵，第二天安葬。

---

① 四十二年天下乱，可能为清朝平定三藩之乱后的余波。大朝指清朝，即指平定了地方割据势力后，羌地归清王朝统治。

下葬后还须请端公解秽扫房。端公作法时燃柏香请师傅一直请到始祖阿爸锡拉。把污秽从房顶房内扫出大门，一直扫到阴山背后，使主家清洁平安，百事顺遂，人不生病，畜不害瘟云云。

新中国成立前，此地羌人如遇滑坡、坠岩、跳水等凶死，死后即行火化掩埋，再请端公择日招魂除黑①，打扫山场，据说因有人于某山滑坡坠岩而死，家人和村寨邻里害怕山不洁净，以后还会有人被凶死，故在招魂除黑之后，还须请端公打扫山场（“莫初阿”）。

端公作此法事时首先燃柏香请师傅、祖师，然后高声念唱，其大意为：

此地有人成厉鬼，脑袋大得像牛头，
双手好像掀盘骨，身躯粗壮如黄桶，
手脚着地四爪爬，到处乱窜寻替身。
请动祖师来作法，挥动斧头砍鬼脑，
锄头挖断它手脚，钢钉将它来钉住，
再舀铜水铁水淋，白鸡白狗血淋身，
使它永远不翻身，主家村寨得安宁！

新中国成立前，此地羌人如遇腹部剧痛，则请端公作法镇痛。端公手握几颗青稞、荞子、大米，演唱治肚痛的应急经咒（“火里亚济”）。大意为：

从前天上九个太阳九个月亮，地上连续九个白天九个夜晚，人们实在活不下去了。有人爬上“扁树铺”大树，先用铁蛋打太阳，打出的铁蛋全晒化，再用黄泥三块打，打掉八个剩一个，打落的太阳掉地上。光焰四溅起恶风，人遇恶风昏迷，幸有阿爸锡拉来作法，交接神

① 据说凶死者死后成为厉鬼，如不请端公招魂超度，就不可能转生，就会成为家庭和村寨之害，请端公为凶死者招魂超度后，家庭和村寨才得安宁。羌人请端公为凶死者做招魂超度法事，谓之招魂除黑。

灵人复苏（打月亮词与此大体相同，从略）。

摘自钱安靖：《羌族宗教习俗调查资料》五、新中国成立前汶川县龙溪乡羌族的婚丧习俗，《羌族社会历史调查》，四川省社会科学院出版社 1986 年版。

羌葬词（“黑阿”）[①]。新中国成立前汶川县绵篪乡羌人办丧事时，须由母舅家代表在大夜（即埋葬死者前一天晚上）演唱丧葬词，向死者表示哀悼，基本上已形成一定格式的标准祭文。这是此地羌人受汉文化影响的产物。由于羌人的宗教信仰在新中国成立前还停留在自然崇拜、祖先崇拜的原始宗教阶段，相信万物有灵，甚至人造物亦不例外，葬词即反映此观点。虽然整个葬词是唯心主义的，但也不无些微朴素的唯物主义因素，如认为“万物有生也有死”等。通过葬词还可以具体了解羌人的宗教观，还可以了解羌人如何悼念死者，寄托哀思，增强团结，战天斗地，借以窥见羌人风习民情之一斑。全文如下：

“穷”[②]！某某：

一个人无论生死，总有去向，有居留的地方，不料在今年某月某日你去世了。为了把你送到家族公墓安葬，你的子女和家族商商量量地通知我们众母舅，今天我们翻山越岭，过桥涉水，不辞辛苦地前来奔丧祭奠。众母舅对你的去世都非常悲恸，一得到通知，就来了黑压压的一群，今天行进在路途时，遮断了道路，到你家里时，已 灯火通明。如果大家不来祭奠你，不但去世的人不光彩，你的子女也不光彩。我们来了，表示对你和你的家族的敬重，因为你们是有根底的人家。

---

① 此文为汶川县绵篪乡簇头等羌寨丧葬词，由该县文化馆馆长汪有伦（羌族）搜集翻译，1983 年 11 月由四川大学宗教学研究所钱安靖整理而成。

② “穷”，羌话，斟酒或酹酒谓之“穷”。

我们前来吊丧祭奠，是看你头上戴的、身上穿的和脚上裹的什么，是看给你多少钱财。当我们看到你有吃有穿有用时，大家都放心了，我们还询问了你是怎样生病和去世的。现在众母舅在你的家里，在你的身旁，纷纷赞扬你生前的功劳成绩，请你的灵魂来到自己的家里，看看我们对你的去世是怎样安排的，听听我们对你的功劳成绩是怎样评论的。从灵堂到墓地是你停留的地方，现在你在哪里？我们不清楚。如你在高处时，请从低处来；如你在低处时，请从高处来；如你在亮处时，请从黑处来；如你在黑处时，请从亮处来；如你在清处时，请从浑处来；如你在浑处时，请从清处来①。请接受我们对你的祭奠吧！“穷”……

某某！你生前无论在高山与河滩地都干过不少活，勤劳生产，起早贪黑，又苦又累，养儿育女，兴家立业，劳苦一世。今天众母舅、众家族、众亲友来悼念你，对你的生病、去世和生前的功劳成绩当说一节的说一句，当说一段的说一点，不过是起个头，举例说一下罢了，请在座的长辈和亲友们都辛苦一阵。

开天辟地到如今，万物有生也有死，生死像流水，流来流去总不停，只流来不流去，水往哪里装？世人也一样，有生必有死，只生不死，天下怎么容得下？水的流来流去，人的生死，好比借债与还债，欠债总是要还的。

不管什么人，哪怕他能在天空翱翔，能下海潜游，能用黑白石头做法事，待到病时病缠身，待到死时就要死。力大无比的人，可以把长刀拧成一疙瘩，能将铁钳折为九节，但他免不了要病死。本领高明的喇嘛到山洞里念经修道，七天七夜不吃不喝，到病时也要病，到死时也要死。某某！不是只有你一人病一人死！

① 据说死者灵魂的方位处所同生人相反，故办丧事时请死者灵魂前来享祭须这样说。

天下最有权威的皇帝，初一十五坐龙廷，威风凛凛管天下，说天下一切都是他的，到病时还是要病，到死时还是要死。且看那些封侯拜相的大官，禄厚爵显，家财万贯，管领百姓万万千，自以为天上能管九万九千丈高，地下能管三万三千尺深，但到病时还是要病，到死时还是要死。某某！天下的人迟早要病死，不是只有你一人病一人死！

天上的太阳和月亮，初一十五有圆缺，大云小雾，忽阴忽晴，一遮一黑，说有天狗吃太阳，又说天狗吃月亮。无灾会有灾，无难会遭难，太阳月亮也不免遭灾难，何况人哩！

深山大树，挺拔高耸，枝繁叶茂，郁郁葱葱。但到寒冬冰天雪地时，叶落枝枯，东倒一株西倒一株。深山豺狼，凶恶狡猾，一到腊月冰天雪地时，牙脱毛落，瘦骨嶙峋，蹒跚曳尾，倒毙山丘。苍鹰天上飞，凶猛敏捷，无与伦比，再大的羊羔也能叼上天，但到寒冬冰天雪地时，羽毛脱落，翅膀无力，嘴黄爪软，也要病死。

山老滑坡，河老水枯石现①，家里的锄头铁耙送到铁匠炉里一熔，样子全变了。粮食背到磨房里，磨子转九转，不死的死了，不烂的烂了。天下万物有生死，并不是你一人病一人死，天下的人都以死了结自己的一生。

听说人从母亲怀里生下以前，死八字先定，生八字后定，什么时候生病，活若干岁该死，从生到死，只有一段路程。

今年某月某日，天未破晓，鸡不鸣，犬不吠，你到家里房顶上，寻星星望天辰，看东方望西方，转南方向北方，看了天空看群山，看罢高山看河坝，河坝里突然吹来一股无名恶风，吸进嘴里变魔鬼。你不由自主地头昏眼花，恶心呕吐，从此病情一时不同一时，一天重似

① 这反映了一种初民的错误认识。

一天。你的子女商量为你请了所有的名医，吃了各种草药，病情不见好转，又为你算命、测字、扯索卦、看风水①，都说你凶多吉少，大难临头。还请“诗卓”（即端公）为你向天神许愿，该许鸡愿的许羊愿，该许羊愿的许牛愿（即牦牛愿），许愿的白旗和求神的馍馍堆满了山，但天神不接受你的愿信，许愿救不了你命，又请“诗卓”为你打保护，用鸡羊和草人为你送替身，以黑白石头做法事驱魔鬼，各种草人和驱魔的黑旗、树枝塞满了山沟，这些都救不了换不来你的命。求神送鬼的结果，天上的神未赢，地下的鬼赢了。某某！你的死是今天送走了太阳，只剩下明天的日子了②。你的去世，不是你的子女待你不好，对你不孝顺，不是他们不愿供养你，把你赶出门。常言道：分不开的亲骨，撕不开的亲肉，我们知道你和亲人是怎样痛心地被撕开，你是无可奈何地离开人间的。

某某！如果能用金钱赎回你的命，你有儿女、家门房族和亲友，有三寨四邻众多的人，魔鬼要一百，我们愿出一千；魔鬼要一千，我们可以捐出一万，我们能拿出成千上万的金帛银钱。但这个魔鬼不要金钱，我们对它实在看不见摸不着。如果能看到摸着它，我们有这样多的家门房族和亲友，有这样大、这样多村寨，长宽十里的河坝地也容不下我们的人。大家齐心合力，拿着各种武器，举起各种旗子，吹响各种号角，不管走三天五天路，同魔鬼打几十仗都可以，但是我们对这个魔鬼毫无办法。

明天送你到坟山时，有开路的众母舅，有为你照亮路程的麻秆火

---

① 这些都是封建迷信活动，受汉族影响的结果，当地老人传说，只有索卦是羌族“诗谷”原有的卜术，有七段卦词，“诗谷”敬神作法后即扯索卜，按词解卦，以判断吉凶。

② 羌人办丧事一般为三天，于第三天凌晨安葬，故第二天大夜祭奠时说，死者“送走了今天的太阳，只剩下明天的日子了”。

把，有丢买路钱的孝子，有牵引路羊和拿各种祭品送葬的家门房族和亲友，村寨各户门前都燃火熏烟为你送葬。你到家族的大坟场时，要向祖先说明来意，保佑在座的老人健康长寿，青年人百事顺遂，清洁平安，请你向天上的神灵通白祈祷，求它们关闭降灾的天门，使天下所有的人都能过太平安乐、无病无痛的日子，那时天下所有的人都会虔诚地向天神还愿。

某某！你的死是注定的，人人都要走这条路，你不要伤心怄气，请好好安息吧！

摘自钱安靖：《羌族宗教习俗调查四则》，《宗教学研究》第 3 期，1987 年 4 月。

3. 冠礼（成年礼）

冠礼（或成年礼），羌语称 ye－boo－dei－sawoo，这是一种规模宏大的仪式，八月间即请端公打扫房屋，袚除不祥，准备冠礼，十月乃至十二月方始举行冠礼，前后经过时间之长不亚于澳洲土人之冠礼，至冠礼举行时期，又有一番极复杂的准备，所用牺牲均要经过洗礼（Purification）。这些我们此处无暇多述，但是其中有一重要节目须得一述——诸亲族围火而坐。冠礼人着新衣冠，端公跪下，手执杉杆，杆巅有纸制人类始祖之像，冠礼人向人类始祖跪下，另一端公持‘mo－ngi’（白牡羊毛线并系五色布条），此物代表始祖的赠品，当时即围在冠礼人颈上，然后端公都跪下祷祝，略谓：“开辟以来即有始祖，产生万物与人。始祖生存的年代固邈不可知，但是他的永存不朽，有如岩上之大杉，非斧斤之所及，遗胤子孙亦应得始祖之庇荫，与天地同老，日月同生，福寿康宁”云云。祷毕，将始祖的赠品分赐在场诸亲族的孩子们，不分男女，各分一份，皆大喜悦，然后冠礼再开始，一面族长谈祖先的历史，一面端公念经祭家中诸神。祭羊神时还有一特殊节目，祭羊神用一鸡及一活母羊，当时端公须把此羊看作人一样。将始祖的赠品也替它戴上一份，祝多多生育。然后此羊须养至老死，不得杀或卖，并吃特殊的食品（干白菜），称为羊神（hitu－tze－sa－wo）。此外的节目如仓神须由冠礼人的母亲主祭；祭屋顶上的白石神时，所用白羊要挖心，黑羊要杀，这些也都有特殊的意义，结论中将论及之。

……

前述羌族的冠礼与送晦气的仪式中，都有用羊毛线围在颈上的同体化的仪式，在送晦气的仪式中，动作甚为简单，但在冠礼中则尚有其他附带的节目。值得注意的是，例如冠礼人向杉杆始祖像跪下一段仪式，与澳洲图腾部落行成年礼时必须拥抱圣杆（Nurtunja）的情形相似。澳洲这种圣杆也认为是祖先灵魂隐藏之所，据传说他们的祖先所居的篷帐上都竖一根 Nurtunja，在顶上还另加上一根圣杆云。此外，冠礼中还有一个特殊节目，即在祭羊神时端公替一活羊围羊毛线。这羊不准杀食，羊毛线代表祖先的赠品，羊与人有同样的资格，得到这样的赠品，这显然是表示羊与人的相等，视图腾动物与人同为图腾祖先的子孙，这样的一个概念只有在图腾社会中方能存在。

摘自胡鉴明：《羌族的信仰与习为》，《边疆研究论丛》1941年版。

茂县三龙乡羌族为青年人举行冠礼，羌语称“时左六六”，一般在每年农历五月祭山会中一并举行，具体情况请参见“经济习俗中的主要祭礼活动——与农林牧生产有关的祭山会。”

4. 年节礼

在民俗学上，年节的意义本甚复杂，但是就其大体观之，其支配因素也不外命运亨通、人事休咎、年岁丰歉请瑞。羌民的年节当然也不能例外。不过羌民的年节在夏历十月一日，正值秋收完成之际，故羌民的年节可以说同时也是一种秋收节，年节的宴会亦谓之“收成酒”。下举数例以见一斑：

理番三齐十八寨①羌民，每逢十月一日过年那天，房顶上白石前燃柏枝敬神，全家吃好的饮食，不出门，第二天亲族邻里互请砸酒，唱酒歌，诉苦，大意谓秋收完毕，农事已终，霜雪下降，寒苦日子来临，年轻男女要被迫离家，入蜀为佣，包打水井，流浪至翌年二月方得返家，年老者留守家园，孤苦伶仃，不胜凄凉云云（老年人留守家园，保护粮食库情形已见上篇）。

理番属新番旧番二十余寨过年情形②——农事完毕，年节来临，杀猪献神③。但小猪则用棒打死，不去毛，用荞麦秆燃一火堆烧之，毛脱落后，剖开献祭，房顶插白旗，房顶上白石神前陈整猪，燃柏枝、行祭神礼，礼毕，将猪肉煮熟，泡酒宴请村众，名为“收成酒”，主人把猪肉肥的瘦的、心肝肠肚等等，切成小块，穿在许多竹扦上，老年人开酒坛，说吉利话，每人赠猪肉一竹扦，众人拿到后，共同欢呼一声。这串肉有当场食者，有带回家后再以之送别人者。三天年节一过，年轻人成群悲歌离家，入蜀为佣，如有死亡在外面的人，照例

---

① 三齐番羌民寨子如下：雕花三寨（上、中、下），卡玉寨，坡子寨，赵家寨，卡雾寨，纳虎两寨（以上下房），拉哈寨，拉乌寨，立伊两寨，克耳基（以上中房），醒溪寨，杂木林，水井头，小寨子，尽头寨（以上上房）。三齐十八寨新中国成立后划归茂县，三齐即今茂县三龙乡，各寨寨名今仍旧（编者）。

② 理番，新中国成立后称理县。理番属新番旧番二十余寨，新中国成立后划归茂县三龙乡，新旧番即今三龙乡壳尔基一带（编者）。

③ 羌民原来的养猪方法与牧畜牛羊的方式类似，直至将猪杀之前的短时期中，始用好的食料饲养之，原来的杀猪方法是用棍棒打猪之脑壳使其毙，现在则养猪杀猪方式均已汉化。

由其同行亲戚邻里负责，取死者头发一部分，指甲数个，用死者衣襟裹之，带回家代替尸身火葬。

汶川县上水里[①]过年风俗——九月底即由每寨会首买办黑羊一只，酒一坛，预定一公共地点，于三十日晚请端公整夜做法事，跳鼓念经，甚为热闹，十月一日早上，端公一路跳舞至神树林，杀羊，洒血在坛前，敬神[②]。祭毕，分羊肉，每家一份，端公得双份，各家还要分别谢端公，各家回来设宴，请亲戚共叙。食毕，每家青年男女齐集广场上，分男女两班，轮番唱歌。录歌词一则如下：

羌民寨子，可爱的是庄稼好，日头九个，工作呼神保佑。

谷麦草秆，房子里堆满。

收获事完，敬羊神，献上香盘。

理番中三枯[③]寨过年风俗——每逢十月一日，每家都在房顶上向白石神献鸡还愿，不用端公（贫家从简或不举行），但各寨公祭神树林，则必请端公主持。九月三十日晚，端公念经作法，略如他寨、次日到神林杀羊，洒血敬神，分食羊肉，是日有忌路之俗，各寨的人都留在自己寨子上，不可到别寨地界上去，习惯以为：如于是日有人越界，则下年谷类一定容易自落，影响收成。

理番上三里寨与后二枯[④]寨过年时举行牛节情形——节期前几

---

① 汶川上水里羌民寨子有牛罗寨、阳赛寨、上白水、下白水、青堵坟、照面山、通山寨、大花果园、小花果园、大寨子、罗窝达、闸北坪、放马坪、越岭、麦地头、小寨子、索桥、萝卜寨。

② 汶川上水里一带，只有神树林，没有庙，神树林中设有神坛，白石即放在上面，后面插杉树杆。

③ 理番中三枯寨有木上三寨（上、中，下）、小寨子、步南村、瓦窝、龙溪寨、鹅步、地里、昔渎、马登、百家岛、邑岛、木耳、木培、雪溜、立壁、直台、垮坡、血格三寨（上中下）、新中国成立后由理县划归汶川县克枯乡和龙溪乡。

④ 理番上三里即新中国成立后理县城关附近，后二枯即新中国成立后理县桃坪乡一带。

天，即预备麦面，于九月三十日做成面饼，中间穿一孔，饼子有大有小。十月一日，各家把牛关在家中，不准放出入，以麦草和面给牛吃，同时带一鸡至牛王庙还愿，杀鸡洒血，回来时在羊神前燃柏技，然后将面饼及生面馍馍放在祭盘内，送到牛圈前陈列，并取铜盆燃柏枝，在牛圈内熏一下，然后牵一牦牛至寨上长老面前，长老一边手执圆如日月之面饼，于中空处系麻绳，一边口中说："牛啊！你很辛苦，一年四季耕田耕地都要靠你，收获全是你的功劳，当耕作时每每还要打罚你，希望你不要怪我们，你是衣食与生命的父母，力大不能言，有病我们不能替你医。面饼就是日月，今为你挂在角上，烛照一切，你们从此即可吃好草饮好水，远避灾害"。说罢，长老便把面饼挂在两只牛角间①，并喂牛吃生面馍馍，所有小牦牛也要各挂一饼，小牛无角者挂在牛颈上。家家都这样做，然后大家把牛放出，任它们自由行动，即有所损害，亦不加打罚。此时孩子们齐聚广场上唱牛节歌：

咦！十月到了，菜地上圆根，菘菜扯净了，高山上，薄霜厚雪堆起了！

咦！一村一山，阴面阳面，耕种完毕了！

咦！我家大牯牛，大母牛，小牛儿，一村的牛，一山坡的牛，要

---

① 古埃及也有牛的崇拜，以母牛为月神，管理妇女的生殖机能（《吕氏春秋》亦有月形乎天而群阴化于渊之说）。并以母牛为人类的母亲，古埃及的神圣君主，其所以成为神圣的原因，乃由于君主饮用牛乳，古埃及之神牛图（见 Human History，by Elliot-smith. P. 267），即综合这些复杂的观念而成，牛为人类的母亲，同时又为月神，故在牛两角之间绘一月亮，这似乎与羌民牛节中，为牛在两角间挂日月馍馍一节有几分相似，羌民虽未直接认牛为人类的母亲，可是亦称牛为衣食父母，河湟石海与尼罗河之间不知道相距几千万里，古埃及与氐羌的历史经过又不相侔，这种文化上的类似，自应认为偶然，认为由于独立之发明。可见历史学者已发现神牛信仰不独流行于埃及，在幼发拉底河和底格里斯河流域（巴比伦）与恒河流域（印度）诸民族间，这类信仰亦属普遍。氐羌原为第一批西藏民族，印度与西藏间之人类与文化关系又甚显著，故羌民在牛角间悬日月馍馍之俗，有人认为这种现象是由于文化之分播与讹化，也不能认为全属空想。

过年了！

咦！馍馍圆圆，系在牛头，好像日头月亮，照见一切了！

咦！一年牛辛苦，水冻了，山冻了，一冬不耕休息了！

摘自胡鉴民：《羌民的经济活动型式》下篇“羌民年节中的迷信经济习为”。《民族学研究集刊》第4期，1944年10月。

农历九月二十八或十月初一过小年，到时吃咂酒，用麦面做小牛、小羊、小鸡、小马、小狗、麻雀、鞍子、圆圈、三叉形、半圆形……面食祭品，用以敬神，两天不劳动。

正月间过大年，腊月十六或二十二日扫“扬尘”，杀年猪。宰猪那天要敬白石神，邀亲友来家里吃酒，将猪的肚、肝等分送各亲友，晚上把猪肠子挂在“三脚架”上敬家神祖先。腊月三十日以前要结清账目，出门人赶回家过年，三十晚上敬灶神，吃团年饭，饭后紧闭大门，焚香三次，禁止外人进门，烧猪头敬神，吃猪头肉，守岁熬夜。在高龙乡一带，年三十晚上每家带着香烛、纸钱、供品到庙内去“烧火堆”，熬夜守岁，自1935年以后就没有举行了。正月初一到十五过年，不劳动，一般在初一至初三的三天内不外出背水；烧个大柴疙瘩，三天内不准熄火，不准吹火，否则来年要刮大风；不泼水，否则该年要下大雨，冲坏庄稼；自年三十晚就准备了足够的熟食，三天内不动刀，不切菜，只能热熟食吃；不得做针线活，若动了刀针，雀鸟要糟蹋庄稼，初一忌门，不外出，也不让生人入内，有的只让嫁出去的女儿回家，一些穷人（大都是流落在羌区的汉人）来门口说吉利话，就将猪嘴肉给他，意即将“口嘴”（吵架）送出去了。初二开始拜年，先拜祖宗，次拜老人，然后出外拜会亲戚邻居，初三清早全家在屋顶上敬神；后到庙内敬神；初四开始背水，先在水边插一炷香，儿媳回娘家耍几天，初五到初八大家聚会，吃咂酒、唱歌、跳舞、男女青年在一起欢聚嬉戏。

摘自《羌族调查材料》，第165—166页，西南民族学院民族研究室，1984年版。

羌人一般以农历十月初一为年节，羌语称为“日美吉”，意为羌人逢九（吉），各地具体日期不一，仪式不一，年节的宴会又称“收成酒”，正值秋收完毕。这一天不出门，团聚家中蒸“瓦达”吃，它是莜面做的三叉形大蒸饺，馅子为肉粒豆腐。有的用面粉做成牛、羊，鸡、马等形状的祭品，祭祀祖先与天神。新中国成立前，三齐乡羌民十月初一在房顶“勒西克”前焚香敬神，全家吃好饮食，次日亲族邻里互请砸酒，高唱酒歌诉离别之情。以后，青壮年男女因生活无着，被迫离乡背井，去成都平原打水井、砌河堤，直到次年春季才回。老人留守羌寨，孤苦伶仃，不胜凄凉。维城、雅都两乡，羌族年节与庆丰收的活动一起举行，如果该寨当年无成年人死亡，就在墙上涂白色的卍字格，表示庆祝人畜兴旺、庄稼丰收。全寨青壮年男子穿上花衣裳，彩色腰带上插一支两尺多长的油竹竿，里面插有三根野鸡翎子。老头也都穿上整洁的新衣参加庆祝。这支队伍载歌载舞，到每户祝贺，由老年人领唱，合唱喜庆歌，欢跳“沙朗”舞，畅饮砸酒。每逢年节，杀猪敬神。小猪用棒打死，连毛在火上烧烤，毛烧光后，剖猪献祭，年节一过，青壮年就下成都平原帮工。如有人死在异乡，就由与其同行的亲戚邻里取死者的头发和指甲，用死者的衣服裹着，带回家代替尸身实行火葬。太平乡牛尾巴等寨羌民披挂生牛皮制的盔甲，欢跳“盔甲舞”庆祝丰收。

羌民尊重耕牛，称牛为衣食父母，从前有的羌寨群众不吃耕牛的肉。农历十月初一，传说是牛神的生日，到牛王庙杀鸡还愿。同时，关牛在家，喂面馍和麦草，表示慰问。有的做日、月形馍馍。挂在牛角上，然后敞放牛群，任其悠闲自在。

春节中羌族的习俗类似汉族的，但是羌民在除夕夜晚互相串门欢饮，正月初一不出门、不动刀、不背水，正月初三上坟，初二、初四等日子拜年。在旧社会，有羌民为了躲债，提前一两天吃团年饭，债主就暂时不得逼债，否则将激起公愤。

摘自《茂汶羌族自治县概况》第二章羌族的来源、习俗和文化，第 29—30 页，四川民族出版社 1985 年版。

汶川县绵篪乡簇头沟头等寨羌民年节情形——见附录“汶川县绵篪乡沟头寨巫师唱经”。

汶川县绵篪乡一带羌寨，春节期间盛行耍狮灯。狮灯队锣鼓喧天，唢呐频奏，到村寨每户家中耍狮灯，其领头人边耍边唱，唱词[①]全文如下：

春节元宵耍狮灯，本是先辈传下来[②]。
耍灯意在驱瘟疫，村村寨寨皆吉祥。
灯队来到家门前，扫除瘟疫须献祭，
主人房顶敬灯神，迎接狮灯到家中；
主家接待情难却，进门首先谢主人。
旧年旧岁过去了，新年新岁将到来，
旧年腊月过去了，新年正月快到来。
旧年旧月未记错，今天正是腊月卅，
年满月终迎新岁，鸡叫头遍现吉祥，
一遮一黑天上云，移年换月在此刻。
一石麦子用头面，精心巧做日月馍，

① 此唱词为汶川县绵篪乡羌寨春节耍狮灯唱词，由该县文化馆馆长汪有伦（羌族）搜集翻译，由四川大学宗教学研究所钱安靖于 1984 年整理而成，特此说明。

② 春节元宵耍狮灯，本为汉族习尚，羌人过羌年是秋收后的农历十月初一，因汶川县绵篪乡接近汉区，新中国成立前过羌年已不盛行，而改过汉族春节，但羌族过春节有其民族特色，据当地羌族老人说，春节闹元宵耍狮灯，从元明时代已逐步开始，故唱词中说“本是先辈传下来”。

一百斤重大猪膘，切下头片做刀头，
一百斤重开笼酒，全都舀来做敬酒。
双手捧着大长盘，走上石级十二台，
登十三步独木梯，来到房顶“那夏”处[①]，
向十二天神祈祷，请赐给羌人吉祥。
旧年旧月旧日去，新年新月新日来。
家家房顶燃松明[②]，迎接新年新日月，
送走猪年是好年，迎来鼠年当更好，
羌人热烈迎新岁，家家户户皆平安，
林茂粮丰庄稼好，六畜兴旺祝丰收！

摘自钱安靖：《羌族宗教习俗调查四则》，四、春节闹元宵耍狮灯唱词，《宗教学研究》第 3 期，1987 年 4 月。

---

① 那夏，羌语，即羌人房顶供白石神的有石塔，为羌人在家中敬神的地方之一。
② 松明，为一种带松油的松木片，点燃后即灯火通明，不易熄灭。新中国成立前羌人晚间在房顶举行节日喜庆和祭祀活动时，即燃松明以照明。

四、神话传说

（一）自然神话

1. 人类起源神话

流传于茂汶羌族自治县赤不苏区雅都乡的《开天辟地》神话云：

很古很古的年代，天上有九个太阳，把大地都烧焦了。有两姐弟躲到一棵敬神的大柏树上，才没有被烧死，后来，为了繁衍后代，姐姐和弟弟商量，决定各背一扇石磨，从山顶上滚下来，如果两扇磨子合在一起，两人就可以成亲。过了几年，姐姐生了一个不成人形的古怪东西，弟弟气得用弯刀把它砍成块块到处乱撒，第二天起来，只见四处炊烟升起，从此有了人烟，所以，直到现在表姊妹可以成亲。

摘自西南民族学院图书馆、西南民族学院《羌族文学简史》编写组：《羌族民间文学资料集》（一），1987 年 12 月，下引不赘。

茂汶羌族自治县沙坝区黑虎乡流传着另一个《开天辟地》神话，它说洪水滔天淹没了大地，只有两姊弟躲在一个大葫芦瓜里幸存下来，于是两人滚石磨成亲，生下个肉团团，把它砍成小块到处乱撒，第二天就到处有了人烟，不同的是：

黄水朝天以后，天上有九个太阳，天天都是白天，干活休息时间，人们都很累，后来，有一位能人，用箭射落了八个太阳，才有了夜晚的睡觉时间，为了不致把人们累死，天神就在中午赏给人们一顿饭吃，这样，既可充饥，又可休息。慢慢地赏午就成了晌午，这就是吃晌午的来历。

摘自《羌族民间文学概况》。

羌族地区还有一则《开天辟地》神话云：

太古时候，岩窝上有两扇磨子，一扇磨眼里长了一株松树，这就是姐姐出生了，她是舔食松油长大的。过了五年，下面一扇磨眼长了一株青杠树，生出了弟弟，俩姐弟长大了，一个十五岁，一个二十岁，他们要想成亲，话到口边，心里又不敢："哪有姐弟成亲的"？于是就问爹妈（手磨），爹妈叫他们："牛儿子拜四方，画个十字，磕四个头"。磕这四个头拜的是：一拜天地爱戴恩，二拜日月水土恩，三拜祖宗行四礼，四拜父母养育恩，拜罢就成了亲？随着磨子天拨一方，地拨一方，磨子八方辟出天地来了，过了一年出生一胎，两年又一胎，又两年一胎，就生出世上的人来。

《羌族调查材料》，西南民族学院民族研究室编 1984 年版，第 168—169 页。

流传于汶川县龙溪乡马登生产队的《黄水潮天的故事》说：

很早以前，有个猴子爬到一棵很高的马桑树上，顺着树尖到了天上，它在天上东翻翻西搞搞，天神警告它，不要把金盆里的水打倒了，打倒了就会把地上的人淹死完，它不听，偏偏要去翻弄金盆，结果，把金盆搞翻了，水倒了出来，引起地上黄水潮天。有两兄妹见势不妙，慌忙钻进一个大黄桶内，随波逐流，一下被波浪涌到半天云头，一下又随黄水飘落在高山峡谷，也不知道过了多少天，黄水渐渐退了。他俩也随着黄桶停在一座山上，出来一看，村寨房子都没有了，亲戚邻朋都不在了，一片荒凉，到处都没有人烟了，只剩下他们姐弟两人了。弟弟难过地说："爹爹妈妈没有了，哥哥妹妹没有了，只剩下我们两姐弟了咋个办嘛？"姐姐向弟弟说："弟弟，光着急也没用，要想办法把人烟繁衍起来，只有靠我们两姐弟了。我们各背一扇手磨，你背上扇，我背下扇，你爬那边山，我爬这边山，到了山顶上，把两扇磨子滚下来，如果两扇磨子合在一起了，我们两人就配成一家"。弟弟答应了，他俩背上磨子爬上高山，打了一声"呵嗬"，俩人同时把各自的半扇磨子滚下去后，等下到河坝一看，两扇磨子合到一起了。姐姐的那扇在下面，弟弟的那扇在上面，从此，他俩就配成了一家。

不久，姐姐身怀有孕，后来，生了小孩，姐姐问："是个啥样子?"弟弟说："是个肉坨坨，你好生休息，我拿去安排。"说完，弟弟把肉坨坨拿出门外，割成很多小坨坨，边走边挂在梨树、桃树、核桃树、白杨树、李树上面……百种树上都挂满了。挂完后，弟弟回去说："姐姐，我把那坨肉都安排了。"姐姐问："咋个安排的?"弟弟把详细情况向姐姐说了一遍。

第二天，弟弟起得很早，一出门就看到四面八方的树林里都在冒烟，弟弟走过去一看，每棵树下都有一家人。桃树底下那家人姓陶，李树底下那家人姓李，核桃树底下那家人姓郝，白杨树底下那家人姓白……弟弟高兴地回来说："姐姐，起先只有我们两个人，百种树上挂了肉坨坨后，现在有百家人了，人烟繁衍起来了。"

摘自《羌族民间文学资料集》。

流传于茂汶羌族自治县太平乡的《人是咋个来的》神话说：

人是咋个来的？据羌族的开砸酒曲子[1]中说：原来，世界上并没有人，只有两个神，他们的名字叫索依迪朗[2]，迪住在天上，朗住在地下。当世界上有了山、水、岩石、树木动物等万事万物以后，索依迪朗就想：要是世界上有人，那该多好啊！于是老汉（迪）吃了天上一种叫"洪泽甲"的东西，阿妈（朗）吃了地下一种叫"迟拉甲嘆"的东西后，就怀孕了。不久，索依迪朗共同设计了人的样子，并生下了第一个儿子，取名叫"安耶节毕·托慢姆祖"，大儿子出世后，索

---

① 开砸酒曲子，指羌人在开坛饮酒前所唱的一种民族古歌。

② 索依迪朗，羌语，意为娘老子，迪，羌语，意为老汉（即父亲）；朗，羌语，意为阿妈（即母亲）。

依迪朗觉得他体格太大了，他身长九拿[1]，头长九卡[2]，手掌长九卡，脚板长九卡；以山为歇气坪，以粗大的树木为拐杖，由于他体格太大，样子显得很难看；也不便给他这样高大的人修房子，所以，索依迪朗认为，人不能像这个样子，于是决定再生一个儿子，并对人的体格作了一些更改。不久，第二个儿子又出世了，取名叫“真拉·洪扯甲姆”，他身长三拿，头长三卡，手掌长三卡，脚板长三卡，以岩石为歇气坪，以中等树木作拐杖。索依迪朗夫妇仔细看了二儿子的体型后，觉得还是不理想，于是决定再生一个儿子，同时对人体长短作了进一步更改，几个月后，三儿子出世了，他身长一拿，头长一卡，手掌长一卡，脚板长一卡，索依迪朗仔细看了又看，觉得这次造的人的体格还差不多。

人的体格定型了，但是还没有五官内脏，索依迪朗商量决定：以后身怀有孕时，胎儿先生头发，后生眉毛，然后再生眼、耳、鼻、舌、嘴、心肺和肠肚等，并具体规定这些东西须按照一定的样子长：人的头发要像森林，眼睛须像太阳，耳朵像树上长的木耳，鼻子像山梁、眉毛如地边草丛，牙齿要学着悬岩的一排白石头的样子长，舌头要学着石岩中间夹的红石头的样子长，肩膀要学着山坡的样子长，人的肠肠肚肚要学着癞疙宝下的卵条条的样子长，人的心脏要学着歇气坪上的石头样子长。另外人的小腿要学着直棒棒的样子长，脚板要学着黄泥巴块块的样子长。这样一来，人的体形就造好了，五脏六腑，四肢五官也齐全了，人类也就开始诞生了。

据说人的小腿原来很直，没有现在那么一块（肌）肉，跑得很快，可以追上獐子和野鸡。索依迪朗看到有些担心，怕人这样去追野兽会把野兽追绝，于是就在人的小腿上捆一个沙袋，这个沙袋后来就

---

① 拿（音 pai，派），一种长度单位，指人的左右两臂平肩伸直后的距离。

② 卡，一种长度单位，指手掌打伸后，从拇指尖到中指尖的距离。

变成了人小腿上的（肌）肉，人的小腿上自从捆上这个沙袋后，就再也跑不到原来那样快了。

索依迪朗夫妇看到三儿子造成了这个样子，都很高兴，给他取名为“雅尔确·丹巴协惹”。由于他是索依迪朗造出来的第一个完整的人，所以他具有生育后代的本领和责任，也就成了羌人的祖先，所以羌人直到现在还常常怀念他，每逢喜庆事需要开砸酒的时候，总忘不了要先请他来尝一口。

《羌族民间文学资料集》（一），第1—2页。

2. **天地起源神话**

流传于茂汶羌族自治县赤不苏区的《山沟平坝的形成》的神话说：

在很久很久以前，有个女人生了个女儿，长了一身癞蛤蟆皮，她这个女儿每到一定时辰，就要脱下癞蛤蟆皮，换上好看的衣服上天去。她妈妈看到癞蛤蟆皮就很厌恶，总想找机会把它烧掉。

有一天，女儿脱下癞蛤蟆皮，换上美丽的衣服又上天去了，她妈妈趁机把癞蛤蟆皮找到，丢在火塘里烧了。女儿在天上嗅到了狐臭味，知道凡间出事了，就赶忙把她妈妈接到天上去说：“你把我的癞蛤蟆皮烧了，闯下祸了，地要变啦！你下去后赶紧用棒槌去捶地皮，不要让它拱起来，还要记住，一个月只准吃一顿饭，一天要梳三次头。”妈妈知道闯了祸，便连连点头答应，赶紧下到地上来一看，唉呀，地皮真的拱起来了。她就连忙用棒槌捶，但拱的地方太多了，她捶不赢，就顺手抽出织麻布的“哈未”（木片片）去砍。砍到的地方就成了山沟，捶到的地方就成了平坝，没有砍到也没有捶到的地方变成了高山。

因为她妈妈把一个月吃一顿饭，一天梳三次头错记成一天吃三顿饭，一个月梳一次头，在天上的女儿知道后很生气，就罚她妈变成牛去耕地，多生产粮食。牛怕蚊虫咬，就让它长了长尾巴和耳朵打蚊子，怕牛耕地时偷懒，就给人编了牛山歌唱。

摘自《羌族民间文学资料集》（一），第14—15页。

流传于松潘县小姓乡的《山是咋个来的》的神话说：

传说，很早很早以前，洪水潮天后，整个大地都变成了一片汪洋大海。大地上的人除了兄妹俩外，都被洪水淹死了，这兄妹俩漂浮在茫茫大海上，心想：要活命就得想办法治服洪水，但怎样才能治服洪水呢？他们也没有什么好办法，只好上天去请来九个太阳，共同轮流晒大海；慢慢的，大海里的水被晒少了很多，但人还是不能下地生活，没有办法，他俩又请天神朝地上撒金子，但金子撒下地后，还是不能镇住水；最后，就只好请天神把金子、石头、泥土混在一起往地上撒，这样才慢慢地把水镇住了，使水归入河流海子，由高处往低处流，由于天神在撒金子、石头、泥土的时候用力不均，有的地方撒得多，有的地方撒得少，有的地方撒到了，有的地方没有撒到，撒得多的地方就变成了山，撒得不那么多的地方就变成了丘陵；撒得薄的地方成了平原，没有撒到的地方成了海，又由于天神是把金子、石头、泥土混在一起撒下地的，所以现在各种金属都是同石头和泥土混杂在一起的。

《羌族民间文学资料集》（一），第7页。

流传于理县蒲溪乡的《洪水朝天》神话说：

木吉珠和玉比娃[①]结婚后，三年生了三个儿子，大儿子叫长耳

---

① 木吉珠，又称木吉卓或木姐珠，传说为天王（又称天神）阿不屈谷（又称阿爸木比塔）的三公主，下凡与凡间羌人玉比娃（又称热比娃或斗安珠）相爱成亲，繁衍羌人，被羌人视为始祖。

朵，耳朵长得来能听到天上和地下的各种动静，即使别人说悄悄话，他也能听得真真切切；二儿子叫长手杆，手长得来能抓住天上的云朵；三儿子叫长脚杆，脚杆长得来一举腿就能登上最高的雪龙包①山顶。眼看着孩子们一天长大成人了，究竟他们的心地怎样？对父母孝敬吗？木吉珠真为这事发愁，愁得病倒在床，孩子们都到母亲床前问病请安：

“阿妈，你那里不舒服，想吃点什么?”

木吉珠答道：“人不舒服，什么都不想吃，要是有雷公鸡，能吃点就好了。”

三弟兄安慰了母亲一番，齐声答道：“只要阿妈想吃，我们一定办到。”

出了阿妈的寝室，长耳朵偏头一听：“兄弟，你们看，天边那一朵黑云上有雷公鸡，嘿，正在‘咕咕咕’地叫，还在啄雪米子吃哩!”听长耳朵这么一说，长脚杆背上长手杆，几步便到了天边。长手杆伸手在黑云中一抓，一把就捉住了一只雷公鸡。长脚杆又背上他，三、五步就回到了家门，三兄弟欢欢喜喜来到木吉珠的床前，“阿妈，雷公鸡捉回来了”。

木吉珠说：“好，好，快放进鸡笼去。”

孩子们高兴地走了，木吉珠满意地笑了。她只不过想试探一下孩子们的孝心，谁知惹出一场大祸。雷公鸡是雷神爷弄来兴风造云、闪电施雨的神鸡，木吉珠当然知道是吃不得的，所以等儿子们走后，她悄悄起了床，把雷公鸡放了。

这雷公鸡被捉来关在笼里，又气又恨，被放回去后，恼羞成怒，

① 雪龙包，即雪灵堡，为都江堰、汶川、理县、大小金川等县间的大雪山，被羌人尊为神山、圣山。

哭倒在雷神爷的脚前：

“菩萨爷呀菩萨爷！我虽是天上的鸡，总算是地上的神，木吉珠和她的儿子，那还把您放在眼里，明知我是您的鸡，偏偏要拿我开刀，今天死里逃生，请菩萨爷爷作主。”

常言道：“暴跳如雷”。雷公的性子本来就暴，平素黑着一张脸，生就不会笑。听尖嘴这么一说，更是怒火千丈，气得浑身发抖，急得双脚直跳，一跳一声霹雳，震得地动山摇。立该招来千千万万的雷公鸡，顿时，雷鸣火闪，大雨倾盆，平地水涨三尺，一下就是三天。你道是三天？可天上三天，人间三年，好家伙，地上洪水暴发，从河坝淹到半山，从森林淹到高山，慢慢洪水涨到天门。

当雷公发怒的时候，木吉珠知道大祸临头，长耳朵听得清清楚楚。母子们造了一支木船，随着水涨船高，将要到天门时，母子们敲起了羊皮鼓，愤怒地唱了起来：

咚咚咚，捉雷公，
雷公心肠狠又凶。
大雨下了三年整，
生灵死在洪水中。
咚咚咚，请外公①，
人畜鸟虫命相同。
高山垮了天要塌，
退去洪水救苍穹。

鼓越敲越猛烈，歌愈唱愈激昂，天王大惊失色，急急忙忙与众神打开天门一看，果然洪水滔天，浪子都打到天门槛下了。天王慌忙用

① 传说木吉珠为天王（天神）之女，故其子称天王为外公。

金盆打来一盆金水，手持神杖指指点点，用金水向洪水泼去，就像一瓢冷水掺进一锅翻滚的开水，立即止住了沸腾，霎时洪水消尽，又出现了高山河坝。虽然凄凉万分却也山河依旧，现在高山上还有河坝的鹅卵石，就是那个时候留下来的。万里羌山高山顶上的单海子、双海子，数也数不清，正是洪水朝天的时候遗下来的。

摘自理县文化馆编：《理县羌族藏族民间故事集》，第 16 页。1983 年（内部发行）。

（二）人文神话

羌族地区流传着祭白云石起源的神话传说，神话云：

在古代，有两牧人，一名 ga，一名 tsi gaipao①，ga 体大力强，并富有金银；tsi gaipao 贫而弱，故处于被压迫地位，一日，ga 偷食一牛，两人互争，嗣至玉皇大帝前，帝询，tsi gai pao 不敢明言，帝乃生一计，命二人张口视齿，见 ga 齿有余肉，故案大白，因此 ga 怀恨在心，命 tsi 立即归还昔日所借之钱粮，并加重利（一斗需五斗利），tsi 贫，无力还，又至玉帝处诉。玉皇力劝 ga 减轻利息，ga 不允，玉皇知 ga 之野心，乃设计害之。玉皇以二杆，一为麻秆，一为柳杆，去外皮后二者不复能辨，命 tsi 持柳杆 ga 持麻秆，并命二要互击，曰谁先击断则应得利，ga 一击杆断，甚喜。tsi 则久击不断，ga 贪利忍痛受击，杆终被击断。至此，二人又争执。帝又生一计，以二石，一为雪球，一为白云石，命二人互击，声言：谁先击碎谁胜诉。以白云石给 tsi，雪球给 ga。ga 一抛即碎，喜甚。tsi 抛之，断 ga 臂，痛甚急奔，tsi 追击之，久之 tsi 不明 ga 奔至何处，嗣遇一老鸦，tsi

① ga，戈人，又称戈基人，传说戈基人为羌人从甘肃、青海间迁来岷江上游时所遇到的当地原住居民；tsi gaipao，即羌人，传说羌人迁到岷江上游时与戈基人游战，赶走戈基人后，才定居于岷江上游。

询之，鸦答曰：虽见 ga，但不愿告。tsi 愤而骂言：黑心黑皮黑骨头。据云至今老鸦一身黑色，始于彼时也，后又遇一喜鹊，询之，鹊曰：见 ga，并言 ga 已认罪，且永不回返，一切本利均愿放弃。tsi 喜甚，并称喜鹊曰喜鸟，命之回复 ga 曰：春夏不化雪之地，乃 ga 住处，四季丰收之地为 tsi 住处，二人之住处从此划定。此后，tsi 乃安居乐业，日益繁荣，今日之人类始祖乃 tsi（并不限羌人），ga 则仍居雪山。

迄今，羌人仍相信终年积雪处有 ga 人居住，羌人因感谢白云石击败敌人之功，始供奉白石。

摘自教育部蒙藏教育司编：《川西调查记·羌人之部·羌人之信仰》1943 年 3 月。

流传于理县蒲溪、通化、桃坪等乡的羌族神话《嘎日睹的故事》说：

很早的时候，吉嘎布（即羌人）在山上放神牛。一天，嘎日睹（即戈基人）把一头神牛偷去宰吃了。天王知道后很生气，亲自下凡间来调查，叫吉嘎布和嘎日睹都张开嘴验看，看到吉嘎布的牙齿缝里尽是些菜渣渣，看到嘎日睹的牙齿缝里有肉丝，他又在嘎日睹家楼上的草堆里查到了牛脑壳、牛骨头，到吉嘎布家只看到菜根、萝卜等蔬菜。为了惩罚嘎日睹，天王把杨柳条和白石头给吉嘎布，把麻秆和雪团给嘎日睹，叫他俩比武，看看谁的本事大。比武开始了，嘎日睹用麻秆打吉嘎布，麻秆被打断了，吉嘎布没有被打伤；吉嘎布用杨柳条打嘎日睹，打得他身上起了一条条血痕，又辣又痛。嘎日睹用雪团打吉嘎布，雪团打得稀烂，也没有损伤吉嘎布一根毫毛；吉嘎布又用白石砸嘎日睹，打得他喊爹叫娘，身上起了一个个包块。但是，嘎日睹并不服输，要求再比其他的本事，于是，天王叫他们比修房子，一天，天王变成一凡人，骑着骡子，抱着公鸡，带上鞭炮，假装和吉嘎布一起去向修好了新房的嘎日睹祝贺。到了那里，看到嘎日睹请来了许多客人，正在大办宴席。天王叫吉嘎布把鞭炮先藏好，自己把骡子牵到新房的中梁柱上牢牢地拴好，并向主人送上公鸡，喊着“恭贺，恭贺”。酒后，天王向房主人告辞，叫吉嘎布悄悄把鞭炮拴在骡子的尾巴上点燃，鞭炮“噼啪”一响，骡子突然吓惊了，立即狂奔，牵动新房的中梁柱，“轰隆”一声巨响，房子倒了下来，把所有的嘎日睹都压死在房子下了。但是，还有一个嘎日睹没有被压死。过了两天，他从房里爬了出来，天王看到后，送他一件宝贝，哄他走得远远的，叫他们三代人都回不来了。

过了一代，天王不放心，便下凡察看嘎日睹来了没有，他在路上碰到老熊便问：“老熊，老熊，嘎日睹来了没有?”老熊说：“嘎日睹倒没有看见，他的亲戚嘎火嘎拉要来报仇。”天王说：“你哄我，以后只要有人用刀子朝你胸脯长有白毛的地方一戳，你就会马上死去。”从此，老熊胸脯长有白毛的地方就成了致命之处。天王遇到野猪问道：“野猪，野猪，嘎日睹来了没有?”野猪说：“嘎日睹倒没有看见，嘎火嘎拉要来报仇。”天王说：“你哄我，你的嘴筒子要长长，以后只要打你的嘴筒子，你就会死。”从此以后，野猪的嘴筒子变得很长，成了人们打击的好地方，天王遇见獐子又问，獐子用同样的话回答。天王说：“你哄我，尽管你跳得很快，以后你跑时，跑三步就要偏转头来看一看。”从此，獐子边跳边回头看，也就跑不快了，容易被猎人击中。天王遇到野鸡又问，野鸡也是同样的回答，天王说：“你说假话哄我，你背上要长出黑白条纹的羽毛，老远就望得清清楚楚，容易被猎人的枪弹打中。”天王遇到边池衣车雀时又要问，但他看到它的尾巴摇来摇去，知道它也要说假话，便生气地说：“你不用说了，以后你一辈子吃猪粪，长不大。”此后，边池衣车雀的身体长得很小很小，天天飞到猪圈里去啄猪粪吃，边池衣车雀又小又难看，人们就给它取名叫“猪屎雀”了。后来，天王找到了吉嘎布，对他说：“嘎日睹三代都不会来了，你们放心地住下来吧。”从此，吉嘎布人安安心心地在那里定居下来。

《羌族民间文学资料集》(一)，第16—18页。

高山杜鹃花，羌族人称“羊角花”，流传于理县桃坪乡的神话故事《羊角花的来历》[①] 说：

相传在远古的时候，宇宙一团黑，像用黑纱笼罩着一样，没有天，没有地，更没有万物。阿巴木比塔叫神公木巴西[②]造天；又叫神母如补西选地，天地造好了，阿巴木比塔又叫赶造太阳、月亮、星星，然后再造万物。这时候，大地静悄悄地，没有一点生气。

阿巴木比塔看了看静静的大地，忧心地说：“大地造好了，万物也有了，谁来掌管大地呢？要有人来掌管大地万物才行啊！”于是他就开始造人了。他用杜鹃花的树干，照着自身的模样，用宝刀刻削了九对小木人，把木头小人放到一个地坑里，坑沿上盖上石板。每天轻轻揭开石板，对着小木人儿呵三口气。到第一个戊日，一揭开石板，十八个小木人儿开始眨眼了；到第二个戊日，一揭开石板，十八个小木人在摆头甩手了；到第三个戊日，地坑里发出了响动和叽叽咕咕的声音，阿巴木比塔刚揭开坑盖石板，小木人儿一溜烟跑了出来，见风就长，变成大人，漫山遍野自寻生活去了。就这样，大地才有了人种。(因此，过去羌族民间有“逢戊不动土”的习俗，认为戊日是人类出生的日子，不宜动土劳动，动了土会损伤木人儿，戊日只能在家干活或赶场。)

木比塔造出了人，这时的人生长得很快，不多久的时间，大地各

---

① 此神话故事根据羌族古唱诗唱译改写整理而成，所谓古唱诗即羌族巫师所掌握的唱经。

② 阿巴木比塔，羌语，意为天帝。

处到处都有了人。他们和野兽一样，身上长着长毛，住在山洞里或大树上，肚子饿了，采些野果或打猎充饥；天冷了就用树叶和兽皮捆在身上御寒，这时的人，不分男女，乱七八糟地住在一起，不管是母子还是兄妹，男女乱配，一胎要生几个小孩，都由母亲拖着，不知父亲是谁，简直同野兽没有区别了。

一天，阿巴木比塔巡察大地，看见了男女乱配的情形，和野兽无异，他十分生气地嚷道："这样的凡人怎能掌管大地呀？这成什么体统啊！人应是万物之灵嘛，怎能同野兽一样呢？不行！不行！"阿巴木比塔气忿忿地回转天庭，叫来了一位名叫鹅巴巴西的女神，向她说明大地凡人的情况，吩咐她专管人间婚配这件大事，要迅速制止凡人男女乱配行为，只能一夫一妻，不准再混账下去了。

鹅巴巴西奉了阿巴木比塔的旨意，心中十分犯难，不知怎样着手去做这一工作，她眼看着大地各处到处都是人，如何去管教他们呢？女神想呀想呀，总想不出什么办法来，只得每天离开天庭走向大地，站在高山顶上，高声地向着人群喊话："喂！大地的凡人听着呀！阿巴木比塔的圣意，要你们一夫一妻地成家，男女不要乱配了，人不能同野兽一样哩……"但是，没有一个人好好地听她的喊话，各自嬉笑玩闹，或各做自己的事去了。女神喊了很久的话，无奈，她又转到另一些山头，同样反复向凡人喊话，仍然没有一个人好好听她的话，各自嬉笑玩闹，或各自做自己的事去了。

鹅巴巴西走遍大地，喊了很长时间的话，根本不起一点作用，心里感到十分苦闷，实在无计可施了，哭丧着脸，愤愤地恨这些不听管教的凡人，耷拉着脑袋，准备回转天庭，向阿巴木比塔禀明情况，求个好主意。女神刚走到人神交界的地方，正好迎头碰到哥哥智比娃西，智比娃西是专管凡人投生大事的天神，经常出没于人神界上，察看凡人投生动向。他一见妹子闷闷不乐的神态，便问起了事由。鹅巴巴西一五一十地，把大地凡人乱配情况，阿巴木比塔旨意如何，自己怎样犯难等，一一说了出来，希望哥哥出点主意。

智比娃西听了妹子的苦衷，心里真为她担心，他想到，喀尔克别山是人神交界的地方，所有凡人投生都要打从这里经过，最好还在这里给每一个投生的凡人一个规定：不准乱配，只能一夫一妻，这多好啊！不然，五洲四海这样多的人，怎样去办理这件事呢？于是他就对妹子说："妹妹呀！茫茫大地，这样多的凡人，他们又听不懂话，你怎么能够实现阿巴木比塔的旨意呢？依我看，不如就在这喀尔克别山的人神交界上，从初投生的人做起，给他们一个规定，对吗？那些已经出生了的凡人，就不管他们了，等他们老死了事，否则就没个完，怎么行呢？"

鹅巴巴西感激地说："哥呀！对！你的办法好，就这样做吧！你要多给我帮助哟！"

女神在哥哥的帮助下，就在喀尔克别山梁上的一大片杜鹃花林里，盖了自己的住处。鲜艳夺目的杜鹃花开了，有红的、粉红的，也有白的，四周花香沁人，真称得神仙乐土了。女神住进杜鹃花林中，想出了一个主意，她把天宫宰杀食用后羊子的一双犄角都集中起来，将羊角的左角，堆放在她住处的左边；羊的右角，堆放在她住处的右边，然后向要投生的凡人作了规定：所有投生转世的凡人，都要经过这里，男的往女神右边过去，并在右边羊角堆中取一只羊角，采一束杜鹃花；女的向左边走去，并在左边羊角推中取一只羊角，采一束杜鹃花，这样才能过山投生。凡是拿了同一个羊头上的两只羊角的男女，到凡间就是一对夫妻，不管天南海北，羊角总得对号。女神就这样制定了人间的羊角姻缘，从此结束了人间乱配的状况。

为了促使人间羊角姻缘早日对号，女神在每年四月杜鹃花开的时候，或变成青年男子，或变成青年女子，去到凡间躲在林荫丛中唱着动听的情歌。美妙悠扬的歌声，传到情窦初开的男女青年耳里，点燃了他们心中的情火，男女青年就循着歌声进入林中，听呀！学呀！唱呀！男女尽情地欢乐，进而使得羊角姻缘对上号，完成人间的正常婚配。

所以羌族人民就把杜鹃花叫做“羊角花”，含意是羊角姻缘的意思。羌语称杜鹃花为“鹅司拉巴”或“鹅巴白主”，译意为姻缘花。

关于羊角姻缘的传说，羌族民间过去有这样的习俗：每年四月初一祈天节后，正是羊角花开的季节，男女青年都要到山林间对唱情歌——苕西，随歌声进入丛林幽会，情投意合，彼此订下终身，这时女方赠送男方羊角花一束，表示羊角姻缘对上了号，男方将羊角花捧回家中，插在白石台前，表示向阿巴木比塔谢恩，向女神致谢。然后男方才能正式向女方家庭提出订婚，故至今羌族民间仍把订婚叫做“插花”呢！

摘自茂汶羌族自治县文化馆编：《羌族民间故事》第三集，第66—70页。

（三）据羌族巫师唱经翻译整理神话

流传于汶川县雁门乡的《蒙格西送火》①，曲折地反映了远古人类从利用自然火学会人工取火的复杂曲折过程，这则神话说：

传说在远古，狗还是大地的母舅，公鸡还是太阳的朋友，人还是猿人的时候，神和人都共同居住在大地上，只隔着一道喀尔克别山山梁，因而人和神有接触的机会。不过，天庭有严格的禁令，神不能随便同人往来和亲昵，在喀尔克别山的这一面，凡间境地上，有一峻峭

① 此神话故事根据羌族民间古诗唱译改写整理而成，所谓民间间古诗，多为羌族巫师掌握的唱经。

幽美的花果山，叫做尼啰甲格山。这里有山有水，有花果丛林，又有水草茂盛的牧场，鸟语花香，四时宜人。所以，每当吉祥的日子，神仙都喜欢到这里游玩。

有一天，一大群凡人寻找食物来到了尼啰甲格山下，发现满山满树结着红红绿绿的果子，大伙儿美美地吃了个痛快。人群中的首领是个美丽能干的年轻女人，名叫阿勿巴吉，她聪明颖慧，和蔼可亲。当人们来到这个四季如春、花果丰盛的好地方，阿勿巴吉便乐得眉飞色舞，打算就在这里住下了。很快大家就找山洞、搭树棚忙碌起来。为了过好生活，首领叫大家秩序地采摘果子，不要糟蹋果子，并将能贮放的果子贮藏起来，以备缺果时用，就这样大家过上较安定的生活了。

在一个吉祥的日子，神仙们到尼啰甲格游玩，听到山脚下闹闹嚷嚷的，一看，原来跑来了很多凡人，这可打扰了神仙们的安静，他们有些促促不安了。不知是哪个多事的神仙，把此事添盐加醋地奏禀了木比塔，天帝木比塔就派了恶煞神喝都下凡惩治这些不好管教的凡人，喝都是个心胸窄狭、目光短浅、只知损害他人的恶神，它一得到天帝的差遣，便得意地来到尼啰甲格地方，对着无辜的凡人，狠心地施展魔法。霎时天昏地暗，暮色沉沉，天寒地冻，大雪纷飞，泉水冻结成冰，果树被冻落了叶，花草干枯了，把年老体弱的人给冻死了。人们冻得蜷曲山洞中，不敢外出，从未见过这样的寒冷，都认为是遭逢至死的厄运，大家哭哭啼啼只等着去死了。据说这是第一次冬季来到人间，也就是传说中冬天的来历。

女首领阿勿巴吉是个聪明能干、美丽泼辣的女人，眼见天降灾难，心中不安，心想要生存啊！不能坐以待毙！她打起精神，鼓励着人们，只有出洞才能找到生存的出路，她带领着人们走出山洞，用她优美动听的歌声鼓舞着人们："冷啊！冷啊！谁给我们不幸？动吧！

动吧！劳动才能争得生存……”随着悠扬的歌声，人们走向原野，刨开积雪，挖草根找嫩芽维持生活，就在这时，尼啰甲格山顶上游玩的神仙蒙格西，听到山下歌声袅袅，循声来到山下看到一个裸露上身的美丽少女，带领着一群人，边唱歌边在雪地挖草根，一时起了爱慕之心，于是走了过去，将自己的氅衣脱下，轻轻给少女披在身上，并倾诉着自己的爱慕心情。（据说这就是女人穿长衣的来历，羌族妇女至今仍有穿长衣的习俗。）

天神蒙格西温情地从怀中取出一个鲜红的果子，送到阿勿巴吉口中，甜香的果汁，顿时使她心旷神怡，觉得腹中热腾腾的。临别时蒙格西对阿勿巴吉说：“姑娘啊！我是天庭火神蒙格西，我们俩有缘分。以后你生了孩子，叫他来找我吧！人间太冷了，叫他来为人类取火啊！”

不久阿勿巴吉怀孕了，十个月后，生了一个男孩，浑身长毛，还长着长长的尾巴，生下地就会开口说话，第一句就说：“阿妈！我的阿达呢？①”阿勿巴吉很诧异，心想这真是神人的孩子啊！阿勿巴吉见孩子人身猴首，却很聪明，取名为“燃比娃”，孩子从小就灵动聪明，稍大时采果打猎样样都行，长到十六岁就有很大的力气，又能爬树，还能飞行，悬崖峭壁他能一跃而上，并很能吃苦耐劳。阿勿巴吉见儿子已经长大成人，又有了过硬的本领，心里十分高兴。一天，她对孩子说道：“尕则呀！② 你已经长大成人了，你应当为人类做点事情啊！”燃比娃见妈妈的念叨一定有心事，就恳切地问道：“阿妈！我应该怎么办呢？”阿勿巴吉流着眼泪，手拉着孩子哽咽地说：“你阿达是天庭的火神，神规严厉，不敢同我们住在一起。你向太阳走的方向

① 阿达，羌话，意为我的父亲。
② 尕则，羌话，意为我的孩子。

去找你的阿达吧！你看！人间太冷了，向他要回火神，为人们取暖照明吧！”燃比娃听了母亲的嘱咐，心头豁然开朗，向妈妈说：“阿妈啊！你放心吧！我一定去找到阿达，为人类取回火神！”

燃比娃辞别了母亲和长者，踏上为人类取火的道路，他朝着太阳运行的方向，不停地往前走，逢岩攀爬，遇水飞过，走呀走呀，走了三年三月，翻过了三十三道峻岭，飞过三十三条大河，走得精疲力竭，还不知天庭在哪里。走到一个山岭上，他正坐地上休息，树上飞来一只喜鹊，向他点头翘尾地叫着，燃比娃对喜鹊问道：“霞虾呀①！天庭在哪里！你知道吗？”喜鹊回答说：“撒！撒！格里撒！”②

燃比娃得到喜鹊的示引，又起身向前走。逢岩攀过，遇水飞过，走呀走呀，一直走了九年九月，翻过了九十九道峻岭，飞过了九十九条大河，斗过无数野兽，历尽了千辛万苦。一天，来到一个华丽的城郭，他从未见过这样的场面，心里有些畏怯。正在远处踌躇观望，忽然身后站着一人，吓了他一大跳，来人含笑地说：“燃比娃你来取火吗？”燃比娃一听，给吓住了。燃比娃心灵嘴巧，请求地说：“阿蜜③！您既知我的来历，就请您告诉我，天庭在哪里？我的阿达在哪里？”

来人见燃比娃伶俐聪明，和悦地说：“尕则啊！我就是你的阿达蒙格西，我知你来取火，怕你闯出祸事，特在这里等你呢！”燃比娃一听马上跪拜在地，向蒙格西叩了三个响头，激动地说：“阿达呀！把我找得好苦啊！这下总算找到了，快走吧！取火去！”

蒙格西叫燃比娃躲在自己身后，不要乱跑，当心闯出祸事来。于是父子一同来到天城，悄悄走近神炉，蒙格西将一把油竹伸入炉中，

① 霞虾，羌语，即喜鹊。
② 撒！撒！格里撒！羌语，意为，走！向前走！
③ 阿蜜，羌语，意为伯伯。

燃成一支火把，交给了燃比娃。燃比娃取火心切，一拿到火把，转身就跑，刚跑出天城，正巧遇上恶煞神喝都，他一见有人偷火，猛起直追，要来夺火把，燃比娃也不肯示弱，两人便撕打起来。喝都虽是恶神，但无真本领，他打不过燃比娃，只得施展魔法，立刻狂风大作，猛向燃比娃吹来。火把遇风，烈焰倒向烧着燃比娃，他全身长毛着火燃烧起来，燃比娃被火烧得昏死了过去，倒在地上不省人事，喝都趁势抢走了神火。

燃比娃虽被神火烧昏死，但他那一颗赤诚为人类取火的心，还没有被火伤着，他想起了阿妈的嘱咐，人们的殷切期望，慢慢地复苏了过来。猛地站立起来，忍住满身火伤的疼痛，挣扎着又转回天城，再找到了阿爸，诉说了喝都夺去神火的经过。蒙格西一见燃比娃惨遭喝都魔法所害，全身烧得漆黑一团，内心十分难受，为了给人类送火，情况危急，没有多的考虑，一面安慰孩子，叮咛孩子细心谨慎，一面取出一个瓦盆，并在神火炉内取出鲜红的火炭，很快放入盆中，交给了燃比娃。蒙格西刚开口嘱咐："这瓦盆不怕风……"话语未完，燃比娃取火心切，端着火盆，转身就跑，刚跑出天城不远，听身后有沙沙响动声，转头一看，恶煞神喝都又追了过来，一阵狂风没有把燃比娃手中的神火吹灭，但喝都赶忙上前夺火，两人又是一场大战。战来战去，喝都仍敌不过燃比娃，只得又使出魔法。忽然乌云满天，接着又下起了倾盆大雨，平地涨起水来，汹涌澎湃的洪水，一个大浪把燃比娃卷进去，喝都趁势夺去了神火瓦盆，并将燃比娃打昏，受伤的燃比娃被洪水淹没冲走了。

燃比娃被水淹死，尸体漂到一处河滩上面停着，但他那颗赤诚为人类取火的心，还没有损伤。在阳光的温暖下，他想起了阿妈的嘱咐，人们的殷切期望，慢慢地复苏了过来。他一睁眼猛地惊起，一看全身被烧焦的黑皮，全部被水泡脱了，完全变成一个健壮英俊的小伙子，可是后面还有一条长尾巴。

燃比娃打起精神，沿着河流方向，逆流而上，又来到天城找到阿达蒙格西，从头至尾又把遭受喝都毒手诉说一遍，请求阿爸再设法送他神火。蒙格西为孩子遭受不幸而伤心，但见到孩子全身长毛黑皮脱尽，心里有几分慰藉，蒙格西为难地想着：人类需要火啊！必须把火送去，他想呀想呀，想出了办法，然后对燃比娃说道："尕则啊我把火藏在白石里面，这样可以瞒过喝都的眼睛，你去到人间，用白石两相碰击，就会有神火出现，用干草和树枝点燃后，就会出现熊熊烈火。尕则！你不能太莽撞了，做事要细心谨慎啊！为了防备万一，你只有等到傍晚，关天门前动身回去，走到凡间，天晚路黑时，可以碰击白石生火照明。记着，回到人间要好好伺候阿妈，好好为人们多做点事。"

燃比娃为阿爸的教诲深深感动，改变了莽撞粗心的毛病。等到天色傍晚，藏好白石，才辞别了阿爸，悄悄地走到天城城门跟前，恰在这时，正是关天城的时候，燃比娃身灵眼快，一溜烟跑过城门只听身后咔嚓一声，两扇城门将他的尾巴给轧掉了。（传说从此人类才没有尾巴的。）

为了阿妈的嘱咐，早日给人类取回火神，燃比娃忍着痛苦，飞奔转回人间。他昼夜兼程，不断地跑啊，天黑了击石照明，肚子饿了采果充饥，双脚磨得鲜血直流，他也不肯停留一步。燃比娃的正义和毅力感动了大地，大地为他缩短了行程，不久他回到了尼啰甲格山下，首先找到了阿妈。

阿勿巴吉含着热泪，抚摸着孩子说："等了好久啊！尕则！你到底回来了！取的火呢？"燃比娃兴奋地取出白石，两石相碰，发出耀眼的星星火花，阿勿巴吉一见这离奇的神火，惊叫起来。乡亲们闻声跑了过来，围着燃比娃，听他讲诉取神火的经过，燃比娃按照阿爸所说的，找了一些柔软的干草和树枝，用白石相碰发出火星，点燃干草和树枝，燃起了一堆熊熊的大火。

这是人类第一堆火啊！从此给人类带来了温暖和光明，人们以惊奇的目光，围着大火欢乐地跳啊！唱啊！（这大概就是跳锅庄的起源。）从此四面八方的人们都来讨要火种，火就在人类中传开了。

有了火人间才有温暖、光明，才战胜了寒冬，战胜了漫漫黑夜。有了火，人类才有熟食而进入文明，是白石给人类带来幸福与进步的火，所以羌族人民把白石尊为至高无上的神灵，把它供在最高的地方。

羌族民间对火仍有尊重的习俗：如人不能从火上跨过，火塘上不能伸脚，捉虱子，不能烤尿布等，如果犯了上述禁忌，就被认为是对火神的侮辱，主人是不答应的。

现在，羌族民间仍保留着用白石和火镰撞击生火的习惯。

摘自茂汶羌族自治县文化馆：《羌族民间故事》第三集，第70—76页。

流传于理县桃坪乡、通化乡和蒲溪乡的神话故事《美布和志拉朵》，系根据羌族巫师唱经整理而成，整理时加上小标题，其内容如下：

求婚

很久很久以前，天上和人间没有阻隔，神与人之间往来频繁。有一位主宰天上和人间祸福的天神，名叫阿不屈各，他有一个美貌的独生女儿，名叫美布；人间有位部落首领叫智伯格，他有一个机敏勇敢的独生儿子，名叫志拉朵。

美布每天都要到天河边梳妆打扮，洗衣背水。志拉朵每天上山打猎，他俩经常相遇，美布看到勇敢的志拉朵每天扛着猎取的野物，汗流满面，便殷勤地捧着木瓢请他喝水，为他洗脸；志拉朵见美丽的美布心地那样善良，他每天从山上回来，总要摘来羊角花给美布，时间长了，志拉朵和美布产生了纯真的爱情。

志拉朵向父亲智格伯诉说了他和美布的感情，请求父亲到天庭向阿不屈各求婚。智格伯按照羌族的规矩和习俗，带了一对白色的小角旗，到天庭去为儿子说亲。

“尊敬的天神阿不屈各，为了你女儿和我儿子的幸福，我特意来天庭献给你这对小白旗，请你收下吧！”智格伯庄重地举着小白旗。

阿不屈各心想：“天神的爱女怎能嫁到凡间？”便说：“我阿不屈各没有女儿啊！我不能收你的旗子。”

亲事没有说成，志拉朵没有灰心，他再次请父亲到天庭求婚，智格伯第二次到天庭，他向阿不屈各说：“雪隆包不高①，白岩山不矮，我同你门当户对，你把女儿嫁给我儿志拉朵吧！我儿子的人品恐怕打起灯笼也难找啊！”说完恭恭敬敬献上那对小白旗。

阿不屈各依然是那句话：“我阿不屈各没有女儿呀！”

第二次求婚又被拒绝，智格伯是有经验的说客，为了儿子，决定来个硬弓上箭，非要阿不屈各答应这门亲事不可，便第三次上天庭求亲去了。

还不等智格伯开口，阿不屈各先开腔了：“你三道两趟，爬山涉水到我家求亲，我看到了你的一片诚意，心里过不去呀！常言道：有白天才有黑夜，有太阳还要有月亮，我有儿女不打发怎么行呀？不过，在我身边二十年来没有一个女儿，再早二十年没有，往后二十年也不会有，你白辛苦了！”

智伯格听了阿不屈各的一席话，不慌不忙她说道：“尊敬的阿不

① 雪隆包，又称雪龙包、雪灵堡，为都江堰、汶川、理县、大小金川等县间的大雪山，羌人尊为神山圣山。

屈各啊！我儿志拉朵是真心诚意地爱你女儿的，三次说亲都要我送你一对旗子，这就看出他的一片心意了。到现在我不得不给你说穿，你女儿美布和我儿志拉朵早已互相换了信物，这个，你恐怕应该慎重考虑一下吧！”

智格伯说穿了内情，阿不屈各再没话说了，心想：女儿已同意志拉朵的婚约，当阿爸的再横加阻拦，自己也于心不忍，阿不屈各马上转换语气：“我阿不屈各疼爱独生女儿，不愿她远嫁，所以前两次没答应你，请你不要见怪。”说完，双手接过订亲礼——一对白色小三角旗，阿不屈各又说：“按照羌家的规矩，女儿十八岁不能嫁，等到美布二十五岁，你们来接亲吧！”

惩罚

美布和志拉朵结了婚，过着幸福美满的生活。三年过去了，美布思念天上的阿爸阿不屈各，夫妻俩商量决定，美布回娘家去看望父亲。

美布翻了三十三座雪山，过了六十六条沟，拐了九十九道弯，到了娘家的大门——南天门，嫁出去的女，不能像在家当姑娘那样随便出入家门，要自尊自重，不能冒失。美布便在门口高声喊她阿爸：“我的阿爸哟！你的女儿回来看望你老人家，请你出来一下，打开大门，领你女儿回家。”阿不屈各听到心爱的女儿在叫门，三步当作两步，把女儿接到大殿里，上上下下打量着三年没有见面的女儿，亲昵地说：“我的女儿呀！你手上五根手指戴五种银首饰，每绺头发戴一串银首饰，我的女儿呀！你在人间生活得怎样？三年做了些什么？你给阿爸我说一说！”

美布眉开眼笑地说：“我的阿爸呀！我在凡间一年四季种庄稼，三年来年年都是好收成，粮食吃不完；志拉朵天天去打猎，每次都打着野猪老熊回家，我们生活得很好，天天有三碗剩饭喂苍蝇，庄稼收割忙不过来的时候，我就用铲刀锄头划，粮食一半收回家，一半就掉在地里了。”

天神阿不屈各听了女儿的讲述，心里很不是滋味，暗自打定主意，要惩罚一下任意糟蹋粮食的女儿，但没有表露出来，他仍然亲切地问女儿：“你回家需要带什么，尽管说吧，你的阿爸会答应的！”

美布说：“阿爸哟！人间年年收成好，吃饭穿衣都不愁。只有一样，就是没菜吃，请阿爸给女儿一点菜种吧！”

“我的女儿呀！阿爸给你一些菜种籽，在回家的路上，你边走边把菜种籽往身后撒，不要回头看，三年之后你再来看你的爹爹吧！”阿不屈各说完，便拿出菜种籽，送走了女儿。

三年很快过去了，美布又回娘家，她在南天门喊阿爸开门，阿不屈各叫几个使女去问什么人在叫门，美布很不满意地说：“你们也配来接我，快去叫我阿爸来。”

阿不屈各走出南天门，上下打量说：“我没有你这样的女儿，我的女儿五根手指戴五样银首饰，每绺头发戴一串银首饰。我天神的女儿不是你这模样，看你五根手指都穿刺，每绺头发爬满了虱子，我没有你这样的女儿。”阿不屈各不认自己的女儿了。

“我的阿爸呀！请你拿出我家九个仓库的九把钥匙，我能一点不错地打开九个仓库的锁！阿爸哟！请你放出我家的大白狗，娘家的狗是不咬自家人的，如果白狗点头，我就是你的女儿！”白狗放出来了，亲热地点着头，九个仓库的门锁，美布一把也没开错。

阿不屈各说：“我的女儿呀！你原来不是这模样，人间一定遭到了不幸，你快快告诉我吧！”

“阿爸呀！三年前你给的菜种籽，按你的吩咐撒了，等我撒完回头一看，山变了，沟也变了，路也分不清了，漫山遍野长满了树木蒿草、黄刺荆条。从此以后，人间年年受水、旱、虫灾和兽害。豺狼虎豹到处乱窜，马牛羊被吃掉了。野猪老熊成群跑到地里吃庄稼，红嘴老鸹成群到地里啄粮食。这几年，我们缺吃少穿，成天在杉林和刺笼笼里钻，手脚都锥满了刺。今天一来看望你老人家，二来请你到凡间为我们消灾难，驱除猛兽飞禽，每三年打一次清醮，让我们安居乐业吧！”

阿不屈各答应了女儿的请求，离开了天庭到人间去打醮。他边走边想：“为惩罚女儿给人间制了树木，让他们经受各种灾难，使其爱惜庄稼，现在凡间灾情严重，应该收了惩罚……”

阿不屈各不知不觉地走到了老鸦沟，树上一只乌鸦问道：“阿不屈各！你到哪里去？”

“我到人间去打清醮，给人间消灾难！”

乌鸦一听觉得不妙，打了清醮，它们就没有吃的了，必须把他吓回去，它不动声色地说：

“哎呀！阿不屈各，人间太乱了，我现在也不敢去人间，愁得我一身都黑了，请你从老鸦沟转回去吧！”阿不屈各不信乌鸦的话，继续往前走。

走到红嘴老鸹沟，一只红嘴老鸹问道：

“阿不屈各！你到哪里去？”

“我到人间去打清醮，因为人间受了灾。”

红嘴老鸹听了，在心里盘算：打了清醮我们不是都得饿死！不能让他去，于是它装出惊恐的样子说：“阿不屈各，人间去不得啊！那里受了几年灾，人们没吃的，去了会把你吃掉！你从红嘴老鸹沟打转身吧！”阿不屈各未听红嘴老鸹的话，仍然往前赶路。

阿不屈各不停地走，来到了喜鹊沟。一只喜鹊问：“阿不屈各你到哪里去！”

“我到人间去打清醮。”

喜鹊一听，想到自己的生存要受到威胁，得想个办法把他吓回去，便做出关心的样子说："阿不屈各呀！你不能去，人间没吃的，会把你杀死吃掉的，我又忧又怕，吓得我连话也说不清楚了，只能'喳喳喳！'身上毛也花白了，请相信我，从喜鹊沟打转身吧！"阿不屈各犹豫了一下，还是往前走了。

阿不屈各走了很久，走到了蜘蛛沟，一只蜘蛛问道："阿不屈各，你到哪里去？"

"人间受了灾，我去打清醮！"

蜘蛛一听发了慌，知道大祸快临头，清醮一打，虫蚊蜘蛛要遭殃，一定要设法把他吓转去，于是装出伤心的样子劝说道："阿不屈各，你下去不得呀！人间没收成，人们没吃的，我亲眼得见人吃人，你去了一定会把你吃掉的，我看了以后肚皮也气得胀鼓鼓的，我劝你从蜘蛛沟转去吧！"

阿不屈各听了蜘蛛的话，迟疑不决：不去吧，已答应了女儿的请求，同时也应解除自己设下的惩罚了；去吧，又怕饥饿的人们吃掉自己。最后，还是下决心去人间。

走啊走啊！好不容易走到蚂蚁沟，一只蚂蚁问他："阿不屈各，你到哪里去？""人间遭灾，我去打清醮"，蚂蚁听了大惊失色，好一阵才恢复常态，于是装出悲伤的样子说道："阿不屈各！你千万去不得，人间饥饿的人不知有多少，我亲眼看见人吃人，你一去就会把你啃得只剩一副光骨头，我一直不敢到人间去，饿得没法就勒紧裤腰带，如今腰杆都快勒断了。我宁愿勒断腰，也不敢到人间去找吃的，请你从蚂蚁沟转回天上去吧！我们离不开你阿不屈各谷天神爷呀！"

阿不屈各一想："乌鸦、红嘴老鸹、喜鹊、蜘蛛、蚂蚁说的都一样，人间真的去不得吗？大家都这么说，我不能去了，还是转回去吧！"于是阿不屈各转回天庭，从此，天上人间就不再相通了。

奋斗

美布回到家里，向志拉朵讲了天神阿爸已答应来人间清灾解难，夫妻俩非常高兴。但是，时间一天天过去了，他俩等啊等啊，还是不见阿爸来，美布本想再到天庭请阿爸来，但天上人间已经没有通路，美布和志拉朵有点失望了。

一天晚上，美布梦见阿爸来到她家里，对她说了许多话，猛一醒来，自知是梦，她推醒志拉朵说："阿哥啊！阿爹托梦告诉我，他不来人间帮我们消灾除害了，我们怎么办！"

志拉朵早有所料，便不慌不忙地说："阿妹啊！单靠天神来消灾除害怎么行啊？要靠我们自己的一双手，勤劳节俭，一定能消灾除害，这也是天神惩罚我们的原因呀！"

从此，志拉朵每天带着猎枪上山打猎，早出晚归，他机智勇敢活捉制服了一头大野牛，角长体壮，力大无比。又生擒了一只角短体小的黄野牛，牵回家喂养。大牛取名犏牛，小牛取名黄牛，他驯服了它们，驾牛耕地，荒芜的土地又种上了庄稼。志拉朵还猎取了野驴、野羊、野猪、野鸡，统统牵回家里由妻子家养，从这时起，人间便有了家养的牛、驴、羊、猪、鸡等家禽家畜。

美布天天下地做农活，种青稞，点麦子，薅草，收割，也不再浪费粮食了，把家里收拾锝干干净净，头上没有虱子，手上的刺取出了，戴上了银手镯，恢复了她那如花似玉的模样。

美布和志拉朵勤劳干活，起早睡晚，顶风冒雨，终于消灭了水旱虫灾，野兽也不敢来糟蹋庄稼了。他们过着幸福美满的生活。

摘自理县文化馆编：《理县羌族藏族民间故事集》，第 1—8 页。

流传于汶川县雁门乡萝卜寨的传说故事《车几葛布》[1] 说：

---

① 车几葛布，羌语，人名，传为羌族古代历史人物；亦为羌族巫师唱经之一的名称，汶川县罗卜寨巫师称为车葛布，其他羌寨巫师称为赤吉格补，或称为泽其格希。

车几葛布的父亲名日比格砥·日罗尔玛，母亲名日绵格砥·日谢尔玛，有一子，头如斗大，耳如扇形，两目如环，齿粗如指，臂长八尺，身高丈二，足长三尺。一岁吃母乳，与母亲的另一乳搏战；两岁坐父怀，手足不停作战；三岁持棍棒，在外指天触地而战；四岁在屋内呼跃而战；五岁泼水而战；六岁与家神战；七岁在独木梯上跳跃八跳；八岁耕田，与土地战；九岁牧羊，与草地战；十岁播种；十一岁跟所遇到的人们挑战；十二岁骑牦牛应战，十三岁从赐支①南下，初到哈牛（da nin 今的茂州），遇格地仙，与战胜之。继到阔笮（kuə－tsia），遇楚日仙，与战胜之，又到哈苏（da su 今汶川），遇战不胜。又南到贵尼别格（kui ni biɛ 今日的娘子岭），遇蒲板仙（pu－bar－gi）与战又不胜，乃转至帕斜别都（pa sa bis dul 今日的白沙），虽然没遇到人，但见其地的挑担长九丈，草鞋厚九寸，弓长九丈，箭长九尺，蚂蚁大如犬，蛤蟆巨如斗。从这些东西，推测其人，必然强大、遂不敢久留，回头北上，所到之地，修筑城寨，以谋久居，修筑的城计有蒲支介格（pu tsi tgiɛ ka，雁门，在汶川北），一也；朱格巴（tsui ka ba，上清坡，茂州南），二也；巴些甲格（ba siet tgiɛ ka，白水寨），三也，途中遇见茂洲的山神瓦巴仙，瓦巴仙问他为什么不向南方去呢？他说：“南方人体大力强，我不能战胜他们呀！”

摘自马长寿遗著：《氐与羌》，第167－168页，上海人民出版社1984年版。

流传于理县桃坪乡佳山寨的《羌戈大战》说：

---

① 赐支，地名，赐支河，为古羌人所居地区的一段黄河，在今青海南藏族自治州内，又名赐支河曲，新中国成立前马长寿先生在萝卜寨调查时，在翻译整理中认为车几葛布是从青海的赐支河曲南下到茂汶，新中国成立后一些学者在其他羌寨调查时，在翻译整理中认为赤吉格布或泽其格布是从热兹（今四川松潘县）南下到茂汶，按赐支和热兹音近，二者孰是，尚需进一步调查研究。

葛族[①]知用牛曳犁耕田，羌族的祖先智改巴（dzi gs ba）则不知用牛犁，智向葛请教，葛坚决不传授，一天下大雪，葛从田上滑下，牛和犁都倒在雪上，等葛驱牛走后，牛曳犁的形状印在雪地，智以绳度量之，按其长短，制造为犁，从此羌族亦知用牛曳犁而耕，直到后世，羌族的制造耕犁，仍然用绳度量，不用尺。

葛善治水，凡岩上青苔野草等物，一经手握，便化为水。智喜治火，两石相击，便能成火，一天，葛向智请传治火的方法，智善良忠实，立刻击石成火，传授给他，但是葛后来忘了用芦草在石上引火的办法，所以他只能击石成火，而不能使木柴立刻燃烧。

各地羌族普遍流传着戈人或葛人偷吃天牛的故事。其中最典型的是佳山寨羌民的传说：

葛和智改巴二人都为天神采莫比达 tsiɛ mə bzl ta，（汶川羌民称天神为穆比唐），牧牛，三月三日天神下界交牛；五月五日到下界看牛，牛毛顺了；七月七日到下界看牛，牛肫肥；九月九日到下界看牛，牛不见了。天神问智："牛哪里去了"，智答："未吃未卖"，又转问葛，葛说："牛头牛尾，还有牛皮。都在智家门口，当然是智杀死了。"天神细加检查，先嗅二人的呵气，葛呵出的是牛肉气，智呵出的是苜菜气；又使二人露齿，葛齿见牛肉丝，智齿见蔬菜丝，于是断定天牛是葛偷吃的。

葛有大量田土，智贫而无地，智向葛借粮食，借一斗，加五升之利。智还不起，被葛扭送到天神处，希望对智惩罚，天神说："利太重，一年三升就够了。"葛不服，邀智斗械以决胜负。天神以杨柳枝交智，以麻秆交葛，麻秆咯扎有声，击人不死；杨柳枝无声，但可伤人。天神又以白石交智，以雪块交葛，并对智说："你能以白石击胜，

① 葛族，即戈基人，为传说中的古代松潘、理县、茂县一带原住居民之一。

利可不还。”两人相斗，智先以背挡雪，雪块落背，雪花飞溅，葛以为可胜无疑了。智转头以白石击葛，葛负重伤，随即逃遁。智持棒追之，途中遇一女，女代葛对智说：“葛已留言，他的本利都不要了，今已逃往巴若居谷（ba зa guy kua，译义为山后），请你勿追。”智说：“你对他说，自今以往，常年落雨之处，我居之；常年落雪之处，葛居之。我便不追。”从此羌民世世代代住在常年落雨的地方。

摘自马长寿遗著：《氐与羌》，第169—170页，上海人民出版社1984年版。

流传于松潘县南部镇江关一带的羌族叙事民歌《泽其格布》[1] 说：

泽其格布啊，儒布头人子；
天资虽聪颖，却是好战人。
泽其十岁时，武艺超人群。
十一识政事，漫游松潘城。
泽其大兴兵，旨在夺汉城。
族众齐劝阻，歌谣表民心；
泽其啊泽其，不可动刀兵；
汉地虽然好，征战要伤生。
泽其岂肯听，举兵齐克寨。
族众声声劝，歌谣复更新；
泽其啊泽其，征战不可兴；
汉地虽然好，羌民不能争。
兵行至宗渠，泽其更狂妄。

---

① 泽其格布，羌语，人名，传为羌族古代一历史人物，亦为羌族巫师唱经之一的名称，羌师作法时演唱此经以消灾解厄。

歌声四处起，族众复规劝；
征军要思忖，举兵为何因？
平川绿茫茫，不属我羌人；
望你转回家，以免把冤结。
泽其不肯听，进军到白沙；
举目原野广，民心思故乡。
战鼓一声响，两军交锋芒。
厮杀声四起，泽其败一方。
泽其兵败丧，汉兵猛勇追，
归途妻又丧，沿途闻讯声：
羌民死多少，妻儿何所依？
既称英雄汉，官帽何不见？
既为高贵人，为何赤足行？
泽其兴战争，羌民不安宁。
谎言谁肯信，故事传到今①。

摘自冉光荣、李绍明、周锡银：《羌族史》，第356—357页，四川民族出版社1984年版。

流传于茂县、汶川、理县的羌族民间叙事诗《木姐珠与斗安珠》②，是羌族民间说唱诗《喜事歌》《祭祀歌》《丧事歌》中的一部唱段。羌族民间说唱诗多为羌族巫师祭祀作法唱经。《木姐珠与斗安珠》即根据巫师的唱译改编整理而成。整理时按章编排，并加上标题，全诗如下：

---

① 此歌词系新中国成立初所译，为了保持原状，今照录未改动。

② 此叙事诗主要根据理县桃坪乡羌族巫师周礼明和汶川县雁门乡羌族巫师袁真奇（又名袁正祺）的演唱，由茂县新华书店干部羌族罗世译调查整理。

第一章 倔强公主

传说在古老的年代，
人神共居于世间，
天和地离得很近，
中间隔座喀尔克别山。
山上是神住的天宫，
山下是住人的凡间；
阿巴木比塔①严格规定，
不准人神互相往还。
那时的羌族祖先，
处在人类的蒙昧阶段，
只知游猎，不会种植，
生活景况十分艰难。
不知过了多少年代，
一件事轰动了世间——
木姐珠和斗安珠②发生爱情，
使羌族人的生活产生巨变。
木比塔生有三个女儿，
一个个长得美丽娇艳；
最美的是小女日格木万③，

① 阿巴木比塔，羌语，意为天爷或天爷大帝。
② 木姐珠，羌语，意为天仙女；斗安珠，羌语，意为美男子，传说木姐珠与斗安珠是羌族的始祖。
③ 日格木万，羌语，意为倔强的公主。

她是美女中的天仙。
羊角花[1]虽然美丽多姿，
哪有她的容貌洁白秀娟；
红嘴燕[2]虽然叫声好听，
哪有她的歌声甜脆圆润。
她常以矫健的雄鹰自比，
矢志要展翅翱翔蓝天；
她有龙鱼的怪癖个性，
爱逆水而上，跳跃险滩。
任性的脾气难驯取，
“倔强的公主”美名传。
父母爱她如掌上明珠，
谁对她都得另眼相看。
她厌烦天宫森严生活，
热爱莽莽的森林草原；
每日吆赶着天宫神羊，
漫游在广袤的天地之间。
一日来到喀尔克别山，
迷人的景色使她留恋；
绿茸茸的牧草铺满大地。
羊角花开红遍了山峦。
松柏如海波浪翻滚，
百鸟枝头歌声婉转。

---

① 羊角花，即杜鹃花。
② 红嘴燕，羌族地区的一种小鸟，红嘴绿毛，叫声好听。

“好一个优美的地方啊，
生活在这里才合心愿！”
叹息声惊动守山女神[1]，
忙走出山洞四处巡看：
“哪个胆大的敢来此地？
难道不怕把天律[2]触犯！”
啊，原来是木姐珠到来，
女神吓得浑身发颤：
“公主啊！尊敬的公主！
您怎么会在这里出现？
是神羊群乱误入禁地？
还是玩耍走错了路线？
这是通向人间的境界，
神仙不能越过此界限。
“谁要触犯这条天律，
谁就要被罚下人间；
公主啊！尊敬的公主！
请您快快自动回转！”
公主听后大发雷霆：
“什么仙境？什么凡间？
什么触犯天宫禁律？
什么不能越过界限？”

① 守山发神，传说看守喀尔克别山的女神，名俄巴巴西，居住在羊角花丛中。她主管人间婚配之事，每个凡间男女出生之前都要经过此地，男左女右各取羊角花一朵，投生为人后，羊角相对就是一对夫妻。

② 天律，传说天爷定的法律。

“这里明明是莽莽原野，
这明明是山水相连，
广阔天地应任人漫游，
神羊正好把水草追赶！”
女神慌忙施礼解释：
“天律可不是随便说玩，
如果阿巴木比塔怪罪下来，
小神实在难以承担！”
“这里真正是神仙宝地，
能在此生活福分不浅；
是否怕打搅你的安静？
用花言巧语把我哄骗！”
“你不要胡言乱语，
我可不会轻信谎言！
我的脾气你定知道，
我的事哪用你来多管！”
公主边说边走向羊角花，
吓得女神忙用手阻拦；
可是时间已经迟了，
公主已走到羊角花前。
顺手采了一朵羊角花，
拿在手里仔细观看。
女神跪地苦苦哀求：
“请宽恕我的忠心直言！
羊角花是凡人出生婚证，
有了它夫妻凭此相见；

采了花就必须投生人世，
天律无情，不能触犯！”
公主被女神的诚意感动，
和颜悦色地对她相劝：
“尊敬的俄巴巴西啊！
请不要为我多把心担；
羊角花是我亲手采摘，
有什么过错由我承担；
羊角花虽是人间婚证，
怎能用它来管束神仙？”
“如果木比塔怪罪下来，
我向他申明与你无关！”
公主说罢转回了天宫，
这一切像发生在一瞬之间。
羊角花开过十八次，
大地绿过十八遍，
木姐珠已满十八岁，
出落得像鲜花一般。
木比塔天天自我唠叨：
“十八岁的姑娘成婚吉年[1]，
大女儿十八岁嫁给天神[2]，
二女儿十八岁被娶进龙潭[3]；
幺女今年已是十八周岁，

---

① 成婚吉年，羌族人民认为男二十岁，女十八岁，是结婚的吉年。
② 天神即参与掌管天宫大事的神。
③ 龙潭：即龙的住地。

该配个称心如意郎官；
求婚的神仙踢断门槛，
没有一个能称她的心愿！
她每天在旷野放牧羊群，
真叫人为她担心不安，
莫非她遇到什么秽气？
还是把什么煞星触犯？[①]”
阿巴木比塔唤来锡拉[②]，
说出了他心中的困惑疑团：
“许[③]！快给公主卜个吉凶，
算算是否有“喜星”[④] 出现？”
锡拉听后眨眨双眼，
问明了公主生辰属年；
从褡裢取出羊骨卦片，
为公主卜算吉凶险患。
敲起羊皮鼓[⑤]跳起圈圈，
呜哩哇啦把驱邪经念；
锡拉连打了三次卜卦，
每次都主吉祥无凶险。
锡拉神秘地掐指默算，
狡黠地露出一副笑脸：

---

① 煞星：不吉祥的天星。
② 锡拉：羌语，祖师或巫师。
③ 许：羌语，巫师的俗称。
④ 喜星：即喜庆、婚事的征兆。
⑤ 羊皮鼓，用公山羊皮做的鼓，是羌族祭祀、庆祝时用的乐器，也是巫师主持祭祀作法的主要法器之一。

"公主没有沾什么秽气，
喜气却在她头上闪现！
不久媒人就会上门，
山神、地神来求姻缘；
这是卜卦显示的预兆，
一切事会使你称心如愿！"
"你是个了不起的锡拉，
称得上神机妙算；
感谢你为我拨开疑云，
不知你的卦灵不灵验！"
木比塔恭敬地送走锡拉，
兴冲冲回到天宫后院，
事情究竟怎样发展，
成了木比塔心事一件。

第二章　牧羊少年

在喀尔克别山脚下，
住着阿吾必和阿吾巴[①]，
夫妇俩为人正直善良，
纯朴的品德受人赞夸。
老两口孤单无儿无女，
靠放牧羊群度着生涯；

① 阿吾必、阿吾巴，羌语，传说中的神公和神母，是斗安珠的父母。

有天吉祥雀[①]连声叫唤：
“喜事将降临阿吾必家！”
吉祥雀围着他家飞旋，
紫气[②]从他家房顶升发；
羊角花散出浓郁香气，
百鸟在上空欢飞喧哗。
人们说这是个吉兆，
阿吾巴生下个娃娃。
给婴儿取名洗比阿弯[③]，
斗安珠是尊敬的叫法。
娃儿落地不哭不叫，
却会连声呼喊阿妈；
满身长着长长的绒毛，
他俩都感到有点惊讶。
他一岁就能四处奔走，
用斧子劈柴力气很大；
两岁能上下独木楼梯[④]，
三岁会晒草使用木杈[⑤]，
四岁能上山放牧羊群，
从未发生过什么错差；
五岁时已学会做事，

---

① 吉祥雀，是一种体形很小的鸟，雄的黑头红身，叫声好听，雌的不叫；羌人认为，早上看见它，一天做事都吉利。

② 紫气，喜气。

③ 洗比阿弯，羌语，人名，意为猴毛人。

④ 独木楼梯，羌区用的一种楼梯，用一根粗木，刻龄为梯。

⑤ 木杈，翻晒牧草用的农具。

能够帮父母操劳持家。
六岁已学会拉弓射箭，
独自上山把野物射杀；
夏季从山上拣回香菌，
做出菌汤喜坏了阿妈。
十一岁长成翩翩少年，
有着过人的聪明才华；
人们都说他不是凡人，
是神仙生到了凡家。
二十岁力大如野牛，
没人敢与他试比高下；
可是他对人谦虚和气，
从不在人前把口夸。
老年人对他十分喜爱，
因他对长者恭顺听话；
小伙子喜欢与他相处，
因他的力气比谁都大。
小娃儿都愿和他接近，
向他学习须须①的吹法
姑娘们爱和他交往，
他的召西②使人深情激发。
“林中的野鹿有公母，
湖中的雁鹅分雌雄，

① 须须，羌语，现通称羌笛。
② 召西，羌语，羌区的一种对唱情歌。

二十岁的洗比阿弯啊！
你该把妻子娶到家中！”
“母羊时刻舔着羊羔，
羊羔跪地把奶吸吮；
阿妈的心意我知道，
可惜我未遇到心上人。”
“雄壮的公鹿领着母鹿，
山上的公牛护着母牛，
二十岁的洗比阿弯啊！
为何还孤单一人行走？”
“公羊竖起双角护着羊羔，
羊羔才能免遭狼叼鹰抓；
阿爸，你的心愿我知道，
我定会把心上人迎回家！”
阿妈的话使他心动一下，
阿爸的话使他心动一下，
像石头投入平静的水里，
从此，他的心波动着浪花。

第三章　龙池巧遇

自从发生“羊角花事件”，
木姐珠心情起了变幻；
一个人常常陷入沉思，
平静的心境已被搅乱。
是谁牵动了她的情思？

什么事使他神态不安?
莫非羊角花引起她苦恼?
还是忆起了喀尔克别山?
林中的鸟儿成双飞舞,
岩上的野羊对面叫唤;
九匹梁子羊角花开了,
正是风和日丽艳阳天。
有天木姐珠赶着神羊,
信步来到喀尔克别山;
女神并未出面干涉,
像有意放她越过界限。
木姐珠漫步走过山梁,
来到深深的龙池前面,
碧绿的池水波光粼粼!
倒映着木姐珠俊俏的容颜。
龙池像面巨大的镜子,
她对着镜子把自己照看;
神羊在池边啃着青草,
她心中有种飘忽不定的情感。
木姐珠放下肩上的背篼,
斜坐在一块大石上面;
吊线棰①在她手中起舞
两眼注视着羊群安全。
吊线棰一会向左转,

① 吊线棰,羌族人民吊捻羊毛线的工具。

邻近的野兽躲往一边；
吊线棰一会向上收，
天上的老鹰不敢盘旋[①]。
木姐珠抬头遥望远方，
一片美景映入眼帘：
池水拍岸像琴声叮咚，
春风习习带来了温暖。
她的吊线棰舞上舞下，
激起她心中无尽的隐言：
“女神为什么放我过山？
为何不出面把我阻拦？
鲜艳的羊角花开了，
怎么不见蜜蜂出现？
是高山挡住了去路？
不！蜜蜂能飞越高山！
池边的杨柳抽芽了，
怎能听不见燕子呢喃？
是浓雾遮住了路吗？
不！燕子能破雾向前！
我越过喀尔克别山，
为何不见有人出现？
是谁限制了人们行动！
不！谁敢把自由缚拴！”

① 传说木姐珠在放牧神羊时，手中捻着羊毛线，吊线棰神威广大，向左转时，野兽赶忙躲开；向上收时天上的老鹰也要飞走，所以神羊十分安全。

木姐珠正在苦思冥想，
山下发生了巧事一件——
斗安珠赶着羊群放牧，
吉祥雀连声向他叫唤：
“格撒西！格撒西！[①]”
彩云突然在天空涌现！
“吉祥雀啊！有什么事吗？
请为我引路飞向前面！”
吉祥雀飞呀，飞过草坪，
斗安珠把草坪抛在后面；
吉祥雀飞呀，飞过山坳，
斗安珠在后面紧紧追赶；
吉祥雀飞呀，飞近龙池，
声音叫得更加动人娇甜；
斗安珠侧起耳朵细听，
隐约的歌声清晰可辨。
阵阵歌声从池边传来，
优美的声调在群山回旋；
歌声中带着兰花香气，
沁透了斗安珠的心田。
母鸡在前面咯咯叫唤，
公鸡在一旁扇翅撒欢；
斗安珠循着歌声走去，
漫步来到龙池旁边。

---

① 格撒西，羌语，即去到好地方。

太阳月亮每月二十日相会，
木姐珠和斗安珠在龙池会面，
两人眼光相碰在一起，
木姐珠连忙把头低弯。
找伴侣的雁鹅呷呷叫，
不相识的人怎好攀谈？
想过河不知水的深浅，
唱起一支茗西吐心愿；
“白生生布衫多素净，
包包头云鞋[①]双脚穿；
英俊魁梧的远方阿哥，
您怎么来到这龙池边？”
斗安珠未及来答话，
心中的波涛在滚翻，
一股暖流冲红了脸，
大起胆子把姑娘盘：
“月白色的裙衫黑背心，
桃花围腰紧扎在腰间；
彩绣的头巾颜色鲜艳，
您住哪山哪岭对我言！”
春天兰花开放的时候，
芳香扑鼻飘满山涧；
吉祥雀唱出动听歌声。
声声都能扣人心弦。

① 包包头云鞋，羌族男女穿的布鞋，又叫云云鞋。

山外说话山中有回响。
石头击水水中起漪涟；
动人的歌声打动木姐珠，
对唱一曲茗西把礼还：
“茗西呀，幸运天上来，
报春的布谷鸟人人爱；
它的歌声唤醒了春天，
给生活增添了新的色彩！”
“迎春花呀，春天开，
傲霜斗雪报春来；
若您爱花快来采，
莫到花落空徘徊！”
“茗西呀，迎春花儿开，
黄花绿叶逗人爱；
迎春花报春春来早，
阵阵的香风暖我怀！”
“春来迎春花已开，
花插花瓶放神台[①]，
愿它永远不凋谢，
花香伴随美梦来！”
六月的泉水凉悠悠，
喝碗泉水甜心头；
茗西更比泉水甜，
木姐珠和斗安珠手挽手。

---

① 神台，羌族供奉白石神的地方。

牵起手来跳起舞，
放牧着羊群池边走；
转眼间太阳落西山，
离情依依难分手。

第四章　定情

木锁[①]必须对着眼子，
门儿才能自然打开；
要想得到真正爱情，
男女定要真诚相待。
木姐珠和斗安珠，
像大雁双双飞天外；
不管风吹和雨淋，
形影相随不分开。
自从龙池相识后，
一日不见情难挨；
早晨约会在龙池，
双双赶着羊群来。
海子中天鹅成双对，
漫游水中多自在；
木姐珠和斗安珠，
情意绵绵多恩爱。

---

① 木锁，是羌族住房的一种特制门闩，固定在门口墙里，各家的木锁锁眼不同，所以对不准锁眼就打不开门。

为表心中真情意，
木姐珠解下花腰带，
亲手送给斗安珠，
两朵心花同时开。
“黑白分明的花腰带，
是阿妹亲手织出来；
见腰带如见阿妹面，
人分难把心分开！”
蝴蝶落在桃花上，
乐得桃枝轻摇摆；
斗安珠取出银戒指，
亲自给阿妹手上戴：
“三环戒指[①]白生生，
特从远方买回来；
见戒指如见阿哥面，
人分难把心分开！”
午后约会背水路，
路上寂静无人来；
日落夜幕罩大地，
唯恨月光迟出来。
木姐珠解下白裹脚[②]，
赠给斗安珠把腿缠：
“麻布裹腿白线织，

---

① 三环戒指，银质，全副戒指有三环，上下两环边为锯齿形，中环钻有花纹，羌族人民最喜欢这种戒指，多作订婚礼物。

② 裹脚，即裹脚或绑腿，羌族男女都打裹脚，青年男女多作定情信物。

根根线沾阿妹汗！
阿哥早晚看见它，
见物如见阿妹面。”
斗安珠接过白裹腿，
虽未缠脚心里甜。
百花盛开蜜蜂忙，
花丛采蜜制琼浆；
木姐珠和斗安珠，
一日不见心怅惘。
天空大雁不单飞，
鼓与鼓槌要配当，
木姐珠和斗安珠，
天生一对配成双。
两人交换了牧羊鞭，
挥动牧鞭放群羊；
放羊路上不寂寞，
只因耳闻牧鞭响。
两人交换了背水带，
背回泉水清又凉；
虽然肩膀被压痛，
但觉心里挺舒畅！
甜蜜的时刻容易过，
日出日落快如梭；
为了百年长远计，
木姐珠把心事说：

"水红花[1]儿开不久，
虚假的事情藏不住；
我有一句心里话，
说与哥哥好商酌：
我本天宫木姐珠，
日格万木就是我；
天宫生活太森严，
我像小鸟笼中锁。
一举一动受约束，
自由快乐被剥夺；
我愿当个世间人，
不愿天宫受束缚。
我爱大地风光好，
我爱原野多广阔，
我爱地上山水秀，
我爱人世多快乐。
我爱阿哥手灵巧，
我爱阿哥心眼活；
我爱阿哥品德好，
阿妹身心属阿哥。
不管生活多清苦，
不管衣着多单薄，
只要和哥在一起，
艰苦创业心欢乐。"

---

① 水红花，羌区河边生长的一种野花，花小色红，花期很短。

斗安珠听罢阿妹话，
又惊又喜顾虑多：
“你在天宫当仙女，
我在人间过生活；
人神之间隔座山，
界线森严难通过，
你我虽然心相爱，
但是人神怎结合？”
“人神虽然两地住，
中间只隔山一座，
只要敢于攀高山，
翻过峰顶是平坡。”
“高山再高我敢登，
龙池再深我敢涉；
只要我俩心相爱，
我愿赴汤又蹈火！”
木姐珠心里不平静，
一把银剪怀中摸；
银剪随着手指动，
一绺青丝往下落！
“太阳啊！请您为证人，
龙池啊！请您作媒妁；
青丝连着心儿跳。
一绺青丝赠阿哥！”
斗安珠把青丝揣怀里，
心潮如海起浪波；

一绺青丝连两心，
心心相印一脉和！

第五章　大胆求婚

一个静悄悄的夜里，
天象黑锅盖着大地；
木姐珠和斗安珠，
乘夜色向天宫走去。
越过喀尔克别山界，
进入天宫神仙境地，
斗安珠心中忐忑不安，
满怀着疑惧和忧虑：
“阿巴木比塔本是天爷，
会不会招凡人为女婿？
会不会应允我的求婚？
我该怎样把婚事提起？
他会不会训斥木姐珠？
会不会骂她越轨失礼？
会不会对我进行刁难？
会不会骂我鲁莽稚气？”
他越想越发感觉沉闷，
像一团乱麻塞满心里；
转眼间来到宫廷门外，
木姐珠对他耐心鼓励：
“阿哥啊！你要鼓足勇气，

切莫要犹豫、疏忽大意；
今晚您藏在神羊圈内，
明晨向天爷表明来意。
勇敢人面前永无困难，
纯金要从烈火中提炼！
一切行事听我的安排，
困难再大我自有主意。”
斗安珠藏进神羊圈内，
红嘴老鸦闻到一股人气，
“呱！呱！呱！”连声惊叫，
向宫里发出报警信息！
巡夜的天神听到叫声，
马上传出不祥的暗语：
“公鸡耸起一双翅膀①，
天狗把两只耳朵竖起！
宫廷里一定来了生人，
它将给天宫带来秽气，
宫廷内四处都已查遍，
找不着生人藏在哪里！
只有宫廷内院没有搜查，
也许生人已溜进院里，
要不要派人进去寻找？
请天爷快快拿个主意！”
天爷唤出来三个女儿，

① 公鸡耸起了一双翅膀：羌语谚话，是不吉利的意思。

一个一个地进行盘问：
“大女儿，你住在上房，
今天可来过什么生人?”
大女儿说上房已经查过，
里里外外并没有来人：
“天兵天将守卫在门外，
哪个胆大敢走进宫门?”
“二女儿，你住在东房，
今天可来过什么生人?
你一定要仔细查寻，
千万可别让秽气沾身!”
二女儿说东房已经查过，
并没有什么生人来临：
“天兵天将个个凶神恶煞，
哪个胆大敢向宫廷走近?”
“三女儿！你住在西房，
今天可来过什么生人?
赶快认真地进行搜查，
千万别让那邪气缠身!”
木姐珠心里一怔，
直言禀告了父亲：
“有个生人要求见您，
因天晚暂住在羊圈。
此人名叫泷比阿弯，
是个忠厚老成的后生；
阿爸啊！请不要发怒，

让他进来问明真情。”
木姐珠急忙走进内宫，
向斗安珠说明详细情形：
“快进宫殿去见天爷，
把婚事向他仔细说明。
有什么困难找我商量。
千万不要胆战心惊；
早晨在放羊路上见面，
傍晚相会在背水井边。”
天爷穿戴着白衣白帕①，
银须飘飘，威风凛凛，
一见斗安珠是个凡人，
不觉心中大为震惊：
“你是哪里来的凡胎？
怎么敢闯进天神宫廷？
难道你吃了虎心豹胆？
不怕天宫森律严明？”
“家住喀尔克别山下，
洗比阿弯是我姓名，
来到天宫别无他事，
有件心事向您禀明：
一千匹马中有匹骏马②，
一千头牛中有头神牛。

---

① 羌族认为白色是代表美丽庄严的颜色，此处意味着天爷的威风。
② 一千匹马中有匹骏马：是羌族谚语，认为众人出英雄，或美女出在众人中。

我要娶仙女木姐珠为妻，
这就是我对您的请求。”
“烟子再大下不了雨，
蛤蟆再壮难吞锦鸡；
木姐珠是天上仙女，
怎能配你凡人为妻！
凡人竟敢闯进天庭，
不自量力向我求婚，
一条罪就该砍头问斩！
两条罪应当剖腹剜心！”
“我不是无故闯进天庭，
男婚女嫁你早有规定。
向你求婚犯什么罪过？
难道你的规定停止实行？
花开时蜜蜂飞来采蜜，
姑娘长大自有人求亲；
你并没作这样的规定，
禁止人神之间成婚！”
“黄蒿不能与青松相比，
哪有凡人娶天女为妻？
我虽没有作此规定，
你的请求荒唐无理！
难道你有天神的本领，
能管理天下万物生灵？
难道你有龙的神威，
能管理江河与风云？”

"天神并没有真正本事，
只不过会使法术权柄[①]，
眼见小技算得了什么！
何言管理天地的威风！"
"会叫的鸟儿没有肉，
光叫的狗无撵山本领。
我要对你进行考验，
考赢了答应你的求亲！"

第六章　三破难题

预谋的圈套早已制定，
天爷宣读考验的内容：
"凡人斗安珠仔细听着，
考试现在就开始进行！
云雾缭绕的崇山之间，
是九沟九坡荒原一片，
如果能一天开垦出来，
你的求婚方可以商谈。
如果是个无能之辈，
最好早点乖乖受罚，
触犯天律决不能轻饶，
劝你好好考虑自身安全！"

---

① 这句话意为，神是封的，并没有真正本事，只是会使用巫术，吓唬人而已。因此，英雄不怕神，并敢于冒犯神，斗安珠就是这样一个战胜天爷的英雄。

这是一种什么考验？
明明是对人故意刁难！
木姐珠在窗内听得明白，
早已把天爷的花样识穿：
“晴天打雷难知凶吉，
置比叫唤预示着灾难。”①
她把想法告诉斗安珠，
嘱咐他特别小心防范。
木姐珠迅速回到宫内，
向山神爷爷苦苦求援：
“尊敬的山神爷爷啊，
求你为我解除危险！”
她把详情诉说一遍，
引起山神的同情不安：
“天神为何这样狠心？
为何对凡人这样刁难？”
为了满足木姐珠的心愿，
为了把正义的事情伸张；
山神答应木姐珠的恳求，
愿为他们把婚事成全：
“我可以驱使所有野兽，
把九沟九坡土地垦翻；
你们照我的吩咐行事，
心愿一定能圆满实现！”

① 置比，羌语，是一种非鸟非兽的动物，听见它的叫声，意味着不吉利。

木姐珠得到山神授意，
急匆匆来到约会地点，
把山神的话重述一遍，
鼓励斗安珠应付考验。
万物尚在昏暗中沉睡，
浓雾还盘绕重重山峦，
斗安珠来到九沟九坡，
轮起弯刀把树木伐砍。
在东山砍倒一棵松树，
在西山把一棵柏树砍翻，
在南山砍倒一棵杉树，
一棵青杠被砍倒在北山。
四棵树作为四界记号，
这时候太阳还未露面，
斗安珠急忙躲进山洞，
静观着奇迹怎样出现。
山神调动百兽出阵，
“噼里巴啦”把荒山拱翻，
只见一眨眼功夫，
九沟九坡地已垦完。
太阳用笑脸向他祝贺，
鸟儿在枝头歌声婉转，
斗安珠像个获胜猎人，
无尽的喜悦充满心间。
他步履矫健走上宫殿，
挺胸昂首，气宇不凡；

拱手向天爷深施一礼，
说出一个胜利者的语言：
“尊敬的阿巴木比塔，
您的吩咐我已照办；
现在该答应我的请求，
实现您许下的诺言！”
“你的事只完成了一半，
砍下的草木尚未点燃；
这是一般的烧荒知识，
根本不应该由我多谈！
烧山应当从山脚烧起，
接着从山腰把火点燃。
烧完山还要整理土地，
最后把种子撒播种完。”
天爷设置的是个圈套，
纯朴的斗安珠哪能识穿；
他身带着火链和火草，
照天爷的吩咐进行烧山。
头脑冲动会失去理智，
粗心大意会造成灾难；
当他点燃山脚的草木，
霎时烈火燃红半边天。
当他把山腰草木点着后，
大火已把他围在中间；
当他发现中了圈套，
此时后悔已经太晚！

百鸟为他悲痛鸣叫，
百兽为他伤心呼唤；
不幸的斗安珠啊！
有谁知他葬身危难！
鸟声传进木姐珠左耳，
使她有种不祥的预感；
兽叫声传到她的右耳，
她顿觉心中烦躁不安。
抬头向九沟九坡望去，
滚滚的浓烟直冲蓝天，
一种焦臭味刺鼻难闻，
她意识到斗安珠遇难。
她的头像被重重一击，
忽然间觉得天旋地转，
两脚失去挪动的力气，
心里像被刀割一般！
时间一秒一秒地逝去，
火势迅速地扩大蔓延；
她挣扎着打起精神，
奔向浓烟滚滚的高山。

第七章　火后新生

木姐珠奋力扑进火海，
忘却了自己生死存亡；
她宁愿自己葬身火海，

也不让斗安珠被火烧伤。
她扑向东，火舌向她扑来，
她扑向南，火势烧得更旺；
她转向西，火苗发出呼叫，
她转向北，火焰格外疯狂！
她的衣裙被烈火燃着，
她的手脸被大火灼伤，
眼睛被熏得难以睁开，
手脚被烤得疼痛难当！
她骂道："胆大的火神，
难道你把我逼向死亡？"
悲愤使她急出了眼泪，
眼泪带给她新的希望！
眼泪化作倾盆大雨，
立即把山火全部灭熄，
大地恢复了它的平静，
青山现出蓬勃的生机！
她刨开地上的草木灰，
搬掉坡下烧焦的树桩；
发现斗安珠躺在岩下，
手抱住头颈卷曲而亡。
木姐珠眼泪像断线珠子，
一颗接一颗滚落地上，
眼泪滴在斗安珠脸上，
他的眼睛马上现出灵光；
眼泪滴在斗安珠身上，

他慢慢苏醒睁眼张望；
剧痛又使他失去知觉，
再次昏倒木姐珠身旁；
两个人的眼泪合流一起，
浇灌爱情之花迅速成长；
斗安珠慢慢苏醒转来，
金子似的蜜语叩击心房：
“阿哥哦，请您不要悲伤，
我要尽力为您治疗烧伤。”
她用尽气力背起斗安珠，
急步来到一座石洞门旁。
“尊敬的阿巴锡拉啊！
我遇到了最大的悲伤，
斗安珠被火烧死，
只有您能挽救他的危亡。”
阿巴锡拉接待了公主，
询问了事由经过情况。
他被公主的诚意感动，
答应为斗安珠消除祸殃。
“白天听到猫头鹰哭声①，
夜里又听到狐狸叫唤；
这是秽气遇到了凶气，
消除晦气便会迎来吉祥。”

① 羌族人民认为白天听到猫头鹰叫不吉利。

阿巴锡拉取出作古油[①]，
反复为斗安珠抹擦伤疤。
用烈火烧红三尊白石[②]，
熜水取气为斗安珠熏身。
股股热流直冲伤处。
像绒毛暖熨他的病身；
斗安珠顿觉满身舒适，
全身关节恢复了屈伸。
斗安珠能够下地站立了，
他的伤势已减去五分；
阿巴锡拉取出了木香[③]，
再一次为他烧烟熏身。
斗安珠可以挪步走路了，
他的伤势已减去八分；
阿巴锡拉又取来泉水，
细心地为他冲洗伤痕。
泉水能使蝉子脱壳蜕变，
很快使他伤势减去九分；
最后脱去了一身伤疤，
身上的绒毛全部脱尽。
火烧时他双手抱住头部，
乌黑的头发得以保存；
他不再像原来的模样，

① 作古油，羌语，土鼠油。
② 白石熜水的蒸气疗法，是羌区的一种治疗疾病的土法。
③ 木香，即香柏枝。

变成了英俊健美的人。
木姐珠取来新衣新裤，
把他打扮得焕然一新。
木姐珠高兴得叫出声来：
“您真配得上‘斗安珠’[1] 美称！”
从此羌人称他斗安珠，
几乎遗忘了他的原名；
斗安珠说不尽心中欢喜，
感谢木姐珠给他二次生命。

第八章　再次求婚

霜雪冻不死青稞苗苗，
春来将长得更加茁壮；
斗安珠没有葬身火海，
却变得格外英俊健康。
蜜蜂采蜜围绕着花丛，
斗安珠再到宫廷求婚；
“天爷啊！我从大火中脱身，
您为我做了件好事情。
砍倒的树木已成灰烬，
你吩咐的事情已经完成。
诺言比金子还要贵重，
我的求婚你何时答应？”

---

① 斗安珠，羌语，意为健美的男子。

斗安珠在天宫突然出现，
使天爷不觉大吃一惊。
他怎样逃出了火海？
他怎样保住了性命？
“豌豆花开还没有结角，
你的事情怎能算完成？
草木灰虽然已经烧好，
但是荒地还没有下种！
我给你菜子九斗九升，
必须一天内全部播种；
种子要一颗一颗撒下，
一颗一粒也不能余剩！”
斗安珠心中非常气愤——
这条件可算花样翻新。
他明知有难暂且忍着，
急忙去把木姐珠找寻。
他俩经过仔细商量，
求婚的信心更加坚定。
木姐珠回到后宫院里，
第二次恳求慈祥的山神：
“尊敬的山神爷爷啊！
我又遇到了大的不幸！”
她把播种事情诉说一遍，
激起山神极大的怜悯！
“播种菜子是一件小事，
用不着什么操心受惊；

我调动百鸟为你代劳，
这件事可以顷刻完成。”
斗安珠照山神的吩咐，
把菜子放在四面山冲；
解开牛皮口袋的绳结，
返身躲进岩壁下山洞。
太阳刚刚露出了笑脸，
百鸟群聚在无边的荒地；
九斗九升菜子眨眼播完，
鸟雀齐鸣四散飞去。
百鸟播种完了菜子，
斗安珠心里松了口气；
他疾步走进了宫殿，
第三次把婚事提起：
“尊敬的阿爸木比塔，
我向你报告个好消息——
九斗九升菜子全部播完，
不少一颗，不少一粒！”
阿爸木比塔满脸怒气：
“这算得什么喜人消息？
你怎么不知播种季节！
哪有六月种菜子下地？”
斗安珠据理进行申辩：
“播种菜子是你吩咐的，
为什么反来把我嘲弄？
岂不怕世人耻笑于你！”

“这怪我一时疏忽大意，
记错了菜子播种时期；
如果你能把菜子拣回，
木姐珠可许配你为妻！”
“颗颗菜子小如沙粒，
怎能把它一一拣起？
这明明是对我刁难，
这算什么考验的试题！
难道天爷可以不守信誉？
难道这合乎人情天理？”
斗安珠约会了木姐珠，
心中的怒火实难言语。
“天爷对我无理刁难，
叫我把菜子一一拣起，
这样的事谁能够办到？
请您快快拿出主意。”
木姐珠只得进入宫廷，
再次向山神苦诉衷情：
“撒下地的菜子可否拣回？
这件事请求你设法玉成！”
山神同情斗安珠的遭遇，
答应派百鸟把菜子拣起；
嘱咐斗安珠要小心隐蔽，
千万不能把雀鸟惊飞。
斗安珠按照山神的指引，

唱着“拿索”[1] 来到山里；
迅速地作好一切布置，
闪身躲进了山洞隐蔽。
山神调动了百鸟，
九沟九坡一片雀声；
眨眼之间的工夫，
菜子被拣得颗粒不剩。
“青稞打三道子已脱尽，
麦苗锄三遍苗已长齐；
撒下的菜子已经拣回，
何时为我们举行婚礼？”
阿爸木比塔眉毛竖起：
“事情哪有这么便宜！”
吩咐天神取出升斗，
要把菜子斗量仔细。
量一道菜子短少一合，
量二道数量仍然不足：
“一粒菜子值黄金千两，
一合菜子要按数赔起！”
小小菜子像粒粒沙子，
要想找回实是个难题。
斗安珠见到了木姐珠，
开口先倾诉心中委屈：
“曲折的山路走不完，

① 拿索，羌语，劳动山歌。

满天的星斗数不清；
天爷三番五次刁难我，
不知他打的什么主意？”
木姐珠对他耐心劝慰，
句句话儿包含着深意：
“大风吹不倒羊角花，
实事永远都是真理！”
木姐珠再次恳求山神：
仔仔细细诉说了原因：
“九斗九升菜子少了一合。
用什么办法能够找寻？”
山神取下弓和箭，
递给木姐说仔细：
“茫茫林海松柏翠，
两只斑鸠枝头栖。
“斑鸠贪馋偷菜子。
一合菜子藏肚里。
头向东的不要射，
偷吃菜子的头朝西。
叫‘期西’[①] 的不要射，
偷吃菜子的叫‘麻西’[②]；
射落‘麻西’掏菜子。
菜子不会少一粒。”

---

① 期西，羌语，吃了的意思。
② 麻西，羌语，没有吃的意思。

木姐珠重诉机密事，
斗安珠听后喜心里。
手挽弓箭进森林。
寻找斑鸠取菜粒。
斑鸠双双落枝上，
果然叫法各不一：
一只“期西”连声叫，
一只声声叫“麻西”！
叫“期西”的头朝东，
叫“麻西”的面向西；
两只斑鸠齐声叫，
声音不同有高低
弓箭“嗖”的一声响，
叫“麻西”的落了地；
剖开斑鸠仔细看，
菜子果然藏肚里。

第九章　险遭毒计

斗安珠一箭射斑鸠，
取出菜子送宫廷：
“天爷啊！菜子全拣回，
我的求婚你该答应？”
木比塔心中猛然一惊：
这小子果然有本领！
求婚之事难答应，

天女怎能配凡人？
好马全凭脚力好，
猎物必须身灵敏。
如果你有真本事，
烈火当场试真金！
“明天日中午时正，
雪山冰槽去飞身[①]；
如果你能飞下槽，
婚姻之事才应允！”
涉过深水遇险滩，
考题道道难煞人！
背水路上会阿妹，
义愤填膺气难忍：
“万丈冰槽纵身跳，
必然碎骨又粉身；
天爷要置我死地，
暗施毒计心残忍！
飞身冰槽存歹意，
暗藏毒计包祸心；
天爷智穷露凶相，
都为害我赖婚姻！”
“冰槽飞身非难事，
难在阿爸亲来临；
诸神哪个敢相助？

① 冰槽飞身，即从结了冰的陡山沟往下跳的意思。

取胜唯靠巧用心!”
云雾飘飘绕山顶,
木姐珠化妆立冰峰。
斗安珠山脚藏冰窟,
机智行事无漏洞。
远看“斗安珠”多威风,
伫立雪山冰槽顶;
只等天爷命令下,
依计行事定输赢!
转瞬之间时正午,
天爷传下飞身令;
滚木巨石顺槽下,
激起烟尘障眼睛。
烟尘滚滚如浓雾,
天爷担心被石碰;
躲进岩坎避凶险,
木姐珠趁机把计行。
身子一闪躲山后,
斗安珠此时跳出洞:
“冰槽飞身落了地,
天爷诺言可算数?”
木比塔一见心里惊,
一计未了施二计,
“这次飞身不算数,
烟尘迷眼未看清。
改换办法我来跳,

最后一跳定输赢！
我从冰槽纵身跳，
你在山脚接我身；
不准摇晃脚移动，
不准喘气嘴出声，
双手接稳放下地，
否则不算真本领！”
天爷高站冰槽上，
兵将吆喝壮威风；
众喊声中滚木下，
巨石横飞半空中。
滚木巨石如雨下，
要害斗安珠丧性命。
斗安珠早躲冰洞里，
见机行事巧用心。
天爷“施法”飞身下，
要看斗安珠变肉泥。
气喧吁吁快落地，
吓得眼黑头发昏。
斗安珠快步飞出洞，
双手捧接很平衡；
轻轻把他放下地，
高声禀报天爷听：
“滚下的石头西边放，
放下的巨木摆在东，
木头石块均有数，

三千三百又零三!”
木比塔暗暗在发愣:
为何法术也不灵?
为何木石不伤他?
莫非他有真本领?
“豌豆开花结长角,
菜子开花子粒密,
三道难题都考过,
求婚之事依不依?”
木比塔智穷无计施,
心里仍然不服气:
“此事我也难作主,
要问阿吉[①]啥心意!”
木姐珠身后忙应声:
“多谢父王为小女!
您即许下婚姻事,
女儿哪有不从依!”
天爷勃然发了怒:
“哪个叫询你心意?
哪个问你多说话?
哪个问你依不依?”
羊角花香沁人心,
皂角树结果秋来临;
木姐珠手挽斗安珠,

① 阿吉,羌语,女儿。

心心相印不离分！

第十章　创造幸福

天空飘动五色彩霞，
吉祥雀衔来羊角花；
木姐珠和斗安珠啊，
爱情开出了幸福花。
鱼儿眷恋着江河海洋，
木姐珠对未来充满希望；
她决心向人间寻找幸福，
临行前匆匆告别父王：
“您成全了女儿的婚事，
您的仁慈我永远不忘；
虽然不能侍奉您左右，
但要年年把您望！”
“你是个难教育的女儿，
从今起断绝父母伦常；
不许你回到天宫把我望，
任你去尝尝人间风霜！
你与神已绝了缘分，
人神要永远天各一方；
不是父王我无情无义，
是你自绝于天宫仙乡！”
离情在心里投下暗影，
心事重重把阿妈拜望：

“阿妈啊，女儿要走了，
您可有什么吩咐期望？”
闻听女儿即行远去，
未开口阿妈泪珠滴：
“我的阿吉和吉米！①
有几句话儿记心里：
要学大雁展翅结伴飞，
莫学杜鹃空谷叫声凄；
要学海椒熟过红满脸，
莫学花椒熟时黑心里！
我的阿吉和吉米！
我送你们几样好东西：
珍珠般的麦种似黄金，
玛瑙似的青稞像银粒；
还有杂粮、豆类和菜种，
生活中天天不能离；
你们带去春来播下地，
子孙们享用无尽期；
还有树木种子千百种，
对你们处处有利益；
羊角花要在房前种，
春来花香沁人添春意。
松杉树种务必种高山，
各种杂木一律种平地；

① 吉米，羌语，女婿。

荆棘针刺要在山顶种，
以免毒刺伤害小儿女。
我的阿吉和吉米啊！
另赠白石三尊有来历：
洁净的白石长山顶，
尔玛[①]人靠它胜强敌；
白石要供奉在房顶上，
沐浴阳光熠熠生紫气，
如果阿爸阿妈想你们，
远在天宫可以遥望你！
我的阿吉和吉米啊！
还有八种禽畜[②]更珍奇；
性格驯服引路前面走，
后面还跟百种禽和畜。
临别时一定要面带笑，
不能频频回头望家里；
如果流露丝毫惜别意，
后跟的禽畜全逃离。”
红日冉冉彩霞染红天，
微风徐徐吹暖人心里；
木姐珠和斗安珠，
二人欢欢喜喜离天宇。
八种禽畜在前面走，

① 尔玛，羌语，羌人自称。
② 八种禽畜，传说除羊是羌人原有外，从天宫带下的马、牛、猪、狗、驴、鸡、兔、鸭八种动物。

后跟的禽畜快如飞；
木姐珠忽生怀乡意，
不自主回头望故居……
一霎时后跟的飞禽散，
随后的走兽逃山里。
从此百种禽畜入深山，
只有八种禽畜随人居。
木姐珠和斗安珠，
翻过喀尔克别山。
木比塔手中举宝剑，
一剑把界山劈两半！
从此人神之间被隔开，
界线分明各自住一边；
人们不能随意进天宫，
神仙也难自由到人间。
从此难望家乡山和水，
看不见阿爸阿妈面；
木姐珠一步一思量，
难抑心痛酸！
“为何阿爸这样心毒狠？
为何要把人神分界限？
为何视人间为秽地？
为何对待人神不一般？
我要用手把人间容貌改，
我要用心血把大地浇灌：
我要叫山山水水听人话，

我要把人神界限全改变!”
木姐珠越想越气愤，
一转眼已经到羌乡；
微风徐徐把她迎，
流水哗哗把歌唱。
喜鹊筑巢辛苦衔百草，
蚂蚁打洞群力日夜忙；
木姐珠和斗安珠，
为幸福哪怕汗流淌!
石砌楼房墙坚根基稳，
三块白石供立房顶上；
中间一屋干净人居住，
房脚下面专把禽畜养。
山坡地高寒种青稞，
河坝地肥沃种米粮；
高山上的牧草多茂盛，
正好养马放牛羊!
从此，羌人学会种庄稼，
牛羊成群放满山；
宽广的原野尽羌属，
孙子繁衍大发展!
虽然生活里充满幸福，
木姐珠仍不时思念爹娘；
想起阿妈谆谆的嘱咐，
一件事使她终生心伤——
记错了阿妈的咐嘱，

把荆棘错撒在寨旁；
尖利的针刺隔断道路，
使她难把阿妈探望。
错把羊角花种在山顶，
使人不能把鲜花观赏；
羌寨虽有美丽的景色，
却缺少羊角花香。
金秋带来了丰收的喜悦，
漫山遍野滚动着金浪；
青稞小麦结子累累，
禽畜成群一片兴旺景象！
木姐珠和斗安珠，
享受着劳动带来的甜香；
在欢庆丰收的日子里，
木姐珠心中引起了怅惘——
天宫的绮丽风物，
时时在她脑海里萦绕；
父母的音容笑貌，
她常常在梦魂里见到。
她重游天宫的思念，
已被界山从中隔断，
她探望双亲的意愿，
为丛生的荆棘阻拦。
她想上山把家乡瞭望，
松杉蔽日，遮断了视线；
她想到河边把父母呼喊，

水向东流，西边隔高山！
思乡难返故园地，
思亲难见父母面；
白石岩前插松枝，
遥望天宫来祝愿——
敬上丰收的青稞麦，
粒粒含辛酸；
献上亲酿的醇砸酒，
酒香味更甜！
斗安珠敲起羊皮鼓，
木姐珠伴歌舞蹁跹；
唱起酒歌庆丰收，
歌声阵阵飘蓝天！
“歌声啊，请给阿妈带个信，
就说人间生活很美满！
鼓声啊，请给阿爸带个信，
就说我们的愿望已实现！
人间更比天上好，
我们的信心倍增添；
创造幸福靠双手，
前进还须攀高山！”
木姐珠，斗安珠祝福时，
正是十月初一这一天；
从此岁岁相沿成习俗，
年年秋收后祭祖先。

摘自罗世泽、时逢春搜集整理：《木姐珠与斗安珠》，四川民族出版社 1983 年版。

广泛流传于茂县、汶川、理县的羌族民间史诗《羌戈大战》[1]，是根据羌族巫师的唱译改编整理而成。整理时加上小标题。全诗如下：

序歌

左手拿着羊皮鼓，右手握着打鼓槌；
鼓点咚咚不断响，伴我歌声响入云。
歌不唱，在口边，话不说，藏在心；
我要说啊我要唱，唱支古歌给你听。
好话重三遍，再说无人听；
古歌唱九遍，听后还想听。
这支古歌歌声长，就像岷江江水淌；
日夜奔流永不歇，诉说着祖先的英勇与坚强。
这支古歌歌声长，兄弟们牢牢记心上；
一代一代传下去，姐妹们切记不要忘。
虽然句句是古话，前人的勇敢记歌上；
古歌代代传下去，羌寨儿女好榜样。
虽然句句是古话，前人的智慧记歌上；
古歌代代传下去，千秋万世闪光芒。

一、羊皮鼓的来源

远古岷山多草原，草原一片连一片；

① 羌族史诗《羌戈大战》由茂汶羌族自治县新华书店干部羌族罗世泽调查、改写和整理。

牛群羊群多兴旺，羌族儿女乐无边。
忽然魔兵从北来，烧杀抢掠逞凶强；
羌人集众往西行，找寻幸福新草原。
前面荆棘难行路，后面魔兵紧追赶。
重重艰难重重险，人间苦难说不完。
羌族弟兄九支人，魔兵冲散各逃生；
战火滚滚染血腥①，九支兄弟难见面。
阿巴白构是大哥，率众奔向补尕山②；
郁郁苍翠好原野，人马暂驻把营安。
阿巴白构好首领，力大无比善作战。
牟尼委西③是师傅，传授本领力无边。
阿巴白构好首领，本是神人来凡间；
牟尼委西授经书，牟尼委西给神箭。
经书本是桦皮写，羌文羌典记中间；
神箭用的金竹根，百发百中敌胆寒。
阿巴白构看经书，天事神事④记心间；
上天能拔金牛角，下海能取鳌鱼胆⑤。
阿巴白构看经书，人事兵事⑥记心中；
千人万众能统率，百万军中真神勇。
胯下骑着银丝马，左手开弓右搭箭；

① 九支人，传说羌族始祖有弟兄九人，后来繁衍为九个氏族。
② 补尕山，羌语，地名，即青海四川间的山。
③ 牟尼委西，羌语，太阳神。
④ 神事，指天上神人的事情。
⑤ 传说羌人白构身上带有经书，能上天，能下海，本领高强，拔了天上神牛的角用来做号角，取了海中鳌鱼的胆为人们治病。
⑥ 人事兵事，指人间的政务和兵法。

一箭射得黑星坠[1]，光明照亮半边天。
他预知三天天上事，人间的事知三年；
行军迁徙多顺利，沿途人马很安全。
牛羊放牧水草地，人马扎营林荫间；
阿巴白构睡着了，祸事来临转瞬间。
可恨白毛公山羊，去把经书偷吃完；
经书吃进羊肚内，羌文羌典永失传。
阿巴白构失经书，好似利剑刺心间；
一怒杀了白山羊，羊皮作鼓内佐餐。
自从山羊吃经书，天事人事都茫然；
阿巴白构背经书，模模糊糊记不全。
阿巴白构敲皮鼓，人事还能背几段；
只有神事记不起，敲破皮鼓也狂然。
倘若不敲羊皮鼓，人事几段难记全；
边敲皮鼓边唱歌，皮敲响处歌声欢。

二、大雪山的来源

大雁行行往南飞，队形整齐又好看；
羌人集众往西走，人马牲畜铺满山。
阿巴白构率羌人，过了一岭又一山；
遇到肥沃水草地，人畜一同把营安。
阿巴白构离兄弟，心内不安常挂念；
登高遥望故乡地，忧心忡忡泪满脸。

① 传说古代天空常有黑星遮没太阳，是远祖白构把黑星射落，太阳才又光明了。

阿巴白构失经书，日日心似滚油煎；
天事神事记不清，纵有心事难告天。
见不到师傅牟尼委西，听不到师傅好教言；
犹如雄鹰折了翅，犹如猛兽四腿断。
阿巴白构失经书，忧心忡忡很不安；
人事兵事记不起，作战用兵难如愿。
过去的事难回忆，往后的事难预见；
只有勇往抗顽敌，含辛茹苦把兵练。
阿巴白构查营地，重重心事沉甸甸，
“往下看啊，是大地；是往上看啊，是青天。
前途茫茫无去处，团团乱麻塞心间。
尔玛人的子孙啊！你何时才能重建新家园?”
雄鹰拓劲松，大雁歇河滩；
阿巴白构率羌人，补尕岭上把营安。
大火一堆又一堆，就像天空星星在眨眼；
炊烟一缕又一缕，就像朵朵白云涌天边。
黑夜伸手不见掌，人马熟睡梦正酣；
野鸟惊飞叫，黄兔窜林间。
阿巴白构猛惊醒，披衣急步四处看；
熊熊火光遍山野，魔兵鼓噪围四边；
凶狠的魔兵在放枪，烈焰冲霄像白天。
阿巴白构擂战鼓，羌兵奋勇忙接战；
突破浓烟御强敌，越过火焰冲向前。
魔兵人马像四堵墙，把羌人团团围中间；
石块如雨往下投，飞箭密似马蜂窜。
阿巴白构立阵前，英勇杀敌气不凡；

人喊马叫震山谷，血肉横飞补尕山。
激战一夜又一天，两兵相持战仍酣；
尸骨堆满地，鲜血满草原。
激战了三夜又三天，两军砍杀呼连天；
尸骨填山谷，血流成沟涧。
阿巴白构振精神，羌兵奋勇冲在前；
一条血路杀出来，甩掉敌人转山湾。
阿巴白构点人畜，啊！人马损失近一半；
多少兄弟失散了，多少牛羊寻不见！
过了一山又一山，遭了一难又一难；
羌人整队往前走，前面横着响水滩。
魔兵忽如黑云翻，跟在后面不离鞍；
“尔玛人的子孙啊！你快遭到灭顶的灾难！”
阿巴白构高山站，展臂开弓射神箭；
挡着了妖魔前队路，左右魔兵难阻拦。
乌云滚滚冰雹来，魔兵呼号地打颤；
羌人杀羊立下誓，要与魔兵决死战。
阿巴白构立高处，向着天空发誓言：
“置比[①]出现不吉祥，灾难将要降人间；
尔玛人的子孙啊！决不能跪在魔兵前！”
羌人喊声如惊雷，吓得魔兵心胆颤；
倒退三步停下了，个个惊呆不敢前。
羌人喊声如闪电，喊声直达九重天；

① 置比，羌语一种非鸟非兽的不祥物。

木姐珠[1]天空往下看："啊！我的子孙遭灾难!"
白衣女神立云间，三块白石抛下山；
三方魔兵面前倒，白石变成大雪山。
三座大雪山，矗立云中间；
挡着魔兵前进路，羌人脱险得安全。

三、羌戈相遇

太阳晒化了冰雪，和风吹散了乌云；
严寒的冬天过去，绚丽的春天又临。
灾难已经过去，吉祥的日子来临；
羌人摆脱了追兵，才整队顺着山梁前进。
翻过一山又一山，越过悬崖爬陡坡；
千山万岭脚下过，来到热兹[2]大草原。
热兹地方水草茂盛，热兹地方气候温暖；
阿巴白构心欢喜，派人四处把山探。
热兹有九沟，林密草嫩泉水甜；
热兹有九坝，土地肥沃牧草鲜；
热兹有九岭，青红碧绿花果山。
阿巴白构心欢喜，眼望原野心盘算：
"这是木姐珠指引
的幸福地，尔玛人要在这里建家园。"
羌人驻扎热兹地，羊毛帐篷架河边；

---

① 木姐珠，羌语，天女，传为羌人始祖。
② 热兹，羌语，地名，在今松潘境内。

牛羊牲口放坝上，四山要隘把哨安。
蚂蚁打洞真辛苦，喜鹊架窝忙林间；
羌人建家园，人人忙得欢。
九座岭上砍木头，木料做枋片；
九匹梁上背石头，石块砌墙垣。
九沟九坝取泥土，泥土碾细铺房面；
雪山顶上捧白石，白石供在房顶正中间。
九沟建了九座寨，羌寨设立在四边；
九岭九座烽火堆，敌人来时能望见。
九坝当中设羌城，好把百事来掌管；
阿巴白构住中间，羌兵羌将守四面。
树叶落了又发芽，牧草黄了把青转；
一年过了又一月，羌寨人马大发展。
太阳出来又落山，月亮缺了又重圆；
三年瞬间过去了，羌寨牲畜装满圈。
太阳出山满天霞，牛羊出圈满山垭；
晚上村寨松明亮，羌人心里乐开花。
热兹好地方，青山多娇艳；
麋鹿山上跑，獐麂藏林间。
大雁歇河滩，锦鸡树上把翅扇；
羌人居住幸福地，不觉过了多少年。
阿巴白构住寨内，忽然羌兵把信传：
“村寨牛羊常失掉，请求阿巴去看看。”
阿巴白构取神箭，骑马带兵查四山；
东山西山巡察过，南山北山也走遍。
没有虎豹踪迹，没有妖魔捣乱；

吩咐羌兵严防守，不让奸细来为患。
日子过了多少天，羌兵又来把信传：
"羌寨牛羊常不见，再请阿巴去看看。"
阿巴白构取弓箭，骑马带兵巡草原；
大河上下都巡遍，沟头沟尾甚安全。
不见虎豹逞凶残，不见豺狼嘴贪馋；
叮嘱羌兵严防守，人人注意保平安。
阿巴白构正练兵，山头烽火冒浓烟；
这是紧急信号，这是大敌当前。
阿巴白构率大军，飞兵直往脱苏山；
羌兵前哨遇强敌，探马不断情报传。
"日补坝"[①] 上有妖魔，"戈基人"生性很凶悍；
多次抢劫我牛羊，现在又来把寨占。
戈人吃人又吃畜，戈人性野又凶残；
戈人皮厚刀难戳，勇猛凶狠善作战。
阿巴白构怒火起，骑马带兵拿弓箭；
羌兵一齐冲上阵，要向戈人把账算。
阿巴白构马当先，指着戈人把话喊：
"啊！戈基你们太愚蠢，你抢劫牛羊上万千，
你做坏事比沙粒多，飞蛾扑火必自焚！"
阿巴白构声声训，戈基人好像没听见；
张开嘴巴只憨笑，就像群猴跑下山。
阿巴白构射神箭，羌人兵马涌向前；
刀矛剑戟闪寒光，羌戈展开大血战。

---

① 日补坝，羌语，地名，在今茂县境内。

戈基身强像野猪，皮厚刀矛戳不穿；
戈基身强像野牛，凶猛能征又惯战；
羌人一时难取胜，不断苦战受熬煎。
羌戈血战日补坝，乌云遮天天暗淡；
双方相持无胜负，战争一连多少年。
阿巴白构内心想："戈基人凶残又横蛮，
单凭刀矛难取胜；要胜利只能用巧战。"

四、找寻神牛

一个吉祥好日子，尼啰甲格[①]山景色妍；
神人几波尔勒[②]来放牧，神牛放在草原边。
尼啰甲格接仙境，四季山花开烂漫；
每当吉祥好日子，神仙都要来游玩。
神牛草场啃青草，神同百鸟游得欢；
直到黄昏日落时，才喊神牛返回天。
几波尔勒回天上，清点神牛送进圈；
左清右点反复数，两头大黑牛寻不见。
神人贪玩失神牛，内心忐忑很不安；
只得把实情告天神，愿去地上找牛还。
阿巴木比塔生了气，指责神人太疏懒：
"赶快去到尼啰甲格，去把神牛找回天。"
着急的神人几波尔勒，急忙来到尼啰甲格山；

① 尼啰甲格，羌语，山名，在茂县境内。
② 几波尔勒，羌语，神名，传说是天神的大儿子，也称神人或天神。

“尔兹！尔兹!”喊牛名，不见牛影在哪边。
神人叫来金豹子，对着金豹问一番：
“天上神牛丢失了，是不是你豹子嘴巴馋?”
金豹子摇头连忙说：“高高的尼啰甲格山，
本是神仙的乐园；天上的神牛我没见，
偷吃神牛我不敢!”
神人碰到了老鸦，又向老鸦问一番：
“立窝，立窝[1]你听着，天宫神牛可看见?”
老鸦呱呱来回答：“山中神牛记不清，
水边神牛没看见，只见到戈基人门前牛肋骨，
请你自己去看看。”
神叫老鸦快带路，老鸦上山飞三圈；
老鸦山下飞三转，把神引到戈基人的大门前。
神人拣了三根牛肋骨，忙回天上报了案：
“阿巴木比塔啊，神牛已经有线索，
原来是凡人偷杀嘴巴馋；三根牛肋骨是证据，
惩罚凡人法要严。”
木比塔看了牛肋骨，深思片刻把话谈：
“神牛虽是凡人偷，应当仔细多查看；
凡人族类有几种，哪有个个都贪馋?”
神人立即来地上，看到羌戈正交战；
神人喝令快停战，羌戈分别站两边。
神人首先问羌人：“天上神牛掉两头，
羌人你可曾看见?”羌人摇头说没见。

---

[1] 立窝，羌语，老鸦。

神人又问戈基人："天上神牛掉两头，
戈人你可曾看见？"戈人憨笑说没见。
神人查巡羌人地，门前堆的是菜干；
神人查巡戈人地，门前堆满牛骨片。
神叫双方张开口，然后个个来查看；
羌人口中无别物，干菜卡在齿缝间。
戈人口里却蹊跷，肉筋肉丝卡牙间。
神人首先问羌人："你是否敬上天？
你是否爱羌人？是否喜欢戈基人？
老老实实给我谈。"
羌人爽朗回答说："羌人自来敬上天，
羌人自来爱羌人，只不爱那专横的戈基人！"
神人同样问戈基："你是否敬上天？
你是否爱戈基人？你是否喜欢羌人？
——一切你要给我谈！"
戈基木然回答道："戈人不知敬上天，
戈人只知爱戈人，不爱那放牧羊群的羌人。"

五、羌戈大战

天上几波尔勒神，向羌人戈人高声喊：
"羌人戈人齐听着，双方不要再交战，
日补坝上来决斗，让我为你们作裁判。"
大雪纷飞的日补坝，羌戈双方各一边。
羌人首领白构跃马相待，戈人首领格波整兵备战。
几波尔勒神走上前，发给羌人白云石；

几波尔勒神来阵中，发给戈人白雪团。
神人站高处，用眼仔细看：
白构指挥羌人兵，格波统率戈基人，
神人几波尔勒说："戈人先打羌人三雪团，
羌人再打戈人三雪团，然后两军再决战。"
格波用尽全身力，打出手中三雪团，
雪团击中白构身，四处飞雪来飞溅。
戈人心中甚惊异，个个跳跃人人喜；
认为初战很顺利，胜利必然属自己。
神人夸奖戈基人，说他英雄很出色；
戈人听后一阵欢，龇牙咧嘴更轻敌。
白构出阵很沉着，三块白石击戈人；
白石击中格波头，头破满脸鲜血流。
天神一声喊，羌戈开了战，
白石雪团乱飞舞，霎时天昏地也暗。
羌戈第一战，羌人得胜凯歌还；
消灭无数戈基人，鲜血洒满大雪山。
雪压日补坝，羌戈再决战，
双方各准备，神人作裁判。
几波尔勒神，给戈人兵器——麻秆；
几波尔勒神，给羌人兵器——藤条。
天神高处站，用眼两方看；
羌人队整齐，戈人队形严。
天神吩咐说："戈人先打羌人三鞭，
羌人再打戈人三鞭，然后双方再交战。"
戈人先出阵，手拿三麻秆，

对准羌人头，用力击三鞭。
一鞭打去麻秆折，二鞭打去麻秆断，
三鞭打去麻秆碎，戈人阵上笑翻天。
神人又夸戈基人，个个真是铁打汉；
戈基人人更得意，昂首阔步团团转。
戈人自认有本领，战胜羌人不甚难；
戈人兵丁齐欢跃，张口嬉笑阵脚乱。
羌人出了阵，藤条拿手边；
对准戈人头和脸，打得戈人血满面。
神人一挥手，羌人戈人开了战，
藤条对麻秆，两军马嘶人又喊。
羌戈二次来交战，羌人胜利抢了先；
打死戈基人不少，鲜血染红大草原。
日补坝上风云变，不久羌戈重开战，
神人又来作吩咐：这是双方大决战。
几波尔勒神有主意，战场设在牙衣山①；
牙衣山上尽峭壁，羌戈各自站一边。
羌人站岩左，戈人岩右站；
羌人束带多英武，戈人耸肩四面看。
几波尔勒神站岩边，对着羌人、戈人把话传：
“岩下是乐土，岩下幸福园，
谁先到达岩脚下，天下牛羊归他管。”
羌人事先有准备，一早藏在岩下边：
岩上设立草把人，穿衣束带巧打扮。

---

① 牙衣山，羌语，红岩山，在茂县境内。

神人走向羌人处，一个一个往下掀；
然后探头岩下问："岩下生活欢不欢?"
羌人岩下忙答应："岩下生活好，
岩下花好看，岩下甜果多，
岩下快活似神仙。"
天神回头望戈基："戈人快快赶，
赶在羌人前，迟缓一步失乐园!"
羌人岩下欢，戈人心不甘；
懵懵懂懂往下跳，大都摔死岩下边。
自从这次决战后，戈人无力再作战；
阿巴白构率羌人，进驻格溜①建家园。
戈人多流散，逃亡山林间；
羌人林中设夹板②，香甜食物放中间。
戈人逃进林，肚饿进夹板；
来了一个死一个，来了两个齐完蛋。
戈人多流散，逃亡山洞间；
羌兵四山细巡逻，搜了岩洞又搜山；
从此牛羊不丢失，万千羌人心喜欢；
从此四山不报警，羌人老少享平安。

六、重建家园

日补坝，宽又宽，萱草长满山；

① 格溜，羌语，地名，在茂县境内。
② 夹板，是一种捕野兽的工具，原为木做，现用铁做。

羌人战败戈基人，欢欢喜喜建家园。
吹起牛角号，号声洪亮多庄严；
敲起羊皮鼓，鼓声咚咚震云天。
阿巴白构率羌人，威风凛凛来草原；
十八大将[①]前开路，九个儿子跟后边[②]。
羌人进驻格溜地，建村筑寨扎营盘；
阿巴白构令羌兵，上下九沟把寨安。
格溜本是戈人地，柴多水足广出产；
十八大将驻隘口，各沟各寨设栅栏。
格溜地方好，绿水绕青山；
四山水草茂，气候更温暖。
格溜地方三条河[③]，沿河尽是大草原；
大河上头九条沟，沟沟翠绿山果甜。
阿巴白构心欢畅，上对苍天表心愿；
白石台前设供物，皮鼓声声祷上天：
“阿巴木比塔，恩泽实无边；
木姐珠来引路，尔玛人人欢！”
九沟里头砍木头，九匹山梁背石片；
九沟清水调泥巴，羌人重把碉楼建。
如乌山上采青石，青石块块作墙面；
木西岭上砍铁杉，铁杉作柱又锯板。

---

① 十八大将，是羌人古代英雄，人名已难考。

② 相传羌人首领阿巴白构有九个儿子：大儿：合巴基，住茂县一带；二儿：洗查基，住松潘县一带；三儿：楚门基，住汶川县一带；四儿：楚主基，住理县薛城一带；五儿：木勒基，住黑水县一带；六儿：格日基，住绵篪；七儿：固依基，住娘子岭一带；八儿：娃则基，住都江堰附近一带；九儿：尔国基，住北川县一带。

③ 三条河，即岷江、黑水河、杂谷脑河。

尼啰甲格万年椿，香椿神木作栋梁；
锡普[1]岩上炼白铁，白铁火圈排用场。
羌人堡寨修好了，白石神供在房顶上；
碉房密密围四周，碉楼高耸好瞭望。
阿巴白构住寨内，日夜操劳百事管；
分派九子住九寨，十八大将镇四边。
大儿合巴基，进驻格溜大草原；
二儿洗查基，进驻热兹花果山。
三儿楚门基，进驻夸渣好山川；
四儿楚主基，进驻波洗防敌犯。
五儿木勒基，进驻兹巴开草原；
六儿格日基，进驻喀苏把民安。
七儿固依基，进驻尾尼辟草山；
八儿娃则基，进驻罗和守边关。
九儿尔国基，进驻巨达防戈人；
九子人人有驻地，十八大将分守十八关。
阿巴白构管羌地，六畜兴旺人心欢；
幸福时日思过去，羌人欢乐谢上天。
大小首领来议事，团团围坐火塘边；
阿巴白构心欢畅，对着首领一一谈：
“大树自有根，大河自有源；
我们不忘祭天事，应该好好来盘算；
牛羊羌地有，咂酒容易办；

---

① 如乌、木西、锡普，均羌语，山名，在茂县境内。

戈地肥猪产夷多[1]，肉嫩肥美味道鲜；
派人夷多去买猪，沿途路遥很艰险；
阿巴白构派合巴，夷多地方把猪赶。”
大儿合巴基，往返一月半；
夷多肥猪赶回了，大小一共五十三。
大猪有千斤，用来祭上天；
小猪送到各山寨，要在羌地把种传。
牦牛杀了十二头，白羊黑羊三十三；
千斤肥猪宰九条[2]，祭品供在白石前；
篝火烧了十八堆，砸酒坛子摆中间；
羌人欢庆幸福日，酒歌声中鼓喧天。
大树九枝桠，枝枝叶长满；
羌地上下十八沟，沟沟人旺畜满山。
大树从小芽长起，大河汇集着滴滴清泉；
羌人能安居乐业，是前人用血汗来换。
凭了祖先的智慧，尔玛人的子孙才有今天；
凭了祖先的勇敢，尔玛人的子孙才居住在岷江两岸；
歌声鼓声响彻云天，祖先的功勋数不完。

摘自罗世泽、时逢春搜集整理：《木姐珠与斗安珠》，四川民族出版社 1983 年版。

流传于汶川县威州的《太子坟》，揭露了封建统治阶级的贪婪残暴，塑造了一个为羌族幸福而奋斗的青年，他成了人民理想的化身，其内容如下：

---

① 夷多，羌语，即成都。
② 这里所宰杀的牲畜数，均为羌人大祭典时期所用牲畜数。

很早以前，龙山山寨上住着一户姓王的羌人，家里只有母子两人，儿子叫谷之太，聪明能干，从小就担负起家庭生活的担子。因他勤劳孝顺，龙山布瓦寨一带的羌民都喜欢他。

王谷之太十四岁那年，好几个月没有下雨，土地干得起灰，青苗全部枯黄，庄稼颗粒无收。各寨羌民只有靠卖工、卖柴维持生活。穷人没有粮食，只有用山萝卜和野菜充饥。但是，可恶的土司勾结官府，派兵到各寨去收粮逼租，把羌民的牛羊牲口全抢走了，逼得羌民走投无路。羌民们一面向官集要求缓期交租，一面准备抗租，并抓紧时间修筑抵御官府兵匪的碉楼房。

一天，王家母子在山上砍柴，儿子谷之太又饿又累，躺在柴上睡着了。他在梦中见到一位银须白发，衣着雪白的老人，给了他一张弓、一支箭。并对他说："娃娃，你把这张弓箭拿去，在大年初一的辰时，对着正南方向射去，就会射死那个贪心不足的皇帝，以后，你们的日子就好过了。"谷之太醒来不见有人，只听到山林远处的砍柴声。他心中纳闷，拿起弯刀继续砍柴。到了下午，母子俩收拾柴捆正要回家，忽然发现在一棵大杉树下的一块白石头上，放着一张弓、一支箭，正如梦中所见之物一样。他高兴地拿起弓和箭，把梦中的事告诉了阿妈。阿妈说："那老人一定是木比塔（羌语即天神老爷），他老人家在想法子救我们了，这下羌民不会再受折磨了。"

这件事很快传遍龙山、布瓦各寨，每天都有很多很多的人到谷之太家来看神弓神箭。从此以后，羌民们就尊称谷之太为"太子"（即天爷木比塔的儿子）。各寨组织抗租抗粮的领头人都拥护太子为总首领。说也奇怪，自从太子得了神弓神箭那天起，凡是太子进城卖柴的那天，威州城的人就会看到龙山顶上有无数羌民旗锣伞帐、鼓乐喧天地从山顶送到山下索桥头。官府得知后派兵到山路口子上去查看，看见过桥进城的只不过是些卖柴的羌族农民，并无其他。官老爷惊奇，暗派探子去打听，不久，把太子梦后得神弓神箭的事探听出来了。官府扬言是妖魔作怪，下令捉拿太子，龙山各寨为了保护太子、保卫羌寨，就在布瓦寨到威州的山腰上，筑起一道高墙，以防官兵来犯。并派人守住关口，严防奸细混入山寨。为了保护太子不受官府迫害，羌民给这个寨取名“保子关”。

一天太子被官府捉去，捆在十字路口，用白鸡、白狗的血泼了太子一身，还灌了他一些放了毒物的狗血，然后将太子放回。太子回到家里，全身麻木，头痛异常。但他坚持着召集羌民，叫大家不要怕官府，坚持斗争下去，好日子就要到来。当天正是腊月三十，太子兴奋地对母亲说：“阿妈，明天是大年初一，鸡叫头遍你就叫醒我，我要为民除害。”母亲满口答应，高兴得一夜不能入睡。等啊等啊，等到鸡刚叫第一声，就马上叫醒太子，太子手挽神弓，搭上神箭，走出家门，朝着正南方天空就是一箭，只听到天地间发出轰隆隆的响声。太子心中暗暗高兴，突然全身疼痛，头昏目眩，他摇摇晃晃地回到家里，和衣躺下。天大亮了，母亲见太子没有起来，进到房内喊他，见儿子七孔流血，全身发乌，中毒而死。母亲心痛欲裂，放声大哭。大年初一辰时，京城的皇帝登上金銮宝殿，见宝殿上钉着一支利箭，吓得魂不附体。如果早来一刻，这支箭恰好射中他的咽喉。

太子被官府毒死后，羌民非常悲痛，为了怀念他，决定把他埋在龙山顶上。从此，羌民反抗怒火更加炽烈，决心要为太子报仇。官府起先怀疑太子没有死，就派人四处打听，后来打听到太子埋在龙山顶上。就借口占了风水，要把太子的尸体挖出来丢到深山。羌民非常愤慨，没等官府人马来到，各寨羌民拿着锄头、梭标、棒棍，男女老幼齐集龙山顶上，手挽手的紧紧围在太子坟的周围。官府兵丁赶到山顶一看，见群情激愤，吓得不敢上前去挖坟。这样僵持到第二天一早，太子坟忽然变成了一个山坝，官兵见了吓得目瞪口呆，一个二个都溜走了。直到今天，太子坟仍然巍峨矗立在龙山顶上。

摘自西南民族学院语文系民族民间文学组李明等：《羌族文学概况》初稿，1980 年。

流传于茂县沙坝区黑虎乡的《黑虎将军》描述了一个十分悲壮的战斗故事。其内容如下：

在清代咸丰年间，黑虎一带的羌民时常遭到外来侵略。尽管修了七、八丈高的碉楼防卫，还是抵挡不住，往往因战败而遭到屠杀、抢劫和凌辱。这时黑虎寨出了一位勇敢、机智的羌族能人，人们称他为黑虎将军，他统率了一批人马，保卫着这个地方的安全。

黑虎将军用计两次吓退四路军的进攻后，大家围着火塘，喝着砸酒，唱起酒歌，欢庆胜利。四路军两次失利，恼羞成怒。又调兵遣将，准备决战。一天黄昏，又派大队人马向黑虎寨开去。黑虎将军得知后，他想：这次四路军来的人马多，只能智取，不可硬拼。于是，立刻吩咐部下，赶紧打好一双一尺二寸长的麻窝子草鞋，还叫找一根小碗粗的竹子，把竹筒每节的节巴打通，用麦麸面、荞麦面和海椒皮混合一起，装入筒内塞紧。一切就绪后，便派人把草鞋和竹筒拿到离黑虎寨十里外的松基埔的口子上，将筒内装的麦麸面挤压出来盘为一团，稍远望去，就像一堆人拉的屎一样逼真。

深夜，四路军乘着月光向黑虎乡进发。羌区山路崎岖难行，士兵走得个个精疲力竭，当打头阵的人来到松基埔时，在朦胧的月光下，突然发现一双又长又大的麻窝子草鞋丢在地上，士兵捡起来一看，不觉一惊，心想：这草鞋却有一尺多长，人该有好高好大哟。人们正在猜疑不定的时候，忽听一个士兵像发现什么怪物似的叫起来："你们看，快来看呀！"他们看到那堆假人屎后，都以为这里的羌人又高又大，连拉的屎都是这样又粗大又多啊。他们被吓得面面相觑，赶忙把这些发现报告了当官的。军官亲自前来看究竟，当他看到那大草鞋和那堆人屎后，早已吓得魂不附体。暗想："糟了！和这些人打仗，只怕是九死一生，三十六计，早溜为妙。"于是，就带着士兵们沿着山间小路仓皇逃命去了。

后来，在一次战斗中，黑虎将军不幸中了敌人暗射的毒箭，壮烈牺牲。他的妻子格尼玛吉继承丈夫遗志，勇敢地拿起丈夫留下来的弓箭和刀枪，继续和大家一起，保卫着羌寨的安全。黑虎寨的羌民为了悼念黑虎将军，用经漆方子（即棺材）装殓他的遗体。全寨老老小小都为英雄披麻戴孝，从头到脚都是白布做的，而且世代相传成习。直到今日，现在，黑虎乡的男女羌民都喜欢包白头帕、穿白衣服。特别是妇女头巾的包法，老远望去，颇像虎头，雄壮美观。

摘自《羌族文学概况》初稿，1980 年 12 月，西南民族学院语文系民族民间文学组李明等。

五、羌族原始宗教的演变与其他宗教体系的关系

（一）羌族原始宗教演变的总趋势

羌族原始宗教为多神崇拜，认为万物有灵。羌人以为无论何处皆有鬼神寄托，有家神、地方神，有个人和地方保护神。以性质而论，有善神与恶神之别；以形象言，或为梦寐意象，或为特殊物体形状，或无形状可言。它反映了初民刚形成自我意识时，对客观世界的一切现象无法解释，以为有一种超自然力量主宰一切，因而形成万物有灵观念。虽然羌族历史悠久，但其宗教信仰迄至新中国成立前，基本上还停滞于原始阶段。它是原始自发的多神教向人为的一神教逐步过渡的一种宗教，与萨满教属于同一类型。

与这种宗教信仰相联系的，是从事宗教活动的巫师。过去，有关羌族的调查研究，包括新近出版的一些著作，都只说羌族巫师羌语称“许”，这样造成了一种印象：似乎羌族巫师只有“许”一种称呼，其实这是不完全符合实际的。早在20世纪三十年代中期，庄学本到川西北对羌族和嘉绒藏族进行考察以后，在其所著《羌戎考察记》中就谈到理县通化、薛城、蒲溪一带羌民称端公为“诗谷”（seagoo）①。在我们深入羌寨调查中亦发现理县、汶川的羌族干部和群众（包括巫师本人在内）均称端公为“诗谷”而不称“许”。

从我们调查的情况看，羌族巫师即端公，的确不是只有“许”一种称呼。在茂县和汶川县威州以北，自称“许”；汶川县威州以南以

---

① 庄学本：《羌戎考察记》，第74页，1937年2月上海良友图书印刷公司印行。

西和理县沿杂谷脑河一带，自称诗谷（又称“诗卓”或“司朵”）；但尊称均为“比”（为“锡祖比”或“比不若瓦”的简称）或“释比”。至于端公祖师，汶川县威州东北雁门乡萝卜寨一带称“阿爸锡拉”，理县蒲溪乡称“斯多吉比”，理县桃坪乡增头寨称“质尔格板”，汶川县绵篪乡族头寨一带称“阿爸木拉”。各地对端公祖师的称谓虽不同，但传说端公祖师为天神的家庭祭司下凡，这一点又是相同的。羌族地区端公称谓的不同，既可能是羌族不同支系在宗教文化上的反映，也可能是受不同文化影响的结果。这也印证了史籍所载，羌地种类繁多，有六夷七羌九氐之称这样一种情况。

羌族端公为不脱产的宗教活动者，有自己的保护神。据说能交通神灵，与魔鬼打交道，具有祭司兼魔术师、医师、音乐舞蹈师多重人格。有许愿、还愿、祀神、降魔、逐怪、送魂、除秽、消灾、治病等职能。端公作法时，头戴猴皮帽，上穿羊皮背心，下着白裙，有单面羊皮手鼓、神杖、法铃（又称响盘）、法术瓶等法器，作法时击鼓舞蹈唱经以显神威。

羌族端公与亚洲北部包括西伯利亚东北、西北和我国东北各民族中萨满颇相类。早在三十年代，胡鉴民先生在川西北羌族地区考察后，在其所著《羌族的宗教信仰与习为》一文中认为，羌族端公与“东亚的寒带诸民民族间的萨满的身份相类①”。在这里，他是从二者职能的对比分析提出此看法的。

据我们近几年的调查，结合有关文献资料，还可以从其他方面论证这个问题，《说文解字》：羌本西戎，主牧羊，故羌字从羊人，因以为号；又羌从羊儿，史籍谓古羌人所居无常，随畜逐水草，为游牧部族，尔后其一支徙居岷江上游。羌族端公唱经之一《羌戈大战》亦

---

① 胡鉴民：《羌族的宗教信仰与习为》，《边疆研究论丛》，1941 年本。

称：羌族祖先游牧于北方大草原之上，后被魔兵驱赶，乃集众西行，到川青之间的“补尕山”时，再被迫东南下，越大雪山，抵“日兹”（今四川县松潘县及其以北以西地区，羌语标称“日兹”）境，然后迁到茂县[①]。这就表明羌族先民与亚洲北部雅库特、布里亚特以及阿尔泰系各民族，远古均为北方大草原上的游牧部族。据史籍所载，我国东北的女真、蒙古、赫哲、鄂伦春等族都曾崇奉萨满教。直到新中国成立前，赫哲、鄂伦春等族仍然信奉萨满教，把跳神的人称为“萨满”。据上述情况，我们认为，说羌族端公是萨满，是有历史根据的。

从萨满的性别看，英国学者 M. A. 塞卜里卡在其所著《西北利亚土著居民社会人类学研究》一书中说：亚洲北部各土著民族中，最早只有女萨满，男萨满是后来产生的。尽管男萨满取代了女萨满，但有的地区，萨满作法时须戴女帽穿女装，其动作须装成女的，据说这意味着男性变女性，作法才灵验。这就是说，随着社会的发展，虽然萨满的性别变了，但传统的宗教思想和习惯未变，故男萨满作法时须装扮成女性。

新中国成立前羌族虽没有女端公的传说，汶川县绵篪乡和平大队历史上曾有女端公（羌语称“及比诗卓”），据说此地端公本仅为传子，若干年前传到某一代时，因其子太笨，老端公虽不厌其烦地教，但儿子始终不会念经作法，其女在一边旁听却学会了。老端公死后，其女传乃父一套经咒法事。直到新中国成立前，此地学端公满师时，都要祭祀这位“及比诗卓”，表示不忘祖。

当然这一传说还须进一步调查，究竟是因为羌族地区很早已为男端公，而此地保留女端公到最晚，故将女端公说成男的不行而传女

① 罗世泽、时逢春搜集整理：《木姐珠与斗安珠·羌戈大战》，四川民族出版社 1983 年。

呢？还是此地端公从来就是传子，后来确因儿子不行而传女。如果此地女端公出现的原因是后一情况，当然为一种偶然性。不过，按一般情况，无论萨满和端公都不一定非世袭不可，所以前一种可能性较大。

据我们参加绵篪乡簇头寨羌族婚礼所知，新中国成立前此地羌人办婚事时，端公在击鼓唱经之前须请神献肉。第一片肉献女神“木勿歪”，与端公祖师“阿爸木拉”为夫妻。

另据绵篪乡老端公说，索卦为此地羌族端公传统占卜术之一，有七段卦词，敬神作法扯索卦后，按词解卦。后来羌族端公学汉人打卦，索卦才不占支配地位。新中国成立前绵篪一带扯索卦的端公供女神“扎米亚木拉”，不扯索卦的端公供男神“扎比木拉”。

这些情况说明，羌族历史上不但有女端公，且可能最早为女端公，再过渡到男女端公并存。最后男端公取代女端公，不过因为时代渺远，史籍失载，仅有些微史影而已。

再从萨满活动的范围看，《西北利亚土著居民社会人类学研究》一书说，萨满无完备的宗教组织，但有相当于现代宗教的专职人员，这就是萨满。萨满有职业萨满与家庭萨满之分，职业萨满为都落、村屯的宗教祭司，主持部落和村屯的宗教祭祀活动；家庭萨满为家庭祭祀活动的主持人，这种人颇受人们尊敬。

据史籍记载，古羌人聚族而居，一个邑落就是一个氏族。羌族虽无职业端公与家庭端公之别，但端公既是村寨邑落的宗教祭司，又是羌民家庭重大祭祀活动的主持人，一身二任，其活动范围与萨满基本相同。

当然，这种情况到了明清之际已经有所变化。明清之际，由于种种原因，羌族地区的村寨与姓氏大多发生错动，一个村寨已不是一个姓氏，而是有几个姓氏的后裔，但各村寨传统的宗教习惯和活动仍然保留下来。

据胡鉴民先生 1937 年的调查说："现在羌人的村寨已不与氏族一致，在各村寨中大概已有许多不同的氏裔。据说在逊清征金川以前，尚有以氏族为单位之村寨。"乾隆平定金川是乾隆十二年到四十一年，即公元 1747 年到公元 1776 年。这就是说，羌族地区十八世纪中叶以前，还保留着一个村寨即是一个氏族的状况。到十八世纪中叶以后，这种状况虽不存在了，但传统宗教活动仍旧。胡鉴民先生说：现在羌族地区"每一邑落均有它独有的地方神与巫师以及岁时之祭祀活动，这是因为邑落的成员已变，而传统的文化未变，在民族学上这种事倒甚多"①。直到新中国成立，羌族地区各村寨成员的变化更大，每个村寨也不一定都有自己的端公（有的没有，有的一个，有的还不止一个），但每个村寨的地方神（如寨神和地盘业主神等）和岁时的宗教祭祀活动（如村寨性的春祈秋报的祭山会等）仍旧。这说明羌族端公的活动范围及其特点，与亚洲北部的萨满基本相同。

再从萨满的法器看，亚洲北部各土著居民中的萨满对鼓非常重视，不但有种种神话传说，甚至鼓的形制都有特殊规定，羌族端公也很重视鼓，对鼓不仅有神话传说，在端公作法的唱经中还专门有鼓的唱段，以宣扬鼓的神奇和威力，鼓的形制也同萨满鼓相似。

此外，羌族端公和亚洲北部各土著居民中的萨满，都没有文字记载的经书，全凭历代师徒口传心记。这些都说明，羌族原始宗教与亚洲北部各土著居民中的萨满教作为一种宗教文化，是属于同一类型的。

关于羌族巫师的经咒，新中国成立前有学者根据汶川县雁门乡萝卜寨端公张华山（新中国成立初去世）提供的材料，谈到羌族端公有

① 胡鉴民：《羌族的信仰与习为》，《边疆研究论丛》1941 年本。

十六部经典。该文仅介绍了十六都唱经名称和用法，具体内容不详[1]。1981年中国文艺出版的《西南少数民族风俗志》，对羌族宗教信仰的介绍中，根据这篇文章提供的材料。断言羌族端公“所学的经共十六部”，把羌族各别村寨端公所提供的材料，作为一般情况加以介绍；加之未具体注明材料来源，这就造成一种错觉。使人认为羌族端公似乎有统一的经典，而且只有这十六部。其实这只是羌族地区一个村寨的端公所提供的材料。各地羌寨端公并无统一的经典，端公的唱经也不止这十六部。

根据我们对汶川县雁门乡小寨子（为萝卜寨邻寨，新中国成立前属萝卜九寨之一）端公八旬老人袁真奇（又名袁正祺）的调查。袁认为羌族端公的唱经共三十六部：上坛经十二部，中坛经十二部，下坛经十二部；不过下坛经是将中坛经“反念”。所谓反念，即演唱时语气粗重，用谩骂命令式。据说因下坛法事是鬼事，对付魔鬼须要凶狠。根据袁提供的材料，羌族端公的唱经虽名为三十六部，但实际上是二十四部。小寨子与萝卜寨虽为邻寨，但因袁真奇与张华山之间无师承关系，他们所掌握的经典是不大同的，仅从经典的名称看，袁真奇提供的唱经与新中国成立前张华山所提供的，只有部分相同，但部数却比张端公多。

据我们在理县的蒲溪、桃坪、汶川县的龙溪、雁门、绵篪等乡调查所知，羌族端公经典按其作法事的性质分为上中下三坛（又称三堂）。因法事的性质不同，演唱的经典亦不同。当然，也有少数经典是通用的，如开鼓开坛经。一般上坛法事为神事，如每年收获后谢天谢地还大愿，因稀儿少女，爹娘生病，修房造屋等许愿还愿，均为上坛。中坛法事为人事，如每年村寨或私人家庭打太平保护，以解秽、

[1] 张宗南：《萝卜寨羌民的端公》，《边疆服务》第一卷第二期，1943年6月。

驱邪、招财；家人患病驱鬼治病；婚丧嫁娶时敬礼还愿等，为中坛。下坛法事为鬼事，如病情严重时驱鬼逐魔，为凶死者[①]招魂超度，打扫山场等，均为下坛。驱鬼治病法事，究竟属中坛或下坛，往往很难区分。一般说来，治一般的病属中坛，治重病属下坛。

上中下坛各有多少唱经？各地端公说法不一，因羌族无文字，巫师唱经全凭师徒口传心记，由于师承不同，各地端公掌握经典的多少和内容也不同。羌人认为，做上中坛法事，唱上中坛经是吉利事。故新中国成立前学端公的大多学做上中坛法事，唱上中坛经。至于下坛法事，则认为同魔打仗，不吉利，且端公之间易相互倾轧，引起同群众的纠纷，所以新中国成立前学做下坛法事，唱下坛经者较少。总的说来，上中下坛各有唱经十多部。每一部唱经有长有短，有的一部一段，有的一部数段。一般认为，三坛唱经共有七十多段。关于将中坛经“反念”就成了下坛，这只是汶川县雁门乡小寨子端公袁真奇一人的说法，其他端公并无此说，而是认为上中下坛各有经典。

……

除唱经外，羌族端公还有咒语，往往在治病送鬼时演唱，咒语同唱经有很大的不同，唱经全用古羌语演唱，而咒语则多用汉语演唱。从咒语的内容看，多反映佛教和道教思想，在形式上则很像道教咒语。所以我们认为，羌族端公的咒语脱胎于道教。

1986 年我们看到了茂县三龙乡马端公的铜质大印一方，为九叠篆文。印文为“佛法僧宝，雷灵部司，北极驱邪。”既体现佛教思想，又有道教思想，大抵为明清时代的端公印。

羌族端公的经咒和印文给了我们这样的印象：羌族原始宗教是原

---

① 羌人认为，凡抹喉、吊颈、滑坡、坠岩、落水和妇女生孩子而死等，均属凶杀。并认为凶死者的鬼魂为厉鬼，如不及时请巫师招魂超度，打扫山场，必然害村寨与家庭。巫师做这种法事属下坛。

始自发的多神教向人为的一神教过渡的一种宗教，而萨满教也正是这样的一种宗教。

摘自钱安靖：《论羌族原始宗教》，《羌族和羌语有各居民集团宗教习俗调查报告》，四川大学宗教学研究所油印本，1987 年 12 月。

新中国建立后，随着羌族地区社会主义经济、文化事业的巨大发展，无神论思想逐步在羌族人民中间树立起来，原始宗教对羌民的束缚已大大减弱。

摘自《思想战线》编辑部编：《西南少数民族风俗志·羌族》，第 287 页，中国民间出版社 1981 年版。

（二）羌族原始宗教与喇嘛教

随着外来政治力量的进入，给羌族地区也同时带来了外部的宗教。南部地区受汉族宗教的影响，北部如大小黑水地区、小姓一带则受藏族喇嘛教的影响，芦花县[①]系嘉绒藏族土司头人统治，他们就用喇嘛教配合其政治统治，小黑水、小姓沟羌族和藏族接近，也信喇嘛教。另外，赤不苏一带，在清朝时也是嘉绒土司（杂谷脑土司）统治，有简陋的小喇嘛寺和少数喇嘛（未入大寺学经者，称和尚，不称喇嘛）。瓦寺（为嘉绒藏族）土司所辖三江口羌区也有一个“喇嘛寺”，但五十年来已无喇嘛，羌族称之为土司的家庙，似乎和羌族群众宗教没有什么关系。小姓沟河坝有一个“龙潭寺”，也没有喇嘛，冬天念经时开门，新中国成立前主要是贩卖鸦片的市场。这些地方头人都信喇嘛教，念藏文经（但不懂意思）。芦花县大头人苏永和送儿子到草地当活佛，芦花县有四、五个较大的喇嘛寺，喇嘛一百多人，

① 芦花县，旧县名，在四川省阿坝藏族羌族自治州中部，1957 年由茂县析置芦花县，1954 年改名黑水县。

其他都是和尚，约一千四、五百人。庙内活佛、喇嘛与上层头人、管家有密切关系，宗教活动较多，念大经、跳神。当地许多人户在第三层楼上设经堂，经堂订有规矩，如宗教法器、神像均不能摸，女人不能进经堂，经堂内不能抽烟，经筒不能向反逆方向转动等。和一般喇嘛教相同者，不赘述。

有的地方虽受喇嘛教影响，但影响不大。如赤不苏，当地人除信喇嘛教外，同时还有端公。而受喇嘛教影响较深的地方，已没有端公了。如芦花县一带，羌族原有祭山还愿仪式受藏族影响，祭山时男女骑马上山，带着酒肉，祭山神菩萨完毕，在玛尼堆上插松枝，“秋烟烟”[①]，大家念藏经，然后打枪、吼山、跳锅庄、赛马、唱山歌，吃饱喝醉后，下山回家。他们的房顶也有白石小塔，但另外也插有喇嘛旗和经幡，墙头门首有喇嘛做的木刀木剑、神符，牦牛角和猎获的兽头（如老熊等）等。

羌族的宗教受喇嘛教势力的压迫，历史上这两个宗教也有斗争。三江口端公安神，要在门口搭帐篷，由一人打着喇嘛旗领路。簇头（羌族）和草坡[②]（嘉绒藏族），地区相邻，两种宗教发生斗争。

这里流传着端公和喇嘛斗法的故事。一次簇头的端公路过草坡，当时喇嘛正在敲鼓，忽然鼓槌粘在鼓上，腿也粘在草垫上，拿不了鼓槌，起不得身。喇嘛即唤徒弟出去看，徒弟回禀称碰到“羊皮鼓”（指端公）正路过此地去送鬼。徒弟遵命请端公进去坐，给他一碗茶，喝茶时碗就粘在嘴唇上烫他，人也粘在板凳上走不了。喇嘛自顾念经，直到天晚，端公着急地认错：“以后再也不敢过路打扰了。”喇嘛叫徒弟再倒一碗热茶烫他，并教训“羊皮鼓”说：“我虽然被你的法

---

① 秋烟烟，宗教祭祀仪式之一，即敬神时燃柏枝。

② 簇头和草坡，均为寨名，在汶川县绵篪乡。

术锁住，但还是照样念经，你却耽误了赶鬼的法事。”“羊皮鼓”再三谢罪，喇嘛才解了法，让“羊皮鼓”走了。这两件事说明喇嘛教战胜了羌族原有的宗教。

摘自西南民族学院研究室编：《（尔玛）族情况》，第 149－150 页。

黑水人是什么种族，说哪一种话？是社会上一般人有疑问的。这次进行考察……大体上则认为黑水人即是羌民。他们说的话，是一种演变下来的羌话……

另一点，令人疑惑他们是羌民，就是宗教方面遗留的痕迹。现在黑水是崇信喇嘛教的区域。但细看起来，喇嘛教似乎不是他们固有的宗教，而是因为受了毗邻草地藏民的影响接受过来的。在民间观察，一般对喇嘛教信仰的情绪，实在并不浓厚，且是外表打着喇嘛教信仰的旗帜，在旗帜下还有一种非喇嘛教的东西——那就是“白石”供养。白石是羌民信仰的对象，正是在黑水处处可以看到。由茂县一踏进黑水的门户，到了色尔古，便见居民住房门窗的顶上，很整齐地排列着许多白石头。由色尔古前进，到鹅石坝石碉楼一带，远远就看见白石垒垒。喇嘛教转“古拉”的经塔（藏名“确尔墩”）上，以及祭山神的“土堆”（藏名“拉布载”）上，都陈列着一块白石头，这足可证明是两种宗教信仰的结合体。在川西区，唯有黑水才看得到这种结合体，因此说黑水人原是崇敬“白石”的民族。他们虽然接受了喇嘛教，旧的信仰对象尚未能完全忘怀，所以凡是认为崇高与神圣的地方，都放上白石与喇嘛教一并崇拜，不是没有理由的。就以上两端看来，认黑水人大概是羌民，似乎不甚勉强。

黑水位于草原藏民与居山嘉绒两种民族之间，受了他们的影响，接受了喇嘛教为宗教。这种接受是文化传播的自然趋势，抑或另有其他作用，姑且不说。但是进入黑水境，便看见有的老人，手里拿着念珠，口里不住诵“玛尼”，与藏民并无二致。他们祭祀土地，在山头上立“拉布载”，两头人属地的交界处都有经塔，同藏民区所在一样，并且用意也都相同。唯一的区别，就是在这些被视为神圣的地方，在最高处均放着一块白石头，这是在藏区不曾看见过的。

黑水接受了藏民的宗教，也接受了他们的文字，他们自称为是“蛮字”，其实即是藏文。读的经典都是照抄来的，在黑水自己没有印经所，即使抄经也不是自己抄写，多半是到外边请人抄来的。当地出家人不算少，但都不住寺院，平时在家从事各种工作，因此，念经的机会少，以致全黑水的喇嘛能认字的不多。

摘自于式玉：《黑水民风》，《康导月刊》第六卷第五、六期，1945年5月。

（三）羌族原始宗教与佛教、道教

除上述大小黑水等地以外，羌族各大寨子普遍有佛、道教庙宇，如川主大帝、龙王庙、东岳庙、观音阁、玉皇楼、武庙和小的土地堂等。一般建于清代乾隆以后，茂县土门一带，明代以前已有汉人庙子。这些寺庙建筑形式为汉式和羌族房全不相同，庙内塑的神是汉人衣冠（羌族自己的宗教没有塑像），庙宇多位于村外高地、山边，庙内陈设铸有汉字的钟磬、大香炉、庙碑，墙壁上有西游记、封神榜、三国演义和十八层地狱等故事画。大一点的如茂县三龙乡卡子的东岳庙，黑虎乡艾子关村庙还有戏台。从钟铭和碑文看，修建工人全是汉族工匠。创建这些庙宇主要是汉族封建统治者在政治力量伸入羌族地区后，利用其“神道设教”的伎俩，由县官提倡，甚至也捐几两银子，土司也参与策动捐款，百姓各户摊派，数目相当大。建起庙宇后，则办各种定期庙会，如观音会、川主会、岳王会、牛王会、玉皇大帝会……名目繁多，时间交错。并有一定组织，有会首、庙产、经费，大的庙会还唱戏耍灯。后来种鸦片时，大的庙会也成为大烟市场。茂县高龙乡农历正月初六到十五为川主会，初九特别为玉皇大帝做会，由会首办席请客，耍龙灯，各家都在门口陈设香案供品迎接。十五日元宵节再耍一次，然后收会，每次庙会由各家出一升玉米交会首，用作筹办下年庙会。

这种汉庙非常普遍，僻处深沟地方的，如渭门关三、四、五、六村和三龙乡沟内的扩耳基都有庙宇。扩耳基的庙宇虽名山王庙，但羌族的山王侧坐旁边，当中却是川主大帝，原有的山神塔子则置于墙边。汉族工匠修建庙宇，显然是以汉族崇奉的菩萨代替羌族的神灵。羌族也信仰川主、龙王、药王和观音菩萨等，有时也到这种庙子拜神，妇女相信观音娘娘能送子给她。玉皇大帝代替了太阳神，“天地君亲师”代替了“角角神”，汉族的端公、道士也出现在羌族村寨。在羌族宗教信仰上，汉族的神道侵占了羌族神坛的一部分位置，更加深了对羌族的麻醉和愚弄。这些庙宇的建立和维修，和差不多月月都有的大小庙会，浪费了不少金钱和时间，影响了羌民的生活和生产。新中国成立前官吏和绅士、封建把头，还组织什么“佛教会”、哥老会，也利用宗教迷信进行阴谋破坏。新中国成立后，匪特利用汉区输入的“跳童子”，假托神意，制造谣言，反对人民政府，这些在羌族地区都起过不良影响。

另一方面，佛、道等宗教一般说还未完成取代羌族宗教。除上述活动外，羌族在生产和灾病等有关大事上，还是祭拜自己的山王，或请本民族端公作法赶鬼。而在庙会日子，主要是大家吃喝一顿热闹一番，娱乐一下。由于各庙宇有树木，风景幽美，地点清静，对山区的生活起了一点调节作用，因此羌族人民才乐于接受。这些庙宇，新中国成立后有的改成村寨小学或村、乡办公开会的地点。这样利用，群众是赞成的。这一点与北部地区喇嘛寺不同。另外，由于羌族没有文字，这些庙宇往往用汉文刻碑记和铸造钟鼎，留下了一部分羌族地区近几百年的史料。如能普遍搜集起来，能够得到好些珍贵史料。

摘自西南民族学院民族研究室编：《羌族调查材料》，1984年版。

理县羌族地区新中国成立前除盛行原始宗教外，同时还盛行佛教和道教。著名的大庙计有通化乡汶山干溪大队的禹王庙，西山大队的白空寺，桃坪乡增头大队的铁林寺，东山大队牛山顶的天元寺，龙溪乡（新中国成立前属理县，新中国成立后改属汶川县）天成山顶蚂蟥寨大庙和该布兰寨山顶的紫林庙等。此外，各寨大多有川主。这些大庙宇除禹王庙供禹王，白空寺供白空老祖，铁林寺供铁山老祖，天元寺供天元老祖。蚂蟥寨大庙供南海观音，紫林庙供观音，川主庙供川主外，各庙还供玉皇，老君和送子娘娘等。一年十二月都有大小庙会，届时羌、藏、汉各族群众都前往参加。庙会的主要内容是村寨集体或个人许愿还愿、打醮上表祈禳等，请和尚或道士念经作法。大的庙会计有每年农历正月十九日的玉皇会，二月十九日的观音会。届时各村寨群众汇集庙宇，办会经费物资由各村寨筹集，除会期宗教仪式法事消耗所需外，还供应到会群众饮食，据说在庙会期每寨要坐几桌。如经费尚有剩余，则用来培修庙宇。办会时除各族群众参加外，地方官员如知县、乡保长、土司、守备等都前往参加，以示尊奉神道，关心民间疾苦。

新中国成立前理县羌区道士有两种：一为出家道士，住大庙修持，可接受信众委托，在庙内念经作法，一般不到信众家中开展宗教活动，可以各处云游。一为火居道士，不出家，可娶妻生子，平时从事生产劳动，与常人无异，只在信众邀请时，才到信众家中从事宗教活动，如为死者念经，为村寨打清醮等。理县羌区多为火居道士，出家道士较少。

龙羌乡天成山顶蚂蟥寨大庙有黄道士（当地人又称他为黄和尚）者，为龙溪沟口东门外（即古霸州城遗址）人，父女四人均出家为道士、道姑。其一女跳神，当地人称为“活观音”，后此女到理县薛城乡熊耳山大庙为住持，料理香火，一时远近闻名，成都和藏区均有人到此朝拜。因朝拜进香者络绎不绝，捐款布施较多，庙宇越培修越大，香火非常旺盛。由于朝拜的人多了，难免有歹徒混迹其间，地方官员感到治安难以维持。而黄道姑因名噪一时，对地方官员不太恭顺。后来这座大庙被焚毁，人们怀疑是地方官绅指使人纵火。熊耳山大庙被焚后，黄道姑徙居龙溪乡布兰寨山顶的紫林大庙。

黄道士住持龙溪乡天成山顶蚂蟥寨大庙，除其二女均为道姑外，还招收徒弟二、三人。总的说来，理县羌区的出家道士不多。

火居道士几乎每乡都有，平时居家务农，有人邀请时，根据作法性质，或到邀请者家中，或到附近大庙念经作法。作法时穿黄色大圆领衣，铺设道场香案，张挂神像，供元始天尊、灵宝天尊，道德天尊，太上老君和邱真人五尊神牌位。

新中国成立前较富裕的羌人家有丧事时，往往既请端公又请道士。举凡死者入殓、开路、安葬等，均请道士择定时辰，并念经作法。与此同时亦请端公至其家燃柏枝，击鼓唱跳作法。每年清明节和中元节，请道士念经的较多。此外，修建新房后，请道士安神谢土。

以村寨为单位求雨和打清醮时，则请道士到村寨附近大庙，设道场，搭法台，供天上表，念经作法。平时道士也为人画符画水，驱邪治病。

新中国成立前在理县羌区原始宗教和佛教、道教并行不悖。

摘自钱安靖调查整理：《新中国成立前理县羌族地区道教情况》，1983 年 10 月。

（四）历史上的氐、羌族与天师道

南诏本身属于羌族，氐与羌原来的关系相当密切，故南诏文化中有氐族成分，是很自然的。同时南诏和唐同吐蕃也来往很密，所以唐文化同吐蕃文化对于南诏的影响也很深。本节不能做全面的讨论，只提出几个问题来谈一谈。

南诏文化上有一个问题比较费解，即是南诏崇信三官，和元以前“云南未知尊孔子，祀王逸少为先师”① 的事。唐德宗贞元十年(794)。西川节度使韦皋派巡官崔佐时至云南，与南诏异牟寻订盟共攻吐蕃。《蛮书》载有此次订盟的《誓文》，略云：

“贞元十年岁次甲戌正月乙亥朔，越五日己卯。云南诏异牟寻及清平官大军将与剑南西川节度使巡官崔佐时谨诣玷苍山北，上请天、地、水三官，五岳四渎，及管川谷诸神灵同请降临，永为证据……其誓文一本请剑南节度随表进献，一本藏于神室，一本投西洱河，一本牟寻留诏城内府库，贻诫子孙。伏维山川神祈，同鉴诚恳”②。

《典略会》记有汉灵帝熹平光和之际（172－183）太平道五斗米道的情形：

“熹平中妖道大起，三辅有骆曜；光和中东方有张角，汉中有张修，骆曜教民缅匿法，角为太平道，修为五斗米道。太平道者师持九节杖为符祝，教病人叩头思过，因以符水饮之。得病或日浅而愈者，则云此人信道，其或不愈则为不信道。修法略与角同，加施静室，使病者处其中思过。又使人为奸令祭酒。祭酒主以《老子》五千文，使都习，号为奸令，为鬼吏，主为病者请祷。请祷之法：书病人姓名，

---

① 《元史·张立道传》：“先是云南未知尊孔子，祀王逸少为先师。立道首建孔子庙，置学舍，劝世人弟子以学，择蜀士之贤者，迎以为弟子师”。

② 《蛮书》卷十，此据著《蛮书校注》本。

说服罪之意，作三通，其一上之天，著山上，其一埋之地，其一沉之水，谓之三官手书。使病者家出五斗米以为常，故号曰五斗米师”①。

异牟寻《誓文》开始就提出“上请天地水三官”，文末“一本藏于神宝”，就是《典略》的“其一上之天著山上”，“一本投西洱河”，就是《典略》的“其一沉之水”，“一本牟寻留诏城内府库，贻诫子孙”，就是《典略》的“其一埋之地。”誓文很明显的用三官手书方式，故南诏的宗教信仰确然为五斗米道，是毫无可疑的。古代云南又祀奉王羲之。元李京《云南志略》有云：

“其俊秀者颇能书，有晋人笔意。蛮文云：保和中遣张志成学书于唐，故云南尊王羲之，不知尊孔孟。我朝收附后，分置省府，诏所在立文庙，蛮目为汉佛”②。

明《寰宇通志》也说到张志成：

“张志成昆明人，唐太和间入成都学王羲之草书，归国，人多习之”③。

保和是南诏劝丰祐的年号，太和是唐文宗的年号，两者时次相当。但是太和三年，南诏正入寇成都，那时不可能派学生留学成都，张志成云云，疑是一种传说。不过这一传说也不尽是无根之谈，韦皋与南诏通好以后，南诏曾遣大臣子弟为质于皋，皋舍之于成都，咸遣就学④，张志成的传说大约是这样来的。元朝之在云南建孔子庙始于

---

① 此据《三国志·魏书》卷八，《张鲁传》注引。《后汉书》卷一零五《刘焉传》注亦引《典略》这一段，文字大同小异，如静室作净室，无下祭酒二字，号为奸令无为字。至于张修，裴松之谓：“张修应是张衡，非《典略》之失，则传写之误”。

② 《说郛》卷三十六引。

③ 《玄览堂丛书》本《寰宇通志》卷一一一云南府人物。

④ 《新唐书》卷二二二《南蛮传·南诏传》。蜀何光远：《鉴诫录》卷六布爕朝条末有云：“议者以南康王韦皋于沈黎大兴黉序，口口口口，遂至夷乱华风，文流异域……”兹据《新唐书》。

张立道，《元史·张立道传》云：

先是云南未知尊孔子，祀王逸少为先师。立道首建孔子庙，置学舍，劝士人子弟以学，择蜀士之贤者迎以为弟子师，岁时率诸生行释菜礼。人习礼让，风俗稍变矣[①]。

王羲之是天师道世家，有书圣之称，自是天师道中名人，天师道是五斗米道发展以后的名称。所以信仰五斗米道的南诏，不奉孔子而奉王羲之。

南诏之所以信奉天师道，因为这原是氐族和羌族的本来信仰。前蜀巴氐李氏族人于汉末就信奉张鲁的鬼道，李雄尊天师道人范长生，称为范贤而不名，并欲“迎立为君而臣之”，后乃加范长生为天地大师，封西山侯[②]。其信仰天师道可谓至矣。又在晋代，氐族苻坚为羌族姚苌所杀。《晋书·姚苌载记》记载了一段很有趣的故事：

“苌如长安，至于新支堡，疾笃，舆疾而进。梦苻坚将天官使者鬼兵数百突入营中。苌惧走入宫，宫人迎苌刺鬼，误中苌阴。鬼相谓曰：‘正中死处’。拔矛，出血石余。寤而惊悸，遂患阴肿。”[③]

氐族苻氏以及羌族姚氏应该都是相信天师道的，否则姚苌梦见苻坚率天官使者和鬼兵，不会“俱走入宫”。因为氐、羌信奉天师道，所以在他们向南迁徙的路上也随处发现天师道的痕迹。如《华阳国志》所记犍为民陈瑞的事就是一个例子：

“咸宁三年，春，刺史濬诛犍为民陈瑞，瑞初以鬼道惑民，其道始用酒一斗鱼一头，不奉他神。贵鲜洁。其死丧产乳者不百日不得至道治。其为师者曰祭酒。父母妻子之丧不得抚殡入吊及问乳病者。转

① 《元史》卷一六七。

② 《华阳国志》卷九《李特雄寿势志》，又参看《晋书》卷一二一，《李雄载记》。

③ 《晋书》卷一一六。

奢靡，作朱衣素带朱帻进贤冠，瑞自称天师，徒众以千百数。濬闻以为不孝，诛瑞及祭酒袁旌等，焚其传舍。益州民有奉瑞道者，见官二千石长吏巴郡太守犍为唐定等，皆免官或除民。”①

二千石的太守也给信上了天师道，势力可算不小了。犍为正是氐、羌族南下以入云南的路上一个重要地点。《蛮书》曾记载入云南的南北二路。此路为石门路，即自今宜宾取道昭通的一条大道，南路即出清溪关，越大渡河，南下过金沙江以至云南的一条大道。北路上诸族的信仰情形是：

“第九程至鲁望，即蛮、汉两界，旧曲靖之地也……依山有阿竿路部落，过鲁望第七程至竹子岭，岭东有暴蛮部落，岭西有卢鹿蛮部落。第六程至生蛮磨弥殿部落，此等部落皆东爨乌蛮也……大部落则有大鬼主，百家二百家；小部落亦有小鬼主，一切信使鬼巫，用相服制。②”

大鬼主小鬼主以及一切信使鬼巫，即说明这一带的乌蛮部落所信奉的也是天师道。《蛮书》又提到南路上的勿邓部落：

“邛部东南三百五十里至勿邓部落，大鬼主梦冲北方阔千里。邛部一姓白蛮五姓乌蛮，初止五姓，在邛部台登中间，皆乌蛮也……贞元七年节度使韦皋使嶲州刺史苏隗杀梦冲，因别立大鬼主。③”

南路上勿邓部落的大鬼主和北路上诸部落的大小鬼主性质一样，都是以部落酋长而兼宗教教主，这与天师道的组织也甚符合。

自汉末至唐宋，陇蜀之间的氐、羌以至于云南的南诏和大理都相信天师道。天师道是氐、羌以及南诏、大理的固有宗教信仰，还是受外来的影响，现在尚不能就下结论。不过天师道的起源实有可疑，过

---

① 《华阳国志》卷八《大同志》。

② 《蛮书》卷一，此据《蛮书校注》本。

③ 同上。

去都认为天师道起源东方，与滨海地区有密切关系[①]。然天师道祖师张道陵学道于西蜀的鹤鸣山，在今岷江东岸仁寿县境内[②]。仁寿西隔江为彭山、眉山，俱属古隆山郡，是氐、羌族经历之处。故我疑心张道陵在鹤鸣山学道，所学的道即是氐、羌族的宗教信仰，以此为中心思想，而缘饰以《老子》之五千文。因为天师道的思想原出于氐、羌族，所以李雄、苻坚、姚苌以及南诏、大理，才能靡然从风，受之不疑[③]。至于南诏、大理之又信佛教，那是后起的事，与本族原始信仰并无妨碍。

摘自向达：《南诏史略论》，《历史研究》1954 年第二期。

（五）羌族与基督教

披着宗教外衣的传教士，以不平等条约为护身符，恃武力为后盾，肆无忌惮地闯入了中国腹地的四川省羌族地区。

光绪四年（1878）英国上尉及尔与另一军人麦士尼由成都窜入茂州窥探。他们翻过瓦钵梁子，横穿黑水全境，再往甘孜地区，然后经缅甸返英[④]。1888 年，英国基督教“圣公会”的霍尔士遍游全省，声称寻得了我省之北及西北一部之所谓“蛮子部落”（帝国主义分子污蔑我少数民族之语）[⑤]。1898 年至 1899 年，法国传教士莫神父、罗马教廷的余神父相继从成都到达茂州。他们置房产、建教堂，“资助”

---

① 陈寅恪：《天师道与滨海地域之关系》，见前中央研究院《历史语言研究所集刊》第三本第四部分。

② 向达先生此说可能别有所本，鹤鸣山不在今岷江东岸仁寿县境内，而在岷江西岸大邑县境内，与彭山、眉山等古隆山郡相距甚近，由此南下即达彭山、眉山（编者）。

③ 《蛮书》卷一一四。

④ 《四川省志·民族志》编辑组：《帝国主义对四川藏区的侵略，藏族人民的反抗斗争》。

⑤ 《近代史资料》1955 年第四期。

教民开设商号，大肆诱惑羌、汉人民入教。1906 年又有英帝国主义分子费格生窃入茂州“考察”，并测绘了精密的藏、羌地区的地图。1909 年，英、法传教士相继在茂州、汶川、杂谷脑设立教堂，到 1911 年，他们已在羌族地区设立了十多所教堂、学校和医院。1918 年英国“美道会”派人到威州、理县、杂谷脑等处设教区，因惧怕人民反对，改名“华人自养布道会”，以英国人毛森为牧师，建教堂于薛城，并附设小学、医院。同年，美帝国主义分子托兰士和普留曼二人进入理县、黑水等地，搜集了大量藏、羌族资料。1919 年，美人赫柏伙同英人艾格尔深入藏、羌地区，偷测了成都至松潘之间的岷江河谷一带的地质、资源状况①。

为帝国主义侵略政策服务的这些传教士，在侵入羌族地区以后，便利用传教、办学、行医、游历、考察等名义作掩护，大肆进行侵略活动。他们一方面“为作收买一个人的灵魂”，以小恩小惠笼络人心，引诱广大羌族群众入教，向其灌输奴化思想。如宣扬“西洋文化的无比优越”，“西方世界的如何富裕”，“在生时犯了法，中国政府不敢缉拿，死后还能升天堂享乐”等等，蛊惑羌民，诱骗入教，妄图使羌族人民成为他们的精神俘虏。另一方面，则勾结地方官绅，收容地痞流氓，刺探情报，测绘地图，盗窃文物，为帝国主义进一步的经济、政治、军事侵略作准备。正如 1931 年 11 月出版的《改进》杂志所揭露的：“（华人自养布道会）最重要的分子是英人倪焕然、彭普六等。倪焕然识藏文，能说番话。他们进到丘地、尽头寨、扣苏、鹧鸪山、马塘、芦花、黑水、虹桥山……各地去布道游历，在每一次布道中，都要绘不少地图，倪焕然都结交不少夷人……现布道会从威州起一直可

---

① 四川民族调查组：《帝国主义分子在羌族地区的罪恶活动》，《华西边疆研究学会》杂志（1933）。

以影响到马塘以西……由洋人历年寄回该国政府的川边、西藏地图和其他布道计划、风俗、出产的种种书籍，不止数十百包……每年布道会进理番、杂谷脑去避暑的英国男女数十人。你以为他们在避暑吗？他们一天到晚都在爬山、查矿、测图、著书啊。[①]”不仅如此，传教士们还欺压群众，侮辱妇女。在茂州，他们还以治病为名，挖去病危者的眼珠去作解剖实验；当其罪行被死者家属发觉后，还以“死者的灵魂已被上召天堂去享福”为幌子，欺骗搪塞群众[②]。

尤为险恶的是，帝国主义分子还制造谣言，混淆视听，挑拨民族关系。他们胡说什么羌族群众传统信仰的天神就是基督教的耶稣；羌族和他们这些传教士一样，都是“上帝的儿子”。他们甚至胡诌“羌族原本不住在中国，是从以色列迁来的”，因此羌族和西方的民族是同种同源等等[③]，妄图以此来否定羌族人民自古以来就是伟大祖国各民族大家庭中的一员，为帝国主义的侵略颠覆活动寻借口。

对于帝国主义传教士的这些侵略罪行，封建统治阶级和广大的羌族人民所持的态度是截然不同的。地方官府和地主豪绅借口条约（指不平等条约）内有“厚待保护”、“丝毫不可留难”等字样，不仅不敢得罪洋人，反而常常向这些帝国主义分子献媚求宠，甚至狼狈为奸，欺压人民，以此来消弭所谓“民教纠纷”。这就助长了侵略者的反动气焰，于是“教士之势乃张，为祸至于无穷”。具有爱国主义光荣传统的羌、藏各族人民，对于帝国主义传教士的侵略勾当，早有所警惕。他们没有被这些披着“慈善”的外衣和“圣洁”的面纱的神父、

---

① 《改进》第四期，1931年11月。

② 四川民族调查组：《帝国主义分子在羌族地区的罪恶活动》。

③ 同上。

牧师们所迷惑。羌族人民“民智日进，罕为所愚”[①]，多年来信教者仍寥寥无几。相反，羌、藏同胞还常常聚众抗议传教士们的为非作歹，如《汶川县志》所说：“教徒武断乡曲，官吏偏袒，往往激成教案，祸及国家，吾县亦屡见之”[②]。

……

1939年，美英帝国主义分子勾结四大家族和通过伪四川省政府，建立了一个对四川少数民族地区进行活动的“中华基督教全国总会边疆服务部”。尽管它标榜“本部为纯粹宗教团体，绝无政治党派关系”，以及是中国人“自主、自养、自传”的所谓“本色教会”。然而其领导机构“边疆服务委员会”（1940年2月成立）的成员大多数均为美蒋集团骨干分子。四大家族的头子之一孔祥熙先后任名誉会长、主任委员；张群、吴铁城、蒋廷黻等为执行委员。其经费来源，主要是“美国援华会”、“美国教会救济委员会”和“国际救济委员会”的“专款捐赠”或“救济”。同时，伪行政院每年也拨专款四万元“以示支持和关怀”。

该部章程规定：“不在汉人集中的城镇设立大规模的据点，而要深入少数民族社会，因地制宜”地进行活动。他们还宣称：“中国的西北部，无疑是当代最伟大的宗教区之一，愿教会起来去占领[③]”。特设“中华基督教全国总会边疆服务部川西办事处”。该处人员多达五十人以上，处本部就设在羌族地区的威州。1944年为了往西北藏扩张势力，遂迁往理番县城（薛城），并以此为基地向四面扩张，分设了七个据点：北面的立力寨，西面的日尔觉寨，西南的杂谷脑寨，东南的佳山寨，东面的龙溪寨，威州和萝卜寨。这些据点绝大部分是

① 民国《汶川县志》卷五《风土》。

② 同上。

③ 《美国北美长老会国外宣教部报告书》（1942），第56页。

羌族的聚居地区。此外，还在茂县、黑水、松潘、马尔康一带进行活动。

从 1939 年到 1949 年的十年间，“边疆服务部”的主要活动有二：

其一，是积极为支持摇摇欲坠的美蒋反动统治效力。他们一进入羌区就通过传教、办学、行医等方式向羌民宣扬所谓“中央德政”和灌输崇外思想。1949 年美国驻华新闻处以一千多张图片在羌、藏地区巡回展出，其中大多为宣扬美国“民主、富强”和“文明生活”的内容。他们还重弹“羌族是上帝的儿子，是从西方迁来”的老调，妄图破坏我国的民族团结。特别是新中国成立前夕蒋介石集团行将灭亡之际，他们更是露骨地进行了反共反人民的宣传，勾结蒋帮特务，负隅顽抗，造成了恶劣的后果。

第二，是组织大批人员以考察、探险、社会调查等名义，深入羌、藏地区为美、英帝国主义搜集边区情报资料。他们把所得的地质、山川、气候、物产、语言、文物、宗教、风俗等各种材料连同精密的图表、照片迅速寄回本国，为侵华提供参考资料。其组织人员之众，活动地域之广，盗走的资料之多都是空前的。

帝国主义的侵略活动始终遭到了羌、藏各族人民的抵制和反抗。1935 年，羌汉人民焚毁了帝国主义分子在茂县建立的“福音堂”，赶走了传教士；以后，由于帝国主义分子挖古墓、盗文物而激怒了理县通化地区的羌族人民，因而发生了驱逐传教士出境的事件。最有力的说明是帝国主义传教士在羌区苦心经营了几十年，但迄至解放为止、所发展的教徒不过百余人，他们不得不困守在初期设立的几个据点里。

国民党反动政府，对帝国主义的侵略活动则予以百般的庇护。他们明令各地官员要对帝国主义分子“充分合作”。1946 年 8 月，上海美军总处“战时失踪人员寻找队”五人，又由灌县（都江堰）窜入汶川、理县一带，以寻找“失踪人员为名，进行窥探，并盗走大批民族历史文物。①”

帝国主义对羌族地区侵略活动的加剧，反映出我国整个社会，包括羌族地区在内的进一步半封建半殖民地化。

摘自冉光荣、李绍明、周锡银：《羌族史》，第275—278、298—300页，四川民族出版社1984年版。

羌族个别地区如汶川萝卜寨和理县佳山寨几处，美帝曾办有学校和设立过福音堂，部分羌族信了耶稣教。据说无耻的美帝传教士，曾利用羌族信的神中有叫“易朱”就是“耶稣”，他俩是一个神，有些羌民才被愚弄相信了。但因为时间短，又只限于各别寨子，尚未普遍深入，对羌族整个宗教的影响还不大。若非解放得快，美帝利用宗教来毒害羌族人民的活动会逐渐扩大加深的。

摘自西南民族学院民族研究室编：《羌族调查材料》，1984年版。

（六）小结

羌族原有的宗教已在衰亡，过去杀许多羊，迷信驱邪赶鬼之事已逐渐减少，汉式的庙会已成个别现象，对生产影响不大。宗教上的封山保护神树，对护林与保护水源有一定作用，应予重视；宗教观念上尊重铁匠、石匠、木匠和尊重妇女的思想，反映了羌族人民思想健康的一面；有病打扫房屋，对传染病者行火葬，屋内不吐痰等，对清洁卫生是有益的；宗教上的跳舞和音乐，改变其内容，可以丰富人民的生活。适当的利用庙宇办学也符合群众利益。庙内钟鼎、塔子、碑石和庙宇风景，应作为文物加以保存。新中国成立后茂县一带有的村寨无分别地把钟鼎改做农具是值得考虑的。经咒祷词，可能有史事诗歌

---

① 《边疆服务》第九期，第23页。

存留其中，值得搜集研究，芦花的喇嘛人数较多，宗教费用较大，因当地与藏区喇嘛寺有密切联系，依民族政策精神应加以保护，但在不妨害民族团结的原则下，可逐步有所改变，以便有利于发展生产。该县经过协商后，寺院已同意群众可以挖药，可以租垦寺院荒地，可以利用宗教集会进行宣传、放映电影和举办物资交流会等活动，这些做法都是正确的。

摘自西东民族学院研究室编：《羌（尔玛）族情况》，1954 年。

羌族地区除了自身的原始宗教之外，自清中叶改土归流以来，内地佛教和道教亦从汉区相继传入。至清末，羌区东部和南部的村寨，汉式庙宇已较普遍，汉族的和尚、道士亦出没于羌族山寨。在邻近藏区的赤不苏、三江口、九子屯以及黑水的一些地区，则受着藏系佛教的影响，兴建了一些喇嘛寺庙，由少数喇嘛主持。上述地区，这些外地传入的宗教往往与羌族的原始宗教同时并存，而原有的巫师则与和尚、道士、喇嘛并存。清末民初在交通沿线的城镇及部分乡村，又相继传入了西方的天主教、基督教，然而信仰者不多，影响不大。

马克思指出："宗教是人民的鸦片"[1]，无论是羌族自身的原始宗教，或汉区传入的佛教、道教，藏区传入的藏系佛教，西方各国传入的天主教、基督教等等，都是统治阶级麻痹和愚弄人民的工具。它给予在自然和社会的压迫下过着苦难生活的羌族人民以一时精神寄托，使他们顺从和忍耐，安于被压迫被奴役的命运，从而给羌族人民带来更长期的痛苦和灾难，严重地阻碍了羌族社会的发展。羌、藏、汉族的统治阶级还常常勾结起来，借所谓建庙宇、办庙会、念大经、跳

① 《马克思恩格斯选集》第一卷，第 2 页。

神、放布施等名目向各族群众摊派捐款和差役，进行敲诈勒索，影响十分恶劣。

摘自冉光荣、李绍明、周锡银：《羌族史》，第 345—346 页，四川民族出版社 1984 年版。

附录——有关羌族宗教习俗调查研究论著目录

《羌族的信仰与习为》
胡鉴民:《边疆研究论丛》1941 年;
《羌族的经济活动型式》
胡鉴民:《民族学研究集刊》,第 4 期,1941 年 10 月;
《川西调查记·羌人之部》,教育部蒙藏司编 1943 年;
《羌(尔玛)族情况》
西南民族学院研究室编 1954 年;
《羌族史》
冉光荣、李绍明、周锡银,四川民族出版社 1985 年版;
《羌族简史》
四川民族出版社 1986 年版;
《四川少数民族·羌族》
四川省民族研究所编,四川民族出版社 1982 年 8 月版;
《中国少数民族·羌族》
人民出版社 1981 年 5 月版;
《中国少数民族宗教·羌族宗教》
《中国大百科全书·宗教卷》,中国大百科全书出版社 1988 年 1 月版;
《中国民族史·羌族》
《中国大百科全书·民族卷》,中国大百科全书出版社 1986 年版;
《茂汶羌族自治县概况》
四川民族出版社 1985 年版;

《羌族以白石为中心的多神崇拜》
李绍明，《中国少数民族宗教》，宋恩常编，云南民族出版社1985年版；
《萝卜寨羌民的端公》
张宗南，《边疆服务》第一卷第2期1943年6月；
《新中国成立前羌族原始宗教之管见》
陈泛舟、曾文琼，《西南民族学院》第1期1981年；
《羌族原始宗教卷略》
曾文琼、陈泛舟，《世界宗教研究》第2期1981年；
《华阳国志·蜀志·汶山郡》
刘　琳，《华阳国志》校注本卷三，巴蜀书社1984年版；
《西羌传》
《后汉书》卷八十七，中华书局1982年版；
《姚兴传》
《晋书》卷一一七至一一八，中华书局1974年版；
《闲话羌民》
鲁　愚，《边疆服务》第8期1945年7月；
《从考古资料看羌族的白石崇拜遗俗》
沈仲常，《考古与文物》第6期1982年；
《新中国成立前羌族的生产活动·生活习俗和宗教信仰》
汪宁生，《四川及云南昭通地区彝族社会历史调查资料》，彝族调查资料之二，云南少数民族历史研究所编1963年5月10日；
《羌族社会历史调查》
四川省社会科学出版社1985年6月版；
《茂汶县渭门乡永和大队羌族宗教习俗调查》
钱安靖，1983年7月5日；

《茂汶县渭门乡纳普大队羌族宗教习俗调查》

钱安靖，1983 年 7 月 10 日；

《茂汶县三龙乡那呼大队斯库寨（又名河心坝）羌族宗教习俗调查》

钱安靖，1983 年 7 月 21 日；

《茂汶县三龙乡碉花寨羌族宗教习俗调查》

钱安靖，1983 年 7 月 23 日；

《试论“邛笼”文化与羌语支语言》

孙宏开，《民族研究》第 2 期 1986 年；

《康定县沙德区木雅人的宗教习俗调查》

钱安靖，1986 年 8 月 15 日；

《明正土司考察记》

邓廷良，《雅砻江上游考察报告》，中国西南民族研究学会编印 1986 年 7 月；

《道孚县扎巴区·雅江县扎麦区扎巴人的宗教习俗调查》

钱安靖，1986 年 8 月；

《川西南纳木依和拍木依人的宗教信仰述略》

何曜华，《雅砻江下游考察报告》，中国西南民族研究会编印 1983 年 6 月；

《冕宁县和爱公社庙顶地区藏族社会历史调查》

陈明芳，《雅砻江下游考察报告》，中国西南民族研究学会编印 1983 年 6 月；

《越西县保安乡尔苏藏族宗教习俗调查》

钱安靖，1986 年 6 月；

《嘉绒族源初探》

邓廷良，《西南民族学院学报》第 1 期，1986 年；

《房顶为啥放白石》
扎西郎甲，《甘孜报》，1986年6月28日；
《羌族习俗》
[美] 格莱汉著，钱谦译，《宗教学研究》第4期1983年3月；
《大理古代文化史》
徐嘉瑞，云南大学西南文化研究编，1949年7月；
《阿曷族大石崇拜与诸羌文化的辐射》
赵橹，《民间文学论坛》第6期，1987年；
《泰山石敢当》
卫聚贤，《说文月刊》第2卷合订本，1943年；
《羌区旅行记》
范文海，《边疆服务》第25期1948年7、8月；
《汶川县绵篪乡“诗谷”王治国唱经》
钱安靖调查整理，1984年11月；
《西南少数民族风俗志·羌族》
《思想战线》编辑部编，中国民间文学出版社1981年；
《元史》
《西夏记事本末》卷十；
《张庭瑞传》
《元史》卷一六七、列传第五十四；
《茂州志》
杨迦修，刘辅廷辑，道光十一年刻本；
《汶川县志》
祝世德修，1944年铅印平装本；
《理番厅志》
吴梅修，周祚嶲纂，同治五年刻本；

《松潘县志》

傅崇等主修，徐湘等总纂，1924年本；

《羌族巫师经典四则》

钱安靖调查整理，《宗教学研究论集》四川大学丛刊第25辑1985年；

《羌族和羌语以各居民集团宗教习俗调查报告》

钱安靖，四川大学宗教学研究所油印本1987年12月；

《四川岷江上游羌族“释比经”调查》

赵曦，《民间文学论坛》第5期，1986年；

《汶川县雁门乡小寨子“许”袁真奇唱经》

钱安靖调查整理，1983年11月和1984年12月；

《理县桃坪乡增头寨“诗谷”杨茂山唱经简介》

钱安靖调查整理，1983年10月；

《汶川县龙溪乡“诗谷”余明海、朱顺才唱经》

钱安靖调查整理，1983年11月和1984年11月；

《羌族宗教习俗调查四则》

钱安靖，《宗教学研究》第3期，1987年4月；

《羌族文学概况（初稿）》

李明、林忠亮、刘光，西南民族学院语文系民族民间文学组油印本，1980年12月；

《羌族民间文学资料集（一）》

西南民族学院《羌族文学简史》编写组编，1987年4月；

《理县羌族藏族民间故事集》

理县文化馆编，1983年；

《羌族民间故事（三）》

茂汶羌族自治县文化馆编，1982年12月；

《氐与羌》
马长寿遗著，上海人民出版社 1984 年 6 月版；
《木姐珠与斗安珠》
罗世泽，时逢春搜集整理，四川民族出版社 1983 年版；
《黑水民风》
于式玉，《康导月刊》第 6 卷第 5、6 期，1945 年 5 月；
《新中国成立前理县羌族地区道教情况》
钱安靖调查整理，1983 年 10 月；
《南诏史略论》
向达，《历史研究》第 2 期，1954 年；

图书在版编目（CIP）数据

中国原始宗教研究及资料丛编·羌族卷 / 钱安靖编著
—成都：巴蜀书社，2016.7

ISBN 978-7-5531-0716-5

Ⅰ.①中… Ⅱ.①钱… Ⅲ.①羌族—原始宗教—研究
—中国 Ⅳ.①B933

中国版本图书馆 CIP 数据核字（2016）第 136445 号

中国原始宗教研究及资料丛编·羌族卷 钱安靖 编著
ZHONGGUOYUANSHIZONGJIAOYANJIUJIZILIAOCONGBIANQIANGZUJUAN

责任编辑	童际鹏 田苗苗
出 版	巴蜀书社 成都市槐树街 2 号 邮编 610031 总编室电话：（028）86259397
网 址	www.bsbook.com
发 行	巴蜀书社 发行科电话：（028）86259422 86259423
经 销	新华书店
印 刷	成都蜀通印务有限责任公司
版 次	2017 年 6 月第 1 版
印 次	2017 年 6 月第 1 次印刷
成品尺寸	210mm×148mm
印 张	18.5
字 数	800 千
书 号	ISBN 978-7-5531-0716-5
定 价	140.00 元